2판

성공창업을 위한

카페창업론

CAFE START-UP GUIDE

2판

성공창업을 위한

카페창업론

김영갑 · 권태영 지음

교문사

| 머 리 말 |

1999년 스타벅스 1호점이 이화여대 인근에 개점한 이래로 국내에 커피전문점을 표방하는 프랜차이즈 브랜드가 늘어나기 시작했다. 2021년 스타벅스는 국내에 1,500개 이상의 매장을 개설하고 연매출 2조 원을 넘어섰다는 소식이 들린다. 대한민국은 커피공화국이라고 불릴 정도로 카페 시장이 성장하였다. 브랜차이즈 브랜드 외에 개인 카페가 난립하고 있으며, 전국적으로 대형 베이커리 카페 창업이 급격하게 늘어나고 있다.

글로벌 브랜드를 비롯한 국내 토종 브랜드의 경쟁이 치열하게 펼쳐지고 있는 가운데 커피시장은 급격한 성장을 하게 되었고, 커피전문가가 되기 위한 과정의 하나인 바리스타 자격증 소지자도 엄청난 규모로 늘어나고 있다. 이러한 현상은 국내 예비창업자의 상당수가 카페 창업을 꿈꾸도록 만드는데 일조를 하고 있다. 창업자뿐만 아니라 많은 사람들이 노후에는 멋진 풍광을 자랑하는 장소에 카페를 차리고 커피향기와 독서로 시간을 즐기며 돈도 벌 수 있다는 상상을 하고 있다. 왠지 멋진 삶은 커피나 차를 즐기는 공간과 연결되어야 한다는 풍토가 만들어진 결과이다.

이제 커피는 하나의 문화로 자리매김하고 있다. 모두가 상상하는 최상의 행복 속에는 커피와 차의 향기가 반드시 포함되어야 할 것 같은 세상이 된 것이다. 그런데 여기서 한 가지 간과하면 안 되는 문제가 있다. 카페 창업은 단순히 즐기는 행위가 아니라 엄연한 비즈니스라는 점이다. 누군가에게 판매를 해야 한다. 한 잔의 커피를 팔기 위해 너무 많은 공간과 시간을 사용하면 곤란하다는 점도 알아야 한다. 원두 값이 매우 저렴하니까 커피는 싸게 팔아도 남을 것이라는 착각도 해서는 곤란하다. 커피는 아름답지만 카페는 치열한 생존경쟁이라는 점을 직시해야만 한다.

종종 신문이나 방송에서 한 잔의 커피를 만드는데 들어가는 원두의 원가가 100원도 안 되는데 커피 값은 3, 4천 원을 상회한다면서 엄청난 폭리를 취한다고 비판하는 보도를 접하곤 한다. 소비자는 격분한다. 하지만 이런 보도를 보면서 카페사업자도 같이 격분한다. 저자가 한 잔의 커피를 만드는 데 들어가는 원가를 산정해 본 바에 따르면, 커피 한 잔의 원가는 3,000원을 넘는 것이 정상이라는 결과를 얻었다. 커피를 판매하기 위해서 들어가는 것은 원두만이 아니다. 컵, 홀더, 물, 빨대, 전기, 시설비, 인건비, 4대 보험료, 세금 등. 일반인은 상상하지도 못하는 요소가 한 잔의 커피를 만드는 데 소요된다.

카페는 커피만 맛있으면 된다는 인식도 큰 문제다. 실제로 카페를 찾는 고객을 대상으로 조사한 바에 따르면 카페를 선택할 때 가장 중요한 요소는 '분위기'라는 답변이 가장 많았다. 즉 사업자 입장에서는 커피의 맛에 매달릴지 모르지만 소비자는 분위기로 카페를 결정한다는 것이다. 얼마 전 카페에서 오랫동안 머무르며 공부를 하거나 컴퓨터를 하는 손님 때문에 카페의 수익성이 떨어진다는 비판이 회자된 일이 있었다. 그래서 일부 카페에서는 "여기는 도서관이 아닙니다."라는 POP를 붙여놓기도 하는 해프닝이 벌어졌다. 그런데 어떤 카페는 "여기는 커피를 마시는 도서관입니다. 편하게 공부하고 차도 마시며 즐기시기 바랍니다."라고 써 붙이기 시작했다. 결과는 어떻게 되었을까?

카페는 사업자를 위한 공간이 되어서는 안 된다. 사업자가 선택한 목표고객이 무엇을 원하는지 정확하게 파악하고 그들이 원하는 그 무엇인가를 경쟁자보다 우월한 수준으로 제공해야 하는 것이 카페의 사명이다. 카페는 경영자가 노후를 즐기는 공간이 아니다. 만약 그런 카페를 만든다면 2년을 넘기지 못하고 폐업을 한다. 당연히 창업자가 투자한 돈의 대부분이 허공으로 날아가 버린다. 평생 모은 재산을 한 번에 잃는 고통을 겪게 된다. 편안하고 행복한 생활을 꿈꾸려고 만든 카페 창업이 불편하고 불행한 인생으로 창업자를 이끄는 경우가 비일비재하다.

단순히 커피만 알아서는 카페로 성공할 수 없다. 어디서 어떻게 창업해야 하는지 알려주는 상권분석론, 점포를 운영하기 위하여 계획, 실행, 통제 할 수 있는 방법으로서의 외식경영, 수많은 경쟁점과 싸워서 이기기 위한 전략, 어떤 메뉴를 개발해야 하는지, 가격은 어떻게 설정해야 하는지 알기 위한 메뉴관리론, 고객은 어떻게 서비스해야 하는지에 대한 외식서비스론 등. 정말 많은 분야를 공부해야 경쟁점보다 높은 매출과 수익을 얻을 수 있다. 그리고 더 오랫동안 유지하며 사업을 발전시킬 수 있다.

이 책은 카페 창업이 갈수록 인기를 얻고 증가할 것임에도 불구하고 창업교육용 교재와 대학교재가 거의 없다는 점에 착안하여 집필하였다. 특히 커피에만 몰두하는 창업현실을 직시하고 성공적인 카페 창업이 가능하도록 다차원적인 접근을 시도하였다. 그런 목적을 달성하기 위하여 본서 내용의 뼈대는 《외식사업창업론》(2021)에 기초하고 있다. 따라서, 좀 더 세부적인 내용을 공부하려면 참고할 필요가 있다.

전문서적은 이론만을 다루는 경우가 많아서 실무에서 유용성이 떨어질 것이라고 생각하는 독자가 많다. 하지만 이런 문제를 전혀 걱정할 필요는 없다. 이 책은 이론과 사례를 중심으로 이루어져 있다. 특히 사례는 개인 독립창업으로 성공한 점포를 대상으로 하였다. 개인 사례로 설명하기 곤란한 내용은 국내외 프랜차이즈 기업의 사례도 포함시켰다. 이론을 공부하는 교재는 물론이고 실전에 바로 응용하기 위한 용도로도 유용하게 활용할 수 있도록 구성하였다.

마지막으로 이 책이 나올 수 있도록 열정을 가지고 노력해 주신 교문사 류제동 대표님과 편집부 직원 여러분께 감사드린다.

2021년 1월

저자 일동

차 례

1장

카페 창업의 개요

1장

카페 창업의 개요

학습목표

1. 카페의 어원, 카페 창업의 정의 및 창업의 3요소를 이해한다.
2. 카페 창업의 핵심적 성공요인에 해당되는 창업자의 자질을 이해한다.
3. 카페 창업의 실태, 어려움, 목적 등 창업의 현실을 이해한다.

'82년생 김민경 X 카페르세' 창업일기

사랑하는 나의 아내는 출산 전까지 안정적인 직장을 다니는 평범한 여성이었다. 세상의 축복 속에 태어난 소중한 딸아이와 함께할 수 있는 시간이 필요했다. 육아 휴직으로 보장된 시간만으로는 딸아이와 온정을 나누기에 충분치 않았다. 아내는 그 '안정적인?' 직장을 그만두었다.

아이와 아내가 낮잠을 자고 있는 평온한 주말로 기억한다. 나는 오랜만에 책장을 정리하는 여유를 누릴 수 있었다. 책장에 꽂혀 있는 《82년생 김지영》이라는 소설책을 우연히 발견하여 읽었다. 직장인들이 주인공 김지영이 공원에서 1,500원짜리 커피를 마시는 행동을 비하하는 장면이 있다. 내 아내가 생각나면서 감정이 복받쳐 올라 눈물이 났다.

나는 유명 외식 프랜차이즈 본부의 스타트업 멤버로 10년간 임원으로 근무하고 있었다. 젊은 나이에 작은 성공을 했다고 자부하고 있었다. 하지만 나는 회사를 그만두고 경력단절여성인 아내와 함께 창업을 결심하였다.

창업 아이템 결정은 어렵지 않았다. 우리 부부는 커피를 좋아했다. 술을 즐기지 않는 우리이기에 결혼 전부터 카페를 찾아다니는 것을 좋아했다. 무엇보다 《82년생 김지영》 장면의 커피를 마시는 장면과도 잘 부합하는 것은 카페 창업이었다. 사실 뛰어난 재능이 없는 나는 커피가 만만해 보였던 이유도 작용한 것 같다. 물론 만만치 않다는 것을 깨닫기까지는 얼마 걸리지 않았다.

1 카페 창업의 이해

1) 카페(cafe)의 어원

'커피'라는 단어는 커피의 원산지인 에티오피아의 남서부 '카파'에서 유래됐다고 추측된다. 커피의 아랍어 명칭 '까훼'는 오스만 투르크어로 흘러 들어갔고 그곳에서 유럽인, 그들의 언어로 차입해 갔다. '커피'는 영어 'coffee'에서 온 말이다(위키피디아). 프랑스와 이탈리아 등에서는 커피를 '카페'(café, caffè)로 부르며, 어느 순간부터 '커피를 파는 집'이라는 뜻을 포함하게 되어, 지금에 이르러 커피를 판매하는 점포를 통칭하는 말로 쓰이고 있다.

영국에서는 17~18세기 무렵 런던을 중심으로 3,000여 개의 커피숍이 문을 열었다고

그림 1-1 **프랑스 최초의 카페 '르 프로코프'의 1900년대 내부 모습**
자료: 위키미디어

알려져 있다. 이때의 커피숍에는 일반인보다는 문학인과 정치인 같은 특별한 계층의 사람이 모여서 이용했다고 한다. 마치 클럽처럼 사교장 구실을 하였던 것으로 보인다. 유럽에서는 이런 과정을 거쳐서 커피숍이 펍(pub: public house)과 같은 술집(bar)으로 변모하였고, 대중이 편하게 이용하는 모임의 장소로 발전하였다. 현재 영국을 비롯한 유럽에서 카페는 음료는 물론이고 가벼운 식사도 할 수 있는 소규모 식당을 칭하는 용어로 쓰이고 있으며, 격식을 갖추고 방문해야 하는 고급 음식점과는 구별되는 개념으로 인식되고 있다.

이처럼 커피 등의 음료와 가벼운 식사를 하며 담소를 나누는 공간으로 발전된 카페가 동양으로 전파되면서 처음 탄생될 때의 의미와는 다소 차이가 생겼다. 특히 한국의 경우 초기부터 지금에 이르기까지 매우 다양한 변화를 거쳐 왔다고 할 수 있다. 카페라는 용어가 쓰인 초기에는 서양식의 고급스런 커피숍이나 바(bar)처럼 술을 주로 판매하는 곳을 의미했다. 그 뒤에는 술을 전문적으로 판매하는 곳을 지칭하는 용어로 쓰이다가, 최근에 와서는 커피를 비롯한 다양한 차와 간단한 디저트 등을 파는 전문점을 의미하는 용어로 자리 잡았다. 특히 2000년대 이후 스타벅스를 필두로 한 카페의 호황과 카페 창업 열풍으로 대중화된 '카페'라는 용어는 카페 스타일의 콘셉트로 꾸민 점포를 지칭하는 용어로 변형되어 널리 사용되고 있다.

2) 카페 창업의 정의

창업이란 '이익을 목적으로 새로운 조직이나 기업을 설립한다'는 뜻이다. 이는 업의 기초를 세우는 것으로 사업가의 능력을 갖춘 개인이나 단체가 사업 아이디어를 이용하여 사업목표를 세우고, 적절한 시기에 자본·인원·설비·원자재 등 경영자원을 확보한 후, 이를 결합하여 제품과 서비스를 제공하는 조직 또는 기업을 만드는 것을 의미한다. 또한 창업은 재화(제품) 또는 용역(서비스)을 생산하여 판매하는 하나의 시스템을 구축하는 과정이기도 하다. 다만 창업은 어떤 업을 대상으로 하든 신념과 경영철학을 바탕으로 이루어져야 하며 단지 개인의 이익만을 추구하는 것은 적절치 못하다. 따라서 생계유지를 위한 소규모 창업이라 할지라도 분명한 사업이념·기업가 정신·사업윤리 등을 바탕으로 기업의 사회적 책임을 고려하는 자세를 견지하는 것이 현대적 의미의 창업이라 할 수 있다. 이와 같은 창업의 정의를 바탕으로 카페 창업을 정의하면 다음과 같다.

카페 창업이란? 자신만의 경영이념을 가지고 커피 등의 음료와 가벼운 식사, 디저트 등의 제품에 체계화된 서비스를 가미하여 자신은 물론이고 사회적 이윤을 극대화시킬 수 있는 시스템을 구축하는 활동

최근에 창업의 개념은 단순히 기업에 종속되어 있던 직업인이 더 큰 발전과 성공을 위해 새로운 사업체를 만든다는 범위를 넘어서서 직업을 자신이 직접 창출한다는 개념으로 확대되고 있다. 결국 창업은 직업을 창조한다는 의미인 '창작'의 일종이라 할 수 있다.

최근 장기불황에 따라 청년층은 물론, 퇴직한 베이비부머 세대인 장년층의 카페 창업 사례가 늘고 있다. 이는 카페가 비교적 소자본으로 창업이 가능하며, 진입장벽이 낮은 업종으로 인식되고 있기 때문이다.

3) 카페 창업의 3요소

창업은 단순히 직장을 잃었다는 이유로 또는 독립할 수 있는 자본이 충분히 모였다는 이유로 시작해서는 곤란하다. 2~5년이 아니라 평생을 유지할 수 있는 성공적인 창업을 위해서는 사전에 반드시 갖추어야 할 요소가 있다. 이를 충분히 준비한 후에 실행했을 때 누구나 원하는 성공창업이 가능해진다. 창업 전 충분히 준비해야 할 창업의 기본 요소에는 어떤 것이 있을까? 가장 일반적인 창업의 요소로 인적자원(창업자와 조력자), 물적자원(창업 아이템 또는 아이디어), 재무자원(점포와 자본금) 등을 들 수 있다. 그리고 이러한 항목은 카페 창업에서도 동일하게 적용된다. 즉 카페 창업을 위한 전문성을 갖춘 인재와 차별화된 상품 및 서비스 그리고 사업이 안정화될 시점까지의 충분한 자본을 카페 창업의 3요소라 할 수 있다.

작은 건물을 하나 지으려고 해도 설계도면이 필요하다. 설계도면에 따라 기초 작업을 하고 다양한 건축자재를 결합해야만 건물을 신축할 수 있다. 그러나 건물을 세우는 것은 훌륭한 설계도면만 있다고 가능하지 않다. 다양한 자재를 결합할 수 있는 전문적인 인력

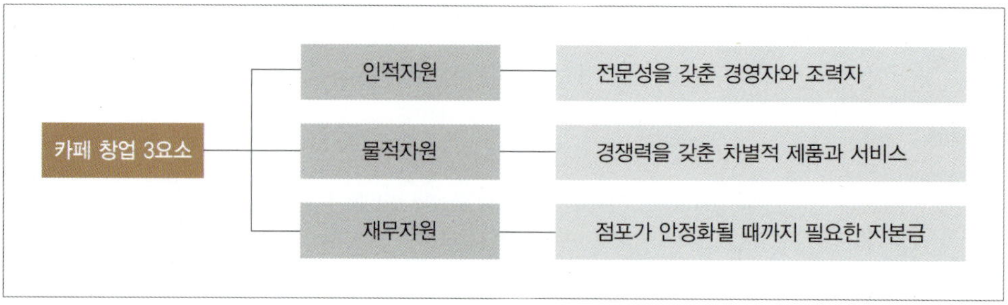

그림 1-2 **카페 창업의 3요소**

이 필요하고, 안전과 스타일이 검증된 건축자재도 필요하다. 이처럼 훌륭한 건축물을 만들기 위해서 훌륭한 설계도면과 건축자재 그리고 전문인력이 필요한 것처럼 외식업체나 소규모 카페 창업도 많은 요소가 투입되어야 성공할 수 있다. 우수한 투입요소들의 합리적인 결합으로 훌륭한 카페가 생성될 수 있다는 의미이다. 이를 좀 더 구체적으로 살펴보면 다음과 같다.

첫째, 인적자원이다. 카페 창업을 하는 데 필요한 기본적 투입요소 중 가장 핵심이 되는 요소이다. 인적요소는 창업의 주체인 창업자와 조직을 구성할 수 있는 인적자원을 의미한다. 즉, 카페 창업을 하는 데는 이를 주도적으로 추진하며 모든 재정을 책임지는 창업자와 창업자를 도와 서비스를 제공하는 등의 카페의 일상 업무를 담당할 전문성을 갖춘 직원이 필요하다. 따라서 창업자는 창업 아이디어 확보와 사업타당성 분석, 사업계획의 수립과 실행 등을 주도하는 책임자로서 중요한 인적자원이다. 그리고 카페 창업에 필요한 유형, 무형의 자원을 동원함과 동시에 이를 적절히 운영할 수 있는 인적자원 유치에도 관심을 기울여야 한다. 창업자의 능력 및 가치관은 사업의 성패는 물론이고 경영효율에도 커다란 영향을 미친다. 창업자는 배의 선장처럼 직원을 이끌고 기업의 사명과 목표를 향해 항진할 수 있어야 한다. 따라서 인적자원은 창업에 있어서 가장 중요한 요소이다.

둘째, 카페 창업에 필요한 물적자원이란, 카페에서 무엇을 만들어 판매할 것인가에 대한 계획을 의미한다. 제품은 카페에서 판매되는 메뉴와 무형의 서비스를 포함한다. 그리고 이러한 물적자원은 경쟁력 있는 차별화가 반드시 필요하다. 또한 아무리 뛰어난 창업 아이디어로 제품과 서비스를 구성하더라도 충분한 시장 수요가 뒷받침되어야 한다. 구매해 줄 소비자가 없다면 아무리 좋은 제품이라도 그림의 떡에 불과하다.

물적자원은 카페 유형에 따라 구분할 수 있다. 어떠한 업종을 선택할 것인가? 우리가 판매하고자 하는 메뉴는 무엇이고, 이 메뉴는 어떠한 형태로 판매가 이루어지며, 어떠한 서비스를 고객에게 제공할 것인가의 선택이라고 볼 수 있다. 물적자원은 이 책의 메뉴개발 및 관리 등에서 다루기로 한다.

셋째, 재무자원은 자본금을 의미한다. 자본금은 창업에 있어서 어떤 자원보다도 큰 비중을 차지한다. 재무자원이란 카페를 창업하는 데 필요한 금전적인 자원뿐만 아니라 자본을 이용하여 동원할 수 있는 점포, 설비, 식재료 등을 포함하는 포괄적인 의미의 경영자원이다. 재무자원에는 점포도 포함된다. 점포의 중요성을 간과하는 창업자는 없을 것이다. 카페 경영은 입지사업이라고 할 만큼 점포의 입지가 창업의 성패를 좌우한다.

또한 재무자원에서 간과해서는 안 될 부분이 예비비이다. 창업자들은 창업과정에서 자금이 필요한 부분은 개점하는 순간까지만이라고 생각하기 쉽다. 왜냐하면 일단 개점을 하면 바로 판매가 이루어지고 충분한 수익이 손에 들어올 것이라 믿기 때문이다. 하지만 개점 이후 최소 3~6개월까지는 목표 순이익을 달성하지 못할 가능성이 높다. 따라서 6개월간은 손실이 발생하더라도 유지할 수 있는 예비비를 확보하고 개점에 들어가는 것이 안전하다.

2 카페 창업의 현실 이해

1) 카페산업의 현황

2014년 관세청 수출입무역통계에 따르면 1월부터 9월까지의 생두와 원두 등 커피 수입중량은 14만7,719t으로 나타나고 있다. 이는 지난해보다 18.7% 증가한 수치이다. 그리고 유로모니터인터내셔날의 조사에 따르면, 전 세계 80개국을 대상으로 커피 소비량을 조사한 결과 우리나라는 지난 한해 11만1,906t으로 6위를 차지하고 있다. 커피 최대 소비 국가인 미국은 연간 79만7,054t을 소비하고 있으며, 브라질(67만5,840t), 독일(37만5,461t), 프랑스(16만6,435t), 이탈리아(15만3,629t)가 각각 2위부터 5위에 위치하고 있다. 일본은 10만 805t으로 9위에 올랐다.

농림축산부의 발표에 따르면, 국내에서의 커피 생산량은 2016년 약 61만t으로, 전년 대비 18.9% 감소하였고, 액상커피 38만5천t, 조제커피 17만t, 볶은커피 3만t, 인스턴트커피 2t 순이며, 커피 생산액은 16조4천만 원로 조사되었다.

커피전문점은 KB금융지주경영연구소 '커피전문점 현황 및 시장여건 분석' 보고서에 따르면 2019년 7월 기준 전국 영업중 커피전문점은 7만1000개이며 프랜차이즈 커피 브랜드 385개이며 스타벅스·이디야·투썸플레이스·요거프레소·커피에반하다 등 상위 5대 브랜드의 점포 수가 6,700여 개에 이르며 매출액 규모는 총 3조3,000억 원 수준이다.

2020년 12월 정보공개서 자료에 따르면, 이디야커피는 2016년 점포 수 1,577개에서 2020년 2,651개까지 68.1% 증가했고, 스타벅스는 1000개에서 1,457개로 45.7% 증가, 투썸플레이스는 633개에서 1,097개로 73.3% 증가, MEGA 커피는 40개에서 798개로 증가, 커피에반하다는 282개에서 688개로 144% 증가하였으며, 요거프레소 768개에서 656개, 커피베이 415개에서 597개, 엔젤리너스 813개에서 483개, 파스쿠찌 353개에서 460개, 할리스 361개에서 453개 순으로 증감한 것으로 조사되었다.

또한 현대경제연구원 '커피산업의 5가지 트렌드 변화와 전망' 조사에 따르면 우리나라 커피 총 소비량은 2018년 기준 20세 이상 인구 1인당 353 잔으로 세계 인구 연간 1인당 소비량 132잔의 약 3배에 달하는 수준을 마시는 것으로 조사되었다.

국내 커피 관련 시장 규모는 2018년 연간 6.8조 원으로 커피전문점 시장 4.3조 원으로 시장이 확대되었고 한국 원두 소비량이 15만t 규모로 세계 소비량 대비 약 2.2% 비중을 나타내며 세계 6위 규모 수준이다.

경제발전이 이루어짐에 따라 국내 커피시장은 급속한 발전을 이어왔다. 커피시장은 이러한 양적 성장과 함께 소비의 다양화, 고급화, 건강지향성 확대와 같은 질적 성장도 이어지고 있다. 다만, 이와 같은 커피산업의 성장은 커피와 카페 매장의 공급과잉으로 이어져, 개인 카페 매출을 계속 하락시키고 있다. 또한 카페를 운영하는 데 들어가는 원재료비,

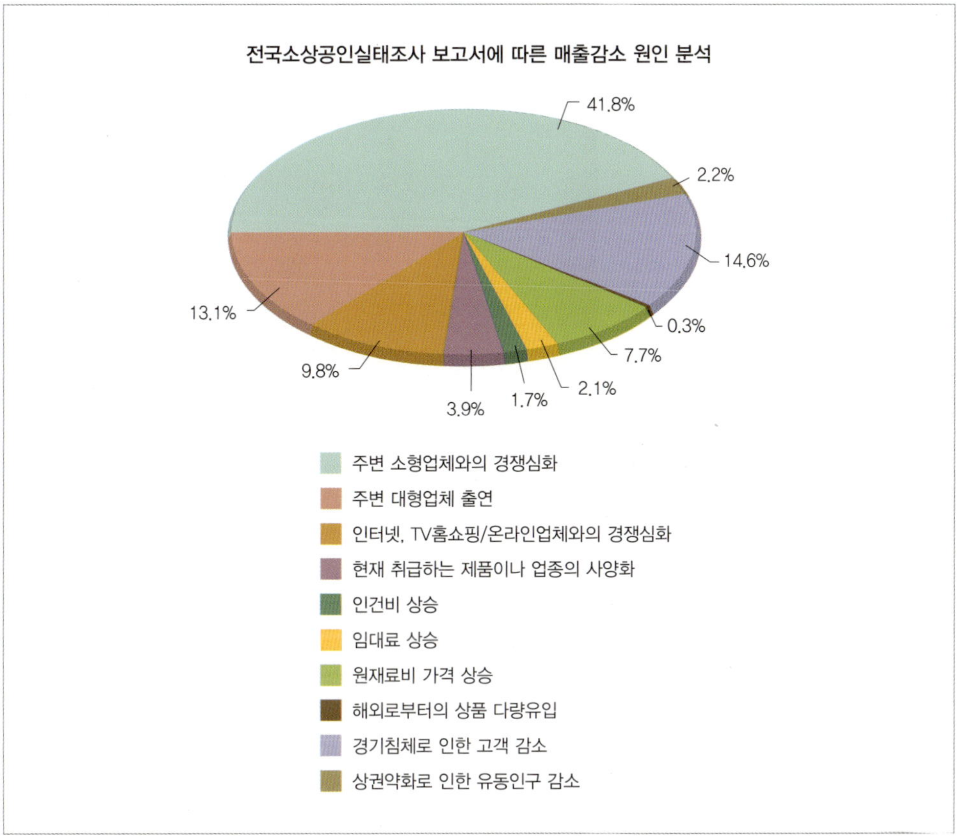

그림 1-3 매출감소의 원인

자료: 중소기업청, 전국소상공인실태조사

인건비 및 기타 제경비 등 원가요소가 급격하게 상승하고 있다. 결과적으로 카페의 경영 상태가 심각한 상황에 이르고 있다.

카페 경영에서 소규모 카페의 수익성은 매우 열악하다. 그럼에도 불구하고 자영업 중에서도 카페 창업 비중이 가장 두드러짐에 따라 경쟁격화에 따른 수익성 악화는 피할 수 없는 게 현실이다. 그동안 카페는 특별한 지식이나 노하우 없이 커피에 대한 제조교육과 실무만 배우면 누구나 쉽게 할 수 있는 사업으로 인식되고 있었다. 하지만 이제 예비 카페 창업자는 카페가 누구나 쉽게 원하는 수익을 얻을 수 있는 사업이 아님을 인지해야 한다. 특히 카페 경영은 메뉴의 원가구조와 손익구조를 정확히 이해하는 능력을 갖추고 창업하는 자세가 요구된다.

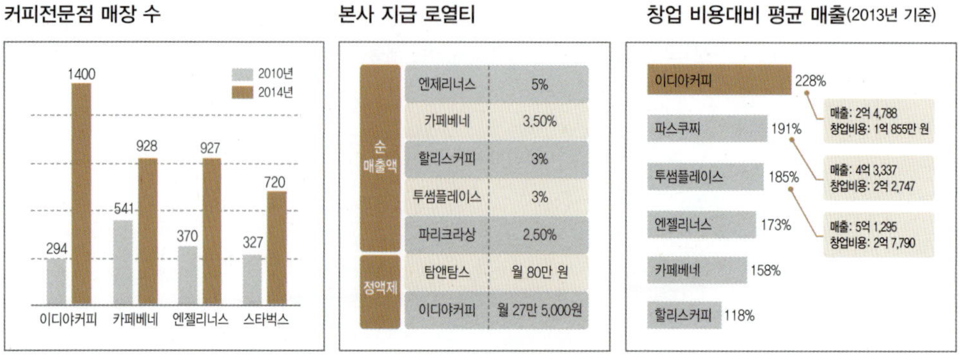

그림 1-4 카페 창업의 현실

자료: 공정거래위원회

2) 카페 창업의 어려움

카페의 공급과잉에 따른 치열한 경쟁 이외에도 카페는 타 사업에 비하여 많은 난점을 가지고 있는데 이를 세부적으로 살펴보면 다음과 같다.

첫째, 모든 업종이 그렇듯 카페 또한 쉽게 배워서 창업할 수 있는 업종이 아니다. 그럼에도 불구하고 많은 프랜차이즈 카페 본사나 자격 미달의 카페 창업 컨설팅 업체는 누구나 소자본으로 쉽게 창업할 수 있는 아이템으로 카페를 추천한다. 가맹본사는 예비 점주의 배경지식과 적성에 대한 고려 없이 동일한 커리큘럼으로 길면 1~2주 정도의 교육 후 매장을 오픈하도록 한다. 이는 곧 소자본과 빈약한 콘셉트로 창업한 영세한 카페의 난립으로 이어지고, 경쟁력 없는 카페는 얼마 안 가 폐업으로 귀결된다.

둘째, 카페는 커피와 다양한 차나 사이드메뉴 등에 대한 지식은 물론, 관련된 기기 등에 대한 전문가적 지식과 커피에 대한 폭 넓은 이해가 필요하다. 커피를 추출하는 기술은 물론, 다양한 응용음료에 대한 지식이 필수다. 또한 직접 커피를 로스팅하는 곳인 경우, 생두와 로스팅, 블렌딩 등에 대한 심화된 지식과 많은 경험이 필요하다. 이는 단순히 전문점으로서의 마케팅을 위해 필요한 것이 아니라, 매우 실제적인 문제들을 예방하기 위해서이다. 예를 들어 커피머신을 관리하는 데 소홀하거나, 커피머신 관리에 대한 지식이 없는 경우에 매장 운영 중 갑자기 커피머신이 작동을 하지 않으면 영업을 못하게 되는 경우가 발생할 수 있기 때문에, 기기 유지보수 등에 대한 전문적 지식은 반드시 필요하다. 또한 메뉴와 관련된 지식은 관련 업종과 소비자의 트렌드에 대한 이해, 운영 효율성, 원가관리 등에 대한 지식을 포함해야 한다.

셋째, 카페의 경우 쉽게 창업할 수 있는 업종으로 인식되고 있기 때문에, 예비 창업자 중 많은 이들이 자신이 카페 경영에 적합한 능력, 개성, 자질을 가지고 있는지 충분한 검토 없이 창업을 하는 경우가 종종 발생한다. 완벽한 카페 경영자는 고객이 요청하는 메뉴를 좋은 품질로 제조하여 제공함과 동시에 고객에게 친절해야 하고, 어떤 일이 발생하더라도 침착하게 대응할 수 있어야 한다. 또한 사업을 성공으로 이끌기 위해서는 인내심과 성공에 대한 전략과 전술도 있어야 한다. 또한 지칠 줄 모르는 체력과 정신력도 필요하다. 이러한 특성 중 한 가지라도 부족하면 하루 중 특정 시간에만 영업을 하거나 일주일에 5일 정도만 영업해야 한다. 그러나 대부분 제한된 시간이나 요일에만 운영하는 카페는 성공하기 힘들다. 카페 운영에는 임차료, 인건비 등 고정비용이 발생하는데 이러한 비용을 충당하려면 경영자는 보다 많은 시간을 투자하여 회전율을 극대화시켜야 하기 때문이다. 매장 운영에 많은 시간을 투자하기 어려운 경우에는 직접 창업을 하기보다는 단순 투자자로 남거나 대신 운영할 수 있는 전문가를 찾아 위탁경영을 의뢰하는 것이 효과적일 수 있지만, 이 또한 반드시 사업타당성을 검증하고 실행해야 한다.

넷째, 소자본 개인창업일수록 카페 운영에는 가족들의 이해와 지원이 필요하다. 소규모 카페 경영자의 경우 일반적으로 일주일에 70시간 이상을 일한다. 주말에도 영업을 해야 하고 가족과 함께할 수 있는 시간이 거의 없음을 의미한다. 특히 자녀가 어리거나 저학년의 초등학생이라면 더욱 큰 문제가 된다. 이러한 요소는 때때로 배우자에 대한 불만의 원인이 되기도 한다.

다섯째, 카페는 직원의 이직률이 잦아 매장 운영에 어려움을 겪을 수 있다. 급여수준이 낮다는 것이 가장 큰 이유일 수도 있고, 한편으로는 자신의 감정과는 관계없이 고객에 의한 정신적 스트레스 등도 장기근속을 방해하는 요소로 보인다. 또한 카페 간의 잦은 이동이 다양한 경력을 쌓고, 급여 인상에 유리하도록 하는 '커리어 관리'라는 편견도 높은 이직률의 원인이다.

3) 카페 창업의 목적

우리의 삶에서 카페가 라이프스타일에 미치는 영향은 매우 크다. 누구나 식사를 필수적으로 해야 하지만 생리적 욕구를 채우기 위한 목적을 넘어서서 회사의 동료나 친구와 함께 품질 좋은 스페셜티 커피와 와인 같은 음료를 즐기는 것도 삶의 즐거움 중의 하나이기도 하다. 오늘날 사람들은 과거에 비해 더 많은 문화를 즐기고 있으며, 그 비중과 횟수는 날이 갈수록 증가하고 있다.

모든 산업 분야에서 제품과 서비스가 개선되고 있으며 최근에는 과거에 비해 더 다양하고 커다란 변화가 일어나고 있다. 워싱턴포스트 지의 음식평론가인 필리스 랜치먼은 "음식은 우리의 몸을 채우는 중요한 방법으로서 사회생활의 대부분을 차지하며 많은 돈을 쓰게 만들고 또한 세상에 대해 배우게 해줌과 동시에 사업에도 커다란 영향을 미치는 존재이다"라고 하였다. 카페에서 즐기는 분위기도 같은 영향을 내포하고 있다.

이처럼 카페 창업을 함에 있어 과거와 같이 단순히 생계를 유지하거나 사업성장을 통한 부의 창출이 목적인 시대는 지났다는 것을 알 수 있다. 다양한 사람이 다양한 목적을 가지고 창업하는 카페사업의 면면을 구체적으로 살펴보면 다음과 같다.

첫째, 카페 창업자는 생계유지를 위한 수익창출을 목적으로 사업을 시작하기도 한다. 카페는 특별한 능력이나 기술이 없이도 누구나 쉽게 창업이 가능하다는 인식이 강하기 때문이다.

둘째, 사업이 성공하면 체인이나 프랜차이즈 카페로 키울 수 있고 카페 사업의 체인을 양도함으로써 큰 수익을 내기도 하며, 때때로 그 사업의 대표로 남아 지속적인 경영권을 유지할 수도 있다.

셋째, 전문직을 가진 사람이나 은퇴 후 시간과 자금의 여유가 있는 사람은 카페를 지인과 친밀도를 높일 수 있는 좋은 장소로 활용할 수 있다. 경우에 따라서는 사업적으로 활용하여 기존 사업의 효율성을 높이면서 추가 수익을 얻기도 한다.

넷째, 혹자는 카페에서의 메뉴조리가 즐겁고 지속적으로 변화하는 업무 환경을 즐기기 위한 목적으로 창업한다. 또한 도전적이고 진취적인 사람은 카페에서 매니저가 되기도 하고 어떤 날에는 고객에게 서빙을 하는 서버가 되기도 하면서 다양한 업무를 즐긴다. 국민소득이 증가하고 노년층이 늘어나면서 이런 목적의 창업을 충분히 상상해 볼 수 있다.

다섯째, 커피를 즐기고 좋아하는 사람에게 있어서 카페 사업은 그 자체로도 의미가 있다. 또한 카페 경영이 자신을 잘 표현할 수 있는 하나의 길이 될 수 있다고 생각하는 경우도 있다. 카페의 인테리어에서부터 메뉴 디자인, 매장의 분위기 등을 자신의 느낌이나 개성을 살려서 표현할 수 있다는 데 매력을 느끼는 사람도 많아서 점차 특색 있는 카페는 더 많이 늘어날 것이다.

여섯째, 사회적 책임을 다하는 질적 성장을 추구하는 사업가로서 카페 창업을 추구하는 사업가도 있다. 일례로 스타벅스코리아는 지난 2014년 1월, 2006년부터 9년간 임직원들과 회사가 조성한 '희망배달기금'이 15억 원을 돌파했다. 이 기금을 통해 총 781명의 난치병 환자 수술비 지원, 저소득층 결연아동을 위한 생활비 지원, 전국 29개 희망장난감 도서관 설립 지원 등 다양한 나눔활동을 실천했다. 어떻게 대기업인 스타벅스와 개인이 경영하는 작은 카페 사이의 사회적 책임의 크기를 비교할 수 있겠는가. 하지만 스타벅스도 처음부터 대기업은 아니었다. 작은 점포로 시작하여 지금에 이르렀다. 작은 점포로 창업하는 경영자도 사회적 책임에 더 큰 가치와 비전을 가지고 사업에 임한다면 언젠가는 큰 기업으로 성장하여 꿈을 실현하게 되는 날이 올 것이라 믿는다.

지금까지 살펴본 카페 창업의 목적은 예비창업자의 개인적 목적에 국한하고 있다. 하지만 카페 창업은 개인적인 목적을 넘어서서 사회적 차원에서의 목적도 반드시 고려되어야 한다. 카페 창업은 사회적 부의 창출, 일자리의 창출, 식재료 등의 자원 활용, 생활공간의 창조, 국가경쟁력 강화, 식문화 및 기술의 발달 등에 매우 중요한 역할을 수행한다.

3 카페 창업자의 자질

카페 창업자는 '기업가 정신에 입각하여 위험을 감수하면서 카페를 창업하고, 경영활동을 하면서 모험심을 기반으로 지속적인 혁신을 추구하는 주체'가 되어야 한다. 창업자는 기업가 정신과 전문성을 갖춘 조직원, 창업 아이템(메뉴) 그리고 적정수준의 경영 및 재무자원을 갖추고 창업에 임하게 된다. 창업자에게 필수적인 기업가 정신은 지식과 함께 기술을 포함하는 개념이다.

이는 선천적으로 타고나는 것과 후천적으로 배우는 것 등 다양한 시각이 작용하므로 충분한 준비와 노력이 필요하다. 일반적으로 쉽게 창업했다 실패하는 사람의 대부분이 아이디어나 경영자원의 문제보다는 기업가 정신의 문제였다는 사실은 많은 연구를 통해 입증된 바 있다. 특히 창업자는 성공적인 카페 경영을 위하여 창업 아이템의 창출, 경영목표 설정과 경영활동 이행, 환경변화에 대한 신속한 대응, 강력한 리더십, 지속적인 혁신, 사회적 책임 달성 등의 역할을 수행해야 한다. 큰 기업도 아니고 직원이 많은 것도 아닌 작은 점포를 창업하는 데 자질까지 운운하냐고 의아해하는 사람들이 많을 수 있다. 과거처럼 경쟁이 치열하지 않은 환경에서는 주먹구구식으로 창업하여 경영해도 큰 위험없이 사업을 유지하고 발전시킬 수 있는 경우가 많았다. 하지만 최근처럼 대기업과 경쟁하거나 전문성이 뛰어난 카페 창업자와 경쟁해야 하는 상황에서는 아무리 작은 점포라도 철저한 준비와 체계적인 경영관리를 할 수 있어야 하며, 경영자가 다재다능해야 성공 가능성이 크다는 점을 인지해야 한다. 예를 들면, 마이클 E. 거버(2008)는 《내 회사 차리는 법》에서 사업가는 "사업가로서 이상을 갖고 계획을 짜고, 관리자로서 사업을 유지하려고 애를 쓰는 것과 기술자로서의 성격이 조화를 이뤄야 성공할 수 있다."고 하였다. 작은 사업일수록 창업자가 갖추어야 할 자질은 더욱 넓고 깊어진다는 의미이다.

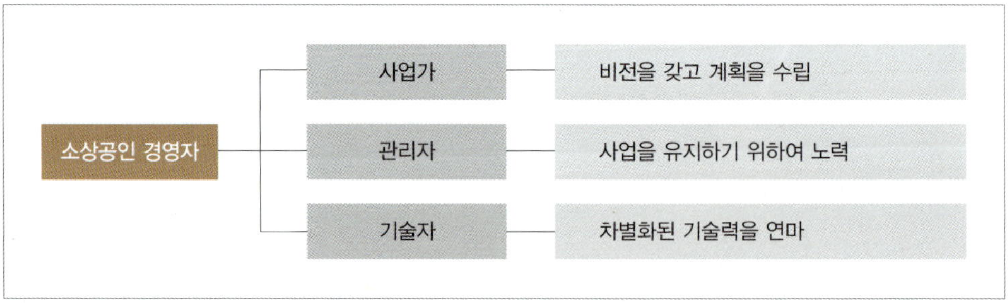

그림 1-5 소상공인 경영자가 갖추어야 할 자질

자료: 마이클 E. 거버(2008). 내 회사 차리는 법.

1) 기업가 정신의 정의

카페를 비롯한 대부분의 외식업체는 다양한 자원의 새로운 결합이 이루어지는 공간이다. 카페를 창업하고 경영하는 사업가는 항상 새롭고 차별화된 메뉴와 서비스를 창조할 수 있는 능력과 창조하려는 노력을 해야 한다. 카페도 과거와 달리 변혁을 일으키고 새로운 가치를 창출하지 못하면 치열한 경쟁에서 생존하기 어렵다. 따라서 카페 사업가가 갖추어야 할 기업가 정신은 '창업자가 현재 가지고 있는 경영자원에 구애받지 않고 새로운 기회를 사업화하려는 행위 또는 과정'으로 정리할 수 있다.

결과적으로 카페사업을 위한 창업활동은 사업가의 꿈과 아이디어로부터 출발하여 불확실한 환경에서 새로운 사업기회를 포착하고 이를 실현하려는 조직적인 가치창출 과정이라 할 수 있다.

일반적으로 보수적인 사람은 현재 보유하고 있는 자원이 무엇인지를 파악하여 그 자원의 범위 내에서만 기회를 찾고 효율적으로 자원 활용을 하려 한다. 그러나 기업가 정신을 가진 사업가는 충분히 기회를 확인한 후, 이러한 기회를 실현하는 데 필요한 자원을 외부에서라도 찾아서 활용한다. 최근 기업가 정신을 소유한 창업자들이 늘어나면서 창업이 증가하고 있다. 아울러 독립적으로 자기 자신의 꿈을 실현하는 데 주력하는 젊은이가 늘어나면서 차별화된 카페 창업으로 나타나는 현상도 확인할 수 있다.

카페 창업에 관심을 가지고 있는 예비창업자라면 카페 창업에 적합한 기업가 정신은 어떤 것인지에 대한 심도 있는 고민이 필요한데, 이에 대한 연구결과를 살펴보는 것은 매우 의미가 있다. 예를 들면, 함성필(2014)은 디저트카페 창업자를 대상으로 한 연구에서 진취성, 위험감수성, 안전추구성을 제시했다. 이 외에도 외식업체를 대상으로 한 송홍규(2013)의 연구에서는 진취성, 혁신성, 위험감수성을 기업가 정신의 주요 요인으로 분류하고 있다.

다양한 요인으로 구성되는 기업가 정신이 카페 창업자에게 어떤 의미가 있는지에 대한 결론을 도출하기는 사실상 쉽지 않다. 국내외에서 카페 창업자를 대상으로 한 연구가 많지 않기 때문이다. 다만 기업가 정신이 카페의 재무적 성과에 미치는 영향을 검증한 함성필(2014)의 연구에 따르면, 안정추구형 요인만이 재무적 성과에 영향을 미치는 것으로 나

표 1-1 디저트카페 사업자를 대상으로 한 기업가 정신 설문항목

구분	내용
진취성	나는 항상 메뉴개발 등에서 모방전략을 취하기보다는 경쟁업체를 앞서려고 노력한다.
	나는 메뉴개발 및 점포 운영과정을 자주 개선한다.
	나는 종종 새로운 것을 만들어낸다.
	나는 새로운 제품이나 서비스를 개발해 운영에 활용하는 빈도가 높다.
	나는 새로운 시장 창출과 그 시장에서의 주도적인 지위를 확보하기 위해 노력한다.
	나는 자원의 획득과 활용에 있어서 창조적이고 독창적인 행동을 한다.
위험감수성	나는 종종 수익이 확실하게 예상되지 않는 상황에서 위험을 감수하더라도 사업에 뛰어들곤 한다.
	나는 좀 더 사업을 성장시키기 위해 자주 크고 작은 위험을 감수한다.
	나는 경제상황이 불확실하더라도 투자와 성장전략을 수립하여 실천한다.
	나는 시장에서 주도적인 위치를 확보하기 위해 공격적인 마케팅 전략을 구사한다.
안전추구성	나는 내 사업에서 비교적 확실한 것만을 추진한다.
	나는 위계질서와 관행을 중시하고 파격을 배척한다.

자료: 함성필(2014). 소자본 창업가의 개인특성, 기업가 정신 및 성과에 관한 연구.

타났다. 이 연구결과만을 놓고 본다면 카페 창업자는 진취성과 위험감수성을 갖는 것도 필요하지만 가능한 한 안정적인 사업을 추구할 필요가 있다고 이야기할 수 있다.

2) 카페 창업자가 갖추어야 할 특성과 능력

소상공인 규모에서의 카페 창업자는 '카페사업을 통해 목표 수익을 얻을 목적으로 위험을 무릅쓰고 사업을 일으켜 경영을 하는 사람'으로 볼 수 있다. 창업자의 전문성, 창의성, 노력은 새로운 메뉴와 새로운 형태의 서비스 개발을 가능하게 한다. 카페의 성공 여부는 창업자의 자질과 경험, 사업의 매력도와 지속가능성, 경영자원의 효율성에 의해서 결정된다. 특히 카페 창업자의 지식과 자질 그리고 경험은 사업의 성공에 큰 영향을 미친다. 카페 창업자에게 요구되는 특성과 자질의 경우, 카페의 규모나 성격에 따라 많은 차이가 있

겠지만 본서에서는 카페 창업을 중심으로 '개인 자질'과 '관리자로서의 자질'로 구분하여 살펴본다.

(1) 카페 창업자로서의 개인 자질

성공적인 카페 창업과 경영을 위해 필요한 개인 자질은 크게 '개인의 건강상태'와 '개인 특성' 두 가지로 구분할 수 있다. 개인의 건강상태는 경영을 하는 데 가장 중요한 요소가 된다. 카페는 대체적으로 이른 아침부터 심야 시간대까지 영업을 하는 경우가 많다. 특별한 경우이기는 하지만 24시간 영업하는 곳도 있다. 이러한 환경 속에서 창업자가 경영을 하기 위해서는 건전한 정신과 건강한 육체가 반드시 필요하다. '건전한 정신은 건강한 육체에서 나온다'는 말이 있듯이 육체적으로 건강해야만 정신적으로도 건강할 수 있다. 크고 중요한 자신의 사업문제에 있어서 바른 판단을 하고 적절한 의사결정을 해야 할 창업자에게 정신적, 육체적 건강은 무엇보다 중요하다.

개인 특성은 '창조성, 지식수준, 모험심, 책임감, 성실성, 자신감, 결단력, 승부욕, 지구력, 인간적 배려' 등의 항목으로 분류할 수 있다. 창조성은 사업성공의 중요 원천 중 하나이다. 창조성은 차별화된 메뉴와 서비스 개발로 이어져 고객을 만족시킬 수 있기 때문이다. 일반적으로 훌륭한 메뉴와 서비스는 고객의 트렌드를 읽을 수 있는 눈과 상상력의 결합에 의해 만들어진다. 창업은 그 자체가 모험이다. 불확실한 미래에 대한 사업기회에 자본과 노동을 투자하는 위험한 행위이기 때문에 모험심은 카페의 성공 여부에 큰 영향을 미친다. 지식수준이란 카페 및 카페 경영에 대한 전문지식을 가지고 있어야 한다는 것으로 반드시 높은 학력에 따른 지식수준을 뜻하는 것은 아니다. 카페 창업 및 경영과 관련된 보편적인 지식을 포함하여 자신이 창업한 업종과 업태에 대한 전문적인 지식을 의미한다.

카페 창업자는 혼자서 많은 일을 처리해야 한다. 따라서 책임감을 가지고 모든 일에 솔선수범하는 성실성이 필요하다. 또한 자신이 어려움을 극복할 수 있다는 자신감과 의사결정을 행할 수 있는 결단력, 경쟁에서 이길 수 있는 승부욕과 지구력 그리고 사람의 관심을 끄는 인간적인 매력까지도 갖춘다면 금상첨화이다.

카페를 창업하기 위해서는 커피 외에도 높은 수익성을 달성하기 위한 목적으로 다양한 디저트와 차를 구비하고 판매해야 한다. 따라서 커피는 물론 차와 사이드메뉴에 대한 폭

넓은 지식과 운영능력을 필요로 한다. 그럼에도 카페의 대표상품은 커피이다. 즉 커피에 대해서만큼은 전문가로서 충분한 능력을 충분히 갖춰야 한다. 그런 차원에서 커피전문점 창업자를 대상으로 한 송은주 외(2015)의 '커피교육 커리큘럼의 상대적 중요도'에 대한 연구는 많은 참고가 될 것이다.

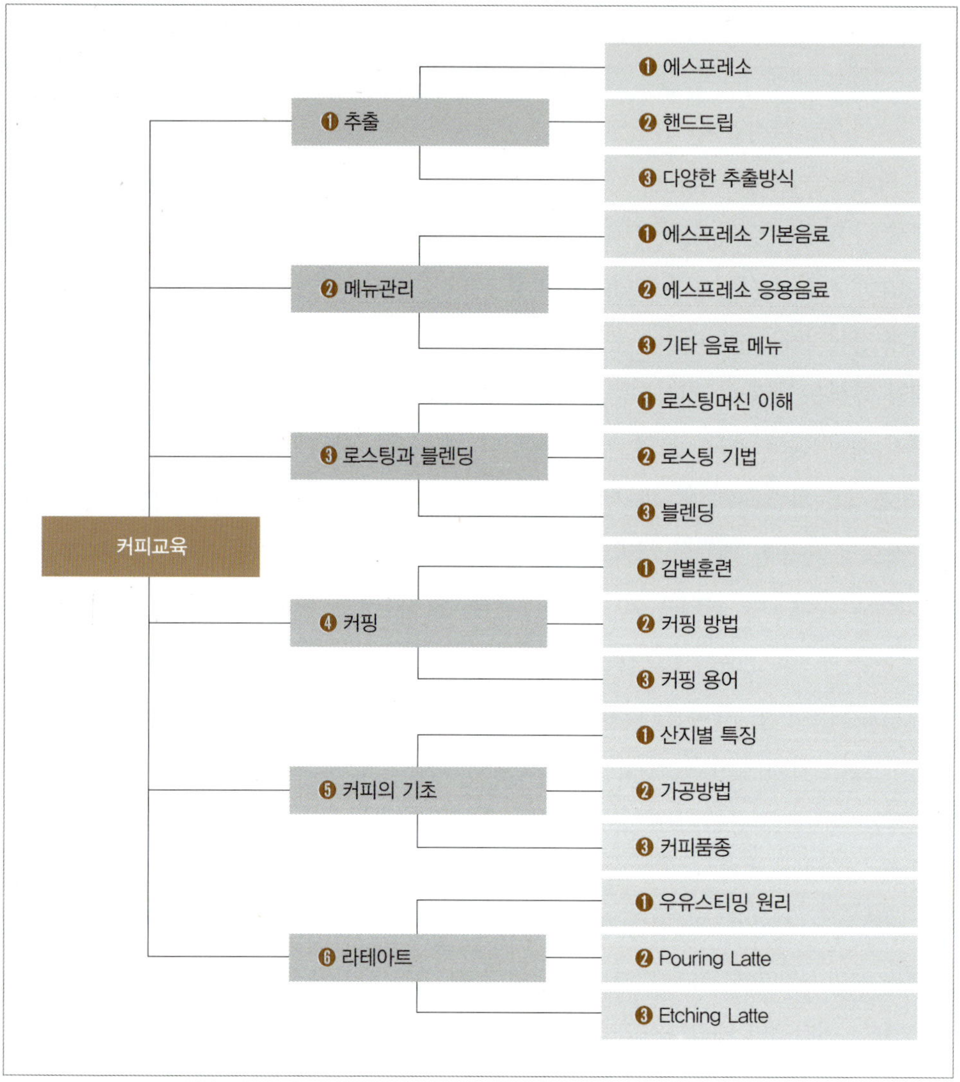

그림 1-6 커피교육 커리큘럼의 중요도

자료: 송은주 외(2015). AHP를 이용한 커피교육 커리큘럼의 상대적 중요도: 커피전문점의 창업자를 중심으로.

표 1-2 카페 창업 및 경영을 위해 갖춰야 할 자질과 추천도서

연번	내용	추천도서
1	창업과 상권분석 등에 대한 이해	• 음식점 성공창업을 위한 외식사업창업론(김영갑 외, 교문사) • 창업성공을 위한 상권분석(김영갑, 이프레스)
2	커피 관련 기술과 지식	• Coffee Inside: All About Coffee(유대준, 해밀) • 스페셜티 커피 테이스팅(호리구치 토시히데, 웅진리빙하우스) • 전광수의 로스팅 교과서(전광수, 벨라루나) • 에스프레소 바이블(안재혁·신창호, 아이비라인) • 스텝업 라떼아트(정경우, 아이비라인) • 커피 경제학(김민주, 지훈출판사) • 히말라야의 선물(히말라야 커피로드 제작진, 김영사)
3	사이드메뉴에 대한 기술과 지식	• 집에서 만드는 호텔 샌드위치(호텔뉴오타니, 달리홈) • 마스터 베이킹(홍상기, 비앤씨월드) • 파란달의 카페 브런치(파란달, 미호)
4	매장 운영에 대한 지식과 경험	• 카페 실무 매뉴얼(신기욱, 클) • 외식점포 점장매뉴얼(박진우, 형설출판사)
5	마케팅에 대한 지식과 실무 이해	• 음식점마케팅(김영갑, 교문사) • 외식 마케팅(김영갑 외, 교문사) • 외식서비스경영론(김영갑 외, 교문사) • 콕콕 집어주는 친절한 소셜 마케팅(장종희, 에듀웨이)

주: 본 추천도서는 2015년 10월 기준으로, 창업자는 신간에 대한 지속적 조사, 연구, 독서가 요구된다.

이 연구에서 추출된 상위 6개 부문과 그 중요도는 '추출 > 메뉴관리 > 로스팅과 블렌딩 > 커핑 > 커피의 기초 > 라테아트'의 순으로 나타났다. 즉 추출에 대한 교육이 가장 중요하고 이어서 메뉴관리가 중요한 교육이며 이는 카페 창업자가 갖추어야 할 기본 자질로 판단할 수 있다. 특히 커피산업은 기술의 진보가 급속도로 이루어지고 있는 영역이며, 트렌드와도 매우 밀접하게 관련돼 있기 때문에, 카페 창업자는 각 교육부문의 하위 요소에 대한 내용을 관련 도서와 관련 잡지, 세미나 등을 통해 지식을 쌓아야 한다.

(2) 카페 관리자로서의 자질

관리자로서의 자질은 '경영철학과 관리능력'으로 구분하여 설명할 수 있다.

우선, 경영철학은 사회적 책임감과 경영윤리관으로 나누어 볼 수 있다. 창업자에게 사회적 책임감이 필요한 이유는 창업자에게 사업을 성장 발전시키는 데에 대한 일차적인 책임이 있기 때문이다. 이를 위해 카페 창업자는 효율적인 경영활동을 전개하고 메뉴와 서비스를 제공함에 있어서 안정된 고용의 기회를 제공해야 한다. 또한 법규를 준수하면서 사회적 책임을 다해야 한다.

경영윤리관은 인간의 행위에 대한 판단기준인 윤리와 도덕에서 벗어나지 않는 기준 하에 창업이 이루어져야 함을 의미한다. 특히 사람이 섭취하는 음식을 다루는 카페 경영의 사회적 책임과 윤리관은 타 사업에 비하여 더욱 절실한 자질임에 틀림없다.

창업 및 경영을 위해 갖춰야 할 5가지 자질(〈표 1-2〉)은 자격증을 취득하기 위한 조건이 아니다. 관리자로서 제품을 제조하고 조리하는 과정에서 의미와 콘셉트를 설정하기 위한 첫 번째 조건이다. 이제는 서비스만 좋아서는 고객을 만족시킬 수 없으며, 서비스의 기준도 변하고 있기 때문이다. 미국계 외식 기업들은 높아진 소비자의 기준을 만족시키기 위하여 기업의 경영이념에 사회적 책임과 윤리에 대한 부분도 함께 명시하는 경향이 있는데, 세계적 아이스크림 체인인 벤 앤 제리(Ben & Jerry's)는 기업의 사명(미션)을 〈표 1-3〉과 같이 사회와 제품, 경제적 미션으로 나눠 명시하고 있다.

카페 창업을 하려는 창업자에게 관리자로서 절실히 요구되는 또 다른 자질은 자료를 분석할 수 있는 분석능력과 새로운 사업을 계획하고 업무를 개선하기 위한 예측능력이다. 또한 창업자의 기획력과 조직력 등은 기업을 이끌기 위한 리더로서의 필수조건이 된

표 1-3 카페 경영을 위한 사회적 책임과 윤리의 예시(벤 앤 제리)

구분	내용
사회적 미션	지역적으로, 국가적으로, 세계적으로 삶의 질을 발전시키기 위해 혁신적 방법들을 시작하여, 사회속에서 중요한 임무를 적극적으로 인식하는 방식으로 기업을 경영하는 것
제품 미션	최고 품질의 천연 아이스크림을 만들고 공급하며, 몸에 좋은 천연 재료를 사용하고, 지구와 환경을 보존하는 기업 경영을 촉진시키는 일에 지속적인 헌신을 통해 기쁨의 혼합물을 만드는 것.
경제적 미션	수익 증대, 우리 주주를 위한 가치 증대, 발전을 위한 기회의 확장, 그리고 우리 직원들을 위한 일자리 확충의 지속 발전 가능한 재정적 기반 위에 기업을 경영하는 것

자료: 박인정(2015). 외식프랜차이즈 기업의 경영이념에 관한 연구.

다. 이러한 능력과 더불어 강력한 업무추진력과 조직 간에 서로의 갈등을 풀어가면서 조정하는 조정력과 설득력이 필요하다. 기획력과 조직력은 원한다고 해서 한순간에 갖춰지지 않는다. 스스로 공부하는 노력과 관련 교육을 통하여 구체화하는 작업이 필요하다. 가장 먼저 해야 할 것은 관련 서적을 읽는 것이다. 세계일류기업의 기업가만 책을 읽어야 하는 것이 아니다. 카페를 창업하기 전 관련 참고문헌을 수십 권 이상을 읽고 장기 창업교육도 받아야 한다. 창업 이후에도 시간이 없다는 핑계로 책읽기를 멀리한다면 성공은 점점 멀어질 수밖에 없다. 작은 사업일지라도 그 분야에서 성공한 사람을 구체적으로 살펴보면, 대부분의 창업자들이 체계적인 시스템을 구축하기 위해 10년 이상의 시간을 투자하고 나서야 그 자리에 설 수 있었음을 발견하게 된다. 창업은 장기적이고 심도 깊은 준비기간을 거쳐 시작해야 한다. 그것이 관리자로서의 자질을 갖추기 위한 첫 번째 과제라는 점을 명심해야 한다.

3) 카페 창업자가 받아야 할 교육

통계청 자료에 따르면 창업 1년 이내의 폐업률은 20%에 육박하고, 2년 이내의 폐업률은 47%에 이르고 있다. 다시 말하면 카페 창업을 비롯한 소상공인창업이 무분별하게 시작되고 단기간에 폐업에 이르는 악순환이 지속되고 있다는 것이다. 준비 없는 창업이 성공할 확률은 매우 낮다. 국내 자영업자 수는 세계에서 인구대비 최고 수준으로 알려져 있다. 그만큼 경쟁이 치열하다는 의미이다. 물론 자본주의 사회에서 경쟁이 없는 분야는 없다. 어디나 치열한 경쟁이 존재하므로 준비된 자만이 성공할 수 있다. 과연 창업에 있어서 준비란 무엇을 의미하는가? 창업 및 경영에 대한 지식을 충분히 쌓고 경쟁력을 갖추어 성공할 수 있는 지혜를 얻는 것이 바로 준비이다. 예비창업자는 창업교육을 받거나 자기 스스로 창업 및 경영에 필요한 학습을 할 필요가 있다. 이론적인 학습을 현실적인 경험과 잘 결합시키는 노력도 필요하다.

오종근·김준호(2010)의 '예비창업자의 개인적 특성에 따른 창업교육 필요성에 관한 연구'에서는 '원가계산 및 관리, 직원교육 및 관리, 시장환경 및 경향분석, 입지 및 상권분석, 경영마인드, 홍보 및 마케팅, 자금조달 및 관리, 회계 및 세무, 유망아이템 선정방법, 사업타당성분석, 고객관리와 응대법' 등을 창업을 위해 교육받거나 학습해야 하는 공통과목으로 제시하고 있다.

한정화·이명자(1998)의 '한국의 창업교육실태와 개선방안'이란 연구에서는 대학과 비대학을 기준으로 창업교육을 위한 교과목을 분류하여 제시하고 있다. 먼저 창업이론으로 '창업가의 성격과 기업가 정신', 창업준비 과정으로 '사업아이템 선정전략, 사업타당성분석, 사업계획서 작성, 정부의 창업지원제도 및 육성정책, 벤처기업육성정책, 창업절차, 창업자금조달과 재무관리, 회계 및 세무실무, 입지선정' 등의 교과목을 제시하고 있다.

이상의 창업교육을 위한 교과목을 토대로 할 때, 카페 창업에 있어서도 외식마케팅, 외식서비스경영, 메뉴개발과 관리, 상권분석, 사업타당성분석 및 사업계획서 작성, 회계 및 세무 등 경영 전반에 대한 학습이 반드시 필요함을 알 수 있다.

모든 예비 카페 창업자가 교육을 통한 충분한 준비와 현장경험을 마친 후 창업할 수는 없다. 다만 카페 창업으로 성공을 꿈꾸는 창업자들이라면 노력하고 준비하는 자가 성공할 수 있다는 믿음을 가지고 커피제조 교육과 실무에만 너무 치우치지 말고, 경영 전반에 대해 이해하고, 실제적인 경영능력을 갖추는 데도 많은 노력을 기울여야 한다.

학습정리

1. 프랑스어로 커피를 '카페'라 하는데, 이것이 '커피를 파는 집'이라는 뜻으로 변한 것이다. 영국에서는 17~18세기 무렵 런던을 중심으로 3,000여 개의 커피숍이 생겨나 문인·정객들이 클럽으로 이용하는 일종의 사교장 구실을 하였다. 이것이 오늘날 영국에서는 펍(pub: public house), 즉 술집(bar)으로 변모하여 대중들의 사교장으로 이용되고 있다.

2. 카페 창업을 위해서는 인적자원(창업자의 자질), 물적자원(창업 아이템), 재무지원(재무자원과 점포) 등 기본적인 3요소가 필요하다. 특히 인적자원 중 창업자의 자질은 소규모 사업에서 외부조달이 불가능한 요인으로 매우 중요시된다. 카페 경영에 참여하려는 예비창업자에게는 서비스 마인드가 필수적이다. 이외에도 성공을 위한 창업자로서의 특징과 자질을 갖추기 위한 사전준비에 많은 노력을 기울인 후 창업에 임하는 것이 실패를 줄일 수 있는 유일한 방법이다.

3. 카페는 타 사업에 비하여 많은 난점을 가지고 있는데 이를 간략히 살펴보면 다음과 같다. 첫째, 카페는 소자본으로 쉽게 창업할 수 있다고 부추기는 프랜차이즈 본사와 창업컨설팅 업체들이 많아 예비 창업자가 충분한 준비 없이 창업하게 되는 배경이 되기도 한다. 둘째, 카페는 커피와 다양한 차나 사이드메뉴 등에 대한 지식은 물론, 관련된 기기 등에 대한 전문가적 지식을 필요로 한다. 셋째, 예비 창업자들이 자신이 카페 경영에 적합한 능력, 개성, 자질을 가지고 있는지 충분한 검토 없이 창업을 하는 경우가 발생한다. 넷째, 소자본 개인 창업일수록 카페 운영에는 가족들의 이해와 지원이 필요하다. 다섯째, 카페는 직원의 이직률이 높아 매장 운영에 어려움을 초래할 수 있다.

4. 카페 창업은 높은 위험에도 불구하고 적은 자본으로 자신의 노력을 통하여 사업적인 성공이 가능하다는 인식으로 인하여 많은 사람으로부터 선호되는 분야이다. 카페를 창업하려는 예비창업자는 단순한 직업창출이나 생계를 위한 경제적 이익의 확보 이외에도 체인이나 프랜차이즈 사업을 통한 고수익창출(일확천금), 지인과 친밀도를 높일 수 있는 좋은 장소 확보, 지속적으로 변화하는 업무 환경에 대한 도전을 즐기고, 특별한 기술과 삶의 방식을 배울 목적으로 카페 창업에 도전한다. 그 외에도 스페셜티 커피 자체를 좋아하는 사람에게 있어서 카페사업은 그 자체로도 의미가 있을 수 있으며, 은퇴 후 또는 경제적·시간적 여유가 있는 사람은 카페사업이 시간적 유연성과 사회적인 상호작용을 제공하기 때문에 카페 창업을 고려한다. 그리고 국가경제가 발전할수록 카페사업은 성장할 것이므로 향후 가장 전망이 밝다는 인식 등이 카페 창업을 유도하는 큰 역할을 하기도 한다.

| 연습문제 |

1. 사람들이 카페를 창업하고 경영하기를 원하는 이유(카페 창업의 목적)를 생각해 보고 만약 귀하가 창업을 한다면 어떤 목적으로 창업을 할 것인지 정리해 봅시다.

2. 카페사업은 리스크가 매우 높은 사업입니다. 다른 사업에 비하여 리스크가 높은 이유는 무엇인지 설명하고 그 근거를 제시하여 봅시다.

3. 어떤 사업이라도 성공을 위해서는 노력, 인내력, 자기수양 능력 등이 필요합니다. 특별히 카페 경영에서 필요한 개인적 특성은 어떤 것이 있을까요? 그 외에도 카페 창업에서 성공하기 위해 필요한 특성을 정리하여 봅시다.

4. 국내의 외식산업 환경은 선진국인 일본이나 미국에 비하여 경쟁력이 매우 약한 것이 현실입니다. 예를 들면, 미국은 과학적 관리법을 기반으로 한 프랜차이즈 시스템을 중심으로 글로벌 카페기업을 키워습니다. 그렇지만 카페사업을 준비하는 예비창업자의 전문성이 높아짐에 따라 향후 국내 외식산업의 경쟁력도 강해질 것으로 예상됩니다. 국내의 예비창업자가 경쟁력을 갖춘 카페기업가로 성장하기 위해 반드시 갖추어야 할 자질을 수업내용과 추가적인 조사를 통하여 정리하여 봅시다.

2장

카페 창업의 유형

2장

카페 창업의 유형

학습목표

1. 투자유형, 창업동기, 구성원 등 다양한 분류기준에 따른 카페 창업의 유형을 이해한다.
2. 대표적인 카페 창업의 유형인 독립창업과 프랜차이즈창업의 장단점을 이해한다.
3. 다양한 카페 창업의 유형 중 예비창업자의 특성과 투자금액에 따른 적절한 카페 창업의 유형을 이해한다.

'82년생 김민경 X 카페르세' 창업일기

나는 유명 외식 프랜차이즈 본부의 스타트업 멤버로 10년간 임원으로 근무했기에 프랜차이즈 창업의 장점과 단점을 잘 알고 있다. 독립창업의 장점과 단점을 유추할 수도 있다. 큰 고민을 하지 않고 나는 독립창업을 선택하였다.

이유는 크게 두 가지였다. 첫째, 변화의 속도가 점점 빨라지는 환경 속에서 빠른 방향 전환이 비교적 수월하다는 것이다. 둘째, 우리 부부의 이야기를 담은 진정성을 표현하기 용이하다는 점이다. 결국 독립창업의 가장 큰 장점은 내가 진심으로 옳다고 생각하는 방향으로 의사결정을 할 수 있다는 것이다.

나는 스스로 결정하고 책임지는 것을 즐긴다. 창업을 선택하고 스스로 경영자가 되는 것을 결정한 큰 이유다. 나의 결정을 다른 이에게 맡기고, 그가 현명한 판단을 해 줄 것을 기대하는 것은 성미에 맞지 않는다.

많은 사람들이 물었다. 퇴사 후 독립 브랜드를 론칭하고, 가맹사업을 시작하려는 것은 아닌지.

물론 그럴 계획도 있다. 하지만 지금은 욕심을 낼 시기가 아니다. 내가 창업을 해보니 무엇보다 "생존" 자체가 먼저라는 것을 깨달았다.

1

카페 유형과 카페 창업의 분류

창업의 유형을 분류하는 이유는 무엇일까?

창업이란 여러 가지 창업을 할 수 있는 대안 중에서 하나를 선택하고 그것을 만들어 가는 과정이라고 할 수 있다. 여기서 여러 가지의 창업을 공통된 특성으로 묶어보는 것을 분류라고 한다. 그리고 분류는 창업의 특성을 명확하게 이해하고 올바른 결정을 하는 데 반드시 필요하다.

꼭 창업이 아니더라도 어떤 선택이든 정확한 의사결정을 하기 위해서는 조사를 하고 조사한 내용을 분류하는 과정이 필요하다. 분류를 한다는 것은 그 내용을 정확하게 이해하는 것을 전제로 한다. 즉 여러 가지의 선택 대안을 각각의 특성에 따라서 집단으로 묶어보는 과정은 선택을 하는 데 있어서 큰 도움이 된다. 카페 창업에서도 동일한 선택의 과정과 원칙이 적용된다는 가정 하에 카페 창업의 유형을 분류해 보기로 한다.

카페 창업은 카페의 유형에 따른 분류가 가능하며, 창업의 분류는 단순히 카페 창업의 유형을 나누자는 측면보다는 창업자가 자신에게 가장 적합한 창업방법을 찾는 데 꼭 필요한 자료가 된다는 의미가 더 크다고 하겠다. 또한 카페 창업의 유형을 살펴보는 것은 창업을 하려는 카페의 콘셉트를 설정하는 데도 많은 도움이 된다. 이어서 카페 창업의 구체적 유형을 살펴보면, 창업자가 자신의 상황에 가장 적합한 유형을 선택하는 데 참고가 될 것이다.

1) 카페 유형에 따른 분류

카페에서 판매되는 메뉴와 선택속성에 따라 카페 유형을 구분할 수 있다. 보통, 카페 메뉴를 큰 카테고리로 나누면 음료와 디저트로 구분이 가능하다. 현재 우리는 음료를 판매하는 곳과 디저트를 함께 판매하는 곳을 카페라고 부르고 있지만 정확한 유형 구분이 필요하다. 이런 의도에서 곽성민(2011)의 연구논문을 기초로 카페 유형을 분류해 본다.

카페 유형은 고객의 소비패턴과 선택속성에 따라 프랜차이즈형 카페, 로스터리/드립형 카페, 멀티목적형 카페, 식음목적형 카페로 분류할 수 있다. 프랜차이즈형 카페에 속하는 대표적인 브랜드는 스타벅스, 이디야, 엔제리너스, 카페베네, 커피빈 등으로 구분할 수 있으며, 로스터리/드립 카페는 스페셜티 커피를 전문으로 취급하는 개인브랜드의 카페들이 대부분이다. 멀티목적형 카페는 북카페와 갤러리카페, 애견카페, 키즈카페처럼 샵&샵 개념의 테마를 중심으로 만들어진 카페를 말하며, 식음목적형 카페는 요즘 유행하고 있는 브런치 카페와 전문베이커리 카페로 구분하여 분류할 수 있다. 또한 곽성민의 연구에서는 카페 선택속성의 중요도를 함께 다루고 있는데, 첫 번째 조건으로 여유로운 공간의 실내인테리어 및 분위기를 꼽고 있다. 두 번째는 커피의 맛, 세 번째는 실내 및 화장실의 청결, 마지막으로 직원의 친절한 태도를 꼽았다. 이처럼 선택속성의 중요도와 이용하는 시간과 사람, 목적에 따라서 구분하기도 한다. 카페 유형을 아래의 〈표 2-1〉과 같이 정리하면, 현재 분류해 놓은 카페 유형에 대한 내용이 모두 포함되어 있다는 사실을 알 수 있다 .

표 2-1 카페 유형과 구분

카페 유형	대표 브랜드	내용
프랜차이즈형 카페	• 스타벅스 • 이디야 • 카페베네 • 엔제리너스 등	대중 지향형
로스터리/드립형 카페	• 스페셜티 커피 전문의 개인브랜드 카페	전문가 지향형
멀티목적형 카페	• 북카페 • 갤러리카페 • 애견카페 • 키즈카페 등	볼거리 지향형
식음목적형 카페	• 브런치 카페 • 베이커리 카페	먹을거리 지향형

자료: 곽성민(2011). 커피전문점의 유형과 공간디자인 마케팅 표현요소 연구를 기초로 저자 수정.

2) 프로그램에 따른 분류

이제 카페는 단순히 음료를 마시고 음식을 섭취하는 공간 그 이상의 상태에 와 있다. 단순히 음료를 마시던 카페에서 다양한 프로그램을 즐기는 카페로 변모하고 있는 것이다. 예를 들면 공연과 전시 프로그램이 접목된 카페가 생긴다거나 강의와 체험을 제공하는 카페도 있다. 공방과 아트숍이 결합된 카페를 비롯하여 이벤트를 제공하는 카페도 늘고 있다.

최근에는 특정 목적을 가진 단체들의 모임을 주최하는 것을 주목적으로 하는 카페도 등장했다. 카페가 매우 적극적인 커뮤니티 공간의 역할을 주도하고 있다고 볼 수 있다. 좀 더 자세한 카페 프로그램에 따른 분류와 내용은 〈표 2-2〉를 참고하기 바란다.

표 2-2 카페 프로그램 유형

프로그램 유형	내용
공연·전시	• 공연: 어쿠스틱 및 밴드공연, 클래식, 뮤지컬, 재즈 등의 다양한 음악공연이 열림 • 전시: 사진전, 드로잉전, 일러스트 및 작품창작 과정의 전시가 열림
강의·체험	• 강의: 커피 바리스타 및 커피에 관련된 여러 주제의 강의, 차 수업, 음식특강, 악기수업, 플라워 강의, 인문학 강의 등 다양한 주제의 강의가 열림 • 체험: 커피 시음을 비롯하여 커피 로스팅 체험, 커피공예, 바리스타 직업 체험 등이 열리고 있으며, 또한 카페 안에서 진열되어 판매하는 상품에 대한 이용도 가능함
공방·아트숍	• 공방에서 제작된 티셔츠 및 금속공예 작품은 아트숍을 통해 전시되고 판매가 이루어짐
이벤트	• 아트마켓 및 프리마켓이 열리며 카페공간 대여를 통해 다양한 파티, 팝업스토어 등의 장소로 활용됨
만남·교류	• 예술가의 모임, 출판기념회 등 다양한 교류를 통해 커뮤니티 모임이 형성됨

자료: 박혜림(2015). 문화공간으로서 카페의 기능과 프로그램에 관한 연구. p.95.

3) 활동유형에 따른 분류

또한 카페는 창작, 유통, 소비와 같은 활동을 하는 공간으로 기능하고 있다. 카페의 수가 증가하며 다양한 예술 및 문화활동의 플랫폼 역할을 하는 카페들을 쉽게 발견할 수 있다.

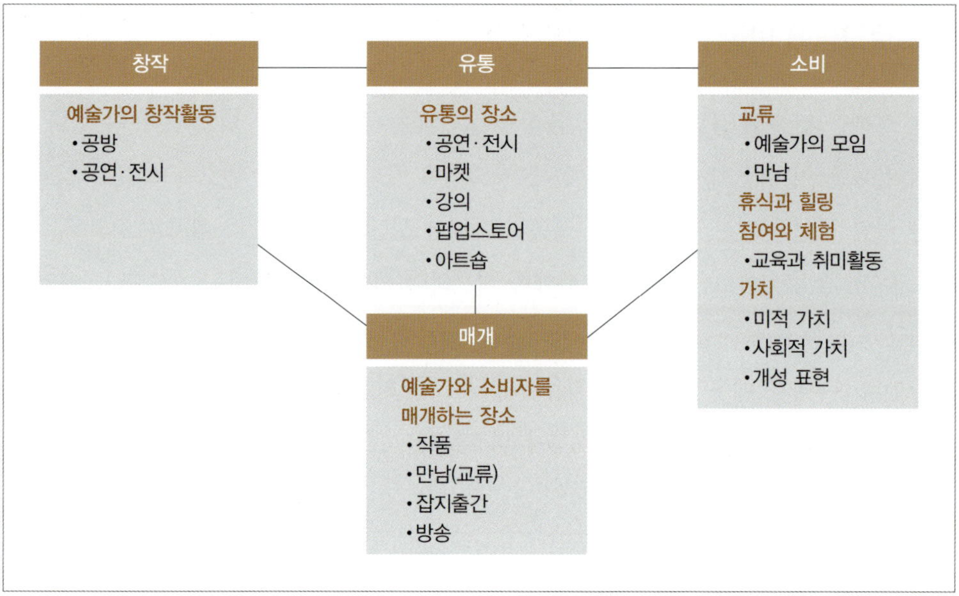

그림 2-1 카페에서의 활동유형

자료: 박혜림(2015). 문화공간으로서 카페의 기능과 프로그램에 관한 연구. p.97.

4) 문화공간적 특성에 따른 분류

카페는 생리적 욕구와 같은 낮은 수준의 욕구를 채워주는 공간에서 점차 높은 수준의 욕구를 채워주는 공간으로 인식이 변화하고 있다. 특히 카페가 문화공간적 특성이 강조

표 2-3 카페의 문화공간적 특성

복합화	생활밀착형 문화예술 소비	지역연계성
라이프스타일의 복합화 • 카페의 콘텐츠프로그램을 통한 소비의 복합화	**문화예술 소비공간** • 공공공간으로 누구에게나 열려있는 개방적인 공간 • 여가, 휴식, 취미, 엔터테인먼트 등의 문화적 욕구를 충족시키는 소비공간	**지역과 연계** • 지역의 핵심 콘텐츠와 연계 • 문화소비 콘텐츠와 연계

자료: 박혜림(2015). 문화공간으로서 카페의 기능과 프로그램에 관한 연구. p.98.

되는 이유를 여기서 찾을 수 있다. 〈표 2-3〉에서 보는 바와 같이 카페는 복합문화공간, 생활밀착형 문화예술 소비공간, 지역과 연계성을 갖는 문화공간으로 구분할 수 있다.

5) 공간구성에 따른 분류

카페는 소비공간의 하나이며, 많은 사람이 가정이나 타 공간에서 얻을 수 없는 문화공간으로서 역할을 수행하고 있다. 결과적으로 카페는 문화적 산물의 하나이며, 또 다른 문화기호를 생성하고 전달하는 삼차원적 토대가 되었다. 국내에서 카페가 활성화된 이유는 커피 자체의 역할도 있지만 김은지(2000)의 연구에 따르면, 젊은이들의 '사적공간' 부족에서 기인한다고 본다. 그런 이유로 카페 공간은 더욱 다양화되고 고급스러움을 추구하고 있다. 외국의 경우 사적공간을 이미 보유하고 있기 때문에 카페가 휴식과 만남의 공간 이상의 의미를 갖지 않는다. 즉 일차적 기능에 충실하여 소박하고 단순한 경우가 많다. 이처럼 카페를 공간구성에 따라 분류할 수 있는데, 구체적인 내용은 〈표 2-4〉와 같다.

표 2-4 카페의 공간구성에 따른 분류

구분	분류	내용
소비공간의 사용자 기준	세대에 따른 분류	청년층, 중년층, 장년층
	소득수준에 따른 분류	저소득층, 중산층, 고소득층
	라이프스타일에 따른 분류	진보적, 합리적, 전통적
소비대상의 기준	일차 기능의 공간	공간 본래의 기능적 소비 공간
	이차 기능의 공간	쾌적하고 안락한 휴식의 공간
실내 활용 기준	기능 중심의 소비공간	식사, 공연물, 영상물을 소비하는 공간
	디자인 중심의 소비공간	사적 활동을 할 수 있는 공간

자료: 김은지(2000). 현대 소비공간의 근접학적 연구. pp.31-37.

6) 문화콘텐츠에 따른 분류

프랑스인은 카페를 자유로운 대화를 즐기는 개방적 사교의 장으로 이해하고 활용한다. 그들에게 카페는 일상으로부터의 탈출이기도 했다. 그런 차원에서 프랑스 카페는 다양한 사회적 기능을 하게 되었고 이러한 기능을 수행하는 데 있어서 매우 유명한 카페들이 만들어지는 계기가 되기도 했다. 〈표 2-5〉에 정리한 바와 같이 프랑스 카페의 사회적 기능과 역사적으로 유명한 카페들이 주도했던 사회적 역할을 이해하는 것은 창업자에게 유용한 정보가 되리라 믿는다.

표 2-5 카페의 문화콘텐츠에 따른 분류

구분	분류	내용
사회적 기능	도피적 안식처	행복이 있는 만남의 광장, 팍팍한 현실에서 도피할 수 있는 유일한 안식처
	즐거움과 휴식의 공간	커피와 함께 자유롭게 담론을 즐기고 열린 사교를 하는 공간
	뜨내기 대합실	여행객들이 대중교통을 이용하기 위하여 기다리는 대합실의 역할
	민중의 의회	어떤 신분에게나 개방되었고, 누구나 자유롭게 의사를 표현할 수 있는 공간
	오락과 도박의 무대	카드게임과 주사위게임 등의 다양한 오락을 즐기고 경마도 즐기는 공간
	주민생활센터	동네 사람들이 사회생활을 하는 데 필요한 공공적 성격의 공간
	젊은이를 위한 변신	소비성향이 강한 젊은이를 위한 철학카페, 시낭송카페, 서점카페, 음악카페 등으로 변신
유명 카페 콘텐츠	프로코프	문학카페로 시작하여 18세기에는 철학카페로, 18세기 말엽과 19세기 초엽에는 혁명카페로 변화했다가 다시 문학카페로 원상회복
	되 마고	1933년 최초로 '되 마고 상'이라는 카페문학상을 수여. 메뉴판에는 '지적 엘리트가 모이는 곳'이라 표현하고 영수증에는 '문학카페'라고 정체성 과시
	플로르	많은 지성과 예술인의 사랑을 받은 곳. 문예지 '파리의 저녁'이 창간되고 많은 잡지가 기획된 곳. 메뉴판에 '내가 플로르에 이르는 길은 자유를 향한 길이었다'라는 사르트르의 글이 적혀 있다.
	꾸뽈	1927년 예술가들이 기획, 32명의 화가와 조각가가 실내장식에 참여, 개장식에 2,500명을 초대. 지금도 미술전시회, 음악 감상회, 세미나, 칵테일 파티, 댄스 파티 등이 열리는 곳

자료: 복성규(2009). 프랑스 카페의 문화콘텐츠 분석. pp.451-472.

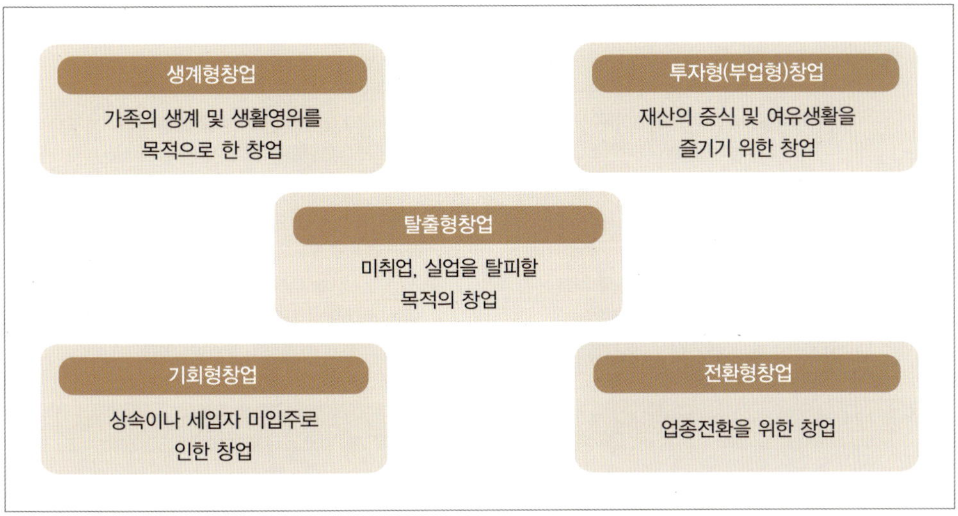

그림 2-2 창업동기에 따른 분류
자료: 김영갑 외(2015). 외식사업창업론.

7) 창업 동기에 따른 분류

창업을 그 동기에 따라 분류하면 다음과 같이 설명할 수 있다.

먼저 생계형창업으로, 가족의 생계 및 생활영위를 목적으로 하는 창업이다. 기업에서 종사하던 회사원이 직장을 그만두게 되면서 선택하게 되는 창업 유형이다. 투자형창업은 부업형창업이라고 하는데, 재산의 증식 및 여유생활을 즐기기 위한 창업으로 볼 수 있다. 그 외에도 미취업, 실업을 탈피할 목적의 창업인 탈출형창업, 상속이나 세입자의 미입주로 인한 창업으로서 기회형창업 등이 있으며, 업종전환을 위한 전환형창업도 창업동기에 따른 분류에 포함된다.

8) 구성원에 따른 분류

창업은 창업활동에 참여하는 구성원에 따라서 〈그림 2-3〉과 같이 '1인 창업, 인력조달창업, 가족창업, 여성창업, 부부창업, 동업창업' 등으로 구분한다.

1인 창업	인력조달창업
매장 규모가 작은 테이크아웃 전문 커피숍	주방 및 홀서빙 직원을 채용하여 운영하는 음식점 창업
가족창업	**여성창업**
비가족기업에 비해 더 많은 투자를 하며, 자본구조가 양호하고, 효율적인 경영구조를 가진 것으로 조사됨	현재 우리나라 사업체 중 여성이 대표인 사업체 수는 약 100만 개로 전체 사업체의 35%에 이름
부부창업	**동업창업**
인건비 절감 등을 목적으로 부부가 함께 창업하고 경영함	규모의 경제 달성을 목적으로 동업이 활성화되고 있으나 그에 따른 분쟁도 증가함

그림 2-3 구성원에 따른 분류
자료: 김영갑 외(2015). 외식사업창업론.

현재는 물론이고 향후 소규모 카페 경영에서 가장 큰 애로사항은 '인력조달'이다. 즉, 일 할 사람을 구하기가 갈수록 힘들어진다는 의미이다. 설사 사람을 구할 수 있다 하더라도 높은 인건비를 감안할 때 사업자가 원하는 수익을 달성하기가 힘들어진다. 따라서 소규모 카페 창업은 '가족창업'이나 '부부창업'이 가장 경쟁력을 갖춘 창업유형이 될 가능성이 높다. 일단 인건비에 따른 압박에서 자유로울 수 있고, 주인의식을 가지고 메뉴제조와 서비스를 제공한다는 측면에서 경쟁점포에 비해 강력한 경쟁력을 확보할 수 있다.

9) 창업 시기에 따른 분류

카페 창업을 창업자의 나이에 따라 구분하는 것도 상당한 실익이 있다. 나이는 곧 창업자의 경제적 환경과 미래에 대한 안정성을 대변하는 변수로서 높은 대표성을 가지기 때문이다. 이와 같은 관점에서 20대에 시행하는 창업을 '모험창업'이라고 분류한다. 소자본으로 큰 수익을 추구하는 형태가 가장 많은 것이 특징이다. 30대의 경우는 적정 수준의

20대 창업	30대 창업	40대 창업	50대 창업
모험창업	기반창업	전문창업	안전창업
소자본으로 큰 수익을 추구하는 형태	적정 수준의 자본금을 확보해서 창업	한 분야의 최고 전문지식과 경험을 바탕으로 창업	100% 성공이 보장되는 일만 골라서 창업

그림 2-4 창업의 시기에 따른 분류
자료: 김영갑 외(2015). 외식사업창업론.

자본금을 확보해서 창업하는 '준비된 기반창업'으로 구분할 수 있다. 40대 창업은 '전문창업'으로서 한 분야의 최고 전문지식과 경험을 바탕으로 창업하는 것이 가장 특징적이다. 50대의 경우는 상당한 자본력이 있지만 만약 창업에서 실패하는 경우 위험성이 매우 높으므로 '안전창업'을 주로 추구한다. 100% 성공이 보장되는 유형을 선택하여 창업하는 것이 50대가 추구해야 할 최상의 목표가 될 것이다. 또한 최근 노령화가 급격히 진전되면서 시니어 창업에 대한 지원도 국가적 차원에서 진행되고 있는 실정이다.

2 독립 카페 창업 및 프랜차이즈 카페 창업

1) 유형별 특징

지금까지 다양한 분류의 카페 창업 형태를 살펴보았다. 그러나 실제 창업 현장에서는 독립창업과 프랜차이즈창업으로 분류하는 것이 일반적이다. 그런 차원에서 본 장에서는 독립 카페 창업과 프랜차이즈 카페 창업의 장단점을 간략하게 살펴보고, 상황에 적합한 카페 창업유형을 선택하는 데 필요한 정보를 제공하고자 한다.

(1) 독립 카페 창업

프랜차이즈에 가맹하지 않고 창업자가 직접 모든 창업과정을 실행하는 창업유형을 독립 카페 창업이라 한다. 독립 카페 창업의 장점과 단점을 살펴보면 다음과 같다.

표 2-6 독립 카페 창업의 장단점

장점	단점
• 입지선택, 인테리어, 설비 등 모든 일을 독자적으로 수행한다. • 가격에 대한 결정권을 갖고 있다. • 독자적 경영으로 시장변화에 민첩하게 대처할 수 있다. • 사업이 성공적이면 프랜차이즈화할 수 있다.	• 창업과 경영지원을 받을 곳이 없기 때문에 모든 것을 예비창업자 스스로 판단하여 처리해야 한다. 따라서 초보자인 경우 점포 창업과 경영이 매우 어렵다.

자료: 김영갑 외(2015). 외식사업창업론.

(2) 프랜차이즈 카페 창업

① 프랜차이즈의 개요

프랜차이지(franchisee, 가맹점)가 프랜차이저(franchiser, 가맹본부)의 영업표지(상표, 상호)와 영업시스템을 사용하여 일정한 품질기준에 따른 상품 또는 서비스를 판매하도록 약정하고 이에 따른 대가로 가맹금(franchise fee)를 지급하기로 하는 독립된 사업

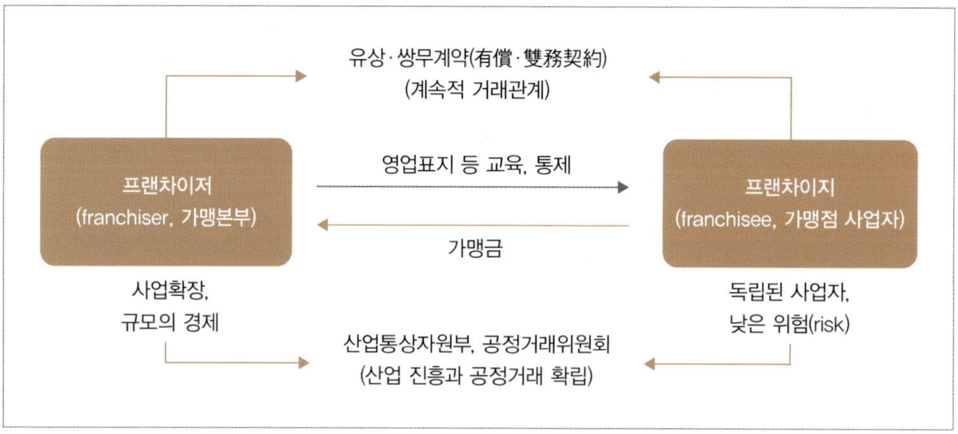

그림 2-5 프랜차이즈 시스템의 개요 및 특징

자료: 가맹사업거래의 공정화에 관한 법률 제2조

자 간의 계약을 프랜차이즈(franchise)라고 한다. 그 어원을 살펴보면 Freedom From Servitude(노예상태로부터 해방)에서 비롯된 것이라고 한다.

원래 프랜차이즈의 기원은 1850년 미국 남북전쟁 당시 싱거 재봉틀 사가 충성스런 판매 시스템을 조직한 데서 유래하였다. 이후 1950년 밀크쉐이크 판매원이던 레이 크록이 맥도날드 형제의 드라이브인(Drive-in) 레스토랑의 프랜차이즈 권리를 받아 영업하면서 보편화된 것으로 알려져 있다.

② 프랜차이즈 시스템의 특성

프랜차이즈 계약은 프랜차이저가 미리 정한 계약내용을 동의하는 자(프랜차이지)와의 계약으로 성립하는 부합계약(附合契約)에 해당된다. 이는 프랜차이저와 프랜차이지 모두가 자율성을 가지고 자본을 달리하는 독립된 사업자로 상호 협력하여 동일자본 기업과 유사한 경영효과를 달성하는 장점을 가지게 되는 형태의 시스템으로 프랜차이저 입장에서는 직접 투자를 하지 않고 사업확장을 할 수 있다는 장점이 있고, 프랜차이지 역시 검증된 사업시스템을 활용하여 리스크를 줄일 수 있어서 매우 선호되는 창업형태이다. 특히 프랜차이즈 시스템은 단순화, 표준화, 규격화를 핵심으로 하는데, 주로 단일의 제품과 서비스를 표준화하여 다수의 입지에서 규모의 경제를 통해 경쟁력을 확보할 수 있도록 설계되어야 한다.

③ 프랜차이즈의 장단점

프랜차이즈 시스템은 프랜차이저와 프랜차이지에 따라서 〈표 2-7〉과 같은 장단점이 있다. 하지만 여러 가지 단점에도 불구하고 상호간의 이익에 시너지 효과를 얻을 수 있기 때문에 개별적인 사업을 하는 경우보다 더 큰 이익을 얻을 수 있는 시스템으로 정착하고 있다.

④ 프랜차이즈 유형

프랜차이즈 유형은 크게 체인과 프랜차이즈로 구분한다. 일반적으로 체인이란 가맹사업보다는 직영점을 위주로 다점포 사업을 하는 경우를 의미하며, 프랜차이즈는 직영점보다는 가맹점으로 사업확장을 시도하는 비즈니스 모델이다. 세부적인 분류는 〈표 2-8〉과 같다.

표 2-7 프랜차이즈 카페 창업의 장단점

구분	프랜차이저(가맹본부)	프랜차이지(가맹점)
장점	• 사업확장을 위한 자본조달 용이 • 대량규모를 통한 규모의 경제 • 공동광고를 통한 비용절감 • 시스템 개발에만 주력 • 인력관리의 부담 경감	• 검증된 시스템에 의한 리스크 감소 • 소액자본으로 표준화된 사업 전개 • 본사지원에 따른 경영상 애로 감소 • 공동광고 및 판촉으로 인지도 상승 • 판매에만 전념할 수 있음
단점	• 지속적인 지원에 따른 비용 증가 • 가맹점 통제의 어려움 • Free Riding(무임승차) 현상 • 직접투자에 비해 낮은 수익률	• 지속적인 로열티 지불 • 본사와의 갈등 증가 • 개인화된 차별성 추구 불가 • 낮은 수익성과 지속적 투자

자료: 김영갑 외(2015). 외식사업창업론.

표 2-8 프랜차이즈의 유형

<table>
<tr><th>구분</th><th colspan="2">세분류</th><th>내용</th></tr>
<tr><td rowspan="2">체인</td><td colspan="2">Regular Chain</td><td>• 직영으로 운영되는 다점포 경영방식
예) 스타벅스</td></tr>
<tr><td colspan="2">Voluntary Chain</td><td>• 경영의 독립성은 유지하면서 구매, 물류 등을 공동으로 추진하는 수평적 관계의 경영방식
예) 코사마트</td></tr>
<tr><td rowspan="5">프랜차이즈</td><td rowspan="3">제공내용</td><td>제품 프랜차이즈</td><td>• 상호와 상품만 공급하는 형태, 경영노하우는 제공치 않음
예) 자동차 딜러, 전자제품, 주유소 등</td></tr>
<tr><td>시스템 프랜차이즈</td><td>• 비즈니스 포맷 프랜차이즈
예) 롯데리아, 피자헛, 맥도날드 등</td></tr>
<tr><td>제조 프랜차이즈</td><td>• 제조를 위한 특허권, 노하우 제공
예) 코카콜라, 펩시콜라 등</td></tr>
<tr><td rowspan="2">지역권한</td><td>단일점포 프랜차이즈</td><td>• 하나의 점포에만 부여</td></tr>
<tr><td>다수점포 프랜차이즈</td><td>• 프랜차이즈 개발 계약: 일정지역 사업개발 계약, 일정규모 점포 개설 의무, 의무 불이행 시 계약취소
• 마스터 프랜차이즈계약: 일정지역에서 제3자에게 프랜차이즈 계약권 부여(마스터 프랜차이지→서브 프랜차이즈)</td></tr>
</table>

자료: 김영갑 외(2015). 외식사업창업론.

2) 프랜차이즈 카페 창업 시 주의사항

이미 살펴본 바와 같이 프랜차이즈 카페 창업은 초보자도 자본만 있다면 쉽게 할 수 있다는 장점을 가지고 있다. 그래서 국내에서도 상당한 인기를 끌고 있는 카페의 유형이며, 특히 산업이 선진화될수록 프랜차이즈 카페 창업은 더욱 활성화될 것이 확실하다. 다만 이러한 장점에도 불구하고 국내외에서 불량 프랜차이즈 브랜드가 난립하여 예비창업자의 주의가 필요하다. 만약 프랜차이즈 카페 창업을 고려하는 경우라면, 다음과 같은 사항에 주의를 기울여야 한다.

- 본사의 브랜드는 경쟁력을 가지고 있는가?
- 정보공개서를 공개하고 있으며 그 내용은 신빙성이 있는가?
- 직영점과 가맹점의 비율은 어느 정도인가?
- 개점 후 가맹점의 평균 점포 업력은 몇 년이며, 타 업체와 비교해 긴 편인가, 짧은 편인가?
- 가맹점 광고를 지나치게 많이 하지는 않는가?
- 매뉴얼이 완벽하지 않고 허술하지는 않은가?
- 개점 후 지속적 관리가 체계적으로 되어 있는가?
- 본사의 수익구조가 개설수익에만 의존하고 있지는 않는가?
- 관리부와 조리실보다 영업사원의 비율이 높지는 않는가?
- 임원진의 프랜차이즈 폐해 사례는 없는가?
- 물류유통구조가 구축되어 있는가?
- 현재 관련법규가 없어 향후에 불법요소에 따른 규제가 예상되는 업종이 아닌가?

3

카페 유형의 선택

1) 기본원칙

카페 유형을 결정할 때 예비창업자의 성격에 따른 장·단점이 큰 변수가 된다. 대다수의 사람이 창업 시 가장 큰 비중을 두고 고려하는 부분은 '어떤 카페가 높은 수익을 제공해 줄까?' 라는 점이다. 하지만 자신의 성격에 대한 철저한 분석 없이 시작한 창업은 실패할 가능성이 매우 높다. 예를 들면 커피에 대한 전문성이 없는 사람이 로스터리/드립형 카페를 창업한다든지 하는 식이다.

이렇듯 전문성에 대한 고려 없이 무작정 사업성이 좋은 아이템으로 창업하려고 하는 사람이 많기 때문에 자신의 능력을 냉정하게 파악하는 것이야말로 실패를 방지하는 가장 좋은 방법이다. 따라서 여러 가지 카페 유형 중 자신의 능력과 창업자본 등을 고려하여 어떤 유형의 카페가 가장 적합할지를 미리 조사하여 둘 필요가 있다. 다음과 같은 내용도 고려하면 좋다.

- 자신의 창업환경(자본금, 경력, 나이, 가족관계 등)을 고려하여 자신과 사업의 적합성을 검증해야 한다.
- 행복하게 사업을 할 수 있어야 하므로 좋아하는 일을 찾아야 한다.
- 그동안 쌓은 경력을 적절히 활용할 수 있어야 성공가능성이 높다.
- 창업비용을 낮출 수 있는 샵&샵, 테이크아웃, 부실점포 인수, 푸드트럭 등을 고려해야 한다.
- 트렌드를 감안한 목표고객과 메뉴를 염두에 두어야 한다.
- 저투자 고수익이 가능한 무점포 사업과 인터넷을 활용한 방안을 연구해야 한다.
- 부가가치가 높은 고품질의 서비스 업태를 개발해야 한다.

2) 연령대에 맞는 창업

카페 유형의 선정 시에는 창업자의 연령도 고려 대상이 된다. 사업이란 반드시 보장되는 성공만을 추구하는 것이 아니라, 안정적으로 실패 확률을 줄이려는 노력도 필요하므로 창업자 연령에 맞는 사업 아이템을 선정하는 것이 요구된다.

3) 가족구성에 따른 창업

앞으로 카페사업의 사활은 인건비가 결정하게 될 가능성이 높다. 카페사업의 수익성에 가장 큰 영향을 미치는 항목은 식재료비, 인건비, 임차료 등인데, 이 중 사업자가 관리 가능한 유일한 비용이 바로 인건비이기 때문이다. 특히 대기업이 카페사업에 진출하면서 소규모 카페가 경쟁력을 확보하는 유일한 방법은 인건비를 절감함으로써 차별성을 확보하는 것이다. 예를 들면 1인 창업을 통해 인건비를 지출하지 않는다면 낮은 가격으로 높은 품질의 제품을 소비자에게 제공할 수 있다.

가족창업도 큰 가치를 제공하여 고객만족도를 높일 수 있는 창업유형이다. 가족은 모두가 주인의식으로 고객을 대할 수 있으며 카페경영을 도와 줄 수 있어, 절감한 인건비를

그림 2-6 연령대에 맞는 카페 창업

자료: 김영갑 외(2015). 외식사업창업론.

카페메뉴의 품질을 높이는 데 투자한다면 고객만족이 높아질 것이며 그것에 반하여 반드시 성공이 보장된다.

4) 카페 유형에 따른 장단점

지금까지 살펴보았던 여러 가지 형태의 카페 유형을 중심으로 창업에 따른 요소들의 장단점을 살펴보면 〈표 2-9〉와 같다. 예비창업자는 카페 유형에 따른 위험과 기타 장단점을 충분히 고려하여 자신의 환경에 가장 적합한 카페 형태를 선택하는 지혜를 발휘해야 할 것이다.

표 2-9 카페 유형에 따른 장단점

구분	투자비용	경험	스트레스	실패에 대한 심리적 부담	재무위험	잠재적 수익성
멀티목적형	높음	높음	높음	높음	높음	중상
로스터리/드립형	높음	매우 높음	중간	매우 높음	매우 높음	높음
프랜차이즈 (소형)	중간	낮음	중간	중간	중간	중상
프랜차이즈 (대형)	매우 높음	중간	높음	높음	높음	중상
식음목적형	높음	높음	매우 높음	높음	높음	높음

자료: Walker, John R.(2007). The Restaurant를 기초로 저자 수정.

학습정리

1. 카페의 유형은 정확히 구분되어 있지 않지만 고객의 소비패턴을 바탕으로 프랜차이즈형 카페, 로스터리/드립형 카페, 멀티목적형 카페, 식음목적형 카페로 분류할 수 있다. 프랜차이즈형 카페에 속하는 대표적인 브랜드는 스타벅스, 이디야, 엔제리너스, 카페베네, 커피빈 등을 들 수 있으며 로스터리/드립형 카페는 스페셜티 커피를 전문으로 취급하는 커피전문점으로 개인카페를 들 수 있다. 멀티목적형 카페는 북카페와 갤러리카페, 애견카페, 키즈카페처럼 샵&샵 개념의 테마를 중심으로 만들어진 카페를 들 수 있다. 식음목적형 카페는 요즘 유행하고 있는 브런치 카페와 전문베이커리 카페로 분류할 수 있다.

2. 카페 유형의 대표적인 형태는 독립 카페 창업과 프랜차이즈 카페 창업으로 구분할 수 있다. 독립 카페 창업은 자신의 책임하에 이루어지는 창업으로 충분한 경험과 지식이 있어야 하는 반면 투자비는 절감할 수 있다. 다만 초보창업자의 경우 지원자가 없다면 매우 높은 위험성을 감수해야 한다. 프랜차이즈 카페 창업은 검증된 기업의 브랜드, 영업노하우 등을 지원받아 창업하므로 안전성은 높지만 가맹비, 로열티 등의 부담이 가중되고 상권의 특성에 따라 탄력적인 영업을 할 수 없는 단점을 갖는다.

3. 프랜차이즈 카페 창업의 경우 '본사의 브랜드 경쟁력, 정보공개서상의 매출과 비용 등의 신빙성, 직영점의 운영여부와 업력, 지나친 가맹점 광고 여부, 현실적인 매뉴얼, 지속적 관리 체계, 임원진의 프랜차이즈 폐해 사례, 물류유통구조의 구축' 등을 구체적으로 점검하고 계약을 체결해야 한다.

4. 카페 유형을 결정할 때 예비창업자의 성격에 따른 장·단점이 큰 변수가 된다. 대다수의 사람이 창업 시 가장 큰 비중을 두고 고려하는 부분은 '어떤 카페가 높은 수익을 제공해 줄까?'라는 점이다. 하지만 자신의 성격에 대한 철저한 분석 없이 시작한 창업은 실패할 가능성이 매우 높다. 따라서 여러 가지 카페 유형 중 자신의 능력과 창업자본 등을 고려하여 어떤 유형의 카페가 가장 적합할지를 미리 조사하여 둘 필요가 있다.

| 연습문제 |

1. 본 학습에서 제공된 '카페 창업 유형'을 면밀히 검토하여 자신이 실제로 10년 내에 적립할 수 있는 자본금과 개인적 특성 및 적성에 가장 적합하다고 판단되는 창업유형을 결정해 보시기 바랍니다. 특히 다양한 카페 유형을 반드시 고려하여 조합을 만들어 보시고 단순히 경제적 이익만을 추구하기보다 가치 있는 삶을 누리기 위한 수단으로서의 평생직업이란 개념을 함께 고려하여 정리해 보시기 바랍니다.
2. 프랜차이즈 카페 창업을 위해서는 프랜차이즈 본사에 대한 확인뿐만 아니라 기존의 가맹점을 방문하여 본사 지원 사항 및 가맹점주의 만족도에 대한 조사가 반드시 필요할 것입니다. 다양한 문헌과 인터넷 자료조사를 통하여 카페 프랜차이즈 가맹 시 참고할 체크리스트를 직접 만들어 보시기 바랍니다.
3. 1인 창업으로 성공한 사례를 조사하고 장단점을 정리한 후 자신이 창업을 한다면 어떻게 개선할 수 있을지 조사하여 봅시다.
4. 가족 카페 창업의 장점과 단점을 정리하고 주위에서 가족창업으로 성공한 카페를 조사한 후, 가족 카페 창업으로 성공 가능한 카페의 모델을 구상해 보시기 바랍니다.
5. 자신의 현재 상황(나이, 자본금, 가족상황, 경력 등)을 고려하여 가장 적합한 카페 창업 유형을 정해 보시기 바랍니다. 기존에 성공한 카페 중에서 자신이 정한 내용과 가장 유사한 곳을 찾고 이 카페의 성공요인을 제시하여 봅시다.
6. 김은지의 연구 '현대 소비공간의 근접학적 연구: 카페의 공간구성을 중심으로'를 읽고 자신이 창업하려는 카페의 공간구성에 대한 아이디어를 정리하여 봅시다.
7. 복성규의 연구 '프랑스 카페의 문화콘텐츠 분석: 그 스토리 뱅킹 구축을 위하여'를 읽고 자신이 창업하고 싶은 카페의 문화콘텐츠 방향성과 내용을 정리하여 봅시다.

3장

카페 창업을 위한 콘셉트 개발

3장

카페 창업을 위한 콘셉트 개발

학습목표

1. 카페 창업을 위한 콘셉트의 정의, 콘셉트가 갖추어야 할 속성, 성공적인 사례 등을 이해한다.
2. 다차원적인 카페 콘셉트를 구성하는 세부요소와 요소들 간의 유기적인 관계를 이해한다.
3. 카페의 콘셉트를 개발하기 위한 프로세스와 유의사항을 이해한다.

'82년생 김민경 X 카페르세' 창업일기

콘셉트란 무엇일까? '어떤 작품이나 제품, 공연, 행사 따위에서 드러내려고 하는 주된 생각'이라고 한다. 나는 그 주된 생각의 핵심은 '진정성'이라고 본다. 진정성이 결여된 생각은 끝까지 밀고 나가기 힘들다. 결국 상호작용으로 조화를 이루어야 하는 결과물이 조화롭지 않고 산만해진다. 산만함은 고객에게 어떠한 메시지도 남기지 못하고 사라진다. 결국 고객들과 관계를 맺지 못하고 단순 거래로 끝날 가능성이 높아진다.

창업자라면 자신의 진정성이 담긴 이야기를 할 수 있어야 한다. 이것이 이유 있는 창업의 시작이다. 그 이유는 소비자가 우리 매장을 선택해야 할 이유로 발전한다. 나는 그 이야기를 모든 요소에 녹이는 것이 콘셉트 개발이라고 본다. 이것이 내가 생각하는 마케팅의 시작이다. 고객은 바보가 아니다. 진짜와 가짜를 구별할 수 있다. 그리고 본능적으로 그것을 구분하려 한다. 그렇기에 진정성이 결여된 콘셉트는 위험하다.

우리 부부는 우리의 진짜 이야기가 담긴 사업체를 오랫동안 운영하고 싶다. 그래서 요즘 '힙하다'는 콘셉트를 지양했다. 시간이 지나서 바라보면 '요즘은 진부하다'는 평가를 받을 것이 뻔하다. 모든 요소에 나와 아내의 이야기를 담고 싶었다. 선택지는 수도 없이 다양했다. 그렇지만 우리의 기준이 명확했다. 이것을 콘셉트라고 하는 것 같다. 실내 디자인을 의뢰한 업체, 가구를 설계하는 업체, 상표를 비롯한 모든 편집 디자인을 총괄하는 업체 등 나의 콘셉트를 확고히 표현할 수 있도록 도와준 수많은 분들. 무엇보다 이제는 사업 동반자이기도 한 아내.

수많은 사람들과 발전적인 논쟁이 가능할 수 있었던 이유는 '명확한 콘셉트'였다. 덕분에 보다 좋은 선택을 할 수 있었다. 시간이 흐를수록 진정성이 중요하다는 것을 깨닫고 있는 요즘이다.

카페의 콘셉트를 개발하는 데 있어서 가장 중요한 요소는 무엇일까?

카페를 창업하려는 사람이라면 카페를 이용하려는 소비자들이 어떤 카페로 갈지를 선택할 때 고려하는 항목에 대하여 고민을 해 보아야 한다. 이때 소비자가 카페 선택을 위해 고려하는 요소를 '선택속성'이라고 한다. 카페의 공간적 의미, 카페가 갖추어야 할 문화적 콘텐츠, 브랜드 가치, 물리적 환경, 커피의 품질, 메뉴 등은 카페 창업을 결정하는 데 있어 매우 중요한 요소이다. 물론 이러한 요소는 누구와 어떤 상황에서 카페를 이용할지에 따라서 다르게 작용한다.

따라서 창업자는 카페를 이용하려는 고객에게 맞추어 카페의 모든 요소를 구상하고 실현해야 한다. 그래야 많은 고객이 카페를 찾고 자주 이용하게 되며, 사업자도 카페를 유지할 수 있는 수준의 충분한 수익을 올릴 수 있을 테니까. 카페의 구성요소를 결정하는 활동을 콘셉트라고 한다. 따라서 콘셉트는 카페를 창업하기 전 가장 많이 그리고 신중하게 고민해야 할 개념이다. 이제 카페 창업을 위한 콘셉트를 세부적으로 살펴본다.

1 카페 콘셉트의 개요

1) 콘셉트의 정의

콘셉트(concept)를 우리말로 번역하면 '개념, 구상, 발상' 등으로 정의할 수 있다. 경영학의 테두리인 마케팅 관점에서 본다면 '브랜드의 핵심을 소비자에게 전달하는 단순하고 통일된 표현'으로 정의한다. 이와 같은 개념의 콘셉트는 그것을 전달하려는 소비자를 파악하는 것에서부터 시작한다.

그렇다면 콘셉트는 과연 어떻게 구성될 때 가장 큰 효과를 발휘하게 될까?

콘셉트를 구성하는 핵심은 브랜드의 본질적인 특징과 차별점을 드러내는 것이어야 한다. 그리고 그 핵심을 강조하는 부가적 속성으로서 '소비자가 믿을 수 있는 근거

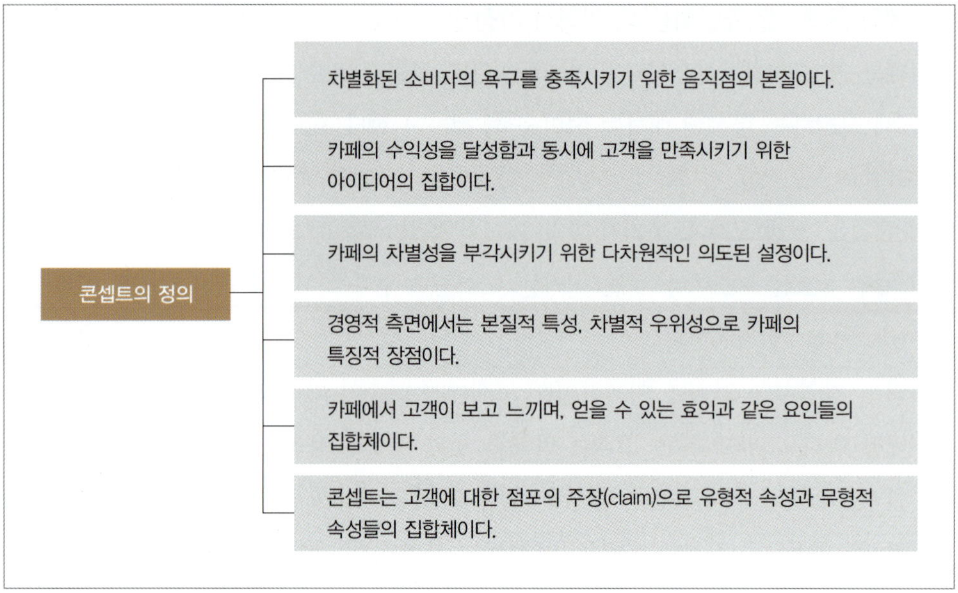

그림 3-1 콘셉트의 정의

자료: 김영갑 외(2015). 외식사업창업론.

(Rationale)', '소비자 인사이트(Consumer Insight)', '슬로건(Slogan)', '이미지(Image)' 같은 것들이 이에 포함되어 완성되어야 한다.

카페를 창업하기 위하여 카페를 구성하는 요소로서 콘셉트는 어떻게 정의할 수 있을까?

한마디로 정의한다면, '카페의 본질'이라고 할 수 있다. 그 본질은 다른 카페와 차별화되어야 하고, 소비자를 만족시켜야 하면서 다른 한편으로는 사업자의 수익성도 담보해야 한다. 결국 본질이라는 개념을 좀 더 구체적으로 정의하는 것이 필요하다.

필자는 카페의 콘셉트는 '브랜드, 고객의 이용목적, 목표시장, 콘텐츠, 테마, 메뉴와 메뉴의 수, 가격, 상권과 입지, 분위기, 서비스 형태, 판매방법, 규모와 좌석, 영업일수 및 시간, 특징적 내용과 회전율 등으로 구성된 통일된 카페의 본질'이라고 정의한다.

2) 선택속성, 성공요인, 콘셉트, 마케팅믹스의 관계

선택속성, 성공요인, 콘셉트, 마케팅믹스는 일반인에게는 생소한 용어이다. 카페를 경영하고 있는 사업자도 처음 듣는 용어들일지 모른다. 하지만 카페를 창업하고 경영하기 위해서는 이 네 가지 용어의 의미를 정확히 이해할 필요가 있다.

'선택속성'은 카페를 소비자 입장에서 바라보는 시각이다. 소비자가 카페를 선택하기 위해 고려하는 사항들의 집합을 의미한다. 김현철 외(2010)의 연구에 따르면, 커피전문점의 선택속성으로 가장 많은 연구에서 활용되는 항목으로는 '커피의 맛, 적당한 가격, 종업원의 친절성, 내부인테리어, 분위기, 브랜드 인지도' 등이 많았다고 한다. 그리고 이와 같은 선택속성은 카페의 유형과 업태에 따라서 다르게 작용하며 소비자의 성별, 나이, 소득수

표 3-1 베이커리 카페의 선택속성

요인	변수	비고
제품특성	전문가가 직접 제조	이용행태에 영향을 미침
	청결 위생	
	제품의 맛과 질	
	신선함	
	건강을 고려한 제조	
환경 및 이미지	편안한 분위기	접근성, 이용행태, 구매유형, 구매동기에 영향을 미침
	여유롭고 아늑함	
	적절한 대화 장소	
	세련된 플레이팅	
가격 및 판매촉진	단골고객 혜택	이용행태에 영향을 미침
	점포의 인지도	
	다양한 프로모션	
	편의시설	
	적절한 가격	
종업원 서비스	신속하고 정확함	접근성, 구매유형, 구매동기에 영향을 미침
	친절함	
	주위의 평판	

자료: 김태숙 외(2015). 라이프스타일이 베이커리 카페 선택속성 및 구매행동에 미치는 영향.

준 등 인구 통계적 특성에 따라서도 차이를 보인다고 보고하고 있다.

김태숙 외(2015)의 베이커리 카페에 관한 연구에서는 선택속성을 〈표 3-1〉과 같이 '제품특성, 환경 및 이미지, 가격 및 판매촉진, 종업원 서비스'로 구분하였으며, 입지나 환경 요소를 고려한 다양한 조건에 맞는 분석을 한 후, 지역과 환경적 특성에 맞는 제품을 개발하여 마케팅 및 프로모션할 것을 제안하고 있다.

'성공요인'은 카페를 경영자 입장에서 바라보는 시각이다. 어떻게 카페를 경영해야 치열한 경쟁 속에서 살아남을 것이며 평균적인 이익률보다 높은 수익성을 확보할 것인지를 결정하는 요소의 집합을 의미한다. 예를 들면 소비자의 경험과 느낌에 영향을 주고 카페의 성패를 좌우하는 요인들이다. 상품력, 입지력, 서비스력, 점포력, 관리력 등으로 구분할 수 있다. 대부분은 앞서 언급했던 선택속성과 크게 다르지 않지만 관리력이 포함된 것이 가장 큰 차이점이라 할 수 있다. 또한 경영자가 서비스업에 적합한 성향을 가졌는지도 매우 중요하다. 그러나 국내에서는 카페의 유형이 다양하고 성공요인에 대한 접근도 상당히 모호한 면이 있어서 카페의 성공요인에 대한 조사와 연구는 찾아보기 힘든 실정이다.

'콘셉트'는 기획자의 입장에서 카페를 바라보는 시각이다. 기획자는 경영자 자신이 될 수도 있으나 컨설턴트, 프랜차이즈 사업자 또는 인테리어 사업자 등이 될 수도 있다. 최대의 만족을 원하는 소비자와 최소의 비용으로 최대의 수익을 얻고자 하는 경영자를 어떻게 만족시킬 수 있을지를 고민하는 시각을 콘셉트라고 할 수 있다. 매우 포괄적이지만 실제로는 추상적인 선택속성과 성공요인을 구체화시켜서 실현가능하게 구성한다는 측면에서 가장 현실적인 시각이라고 할 수 있다. 카페의 콘셉트는 카페의 본질로서 '브랜드, 고객의 이용목적, 목표시장, 콘텐츠, 테마, 메뉴와 메뉴의 수, 가격, 상권과 입지, 분위기, 서비스 형태, 판매방법, 규모와 좌석, 영업일수 및 시간, 특징적 내용과 회전율' 등으로 구성된다.

'마케팅믹스'는 사업을 활성화시켜서 목표수익률을 달성해야 하는 마케터의 입장에서 카페를 바라보는 시각이다. 주로 7P로 구성되는 마케팅믹스는 '제품(product), 가격(price), 촉진(promotion), 상권과 입지(place), 프로세스(process), 물리적 증거(physical evidence), 사람(people)'을 의미한다. 이러한 모든 요소가 최적의 조합으로 구성될 때 사업체의 매출이 극대화되고 비용은 최소화되며, 궁극적으로 고객만족을 이끌어내게 된다.

지금까지 살펴 본 네 가지 개념은 카페를 구성하는 삼각뿔의 4면으로 이해하면 좋다.

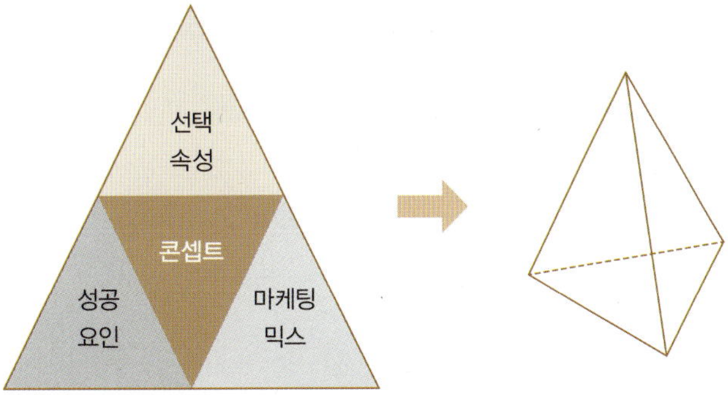

그림 3-2 선택속성, 성공요인, 콘셉트, 마케팅믹스의 관계

삼각뿔은 최상단의 꼭짓점에서 만나게 된다. 지금까지 이야기한 4가지 요소는 같은 개념을 서로 다른 이해관계자의 시각으로 바라보는 상황에서 탄생한 용어이지만 궁극적으로는 모두 적절히 조화롭게 만족시켜야 하는 시각이기도 하다. 그리고 이러한 시각은 특정고객의 시각이기도 하다. 특정고객이란 목표고객을 말한다. 사업자가 공략해 만족시키고자 하는 대상고객을 위해 선택속성, 성공요인, 콘셉트, 마케팅믹스는 하나의 삼각뿔을 형성하듯 공통분모로서 자리 잡아야 한다.

카페는 누가 어떤 메뉴로 어떻게 서비스를 제공하는가보다 누구를 위해 존재하느냐가 가장 먼저 풀어야 할 과제이다. 고객을 어떻게 만족시킬 것인지, 내가 카페 운영에 있어 어떻게 성공할 것인지, 카페의 모습을 어떻게 만들어야 좋은지를 고민하기에 앞서서 우리는 누구를 위해 카페를 경영할 것인지를 생각해야 한다.

예를 들어 주택가에서 카페를 개업하려는 사업자는 목표고객을 정확히 정해야 한다. 주부들은 오랜 시간 앉아서 사사로운 이야기를 편안하게 즐기길 원한다. 그들이 가격, 맛, 분위기 중 어떤 것을 더 중요하게 생각하는지 고민해야 하며 그런 요소들을 내가 경쟁자보다 더 적절하게 제공할 수 있을지 생각해야 한다. 경영자가 솔선수범하고 직접 서비스를 제공할 수 있을지 자문해야 한다. 사업자가 성공요인을 모두 갖췄는지 냉정하게 판단하는 것이 필요하다.

이런 과정을 거치다보면, 카페 창업자는 자신이 창조하려는 공간과 콘텐츠에 대하여 고민하게 될 것이다. 그러나 현실은 현실이다. 이상만으로 창업을 할 수는 없다. 마지막으로, 창업자가 가진 자본으로 그러한 요소들을 충분히 구현할 수 있을지를 판단해야 한다. 최소의 비용으로 최대의 효과를 낼 수 있는 효율적이면서 차별화된 비즈니스 모델이 만들어져야 한다. 카페 창업을 원하거나 또는 이미 창업한 상태에서 성공을 원한다면 이 네 가지 개념을 이해하고 그 관계를 파악하는 노력이 필요하다.

3) 콘셉트가 갖추어야 할 속성

기획자의 입장에서 성공적인 카페의 콘셉트를 설정하려면 명확성, 고객지향성, 조화와 핵심, 지속적 변화 가능성, 창의성, 테마와 구별하기, 브랜드의 표현성, 다중콘셉트 등의 속성을 충분히 이해하고 적용할 수 있어야 한다.

(1) 명확성

카페 창업자 중 일부는 명확한 콘셉트 없이 창업하는 경우가 있다. 물론 이미 명확한 콘셉트를 가진 프랜차이즈 창업이라면 창업자는 콘셉트를 만드는 게 아니고 선택하는 것

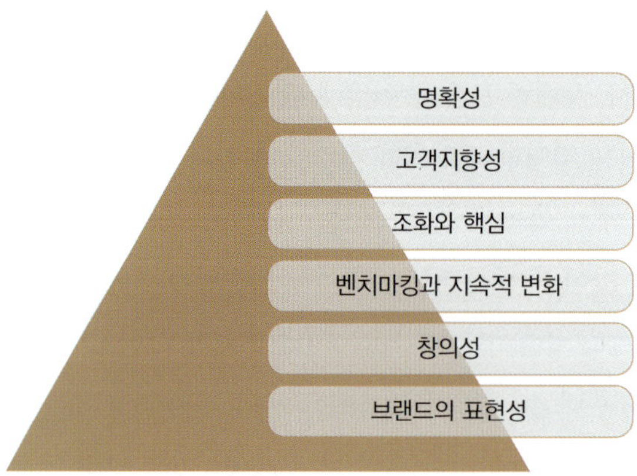

그림 3-3 콘셉트의 속성

자료: 김영갑 외(2015). 외식사업창업론.

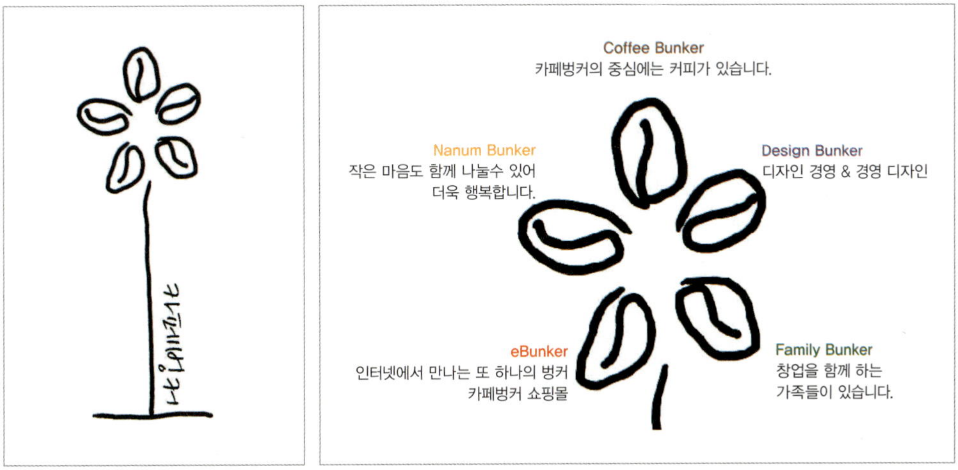

카페벙커 logo – 벙커꽃　　　사업영역 – 커피, 나눔, 쇼핑몰, 디자인, 패밀리(창업)

그림 3-4 콘셉트의 목적과 특성의 예시
자료: 카페벙커

이 된다. 그러나 독립창업을 하는 경우의 카페라면 로고, 사인, 유니폼, 메뉴 그리고 분위기와 장식을 고객에게 전달하려는 하나의 통합된 이미지로서 잘 어울리도록 콘셉트를 설계해야 한다. 콘셉트는 카페를 계획하는 과정에서 목적과 특성을 명확하게 설정하는 활동이기 때문이다.

그림 3-5 숯커피를 추출하는 바리스타
자료: 피베리브라더스

'카페벙커'는 자사의 사업영역을 '벙커꽃'이라는 타이틀로 하여, 커피원두를 모티브로 다섯 개의 사업영역을 표현했다.

의도적으로 애매한 콘셉트를 설정하는 경우가 아니라면 테마, 캐릭터, 목적 등을 명확하게 계획하고 그것을 실현할 때 카페는 고객의 마음을 움직일 수 있다. 콘셉트는 정체성이 명확해야 한다. 쉽게 기억할 수 있어야 하며, 호의적인 관계를 가질 수 있게 조화를 이룰 때 고객과의 관계 역시 단단해진다. 카페의 브랜드는 고객이 그 카페에서 무엇을 기대해야 하는지 전달할 수 있어야 한다. 예를 들어 저가형 커피 프랜차이즈의 경우 편의품으로 이미지를 인지하는 것처럼 로스터리/드립형 카페에서는 스페셜티 커피를 즐길 수 있다는 이미지를 명확하게 심어줘야 한다.

(2) 고객지향성

명확성이란 개념은 고객지향성을 기반으로 해야 한다. 고객지향성이란 사업자의 입장이 아닌 카페를 이용하게 될 고객의 관점에서 바라보는 사업의 정체성을 의미한다. 예를 들면, 프랜차이즈형 카페가 공간을 제공하고 빠른 서비스를 제공하는 관점이라면, 로스터리/드립형 카페는 스페셜티 커피를 여유롭게 즐기도록 서비스를 제공하는 관점이라고 볼 수 있다. 어떤 카페든 명확한 고객지향성을 위하여 '업의 본질'을 정하고 그것이 고객에게 잘 전달될 수 있게 카페의 모든 요소를 통합해야 한다.

그 예로 카페벙커는 〈그림 3-6〉과 같은 경영이념을 중심으로 디자인경영, 감성경영, 나눔경영을 중심으로 업의 본질을 제시하고 있다.

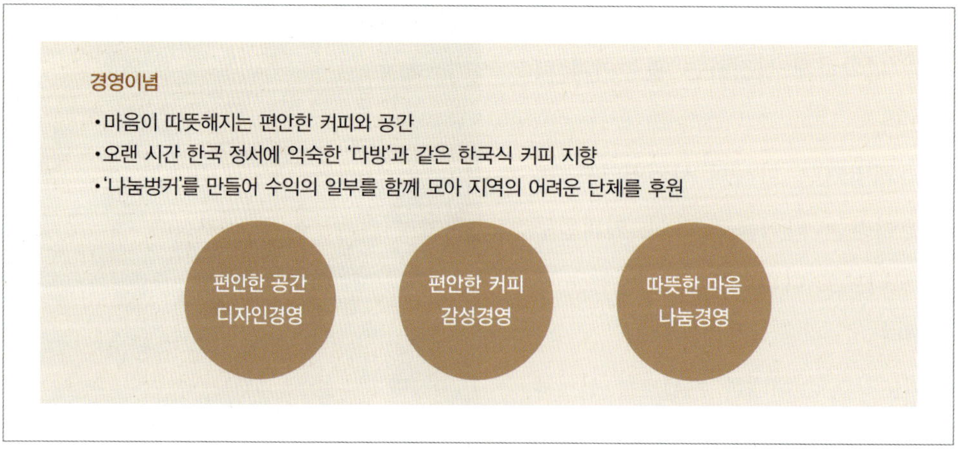

그림 3-6 카페벙커의 업의 본질 예시

자료: 카페벙커

그림 3-7 **카페의 조화와 핵심**

자료: 카페벙커

(3) 조화와 핵심

콘셉트가 있는 카페는 한 번의 방문으로도 오랫동안 기억에 남는다. 게다가 단순히 자신의 기억에만 남기는 것이 아니라 주변의 지인에게 열심히 설명하는 구전이 이루어진다. 누군가에게 알려주지 않고서는 도저히 참을 수 없는 곳이 바로 콘셉트가 있는 카페이다.

카페를 창업할 때, 반드시 이루어야 하는 과업 중 하나가 조화와 핵심이다. 조화란 카페를 구성하는 모든 유형, 무형의 항목들이 하나처럼 결합되는 것을 의미한다. 그리고 핵심은 그러한 조화를 고객이 쉽게 인지하고 감동할 수 있도록 단순화시키는 작업이다. 이런 과정을 전문가는 '콘셉트화'한다고 표현한다. 창업자에게는 카페의 정체성(Identity)을 고객에게 잘 전달할 수 있는 묘안을 찾는 과정이 필요하다. 종종 핵심과 단순화는 브랜드로 만들어지기도 한다. 흥미로운 단어로 핵심을 엮는 것이 필요하다.

결국 카페의 콘셉트란 카페의 핵심 이미지가 소비자에게 잘 전달될 수 있도록 만드는 작업이다. 자신의 카페가 고객에게 어필할 수 있는 핵심기능을 명확히 해야 한다. 비록 유사한 카페가 많더라도 정확하게 소비자의

그림 3-8 **파사드 적용 사례**

자료: 피베리브라더스

표 3-2 카페 콘셉트의 조화성

구분		수익성	
		높음	낮음
대표성	높음	카라멜마키아또, 프라푸치노	아메리카노
	낮음	마카롱	카페라떼

자료: 홍성태(2012). 모든 비즈니스는 브랜딩이다. p.90. 저자 일부 수정

수요와 욕구를 만족시킬 수 있는 핵심기능이 있다면 가중되는 경쟁 속에서도 생존 가능성을 극대화할 수 있다.

카페 콘셉트의 조화성은 메뉴의 포트폴리오에도 적용할 수 있다. 즉, 판매할 메뉴를 어떻게 구성하느냐에 따라서 조화가 잘 이루어지기도 하고, 조화가 이루어지지 않기도 한다. 예를 들면, 스타벅스가 지금까지 소비자들로부터 사랑을 받을 수 있었던 이유는 전문적인 바리스타를 트레이닝하여 높은 품질의 커피를 제공하고, 맛을 유지하는 데 있다. 스타벅스는 목표고객에게 매력적인 유인메뉴를 제공하면서도 충분한 수익성을 달성하고 있다.

(4) 벤치마킹과 지속적 변화

벤치마킹은 단순히 경쟁상대를 모방하기 위한 활동이 아니다. 일정 부분은 모방을 할 수도 있지만, 핵심은 경쟁자보다 우수한 콘셉트를 만들기 위한 개선활동이다. 완벽하게 새로운 콘셉트를 만드는 것은 현실적으로는 거의 불가능하다. 이 세상에 '완전히 새로운 것은 존재하지 않는다'고 하지 않는가. 주변에서 성공한 카페를 찾아다니며 그들의 장점과 단점을 정확히 파악하는 것은 매우 중요하다. 벤치마킹을 통해 디자인 설계, 메뉴, 서비스 등에 새로운 조합을 만들고 적절히 혼합하는 과정이 필요하다. 이때 단점은 배제하고 장점은 취하는 것이 콘셉트를 수립하는 방법이다. 수많은 전임자가 이룩한 것을 검토하여 모방하고 개선하는 것은 카페의 새로운 콘셉트를 정립할 때 많은 도움이 된다.

그러나 단순한 모방에만 그친다면 지속적 성장을 담보하기 어렵다. 카페를 창업하기 전 실제로 성공한 카페에서 경영방식이나 기타 세부사항을 직접 몸으로 익히는 것도 필요하다. 관찰만으로는 점포의 콘셉트를 완벽하게 파악하기 힘들기 때문이다. 일종의 체험과 실험을 해야 한다. 콘셉트는 눈으로만 보아서는 정확히 알기 어렵다. 해당 카페의 조직

원이 되어 내부의 모든 상황을 알기 전에는 알 수 없는 콘셉트 요소들이 많기 때문이다.

카페의 콘셉트는 점포의 라이프사이클에 따라 변화를 주어야 한다. 만약 콘셉트가 시장에서 활기를 잃게 된다면 그 즉시 카페는 새로운 콘셉트를 발굴하고 적용하는 과정을 거쳐야 한다. 이론적으로는 완벽하리라 예상했던 콘셉트도 실제 시장에서는 어느 정도의 적응기간을 거쳐야 하고, 콘셉트를 계속 변화시켜야 한다. 좌석 배열, 인테리어, 카페의 장식물, 메뉴, 유니폼 등을 트렌드에 따라 변화시켜야 한다.

스타벅스의 사회공헌 실행목표

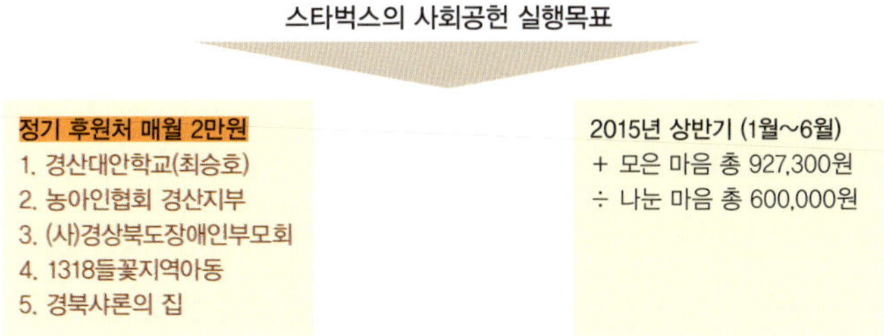

카페벙커의 나눔경영의 실천

그림 3-9 **벤치마킹과 지속적 변화 예시**

자료: (위)스타벅스홈페이지, (아래)카페벙커

다만 한번 정한 콘셉트가 소비자에게 완벽하게 전달되어 확고하게 인식될 때까지 끈기를 가지고 유지해야 하는 경우도 있다. 말콤 글래드웰은 사람이 전문가로서 인정받고 성공하기 위해서는 최소한 1만 시간을 투자해야 한다는 '1만 시간의 법칙'을 그의 저서를 통해 주장했다. 단기간에 소비자들로부터 환영 받지 못한다고 쉽게 콘셉트를 포기하거나 변화를 시도해서는 곤란하다. 다만 콘셉트의 기본철학은 유지하면서 소비자 취향의 변화에 따라 장식을 변화시키는 노력이 필요하다. 소비자들이 지루함을 느끼지 않아야 하기 때문이다. 예를 들면 카페의 좌석배치 구조를 바꾸거나 고객의 시선이 제일 먼저 머무는 곳에 포인트를 두어 계절별로 변화를 주는 노력은 해야 한다. 카페는 차별화만이 생존의 유일한 방식이며 지속적으로 유전자변형을 통한 발전을 추구하는 업체만이 살아남을 수 있다.

소규모 카페라도 대기업의 전략을 벤치마킹해야 한다. 대기업의 활동을 단지 먼 나라 일처럼 쳐다만 보고 있는 것은 감나무 아래서 홍시가 떨어지기를 기다리고 있는 것과 같다고 표현하고 싶다. 커피의 대표적인 브랜드 스타벅스의 사회 환원은 우리가 상상하지 못할 정도의 실행력을 가지고 있으며, 해마다 실행목표를 설정하여 목표를 달성하기 위한 노력을 멈추지 않고 있다. 이러한 전략들이 스타벅스를 최고의 브랜드로 각인시키는 첫 번째 요인이라고 평가하여도 틀리지 않을 것이다. 이런 활동을 개인카페도 벤치마킹하여 함께 성장하는 전략이 필요하다.

경산시 서상동에 위치한 '카페벙커'는 스타벅스의 전략을 벤치마킹하여 경영이념을 수립하고 더불어 살아가기 위해 실천하는 기업으로 성장하고 있다.

(5) 창의성

카페에서 창의성은 대부분 무형적인 형태로 존재하는 경우가 많다. 따라서 카페는 창의적인 메뉴와 서비스도 필요하지만 이를 창의적인 표현으로 전달하는 활동도 매우 중요하다.

독특한 메뉴와 다양한 디자인 컵으로 유명한 '라떼킹'은 독창적인 메뉴인 '와사비 라떼'를 출시하고, 와사비 무료 추가와 페이스북 인증샷 이벤트를 통해 고객들과 소통하는 브랜드로 입지를 다져나갔다.

통영에 위치한 '카페 울라봉'은 색다른 창의성을 보여주는 대표적 사례이다. '특별한 추억을 선물하는 카페'를 표방하는 울라봉은 '욕카페'로 유명하다. 왜냐하면 욕을 라떼아트

그림 3-10 **라떼킹의 '와사비 라떼' 이벤트 이미지**

를 이용해서 표현해주기 때문이다. 블로그에는 〈그림 3-11〉 같은 소개글이 올라와 있다.

일반적으로 창의성은 지속적인 학습과 몰입을 통해 얻어진다고 한다. 단순한 기법이나 응용이 아닌 과학을 기반으로 얻어지는 결과물로서의 창의성이 성공적인 결과를 낳는다.

어른과 아이가 함께 즐기는 창작카페 '노랑카페'는 창의성의 좋은 사례이다. 무엇보다 "아이가 놀이를 할 수 있음은 그 아이의 행복과 사회성은 물론이고 창의적이고 혁신적인

커피 위에 욕이 써져서 나오는 쌍욕라떼가 유명한 곳이다. 커피 위에 쓰여질 욕은 원하는 욕으로 주문할 수 있다. 카페 주인과 가위바위보 해서 이기면 불량식품 하나를 공짜로 준다. 카페는 통영 동피랑 마을에 있으며, 카페에는 소소한 소품들이 놓여 있다.

그림 3-11 **카페 울라봉의 쌍욕라떼**

자료: 인스타그램

마인드를 가진 어른으로 성장하는 데 결정적인 역할을 한다."로 정리된 노랑카페의 철학은 카페 콘셉트가 추구하는 목표를 잘 보여주어서 더욱 돋보인다. 그리고 좀 더 세부적으로 다음과 같은 핵심가치를 잘 전달하고 있다.

- 노랑은 놀이를 중요시합니다.
- 노랑은 자기주도적인 아이들이 되도록 격려합니다.
- 약간의 불만이 허용되어야 인내심을 키울 수 있습니다.
- 노랑은 타고난 재능보다는 노력을 강조합니다.
- 타인을 존중하고 격려하는 마음을 키웁니다.

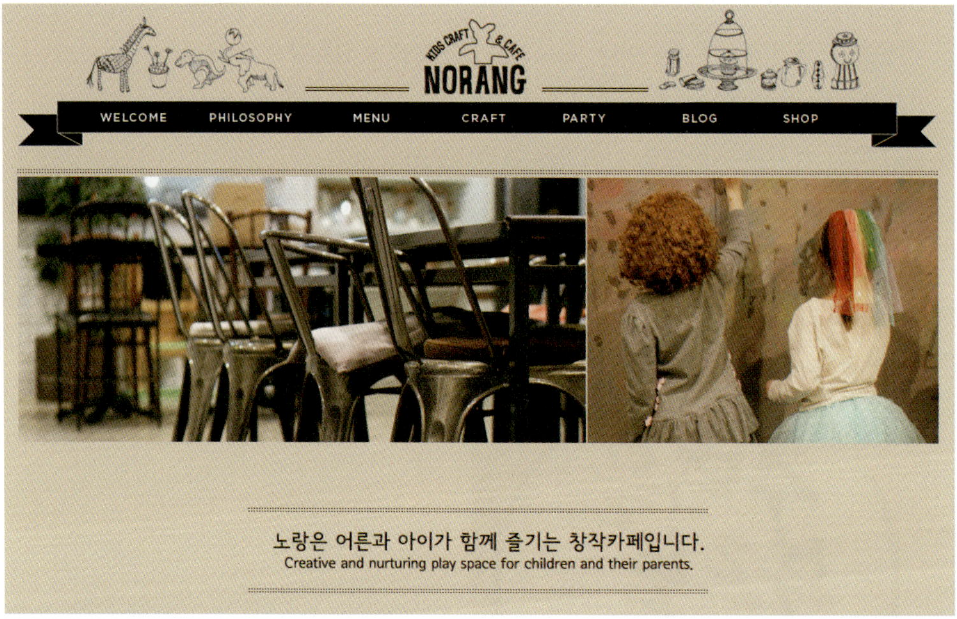

그림 3-12 **창작카페를 추구하는 노랑카페**

자료 : 노랑카페 홈페이지

(6) 브랜드의 표현성

앞서 언급한 바와 같이 브랜드는 콘셉트를 구성하는 요소 중 하나이다. 브랜드 자체만으로도 카페의 콘셉트를 명확히 전달할 수 있다. 그리고 브랜드는 그것 자체가 가치를 가지기도 한다. 즉 정체성이 확립되고 가치가 누적되면 브랜드 자체가 자산 가치를 갖는다. 따라서 카페 창업자는 브랜드에 대한 독점권을 확보해야 한다. 고유명사나 이미 상호, 상표가 등록된 브랜드는 독점적 권리를 보장받을 수 없다. 창업하고자 하는 카페의 콘셉트를 가장 잘 표현할 수 있는 브랜드를 찾기 위해서는 네이밍(상호)에 대한 사전 연구가 필요하다. 좋은 네이밍도 중요하지만 등록 가능한 네이밍이 더 중요하다. 예를 들면, 주변에서 많이 볼 수 있는 '커피'란 브랜드는 등록이 불가능하여 독점적 권리를 획득할 수 없는 고유명사형 브랜드이다. 따라서 누구나 사용이 가능하다. 결국 이런 브랜드를 만들고 사용한 창업자는 커피가 우리나라 카페메뉴를 대표하는 브랜드로 자리 잡았다 하더라도 자산으로서의 가치를 획득하지 못한다.

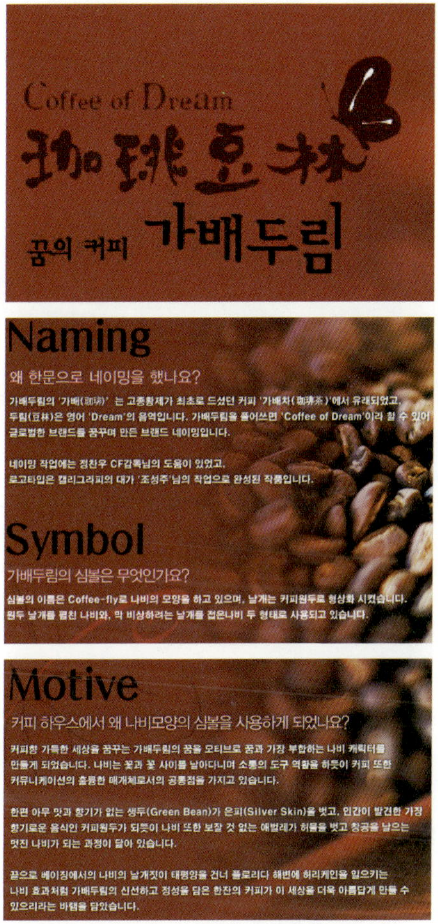

그림 3-13 브랜드의 표현성의 예시-가배두림
자료: 가배두림 홈페이지

카페 창업이 브랜드 사업이 될 수도 있다는 점을 명심하고 창업하려는 콘셉트의 카페를 가장 적절하게 표현하는 상표 및 상호 등록이 가능한 브랜드를 찾아내는 노력이 콘셉트를 설정하는 단계에서 가장 중요한 부문임을 명심해야 한다.

2 콘셉트의 구성요소

카페의 콘셉트는 '카페를 구성하는 유형적 요인과 무형적 요인의 결합으로 나타나는 다차원적 우위성'을 의미한다. 따라서 카페를 구성하는 모든 것이 콘셉트의 구성요소가 될 수 있으며, 그중에서도 고객만족도에 영향을 미치는 요인이나 카페의 선택속성 등이 중요한 근거가 된다.

이와 같은 요인을 중심으로 본 장에서는 테마, 메뉴의 유형과 수, 카페 이용목적, 목표시장, 상권과 입지, 분위기, 서비스 형태, 가격, 브랜드, 판매방법, 규모 등을 중심으로 콘셉트의 구성에 대하여 살펴본다.

1) 테마

테마란 무엇일까? 국어사전에 따르면 테마는 주로 문학에서 사용되는 용어로서 '창작이

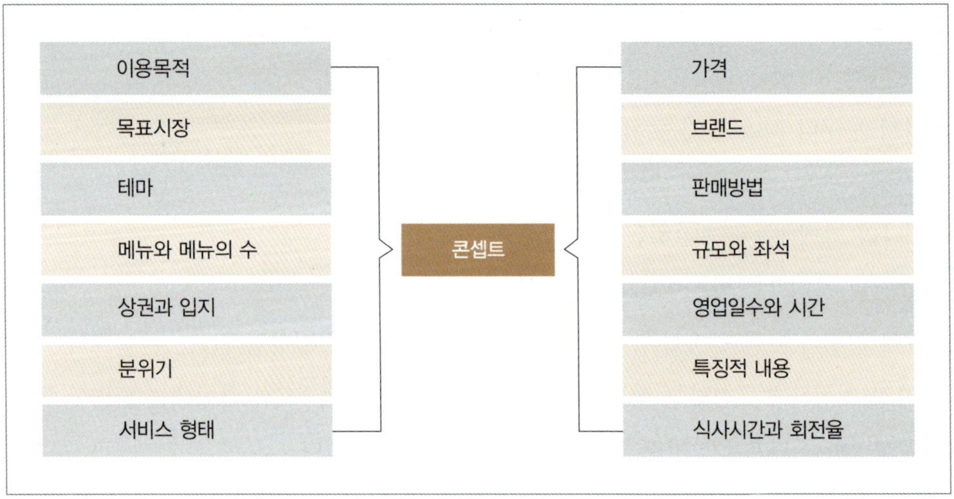

그림 3-14 콘셉트의 구성요소

자료: 김영갑 외(2015). 외식사업창업론.

그림 3-15 **한국식 다방이라는 테마로 콘셉트를 설정한 예시**
자료: 카페벙커

나 논의의 중심 과제나 주된 내용', '문학작품의 근본적인 의도나 전체적 의의'을 의미한다. '주제'와 비슷한 용어이기도 하다.

이와 같은 테마는 카페를 창업하는 데 있어서 고려해야 하는 '필수불가결'한 요소에 포함된다. 보통 테마는 카페의 콘셉트를 설정하기 위한 요소의 하나로서 카페의 이미지나 디자인 스타일을 의미한다. 카페를 소비자에게 어떻게 설명하고 묘사할까를 고민한다면 바로 테마를 고민하는 것과 같다. 예를 들어 용인에 위치한 가야 애견카페와 북카페, 정글카페 등을 들 수 있다.

카페 창업자는 자신이 의도하는 콘셉트를 실현하기 위한 직접적인 수단으로서 테마를 활용하게 된다. 다차원적이면서 모호한 콘셉트를 유형화하기 위해 테마를 사용한다. 테마는 단일화된 시각화가 가능하여 카페를 재미있게 인식할 수 있게 만든다.

최근 유행하고 있는 스터디 카페도 카페의 테마 중 하나로 볼 수 있다. 이런 유형의 카페들은 복합문화공간을 표방하면서 전시, 방송, 강연, 파티, 회의, 세미나, 스터디 등 다양한 모임이 가능하게 공간과 시스템을 구성하고 있다. 구체적인 예로 강남역에 있는 강연카페인 본커피는 다음과 같이 자신들을 소개하고 있다.

- 쉼과 지혜의 공간(**B**ook **O**ffer **R**ead **N**ew life)
- 수제 디저트와 커피, 책과 모임이 있는 따스한 공간

그림 3-16 강연카페 본커피에서 진행 중인 수채화 클래스
자료: 본커피 홈페이지

- 강연자분들과 청취자분들이 찾아주는 문화공간
- 재능기부 강연, 파워블로거, 독서세미나, 아로마테라피, 베이킹 클래스 등 다양한 주제의 강연이 이뤄지는 공간
- 곳곳에 숨어 있는 진주와 같은 아티스트의 작품을 편안하게 감상할 수 있는 공간
- '웰빙'을 지향하는 공간

2) 메뉴와 메뉴의 수

카페의 유형적인 상품인 메뉴는 카페의 대표적인 성공요인이며 경영에 있어서도 핵심적 관리대상이다. 카페메뉴의 카테고리와 세부적인 종류가 결정되어야 그에 따라 주방설계와 주방기기, 조리인력, 식자재 구입 등의 후속 작업이 가능하기 때문이다. 카페는 업종에 따라서 더욱 세분화 한 전문점들이 존재한다. 그리고 고객은 취급하는 카페메뉴에 따라 카페의 이미지를 갖게 되기 때문에 카페메뉴는 카페 콘셉트의 가장 중요한 요소 중 하나이다.

메뉴는 고정메뉴, 순환메뉴, 결합메뉴 등의 구분도 필요하다. 그리고 주력(대표)메뉴, 중점(효율)메뉴, 임시(순환)메뉴, 보조(보완)메뉴, 유인(미끼)메뉴와 같이 카페 이용고객을 만

그림 3-17 5 브루잉 커피의 전문성과 다양성을 강화한 커피 추출 메뉴판

족시키면서도 수익성을 확보할 수 있는 다양한 전략적 역할도 필요하다. 하지만 메뉴의 수가 많아지면 고객의 입장에서는 선택의 폭이 넓어지는 데 반해 카페의 입장에서는 제조의 복잡성, 식자재 구매 및 관리의 복잡성 등이 커진다. 따라서 메뉴 수를 한정하여 취급하는 카페는 다양한 고객에게 어필하기 힘들지만 전문성을 강화할 수 있고 제조의 간편함, 식자재 구매 및 관리의 용이성 측면에서 이점을 얻을 수 있다. 가능하면 전문성을 높이면서 다양성도 함께 추가할 수 있는 콘셉트의 설정이 필요하다.

3) 고객의 이용목적

카페를 이용하는 고객은 다양한 목적을 가지게 된다. 단순한 미팅을 위해, 또는 한 잔의 커피로 식사를 대신할 목적으로 방문하거나 또는 사업목적으로 또는 친구들과의 친목 등의 이유로도 찾을 때가 있다. 카페는 사회적 매개체로서 중요한 역할을 수행하기도 한다. 중요하지만 공식적으로 이야기하기 어려운 경우 우리는 커피를 마시며 깊은 대화를 나누기도 하고 스터디 등의 모임을 갖기도 한다. 이러한 상황들은 카페의 분위기와 서비스 등을 결정하는 중요한 요인이 된다.

카페의 유형에서 다루었던 '사회적 기능'에 따른 카페의 분류는 고객의 이용목적에 따른 콘셉트 설정에서 활용할 만한 근거가 될 수 있다.

No Kids Zone 운영

한국식 다방의 조용한 분위기

그림 3-18 카페의 분위기와 서비스의 결정요인

자료: 카페벙커

국내에서도 카페는 차를 마시는 공간에서 가벼운 식사도 함께 즐기는 공간으로 다양화되어가고 있다. 브런치 카페와 베이커리 카페가 이런 기능을 일부 하고 있지만 앞으로는 식사의 기능이 더욱 강화될 것으로 예상된다. 예를 들면 영국에서 상당한 인기를 누리는 카페인 '프레타망제(PRET A MANGER)'를 살펴보면 카페의 새로운 모습을 확인할 수 있다.

표 3-3 사회적 기능에 의한 카페의 분류 사례

분류	내용
도피적 안식처	행복이 있는 만남의 광장, 팍팍한 현실에서 도피할 수 있는 유일한 안식처
즐거움과 휴식의 공간	커피와 함께 자유롭게 담론을 즐기고 열린 사교를 하는 공간
뜨내기 대합실	여행객들이 대중교통을 이용하기 위하여 기다리는 대합실의 역할
민중의 의회	어떤 신분에게나 개방되었고, 누구나 자유롭게 의사를 표현할 수 있는 공간
오락과 도박의 무대	카드게임과 주사위게임 등의 다양한 오락을 즐기고 경마도 즐기는 공간
주민생활센터	동네 사람들이 사회생활을 하는 데 필요한 공공적 성격의 공간
젊은이를 위한 변신	소비성향이 강한 젊은이를 위한 철학카페, 시낭송카페, 서점카페, 음악카페 등으로 변신

자료: 복성규(2009). 프랑스 카페의 문화콘텐츠 분석. pp.451-472.

그림 3-19 프레타망제 쇼케이스와 다양한 제품들
자료: 위키미디어, 프레타망제

네이버 지식 백과에 따르면, 프레타망제는 "프랑스어로, 'Ready to Lunch'라는 뜻의 샌드위치 전문점이다. 현지에서는 'Pret'이라고 부른다. 빠른 시간에 양질의 식사를 제공하는 신개념 패스트푸드점으로 레스토랑과 일반 패스트푸드점의 장점만 모았다. 신선한 재료만 사용하며 주방에서 직접 음식을 만들어 판매한다. 그날 만든 음식은 다음 날 판매하지 않기 때문에 신선도 면에서 최고다. 50종류가 넘는 신선한 샌드위치 외에 샐러드, 수프, 초밥, 오가닉 주스, 빵, 커피 등을 판매하는 카페 유형의 하나라고 할 수 있다.

4) 목표시장

목표시장이란 일반적으로 고객의 특성이 유사한 고객층을 말한다. 성별, 나이, 소득과 같은 인구통계적 변수를 기준으로 구분하기도 하며, 사회계층이나 생활양식 등과 같은 심리도식적 변수로도 구분 가능하다. 상표충성도, 추구편익, 구매빈도 등과 같은 행동적 변수를 기준으로 목표시장을 구분하기도 하고 제품의 특성에 따라 목표시장을 설정할 수 있다.

〈표 3-4〉는 아파트 단지 입구의 상가건물에 위치한 10평 매장의 메뉴 예시이다.

주 고객층은 10~20대 학생과 30~40대 전업주부로, 학생 선호 메뉴는 파란색으로, 주

표 3-4 목표시장에 따른 메뉴 구성안

커피	기타
아메리카노 카페라테 카푸치노 바닐라라떼 카페모카 카라멜 마키아토 화이트 모카	홍차(얼그레이, 잉글리쉬 블렉퍼스트) 허브차(카모마일, 페퍼민트) 녹차라테 홍차라테 고구마라테 핫초코 민트초코 밀크빙수(하절기 한정)

자료: 라떼킹(2013). 카사노바 카페 사업 노하우 바로알기. p.275. 저자 일부 수정

부 선호 메뉴는 빨간색, 두 그룹 모두 선호하는 메뉴는 보라색으로 표시하였다.

카페의 콘셉트 설정을 위해서는 그 공간을 즐기는 대상을 생각해 봐야 한다. 과연 누구를 위한 공간으로 만들지에 대한 고민이 목표시장이라는 콘셉트 요소로 구현되어야 한다. 예를 들면, 카페의 소비공간적 측면에 따른 분류에서 살펴본 바와 같이 공간활용 목적이 일차 기능의 공간인지 아니면 이차 기능 중심의 공간을 원하는지가 중요하고, 실내 활용 기준에서도 기능 중심의 소비공간을 원하는지 아니면 디자인 중심의 소비공간을 원하는지를 면밀히 검토해야 한다.

5) 상권과 입지

상권과 입지는 단순히 어떤 지역의 어떤 건물에서 창업을 한다는 의미가 아니다. 상권은 거래의 범위, 입지는 건물이나 상가가 들어서는 물리적 공간을 의미한다. 다른 소매 업소와 마찬가지로 카페에 있어서도 상권과 입지는 매우 중요한 선택속성이다. 아무리 맛있고 유명한 카페가 있어도 접근하는 데 많은 불편과 시간이 걸린다면 재구매가 어려울 것이기 때문이다. 카페는 메뉴와 목표시장 등에 따라 오피스 중심가, 대학가 주변, 주택가, 역세권 등의 상권과 입지를 선택하게 된다.

카페의 콘셉트를 고민하면서 상권과 입지를 고려하지 않는다면 어떤 문제가 발생할까? 수익성에 문제가 생길 가능성이 가장 크다. 아무리 좋은 카페를 만들더라도 목표수익을

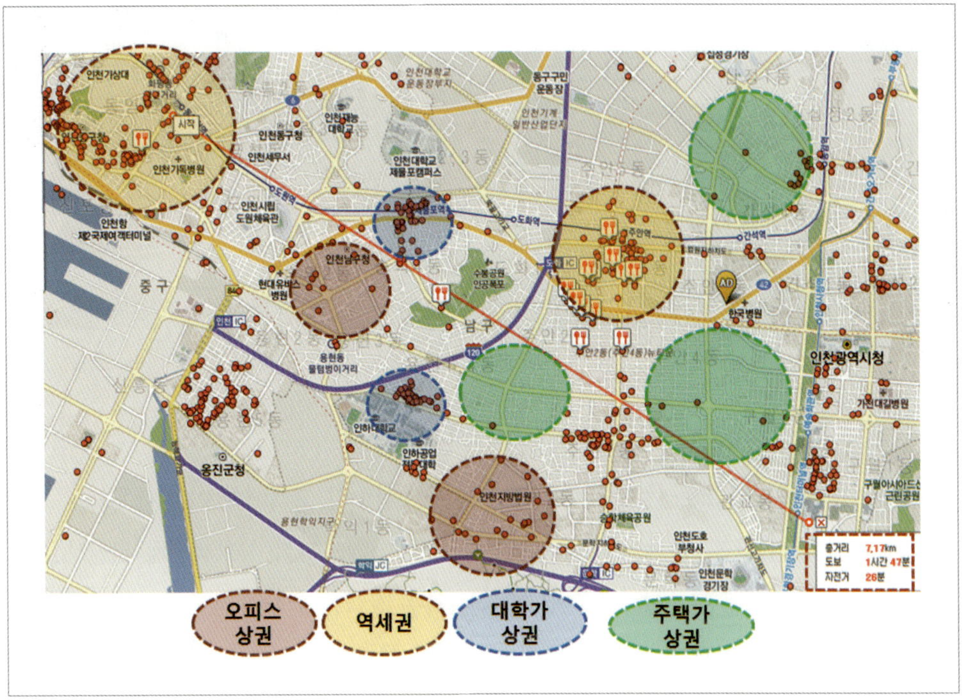

그림 3-20 상권과 입지에 따른 목표시장의 분류
자료: 다음지도(2015)

달성하지 못한다면 무슨 소용이 있을까. 상권과 입지는 수익성을 대변하는 변수에 해당한다. 총수요가 얼마나 되는지, 소비자의 구매행태와 구매시간별 특성은 어떠한지, 경쟁자의 수와 그들의 능력은 어떠한지를 알지 못하고 카페를 만든다는 것은 상상할 수도 없는 일이다.

6) 분위기

상권·입지와 함께 고객을 유치할 수 있는 요소가 바로 분위기다. 분위기란 점포의 내·외장식, 객장 및 주방의 설비수준, 청결도 등이 결합되어 표출된다. 카페는 커피를 즐길 수 있는 공간일 뿐 아니라 휴식공간, 그리고 소통의 공간으로서의 역할도 필요하다. 도노반(Donovan)은 점포 분위기가 점포의 선택행동보다는 오히려 점포 내 행동에 영향을 미친

그림 3-21 카페벙커 본점의 분위기
자료: 카페벙커

다고 하였다. 코틀러(Kotler)는 점포의 분위기를 소매업소가 고객에게 어떠한 무드나 느낌을 전달하기 위해 의식적으로 기획한 것이라고 했다. 외부 장식이 고객에게 첫인상을 심어주어 고객의 흡인에 큰 영향을 주기도 한다. 외부 장식은 건물의 형태와 전면 모습, 간판, 출입구 등으로 이루어진다. 내부 장식은 고객의 정서적 반응을 일으키며 고객이 머무는 시간과 구매의욕에 영향을 준다.

7) 서비스 형태와 판매방법

이제 카페 창업에 있어서도 서비스가 갖는 역할에 대한 인식을 새롭게 하지 않으면 서비스 산업으로서 카페의 본질을 이해했다고 말할 수 없다. 진정한 의미로 고객의 욕구에 부응하는 서비스로서 서비스의 무형적, 소멸성을 어떻게 효율적으로 유형화하여 소비자의 욕구를 충족시킬 것인지 생각해야 한다. 인적 서비스, 분위기 등의 무형 상품도 점포 나름의 특징을 살릴 수 있도록 구성하고 업소의 서비스 이념, 방침 등을 점포 특성에 맞도록 매뉴얼로 작성해 지속적인 교육을 실행함으로써 직원의 서비스 능력을 증진시킨다면 변화하는 고객의 요구에 부응하는 서비스를 제공할 수 있을 것이다.

카페 창업에 있어서 서비스는 상품의 가격을 결정짓는 중요한 요소이기 때문에 카페의 콘셉트에 적합한 서비스를 제공하는 것도 성공의 지름길이라는 점을 항상 기억하고 실천

그림 3-22 **셀프서비스를 위한 서비스테이블(컨디먼트바)**

해야 한다. 고객에 대한 서비스 방법은 크게 셀프서비스와 테이블 서비스, 카운터 서비스 등으로 나눌 수 있는데 이를 더 다양하게 세분화하여 시행할 수 있다. 또한 세부적인 서비스 내용을 살펴보면 음료의 제공방식, 고객에 대한 서비스 형태를 구체화해야 한다. 즉 도착하는 고객은 어떻게 맞이하는가? 음료는 어떻게 서비스되는가? 등 다양한 서비스 스타일이 언급될 필요가 있다.

8) 가격

가격은 고객이 상품이나 서비스를 획득 또는 사용함으로써 얻게 되는 가치에 대해 지불하는 대가로 기업 측면에서 보면 수익을 일으키는 수단이며 고객의 입장에서는 카페에서 제공되는 음료나 서비스의 경험에 대한 대가로서의 희생에 해당된다. 가격은 상기에 언급한 요소들과 유기적 관계를 갖고 있으며 원가, 경쟁자, 목표고객층 등을 감안하여 결정된다.

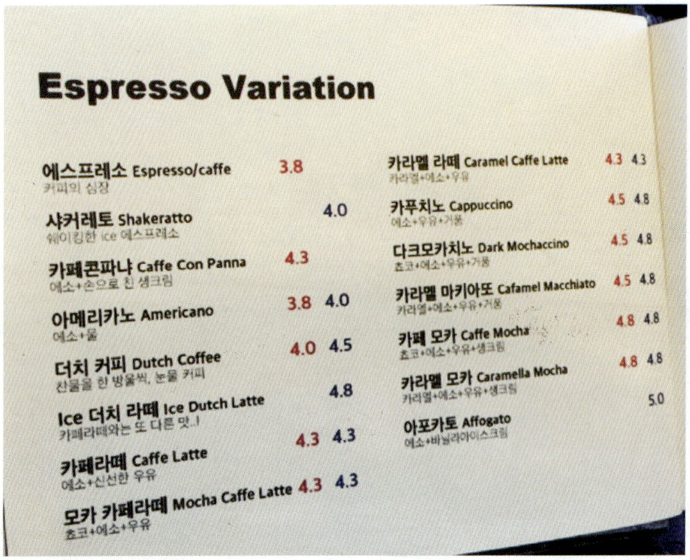

그림 3-23 **카페벙커 본점의 에스프레소 메뉴가격**

자료: 카페벙커

9) 브랜드

브랜드는 경쟁자의 제품과 구별하기 위하여 사용되는 특정 기업의 이름, 단어, 로고, 디자인의 총합이라고 할 수 있다. 상호는 제품명은 아니고 기업명이라 할 수 있다. 기업명이 제품명과 동일한 경우도 많다. 외식업소의 상호는 상호를 통해서 외식업소의 콘셉트를 어느 정도 연상시킬 수 있는 것이 보통이다.

브랜드의 본질적인 특징과 차별점은 곧 콘셉트의 핵심에 해당된다. 여기에 '소비자가 믿을 수 있는 근거(Rationale), 소비자 인사이트(Consumer Insight), 슬로건 (Slogan), 이미지(Image)' 같은 것들이 포함되면 더욱 강력한 브랜드가 된다.

10) 판매방법

고객이 카페를 방문하여 음료를 구매한다는 점에서는 과거나 현재, 별다른 차이가 없으나 판매방식은 과거와 다르게 많이 변화되고 있다. 카페의 새로운 전략으로 테이크아웃

그림 3-24 판매방식별 서비스유형
자료: 카페벙커

또는 드라이브스루를 이용하여 판매하는 방식의 셀프서비스가 활성화되고 있다. 또한 셀프서비스를 이용하여 메뉴를 구매하고 장소를 제공받아 머물 수 있도록 하는 판매방식이 일반적이다.

이와 달리 카페벙커는 인터넷을 활용하여 유통서비스 판매방식을 도입하여 매출을 극대화시키는 아이템을 개발하였다. 단, 음식점업 허가로는 즉석식품의 포장판매만이 가능하기 때문에, 온라인 유통이나 원두 납품을 위해서는 제조업을 위한 별도의 공간을 확보하고, 제조업 허가를 받은 후 온라인 유통을 위한 등록 절차가 선행되어야 한다.

최근에는 온오프라인을 결합한 판매가 가능한 수준의 대형 공장형 카페도 생겨나고 있다. 기획단계부터 공장을 겸한 대형 카페로 기획을 한 대표적인 사례로 라붐팩토리를 들 수 있다. 라붐팩토리는 커피 양산 자동화 공장, 스페셜티 커피, 브런치, 베이커리, 바리스타 학원을 종합적으로 구성한 대형 카페이다. 또한 커피회사에서 카페를 오픈한 사례로는 테라로사 커피와 한국커피에서 운영하는 팩토리 670 등이 있다.

그림 3-25 **라붐팩토리 전경 및 내부**

그림 3-26 **한국커피 팩토리 670**

11) 규모와 좌석

카페 유형에 따라 규모는 분위기와 관련성이 깊다. 내·외장을 할 때는 규모를 감안하여 결정하기 때문이다. 좌석과 테이블은 카페에서 매우 중요한 자산이다. 착석 인원과 배치, 테이블 수와 테이블 믹스는 총 매출을 결정하며 투자계획에도 영향을 준다. 카페 유형에 맞는 콘셉트를 설정하는 경우에는 설비의 배치와 테이블의 크기, 테이블 변형 가능성, 자리의 형태(부스, 룸 등), 착석 혼합형태(총 인원수) 등의 수용능력과 같은 내용을 고려해야 한다.

12) 영업일수 및 시간

영업일수와 시간은 목표 매출액 및 운영비 등을 산출하는 데 기초가 된다. 즉 매출 및 인건비 등의 중요한 재무성과지표에 직접적 영향을 주게 된다. 따라서 영업일수 및 시간결정에 있어서 시장의 수요 및 계획되는 카페의 운영스타일 등을 사전에 고려해야 하는데, 특히 주요 고객의 방문습관이 어떠한가? 하루를 쉰다면 무슨 요일이 적당한가? 주말에는 고객이 있을 것인가? 등의 의문사항에 대한 구체적인 대응을 하여야 한다. 이러한 대안은 상권과 입지를 분석하여 결정하는 것이 우선이다. 대학가 상권과 오피스 상권 그리고 주

카페벙커 본점의 좌석 형태

스타벅스의 좌석 형태

그림 3-27 카페벙커와 스타벅스의 좌석 형태

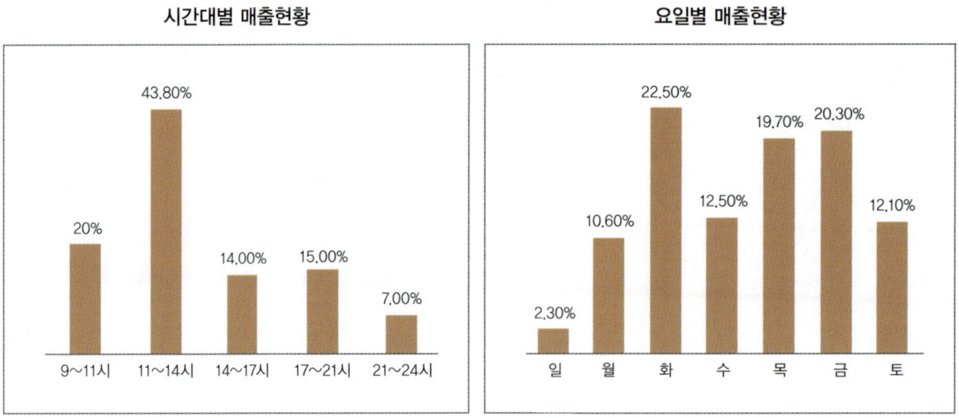

그림 3-28 상권내 영업일수 및 시간 예시
자료: 중소기업청 상권정보시스템

택가 상권의 영업일수와 시간, 휴무일은 상권의 특성에 따라 달라지기 때문이다.

13) 콘셉트 구성요소 간의 유기성

카페의 콘셉트란 카페를 구성하는 요소들을 결합한 유기적 집합체로 볼 수 있으며 창업자의 의사결정을 포함한 유·무형의 상징성과 이미지로서 차별적이고 독창적인 개념을 포함하여야 한다.

창업을 위한 첫 번째 목표는 사업목적을 명확하게 인지하고 경영이념과 목표 그리고 방침을 세우는 것이다. 사업목적이라 함은 유·무형적이면서 질적인 요소가 내재되어 있는 경영주의 이념, 철학, 인생관, 강령 등을 결합하여 장기적인 안목으로 설정하는 것이다. 이는 수익성 창출을 전제로 하면서 중요한 요인을 추진하려는 업태 콘셉트 등과 연계하여 설정하는 것이 바람직하다. 콘셉트 및 아이덴티티 확립이란 창업주 혹은 경영자의 의사결정을 바탕으로 한 기업 또는 업소의 총체적인 목표의 설정이나 그 상징성이라 할 수 있다. 카페의 콘셉트는 업장에 맞는 주콘셉트와 그에 부합한 부콘셉트를 세워 주콘셉트와 부콘셉트의 상호 연계성 효과를 갖도록 하여야 한다. 브랜드명의 결정 측면을 보자면 최근 카페들도 CI, BI(Corporate Identity, Brand Identity) 제작 개발에 힘쓰고 있으며 카페의 브랜드 개발은 이미지를 형성하는 주요 요인으로 받아들여지고 있다. 상호명의 결정과 선정 시에는 발음의 용이성, 기억의 용이성, 친밀감, 장래성, 시각적인 효과, 기쁨과 즐거움 등을 고려해야 한다.

3

콘셉트 개발 방법

콘셉트의 개발과 평가가 활발하게 이루어지고, 깊이 있게 연구되는 분야는 제조업이다. 신제품을 개발하기 위해서는 반드시 콘셉트를 먼저 설정하고 이를 시각화하여 제품화하기 전에 충분한 테스트와 평가과정을 거친다. 이때 '콘셉트 보드'가 만들어지는데, 여기에 적시하는 내용은 〈그림 3-29〉에 표기된 내용과 유사하다.

제조업에서 신제품을 개발하기 위한 콘셉트에서 고려해야 할 요소는 단순한 데 비해,

그림 3-29 콘셉트 보드 구성 내용
자료: 하지철(2010). 마케팅조사 실무노트 Ⅰ. p.56.

카페와 같은 서비스업의 콘셉트를 구성하는 요소는 14가지 내외임을 앞에서 살펴보았다. 즉 카페의 콘셉트 개발은 상당히 많은 요소를 고려해야 하므로 많은 조사와 시간이 소요될 수 있다. 다만 모든 요소를 새롭게 개발해야 하는 것은 아니다. 14가지 중 13가지는 평범하더라도 핵심 경쟁력이 될 한 가지 요소만을 차별화하는 방법도 콘셉트 개발에서 충분히 의미 있는 작업이다. 예를 들면, 대부분의 요소는 기존의 선두 점포와 유사하게 설정하고 나머지 한 가지 요소만을 차별화하는 콘셉트로 성공한 사례도 생각해 볼 수 있다.

1) 카페 창업을 위한 콘셉트 개발 프로세스

카페 콘셉트 개발을 위해 다양한 구성요소들을 어떤 순서로 어떻게 정리할지를 알아야 한다. 그러기 위해서 몇 가지 설정이 필요하다. 이른바 창업을 위한 접근법에 따라서 콘셉트를 개발하는 방법에 차이가 생기기 때문이다. 입지론적으로 창업을 하는 경우와 적지론적으로 창업을 하는 경우에 따라서 콘셉트 설정법도 차이가 생긴다.

입지론적 접근법이란 카페의 창업을 위하여 자신이 원하는 카페의 유형을 먼저 확정하고 거기에 적합한 상권과 입지를 찾는 방법론이다. 반대로 적지론적 접근법이란 점포가 확정된 상태에서 그 점포에 적합한 카페의 유형을 설정해 나가는 방법을 의미한다.

예를 들면 멀티목적형 카페(키즈카페, 애견카페 등)를 창업하겠다고 결정하였다면 이런 유형의 카페가 적합한 상권과 입지를 찾는 형식으로 콘셉트 개발이 이루어져야 한다. 그리고 이러한 접근법을 입지론적 카페 창업 절차라고 한다. 반대로 좋은 조건의 점포를 알게 되어 카페 창업을 고려하게 되었다면 해당 점포가 위치한 상권에 적합한 카페의 유형을 개발해야 한다.

어떤 방식의 접근법이든 카페 창업의 첫 번째 단계는 카페의 콘셉트를 설정하는 것부터 시작되어야 한다고 정의할 수 있다. 그리고 콘셉트를 설정한다는 것은 앞서 살펴본 14가지의 콘셉트 구성요소를 확정하는 과정을 의미한다. 콘셉트의 구조는 고객이 가지게 되는 일반적인 인식을 고려하여 설계되어야 한다. 즉 고객관점으로 만들어져야 한다. 자칫 사업만의 시각으로 만들어지는 경우 고객으로부터 외면을 받을 수 있다. 물론 사업자가 좋아하는 일을 행복하게 하기 위해서는 사업자의 전문성과 차별성을 고려해야 하지만 결국 사업자의 특성도 고객의 눈높이에 맞추는 과정이 필요하고 그래서 콘셉트의 설정이 중요하다고 할 수 있다. 또한 콘셉트의 선택은 입지, 설비 구입, 직원의 수, 마케팅 전략과 같은 미래 의사결정과 투자에 디딤돌 역할을 하게 된다는 점을 잊어서는 안 된다.

카페의 콘셉트는 〈그림 3–30〉의 프로세스에서 보는 바와 같이 다양한 요인이 결합하여 구성되는 것이므로 단일차원이라기보다는 이미 앞에서 살펴본 콘셉트의 구성요소와 같이 다차원적인 성격을 갖는다. 따라서 콘셉트를 설정하기 위해서는 일반적으로 위와 같은 프로세스를 통해 설정하게 되지만 반드시 항목이 정해진 것은 아니며 카페의 특성과 입지, 목표고객 등에 따라서 다양한 요인이 추가되거나 제외될 수 있다.

다만 콘셉트의 설정이 모든 카페 창업에서 필요한 것은 아니다. 경우에 따라서는 창업 시 콘셉트를 고민할 필요가 없는 경우도 존재한다. 예를 들어, 성공적인 프랜차이즈 기업에 가맹한다면 이미 검증된 콘셉트를 구매하는 것이므로 예비창업자가 굳이 콘셉트를 고민할 필요는 없다. 또는 번화가의 건물 모퉁이에 매우 작은 규모의 테이크아웃 커피전문점을 오픈하는 경우 역시 콘셉트를 고민할 필요가 없을 수도 있다. 심사숙고를 통해 특별한 콘셉트를 구상하는 경우는 좀 더 강력한 정체성과 특징을 필요로 하는 카페를

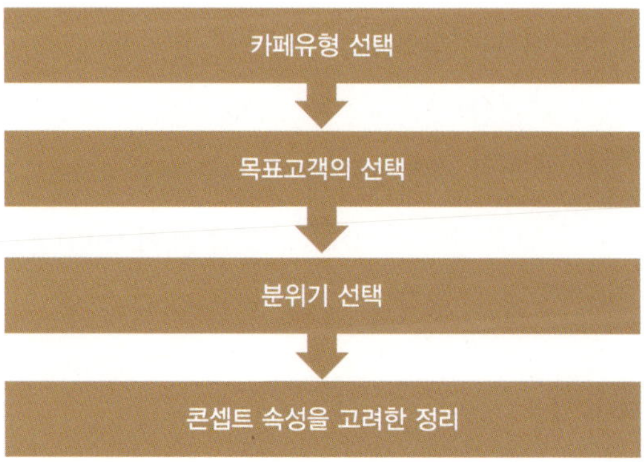

그림 3–30 콘셉트 개발 프로세스

자료: 김영갑 외(2015). 외식사업창업론

오픈하려는 상황에서 요구된다. 이런 경우 더 많은 고객을 유인하기 위해 독창적이고 차별화된 콘셉트는 성공을 위한 최상의 방안이 될 것이기 때문이다.

이하에서는 구체적으로 콘셉트의 설정을 위해 고민해야 하는 항목에 대하여 자세히 살펴보기로 한다. 다만 구체적인 콘셉트 설정단계에 들어가기에 앞서 카페 경영을 가장 가치 있게 정의하는 짧으면서 강력한 문장을 통해 고객과 직원의 '관심'을 확보하는 단계가 필요하다. 토머스 데이븐포트와 존 벡은 《관심의 경제학》에서 "사업에서 가장 중요한 요소는 '관심'이다"라고 하였다. 마인드 점유가 시장 점유에 앞선다는 점을 고려하여 기억에 남을 수 있는 방법으로 소비자와 내부고객을 유인하고 기업의 특징을 확인할 수 있는 간략하고 강력하며 관심을 끌 만한 문장을 다음 사례를 참고하여 설정해 보는 것은 콘셉트를 설정하기 위한 전 단계로서 매우 의미 있는 일이다.

- 카페벙커: 마음이 따뜻해지는 편안한 커피
- 맥도널드: QSC&V(Quality, Service, Cleanliness, Value)
- 스타벅스: 하루 종일 편안한 공간
- 월마트: Everyday Low Price
- 사우스웨스트항공: 저렴함, 안전함, 재밌음
- 나이키: Just Do It
- 페덱스: 확실하게, 단연코, 하룻밤에!
- 도미노: 30분 안에 당신의 피자를!

이와 같은 내부 및 외부 고객의 관심을 집중시킬 수 있는 핵심문장이나 슬로건을 기초로 카페의 콘셉트를 다음과 같은 순서에 따라 설정해 보기 바란다.

2) 카페 유형을 선택하라

기본적으로 소비자는 카페를 인식할 때, 카페에서 제공하는 상품과 서비스가 어떤 유형인가에 따라서 달라진다. 즉 카페의 대표메뉴가 어떤 것인지에 따라서 카페의 유형이 결

그림 3-31 배달 서비스를 제공하는 카페

자료: 카페옴므 모바일 홈페이지

정되는 것이다. 드립커피만을 전문으로 하는 전문가 지향형 카페가 생긴다거나 디저트 메뉴를 강화한 식음목적형 카페도 생겨나고 있다. 베이커리 카페, 생과일 전문 카페, 브런치 카페 등이 새롭게 나타나는 카페의 유형이다.

테마가 카페의 유형을 결정하기도 한다. 예를 들면 멀티목적형으로 볼 수 있는 북카페처럼 '다양한 도서를 비치한다'는 테마가 새로운 카페의 유형으로 자리를 잡았다. 또한 어린이를 테마로 한 키즈카페도 하나의 카페 유형으로 확고해졌다. 최근에는 강연이나 공연을 하거나 전시와 모임공간으로 활용할 수 있는 카페도 늘고 있다.

판매방법이 카페의 유형을 결정하는 기준이 되기도 한다. 테이크아웃 전문 카페, 케이터링 서비스를 제공하는 카페가 있는가 하면, 고객이 원하는 곳까지 배달을 해 주는 딜리버리 서비스를 제공하는 대중지향형 카페도 생겨나고 있다.

그림 3-32 에니어그램 뮤지엄카페

자료: 윤태익의 다르다 카페

카페 경영자는 종종 독특한 콘셉트를 창조하기 위한 방법의 일환으로 대중적인 콘셉트에 약간의 변화를 줌으로써 완전히 다른 콘셉트처럼 만들기도 한다. 예를 들면 퍼니테인먼트카페(aA디자인 뮤지엄), 레고카페(카페 브로스, 겟앤쇼), 종이공예카페(페이퍼로빈), 심리치유카페(멘토, 힐링), 퍼즐카페(카페퍼즐), 뷰티카페(티스빈, 에이티폭스), 카메라카페(카페라), 반신욕카페(토토로의 숲), 여행카페(르슈멩) 등이 이러한 대표적인 사례라고 할 수 있다.

특히 '사람들에게 타고난 성격을 알려주고 행복한 성공을 이루도록 돕는다'는 비전을 가지고 만들어진 '윤태익의 다르다 카페'도 눈여겨 볼 카페의 유형 중 하나이다. 자신의 전문적인 지식을 카페와 결합하려는 노력은 앞으로도 상당한 발전을 거듭할 것으로 보이기 때문이다.

3) 목표고객을 설정하라

콘셉트의 설정을 위한 첫 단계로서 카페 유형을 결정했다면 다음에는 목표고객(target customer)을 정하는 두 번째 단계로 넘어간다. '어떤 카페를 만들 것인가?'라는 생각은 결국 어떤 고객을 선택하느냐와 같은 맥락이다. 예를 들어 키즈카페를 창업한다고 가정해 보자. 목표고객은 어린이가 될까, 아니면 어린이의 어머니가 될까? 어린이를 목표고객으로 생각하고 만들어진 키즈카페와 어머니를 목표고객으로 인식하고 만들어진 키즈카페의 콘셉트는 확연하게 차이가 날 것이다.

카페를 위한 기본적인 아이디어는 목표고객이 결정되는 것에 따라 변하게 된다. 메뉴의 적정한 가격을 정하는 것뿐만 아니라 콘셉트에 따른 잠재시장이 모두 목표고객에 의하여 영향을 받게 된다. 예를 들어 예비창업자가 스페셜티 커피를 취급하는 카페를 창업하기 원한다면 마니아성향이 강한 전문가 집단을 목표고객으로 설정할 것이다. 프랜차이즈형 카페처럼 빠르게 서비스하는 카페메뉴를 취급하는 카페의 경우는 대학생이나 직장인 등을 목표고객으로 설정할 수 있을 것이다. 멀티목적형 카페의 경우는 볼거리와 즐길거리를 찾는 일반인이나 주부가 목표고객이 될 수 있을 것이다.

목표고객을 결정한다는 것은 결과적으로 메뉴, 가격, 분위기, 영업일수와 영업시간, 이용시간과 회전율, 특징적 내용 등을 결정하는 것과 같다. 예를 들면 식사 후 커피를 즐기려는 직장인이 목표고객인 경우 가격은 저렴한 편이 되어야 하고, 영업은 평일, 영업시간은 점심식사 직후, 높은 회전율을 고려한 콘셉트 설계가 이루어져야 한다. 무엇보다도 충성도를 높이기 위한 목적으로 쿠폰이나 마일리지를 쉽게 적립하고 활용할 수 있는 시스템을 갖추는 것도 고려해야 한다.

4) 분위기 창출하기

분위기는 카페 콘셉트를 완성하기 위해 매우 중요한 요인 중 하나이다. 카페 창업자는 무엇보다도 목표고객이 카페에 들어와서 경험하기를 원하는 분위기가 어떤 것인지 고민해야 한다. 다음과 같은 사람의 감각(촉각을 제외한 오감)을 고려해 보자.

(1) 미각

카페를 선택하는 데 있어 맛은 많은 고객이 가장 중요하게 생각하는 일차적 선택 요인이다. 전문성을 갖춘 바리스타가 고객의 재방문을 유도한다는 점은 명백한 사실이다. 매장 운영자는 지속적으로 균일한 맛을 유지하기 위해 노력해야 한다. 이것이야말로 단골고객을 확보하고 브랜드 가치를 높이는 최상의 방법이다.

(2) 시각

고객은 카페에서 무엇을 보게 될 것인가? 콘셉트의 시각적 효과는 단지 벽에 걸려 있는 소품 이상의 것을 포함하게 된다.

- 조명: 카페 콘셉트에 가장 큰 영향을 미치는 조명을 이용할 수도 있다.
- 색상: 카페의 색상은 점포의 전반적인 분위기에 영향을 미치는 것 외에 인간의 감정에도 많은 부분 영향을 미친다.
- 제조과정: 시각적인 면에 있어 바는 또 다른 중요한 요소로 작용한다. 커피 추출을 위한 바리스타의 퍼포먼스는 자신이 마실 커피에 대한 기대감을 증폭시킨다.

(3) 청각

카페는 커피 추출을 준비하는 과정, 즉 그라인딩과 탬핑, 추출의 과정에서 드러나는 다양한 소리가 카페의 분위기를 한층 활기차게 해준다. 그래서 고객이 청각적으로 느끼는 부분에 관심을 기울일 필요가 있다.

- 음악: 음악은 카페에서 매우 중요한 역할을 한다. 부드러운 클래식은 편안한 분위기를 연출, 반면 빠른 템포의 음악은 점포에 활기를 불어넣어 빠른 회전이 가능하게 만들어 준다.
- 다양한 소리: 대부분의 카페는 메뉴를 제조하는 소리가 홀로 퍼져 나온다. 이는 고객에게 즐거운 경험으로 인식될 수 있는데, 숙련되지 않은 바리스타가 만들어내는 우유 스티밍의 소음과 블렌더의 과도한 소음 등은 부정적으로 작용할 수 있다. 따라서 운영자는 부정적으로 인식될 수 있는 소음을 줄이기 위해 노력해야 한다.

(4) 후각

일부 카페는 향기를 이용해서 분위기를 창출할 목적으로 매우 구체적인 노력을 기울이기도 한다.

- 향기: 카페에서 긍정적인 향기는 갓 볶은 커피, 상큼한 오렌지와 레몬, 오븐에서 막 꺼낸 쿠키와 빵의 달콤한 냄새 등이다. 이러한 향기는 공간의 매력적인 인상을 조성하는 데 매우 효과적이다.

또한 어떤 감각을 충족시켜주기 위해 노력할 것인가도 중요하지만 목표고객이 원하는 공간의 의미도 잘 파악해야 한다. 낮은 수준의 욕구를 채우려는 공간과 높은 수준의 욕구를 채우려는 공간은 틀림없이 다르기 때문이다. 그리고 분위기를 결정한다는 것은 브랜드, 좌석의 수와 위치, 서비스 방법과 형태를 결정하는 과정이기도 하다.

5) 콘셉트 구성요소를 고려한 정리

카페 콘셉트의 완성은 결코 생각에만 그치면 안 된다. 반드시 문서화하는 작업으로 완성해야 한다. 그러기 위해서는 충분한 시간을 가지고 앞에서 논의하였던 요인들의 품질을 고려한 내용을 콘셉트화하는 문서 작업을 해야 한다. 독특하면서도 최상의 사업모델을 위해서는 충분한 시간을 가지고 카페에 관한 모든 사항을 고민하는 것이 중요하다.

카페의 유형, 분위기 그리고 메뉴가 예비창업자가 원하는 콘셉트를 반영하고 있는지 살펴봐야 한다. 콘셉트 아이디어를 기술 또는 정리하는 것은 사업계획뿐만 아니라 투자자에게 효과적으로 투자설명을 하기 위해서도 반드시 필요하다. 아직까지 카페의 콘셉트를 만드는 표준화된 구조는 없다. 다만 자신의 전문분야에 따라서 메뉴를 중심으로 설정하는 경우(메뉴 콘셉트), 인테리어를 중심으로 설정하는 경우(인테리어 콘셉트), 서비스를 중심으로(서비스 콘셉트), 브랜드를 중심으로 설정하는 경우 등 매우 다양한 접근 방법이 실전에서 활용되고 있다. 가장 이상적인 방법은 다양한 콘셉트의 구성요소를 설정하고 이를 기초로 일관되고 통일된 전체 콘셉트를 정의하는 것이다. 콘셉트를 확정하기 전에 반드시 고려해야 할 구성요소는 이미 앞에서 언급한 바 있다. 성공적인 카페의 콘셉트를 설

그림 3-33 **카페 콘셉트 정리하기**

정하려면 명확성, 고객지향성, 조화와 핵심, 지속적 변화 가능성, 창의성, 테마와의 구별, 브랜드의 표현성 등의 속성을 충분히 고려해야 한다. 새로운 카페 콘셉트를 위한 기본적인 구조를 다시 정리하면 다음과 같다. 이외에도 다양한 콘셉트 자료를 참고하여 나만의 체계화된 방법론을 개발하는 것이 좋을 것이다.

카페 창업을 위한 콘셉트의 설정은 가장 기초적이면서도 중요한 단계이다. 콘셉트 없는 카페로 성공하기를 바라는 것은 '앙꼬 없는 찐빵'을 만들거나 '엔진 없는 자동차'를 만드는 것과 크게 다르지 않다. 하지만 앞서 언급한 것과 같이 성공요인, 선택속성을 모두 고려하여 하나의 핵심가치를 뽑아내는 것은 쉽지 않은 작업이다. 특히 초보창업자가 그와 같은 구체적인 콘셉트를 만들어낸다는 것이 한계를 가질 수밖에 없다. 또한 콘셉트를 설정하는 데 있어서 더 큰 문제는 아직까지 모든 학문과 산업 분야에서 그 개념이 통일되지 않았다는 것이다. 그러므로 이를 명확하게 이해하고 실전에 접목시키는 데는 어려움이 따른다.

그럼에도 불구하고 예비창업자는 지금까지 다룬 콘셉트의 구성요소를 모두 이해하고 콘셉트를 만들기 위한 프로세스를 참고로 할 필요가 있다. 물론 지금까지 살펴본 카페의 콘셉트에 대한 내용은 매우 단편적일 수 있다. 그리고 타 산업에서 다루는 콘셉트와는 개념과 설정과정에서 많은 차이가 있을 수도 있다.

콘셉트의 적절성 체크리스트

- 카페를 구성하는 모든 것이 상권내 목표고객의 시각에 근거하고 있는가?
- 상권내 목표고객이 콘셉트를 읽기 편하고 쉽게 이해할 수 있는가?
- 상권내 목표고객의 입장에서 일관성 있고 통합된 콘셉트라고 할 수 있는가?
- 콘셉트는 상권내 목표고객이 주로 사용하는 언어로 표현되었는가?
- 상권내 경쟁업체와 비교할 때, 경쟁우위를 잘 나타나고 있는가?
- 제시된 콘셉트 중 필요한 경우 믿을 수 있는 근거가 제시되어 있는가?
- 상권내 목표고객이 진정으로 원하는 혜택을 제공하는 콘셉트인가?
- 콘셉트를 전달하는 데 있어서 중복된 표현으로 지루함은 없는가?
- 슬로건이나 주장하는 이미지가 존재하고 명확한가?
- 콘셉트는 궁극적으로 브랜드를 강력하게 부각시키는 역할을 하는가?

6) 콘셉트 조사

카페 창업을 위한 콘셉트 정리가 마무리되었다면, 실제 창업 후 고객의 반응을 사전에 평가하는 과정이 필요하다. 일반적으로 상품을 제조하여 판매하는 기업들이 콘셉트 평가를 위하여 활용하는 측정항목을 살펴보면 〈표 3-5〉와 같다. 상품에 비하여 물리적 환경과 서비스의 중요도가 더 높은 카페의 콘셉트를 평가하기 위해서는 본서에서 다룬 콘셉

표 3-5 콘셉트 조사를 위한 측정내용

구분	측정항목
콘셉트 전반 평가	콘셉트의 전반적 호감도 콘셉트의 장점과 단점
콘셉트 구매의도	콘셉트의 구매의향
콘셉트 예상 이용행태	해당 콘셉트 카페의 예상 이용빈도
콘셉트 속성 평가	새로움, 독특함, 필요성, 신뢰성
콘셉트 이용실태	구매빈도, 지불가능금액, 이용목적, 이용상황과 유형

자료: 하지철(2010). 마케팅조사 실무노트 Ⅰ. p.185.

트 구성요소를 고려해야 한다.

창업을 목적으로 카페 콘셉트의 도입여부를 평가할 때는 상호경쟁이 예상되는 기존 카페의 콘셉트와 비교 평가하는 것도 매우 유용하다. 예를 들면 자신이 창업하려는 상권 내에서 가장 경쟁력이 있다고 판단되는 카페의 콘셉트를 먼저 정리한 후, 자신이 설정한 콘셉트와 비교 평가를 하는 것이다.

학습정리

1. 콘셉트에는 목표고객의 욕구와 입지, 메뉴, 서비스 및 분위기 등이 반영되어야 한다. 어떤 콘셉트는 성공적이었음에도 불구하고 지금은 사용되지 않는다. 콘셉트는 나타났다가 사라지는 것을 반복한다. 콘셉트는 목표시장에 집중하면 할수록 성공할 가능성이 더욱 더 커진다. 콘셉트는 경제상황과 시장의 변화에 따라서 지속적으로 변화해야만 한다.
2. 카페의 콘셉트는 차별화된 소비자의 욕구를 충족시키기 위한 카페의 본질이며, 카페의 수익성을 달성함과 동시에 고객을 만족시키기 위한 아이디어의 집합이다. 콘셉트는 카페의 차별성을 부각시키기 위한 다차원적인 의도된 설정이다. 경영적 측면에서는 본질적 특성, 차별적 우위성으로 카페의 특징적 장점이다. 카페에서 고객이 보고 느끼며, 얻을 수 있는 효익과 같은 요인들의 유형적 속성과 무형적 속성들의 집합체이다.
3. 콘셉트의 구성요소는 테마, 메뉴와 메뉴의 수, 고객의 이용목적, 목표시장, 상권과 입지, 분위기, 서비스 형태, 가격, 브랜드, 판매방법, 규모와 좌석, 영업일수 및 시간, 특징적 내용, 콘셉트 구성요소 간의 유기성 등으로 구성된다. 이와 같은 구성요소들은 유기적으로 통합된 콘셉트를 형성함으로써 성공적인 외식창업을 가능케 한다.
4. 콘셉트 개발 프로세스는 카페 유형 선택, 목표고객 설정, 분위기 창출, 콘셉트 정리의 순서로 이루어지는 것이 일반적이다. 다만 앞서 살펴 본 콘셉트를 구성하는 요소들을 가능한 한 모두 반영하여 문서화하는 작업이 이루어졌을 때 콘셉트의 개발이 완성될 수 있다.

| 연습문제 |

1. 국내 커피전문점 중 차별화된 콘셉트로 성공한 사례를 조사하여 보시기 바랍니다. 어떤 콘셉트를 통해 어떻게 성공하였는지를 제시하여 주시기 바랍니다.
2. 베이커리카페 창업을 고려하고 있고 차별화된 콘셉트로 향후 프랜차이즈 사업까지 확대하려고한다고 할 때 좋은 콘셉트를 개발하기 위한 아이디어를 제시하여 봅시다.
3. 기존의 카페 경영자를 대상으로 애로사항에 대한 설문조사 결과를 보면 직원채용과 관리가 가장 큰 문제인 것 같습니다. 과연 어떤 콘셉트의 카페를 창업하는 것이 이러한 문제를 극복할 수 있는 방법이 될지 제시하여 봅시다.
4. 자신이 가장 잘하는 일 또는 지식과 연결시켜서 창의적인 유형의 카페를 생각해 보고 유사한 카페가 있는지도 조사하여 봅시다. 이러한 카페에서 적절한 수익을 내기 위한 콘셉트를 개발해서 정리하여 봅시다.

4장

브랜드 개발과 등록

브랜드 개발과 등록

학습목표

1. 카페를 창업하고 경영하기 위하여 브랜드가 갖는 중요성을 이해한다.
2. 브랜드의 역사를 통해 브랜드의 개념을 이해한다.
3. 카페 브랜드의 역할과 기능을 이해한다.
4. 브랜드자산, 그 형성에 영향을 미치는 요인과 함께 브랜드자산 관리를 이해한다.
5. 브랜드를 등록하는 절차와 방법을 이해한다.

'82년생 김민경 X 카페르세' 창업일기

우리를 식별할 수 있는 브랜드는 무엇일까? 먼저 상호부터 나를 가장 잘 표현할 수 있는 브랜드를 만들고 싶었다. 우리 부부의 이야기를 담은 상호가 필요했다.

나는 아내를 사랑한다. 소설(82년생 김민경)에 등장하는 무례한 사람들로부터 보호하고 싶었다. 아내를 여신으로 만들고 싶었다. 나아가 핵심고객(숭고한 희생을 하고 있는 '경력단절여성'과 육아와 직장 생활로 지친 '워킹맘')이 우리 공간에서는 모두 여신이 되기를 바란다.

카페(CAFE)를 상호에 넣고 싶지 않았다. 경쟁이 과열된 카페 시장에서 'CAFE'는 후발업체의 인식이 강하게 느껴진다. 비교적 강렬한 인식을 심어주면서 카페라는 인식이 필요한 상호가 필요했다. 그래서 파열음 'K'와 'P'를 사용한 'KAPE'와 그리스 신화 속 태양의 신 Helios의 아내 'Perse'의 합성어인 'KAPERSE(카페르세)'를 만들었다.

그래도 부족했다. 예산이 넉넉하지 않다. 카페르세의 이야기를 전달하기에는 역부족이라는 판단이 들었다. 부족함을 보완하기 위한 무언가가 필요했다. 또다시 깊은 고민에 빠졌다.

답은 이미 우리 안에 존재하고 있었다. 첫 출발점인 창업을 결심한 이유에서 찾아냈다. 그렇게 힘든 여정 끝에 찾아낸 이름은 '82년생 김민경'이다. "82년생 김민경 X 카페르세" 우리의 이야기만이 아닌, 핵심고객들과의 공감대를 형성할 수 있어야 한다. 나는 그런 상호가 좋다고 생각한다.

내가 가지고 있는 것에 집중하는 것이 얼마나 중요한지 깨달았다. 내 아내는 1982년에 태어났으며, 20세에 개명하기 전까지 이름은 '김지영'이다.

1

브랜드의 개념과 본질

1) 브랜드의 개념

과거와 달리 거래를 활발하게 만드는 데 작용하는 핵심요소는 강력한 브랜드이다. 강력한 브랜드는 아주 효율적으로 신규고객을 확보하고, 확보된 고객을 장기적으로 유지할 수 있게 만든다. 스타벅스와 같이 강력한 브랜드로 인식되면, 고객충성도, 수익성, 가격 프리미엄, 긍정적인 구전, 인재 확보 등 많은 혜택을 얻는다. 특히 스타벅스와 같은 기업브랜드일 경우에 영향력이 더욱 크다. 따라서 카페 브랜드를 어떻게 만들어 등록하고 관리하느냐에 따라 고객확보와 유지가 좌우된다.

브랜드는 카페의 상품과 서비스를 구별하는 데 사용되는 모든 것을 총칭하는 개념이다. 즉, 소리 내어 읽을 수 있는 브랜드네임(Brand Name), 기호 등의 상징이나 디자인으로 표현한 브랜드마크(Brand Mark)가 여기에 포함된다. 브랜드는 '소유'의 개념에서 출발했다. 앵글로 색슨족이 가축에 소유권을 표기하기 위해 인두로 낙인을 찍은 것이 시초로 알려져 있다. 이후 브랜드는 '소유'보다는 '신용'을 나타내는 개념으로 발전하였으며, 최근에는 무형의 가치를 지닌 '재산'의 개념으로 발전하였다.

점진적으로 개념이 확장되고 있는 브랜드는 소비자에게 어필하는 요소도 청각적 요소와 시각적 요소로 다양하다. 예를 들어 브랜드네임은 청각적 요소가 되며, 브랜드마크와 워드마크 등은 시각적 요소가 된다.

브랜드의 정의 상품 및 서비스를 구분하는 데 사용되는 명칭, 기호, 디자인의 총칭

2) 브랜드의 본질

브랜드는 소비자의 고정관념을 이용하여 의사결정을 자동화시키려는 목적에서 만들어졌다.

소비자는 구매의사결정을 위하여 다양한 정보를 활용하는데, 소비자가 처리할 수 있는 정보의 양은 매우 제한적이어서 가장 간편하고 효율적으로 정보를 처리하려고 노력한다. 그런데 이때 브랜드는 쉽고 빠른 판단을 할 수 있어서 소비자가 선호한다. 결국 소비자는 고정관념을 이용하여 최소한의 단초와 정보를 이용하여 짧은 시간에 최소의 노력으로 많은 것을 유추하고 선택한다.

> **브랜드의 본질** 브랜드는 소비자가 구매의사결정을 편하게 하도록 돕는다. 소비자는 정보처리의 어려움을 보완할 목적으로 브랜드라는 고정관념을 이용한다.

2 브랜드의 역할과 기능

1) 브랜드의 역할

좋은 브랜드에 대해 소비자는 쉽게 기억하고 높은 호감을 느낀다. 카페는 이미지가 좋은 브랜드를 만들어서 경쟁력을 높이려고 노력한다. 강력한 브랜드가 만들어지면 브랜드 확장을 통한 성장에도 유리하다. 또한 마케팅 비용이 절감되고, 가격 프리미엄을 얻을 수 있어 이익도 증가한다.

2) 브랜드의 기능

브랜드의 기능은 본원적 기능과 파생적 기능으로 나누어지는데, 구체적인 내용은 다음과 같다.

(1) 본원적 기능

브랜드가 수행하는 본원적 기능에는 출처 기능, 구별 기능, 신용 기능, 자산 기능이 있다.

표 4-1 브랜드의 본원적 기능

구분	내용
출처 기능	브랜드 소유자의 신분 또는 지역 등을 밝힘으로써 자신의 브랜드임을 표시하는 기능이다. 브랜드의 고유기능이다.
구별 기능	경쟁 브랜드와 구별하는 기능이다. 브랜드의 기능 중 가장 오랜 역사를 가진 기능으로 생산자의 상품구별과 소비자의 구별로 나누어진다.
신용 기능	사용경험을 통해 소비자는 상품과 서비스에 대한 믿음이 생긴다. 브랜드에 대한 신용이 발생한다는 것은 브랜드 충성도가 높아지는 과정이다.
자산 기능	브랜드의 자산 기능은 브랜드를 경제적 척도로 평가하는 재무적 가치로서의 기능을 의미한다. 브랜드 본래의 자산 가치는 평상시 별로 실익이 없어 보인다. 그러나 브랜드만의 양도나 회사의 인수합병 시 브랜드의 자산 가치는 엄청난 효력을 발휘한다.

자료: 김영갑 외(2015). 외식사업창업론.

(2) 파생적 기능

브랜드가 수행하는 파생 기능으로는 인지도 강화 기능, 충성도 강화 기능, 차별화 전략 기능, 표현 전략 기능, 소비자 위상 기능이 있다.

표 4-2 브랜드의 파생적 기능

구분	내용
인지도 강화 기능	브랜드의 인지도 강화 기능은 브랜드가 존재함으로써 브랜드의 재인과 회상을 강화시키는 기능이다. 브랜드 인지도는 브랜드 충성도와 깊은 관련이 있지만, 브랜드 인지도는 1차적 인지과정이고 브랜드 충성도는 인지도가 생성된 이후 만들어진다.
충성도 강화 기능	첫 구매 때 만족을 느낀 소비자가 재구매 욕구를 가지게 되는 것을 브랜드 충성도라고 한다. 브랜드는 소비자가 재구매 의사를 갖도록 만드는 기능을 하는데, 브랜드 충성도는 브랜드 인지도를 확장시키는 방향으로 작용하여 시장의 우월적 지위를 가지게 만든다.
차별화 전략 기능	브랜드의 구별 기능, 출처 기능과 유사하지만, 기존에 독점적 위치를 점하고 있는 업체가 있는 경우 후발업체가 단순한 구별 기능만으로 기존의 시장 점유율을 빼앗기는 어렵다. 따라서 단순한 경쟁 기업과의 구별 기능을 넘어선 전략적 차원에서의 차별화된 기능을 필요로 한다.
표현 전략 기능	표현 전략 기능이란 소비자에게 브랜드가 얼마나 어떻게 노출이 되어 상품에 대한 선명한 기억을 심어주느냐 하는 수단으로서의 기능이다. 광고적 기능이라고도 하며, 소비자 인지도 강화 측면의 기능으로 브랜드 표현의 효율성은 곧 브랜드 충성도와 제품 구매로 연결된다.
소비자 위상 기능	소비자가 유명 브랜드를 선택한다는 이유는 무형의 요소를 표현하는 일종의 사회적 지위 때문이다. 소비자들은 사회적 지위나 명성을 브랜드와 일치시키려고 한다. 최근 경기는 불황인데도 명품판매가 증가하는 현실이 이러한 효과를 보여준다. 과거에는 일부 프리미엄 상품에 한하여 이 기능을 이용하였지만, 최근에는 다양한 상품들이 이러한 전략적 기능을 채택하고 있다.

자료: 김영갑 외(2015). 외식사업창업론.

3 브랜드 구성요소

브랜드는 무형적인 요소인 언어적인 부분과 유형적인 요소인 시각적인 부분의 결합으로 구성된다. 그러나 일반적으로 브랜드라고 하면 언어적인 부분인 '브랜드네임'만을 떠올리게 된다. 물론 브랜드네임이 브랜드의 중요한 부분을 차지하지만 브랜드는 이름 이외의 다른 요소들도 포함하고 있다. 브랜드를 구성하는 요소로는 브랜드네임, 슬로건, 로고와 심벌, 캐릭터, 패키지, 청각적 요소, 색깔 등 다양하다. 그 중에서도 브랜드네임과 심벌은 브랜드 구성요소의 핵심이다. 예를 들면, 맥도날드의 커다랗고 노란 M자 심벌만 보아도 굳이 그 아래 McDonald's라고 표기된 브랜드네임을 읽지 않고도 맥도날드임을 알 수 있다. 소비자들은 해당 언어를 잘 모르더라도 로고, 그 중에서도 특히 하나의 형태를 띤 심상(Imagery), 즉 심벌만을 보고도 그 상품과 서비스를 구별할 수 있다.

1) 브랜드네임

일반적으로 브랜드네임은 7가지 정도의 범주로 구분할 수 있다. 그것은 구체적으로 인명(personal name), 지명(place name), 창의성(invented scientific name), 신분이나 지위(Status), 좋은 연상(good association), 조어(artificial name), 서술어(Descriptive name) 등이다. 또한 이와 같은 브랜드네임의 범주는 브랜드 네이밍을 위한 기초가 된다.

브랜드네임은 브랜드의 이름으로 사람이 발음하거나 들을 수 있는 언어, 단어, 문자, 숫자 등이 결합되어 만들어진다. 이러한 브랜드네임은 브랜드 자산을 형성하기 위한 비중 있는 중요한 요소로서의 위치를 차지하고 있는데, 일반적으로 브랜드네임은 경쟁사가 쉽게 모방할 수 없는 것으로 상품을 차별화할 수 있는 특징을 가지게 된다. 또한 브랜드네임은 카페를 효과적으로 포지셔닝하는 역할을 한다.

그럼 좋은 브랜드가 되기 위해서는 어떤 조건을 갖추어야 할까? 그 조건을 살펴보면 다음과 같다.

첫째, 발음하기 좋고 듣기 좋아야 한다.

둘째, 기억되기 쉬워야 한다.

셋째, 카페의 특성을 잘 전달할 수 있어야 한다.

넷째, 목표고객의 기호와 일치하면서 친근한 느낌을 주어야 한다.

다섯째, 확장성이 좋아야 한다.

여섯째, 참신하고 독창적이어야 한다.

마지막으로 가장 좋은 브랜드가 갖추어야 할 중요한 요소는 법적 보호를 받을 수 있어야 한다는 것이다. 예를 들어 '커피'와 같은 브랜드는 상표등록이 불가능하여 독점적인 권

1. 사전적 의미의 벙커: 석탄창고→커피창고
2. 군사적 의미의 벙커: 요새, 피난처, 안식처
3. 골프에서의 벙커 의미: 한번 빠지면 빠져나오기 어려운 매력을 가진 공간

그림 4-1 카페벙커의 브랜드 네이밍
자료: 카페벙커

그림 4-2 브랜드 네이밍
자료: 피베리브라더스, 유메야 카페

리를 확보할 수 없는 경우에 속한다. 특히 독점적 상표권의 확보가 카페 경영의 최우선 과제로 대두되면서 대부분의 한글 및 영문 단어는 상표등록이 이루어져서 브랜드 네이밍은 갈수록 어렵게 될 것이므로 브랜드의 상표등록에 대한 충분한 검토와 노력이 요구된다.

2) 슬로건

브랜드는 고유명사로 자체의 언어적 의미가 없는 경우가 많다. 따라서 경영자는 브랜드가 말하고자 하는 철학, 사상, 정보, 의미 등을 슬로건을 이용하여 전달한다.

첫째, 추구하고자 하는 목표가 담겨야 한다.

둘째, 슬로건을 통해 기업을 연상시킬 수 있어야 한다.

셋째, 좋은 암시를 주어야 한다.

넷째, 리듬감이 있어서 말하기도, 듣기도 좋아야 한다.

다섯째, 카페에서 줄 수 있는 혜택을 알려주어야 한다.

표 4-3 카페벙커, 피베리브라더스, 스타벅스의 사명

▶ 카페벙커의 슬로건
- 마음이 따뜻해지는 편안한 커피

▶ 피베리브라더스의 경영이념
- 진주시 최고의 직화식 로스팅과 핸드드립 숯커피의 가치를 담아낸 커피전문점

▶ 스타벅스의 사명
- 인간의 정신에 영감을 불어넣고 더욱 풍요롭게 한다. 이를 위해 한 분의 고객, 한 잔의 음료, 하나의 이웃에 정성을 다한다.

여섯째, 참신하고 독창적이어야 한다.

일곱째, 브랜드의 철학, 메시지를 담고 있어야 한다.

3) 브랜드마크

로고타입(LOGO TYPE)의 약자 로고(LOGO)로 쓰이기도 하는데 구조상 워드마크와 심벌마크로 구분되며 각각 또는 조합하여 쓰인다. 이를 특허청에 출원등록하면 상표(商標)라고 한다. 브랜드마크의 구조를 세분하여 나타내면 〈표 4-4〉와 같다.

표 4-4 브랜드마크의 구조

분류	구분	내용
형태	워드마크	로고타입 심벌마크
	심벌마크	시각적 이미지로 함축하여 표현된 마크
상업 상표	상표(트레이드마크)	상품을 상징화한 것, 카페의 상징
	서비스표	서비스업 상징화
기업	코퍼레이트마크	카페의 정식 명칭을 시각화
	코퍼레이트브랜드마크	회사 명칭과 다른 별도의 상품브랜드 이름
청각	징글(Jingle)	짧고 차별적인 청각적 상징 예) sk텔레콤의 통화연결음, 인텔의 광고 징글

자료: 김영갑 외(2015). 외식사업창업론.

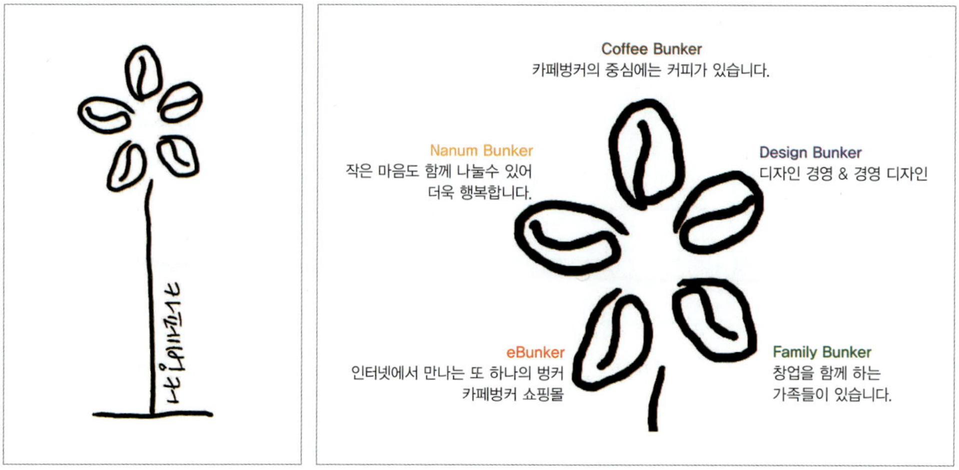

그림 4-3 카페벙커의 브랜드마크
자료: 카페벙커

카페벙커는 2007년 서비스표출원과 2008년 서비스표등록을 마친 상태이다. 카페벙커의 로고는 벙커꽃을 상징하며 커피알갱이를 모티브로 하여 커피, 나눔, 쇼핑몰, 디자인, 패밀리 다섯 개의 사업영역을 표현하고 있다.

4 브랜드 관리

브랜드는 카페의 소중한 자산이다. 미국의 유명한 담배회사인 필립 모리스는 크래프트라는 식품회사를 인수하면서 장부가의 4배가 넘는 129억 달러를 지불한 바 있다. 이들은 기업이 아닌 브랜드를 구매한 것이다. 이처럼 강력한 브랜드는 기업의 모든 것을 대변한다. 강력한 브랜드는 소비자의 구매결정에 상당한 영향력을 미치게 되고 이에 따라, 카페의 입장에서는 단순한 시장점유율 향상뿐만 아니라 고객의 평생생애가치(life time value)의 점유율까지도 높이게 된다. 궁극적으로 카페는 강력한 브랜드로 인해 고객의 유지율이

표 4-5 국내 외식기업의 브랜드 확장 현황

기업명			브랜드명	계
외식	(주)김家네		김家네, 쭈家네, 보족愛	3
	(주)놀부		놀부보쌈과 돌솥밥, 놀부설농탕&냉면, 놀부부대찌개&철판구이, 놀부유황오리진흙구이, 놀부항아리갈비, 차룽, 수라온	7
	(주)더본코리아		본가, 원조쌈밥집, 새마을식당, 해물떡찜0410, 홍콩반점0410, 행복분식, 한신포차, 한국본갈비	8
	(주)롯데		T.G.I.Friday, 크리스피크림, 롯데리아, 엔젤리너스	4
	(주)리치푸드		피쉬&그릴, 짚동가리 맥주, Craxy Pepper	3
	(주)롸이즈온		베니건스, 베이건스&마켓오, 파머스 베이건스, 마켓오	4
	(주)본아이에프		본죽, 본비빔밥, 본국수	3
	(주)썬앳 푸드		토니로마스, 스파게띠아, 메드포갈릭, 모락, 스파게띠, 비아디나폴리, Red pepper republio(중식)	7
	(주)아모제		마르쉐, 오므토토마토, cafe 아모제	3
	(주)아시안스타		이탈로니아, 까페이탈로니아	2
	(주)원앤원		원할머니보쌈, 퐁립, 박가부대	3
	(주)이랜드월드외식사업부		애슐리, 리미니, 더 카페, 피자몰, KENSINGTON	5
	(주)이목원		배나무골, 구이삼국지, 황상, 다랑씨	4
	(주)이바돔		이바돔감자탕, 이바돔옥아리	2
	(주)이티앤제우스		불고기브라더스, 철판&부대찌개 브라더스, 카리부커피	3
	(주)제너시스		BBQ, BBQ치킨&비어, 닭익는 마을, 올리브돈까스, 참숯바베큐, 올리브떡볶이, PIZZA Q, 닭익는 마을 도리마루, 오션스타, 델리아따, U9, U9스시앤우동, BHC치킨, CHOPS	15
	(주)CJ푸드빌		뚜레쥬르, 빕스, 투썸플레이스, 콜드스톤크리머리, 차이나팩토리, 씨푸드오션, 피셔스마켓, 더플레이스, 카페소반(비비고)	9
	(주)SRS코리아(두산)		버거킹, KFC, 렌떼	3
호텔	서울프라자외식사업부		T원	1
	워커힐 외부사업		Matina, JaYeon, Ha Neul, Global Ghow, Kayageum, Global Kitchen	5
	조선호텔외식사업부		비즈바즈, 오킴스 브로이 하우스, 조선델리	3
단체급식	아워홈	파인다이닝	Red&Green, 사랑채, 실크스파이스, 도리원, 노들원, 뭄바, 루825, BLUPIN, 송로, 이끼이끼, 아시아떼, 싱카이, 오리옥스, 메짜루나	14
		캐쥬얼다이닝	샤보텐, 메인디쉬, 업타운 베이커리	3

주) 각 외식기업, 호텔, 단체급식 홈페이지를 참조해 저자 재구성

자료: 서경화·이수범(2011). 브랜드 확장에 따른 기업이미지가 서비스 품질, 확장 브랜드의 적합성, 태도에 미치는 영향 연구. pp.72

높아지고 고객을 획득하기 위한 비용이 줄어든다.

소비자의 브랜드 충성도를 활용한 신속한 시장 진입이 필요할 때도 브랜드 확장은 매우 효과적인 전략이 된다. 기존 브랜드에 대한 인지도와 충성도를 활용해 저렴한 비용으로 신속하게 시장에 진입하는 것이 가능하기 때문이다.

국내 외식기업 중 브랜드 확장을 실행한 기업과 확장된 브랜드는 〈표 4–5〉에서 확인할 수 있다.

그렇다면 이와 같은 브랜드 확장은 어떻게 이루어지는 것이 합리적인지 살펴보려 한다.

첫째, 브랜드 확장은 브랜드 성숙기에 이루어지는 것이 좋다. 브랜드 생성기나 쇠퇴기 또는 브랜드가 너무 강력해서 외식업종 전체를 대표하는 카테고리 브랜드화된 경우는 브랜드 확장이 곤란하다.

둘째, 브랜드 확장 전에 브랜드 인지도와 충성도를 체크하는 게 좋다. 인지도와 충성도가 높지 않거나 부정적인 브랜드를 확장하는 것은 실패를 자초하는 일이기 때문이다.

셋째, 브랜드 확장 분야가 브랜드와 연관성이 있는지 확인해야 한다. 기존 브랜드의 속성 및 콘셉트와 전혀 다른 분야로 브랜드 확장을 시도하는 경우 성공은 고사하고 자칫 기존 브랜드에까지 나쁜 영향을 미칠 수 있다.

마지막으로 브랜드네임의 확장성을 고려해야 한다. 확장성을 고려하는 단계는 네이밍 단계부터 고려해야 한다. 해당 브랜드를 장기적으로 확장시킬 것인지 아니면 고정적으로 집중할 것인지를 충분히 고려한 네이밍과 디자인이 필요하다.

브랜드 확장은 성공하면 확장 브랜드는 물론이고 기존 브랜드까지 강화되지만, 실패하는 경우 기존 브랜드에도 나쁜 영향을 줄 수 있다. 따라서 브랜드 확장은 매우 신중해야 한다.

2007년 2012년 2015년

그림 4–4 확장성을 고려한 카페벙커의 브랜드네임 변화

자료: 카페벙커

5

브랜드자산

1) 브랜드자산의 개념

브랜드자산(Brand Equity)의 개념은 1980년대에 등장하여 학술적 연구뿐만 아니라 실무에서도 큰 관심을 받고 있으며, 1990년대의 마케팅 관리 활동에서 가장 중요한 분야 중의 하나로 대두되었다. 이와 같이 브랜드자산은 다양하게 정의될 수 있지만, '특정의 브랜드를 소유함으로써 얻게 되는 바람직한 마케팅 효과'라고 표현할 수 있다. 여기에서 마케팅 효과란 높은 시장점유율이나 고객충성도 등을 말한다. 이와 같은 브랜드자산은 소비자, 투자자, 생산자 등에서 다양한 형태로 발생할 수 있지만, 궁극적으로 이 모든 브랜드자산

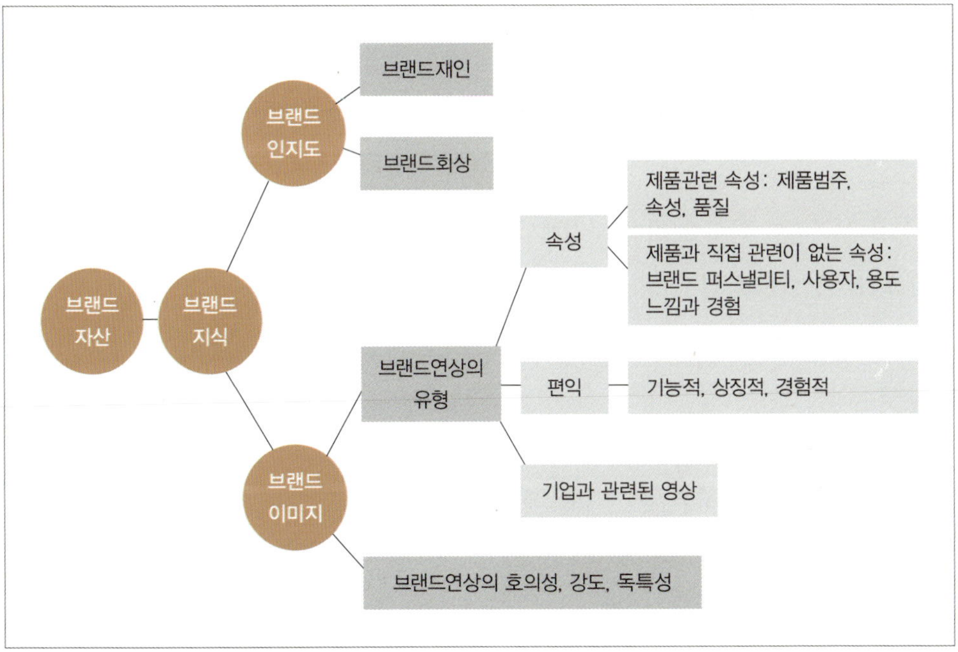

그림 4-5 **소비자 관점에서 본 브랜드 자산의 구성요소**

자료: 김동훈·안광호·유창조(2003). 촉진관리.

의 가치는 소비자에게 브랜드자산이 어떤 가치를 갖는다고 인식될 때 발생하는 것으로, 소비자가 브랜드를 어떻게 지각하고 브랜드의 지각된 가치가 소비자의 구매행동에 어떻게 영향을 주는 것인지에 대하여 이해하는 것이 차별적 경쟁우위를 갖는 브랜드자산 구축에 가장 필요하다고 할 수 있다.

소비자 입장에서 바라본 브랜드자산이란 소비자가 기억 속에 형성한 브랜드 지식을 토대로 그 브랜드의 마케팅 활동에 대해 경쟁브랜드와 차별적으로 반응하게 되는 경우를 말한다.

브랜드자산은 소비자의 기억 속에 호의적인 브랜드지식으로 저장되어 있을 때 발생한다. 브랜드지식은 브랜드 인지도와 브랜드 이미지로 구성된다. 그러므로 소비자가 브랜드에 친숙하여 인지도가 높고, 브랜드 이미지 역시 호의적 또는 긍정적인 인식을 가지게 되면 해당 브랜드는 높은 자산적 가치를 얻게 된다. 긍정적인 브랜드 이미지는 소비자의 기억 속에 호의적이고 강력하면서 차별화된 브랜드연상을 가지고 있을 때 형성된다. 결과적으로 브랜드자산은 높은 브랜드 인지도와 호의적이고 강력하면서 독특한 연상으로 만들어진다.

2) 브랜드자산의 구성 요소

앞서 살펴본 바와 같이 소비자 관점에서 본 브랜드자산은 브랜드지식에 의해 구축되고, 브랜드지식은 브랜드 인지도와 브랜드 이미지에 의해 형성된다. 다음으로 브랜드지식의 2차원인 브랜드 인지도와 브랜드 이미지에 대한 개념을 설명하기로 한다.

(1) 브랜드 인지도

일반적으로 소비자가 처음 접한 브랜드를 구매하는 경우는 매우 드문 일이다. 그 이유는 소비자가 어떤 제품을 선택할 때, 친숙한 브랜드를 우선적으로 고려할 가능성이 높기 때문이다.

브랜드 인지도(Brand Awareness)란 '소비자가 제품범주에 속한 특정 브랜드를 알아보거나 그 브랜드명을 쉽게 떠올릴 수 있는 능력'을 말한다.

브랜드 인지도는 브랜드재인(brand recog-nition)과 브랜드회상(brand recall)으로 구성된다. 브랜드제인은 소비자에게 어떤 브랜드를 단서로 제시했을 때 과거에 그 브랜드에 노출된 적이 있는지를 확인할 수 있는 능력을 말한다. 즉 브랜드재인은 특정 브랜드를 접한 소비자가 과거에 그 브랜드를 보거나 들은 적이 있다고 정확히 판별할 수 있을 때 발생한다.

브랜드회상은 브랜드재인에 비하여 더 깊은 수준에서 일어나는 브랜드 인지도 요소이다. 이는 소비자에게 한 제품범주 혹은 특정의 구매상황을 단서로 제시했을 때, 특정 브랜드를 기억 속에서 끄집어 낼 수 있는 능력을 말한다. 즉 브랜드회상을 높임으로써 이루어진다. 따라서 기업은 광고, 홍보, 이벤트, 다양한 판촉 등을 통하여 브랜드명, 심벌, 로고, 패키징, 슬로건 등과 같은 브랜드 구성요소들을 반복적으로 노출시킴으로써 브랜드재인과 브랜드회상을 높여야 한다. 특히 제품범주와 자사브랜드 간의 연관성을 높이는 노력은 브랜드회상을 증가시키는 데 필수적이다.

또한 김정우·김일(2011), 신현신·이

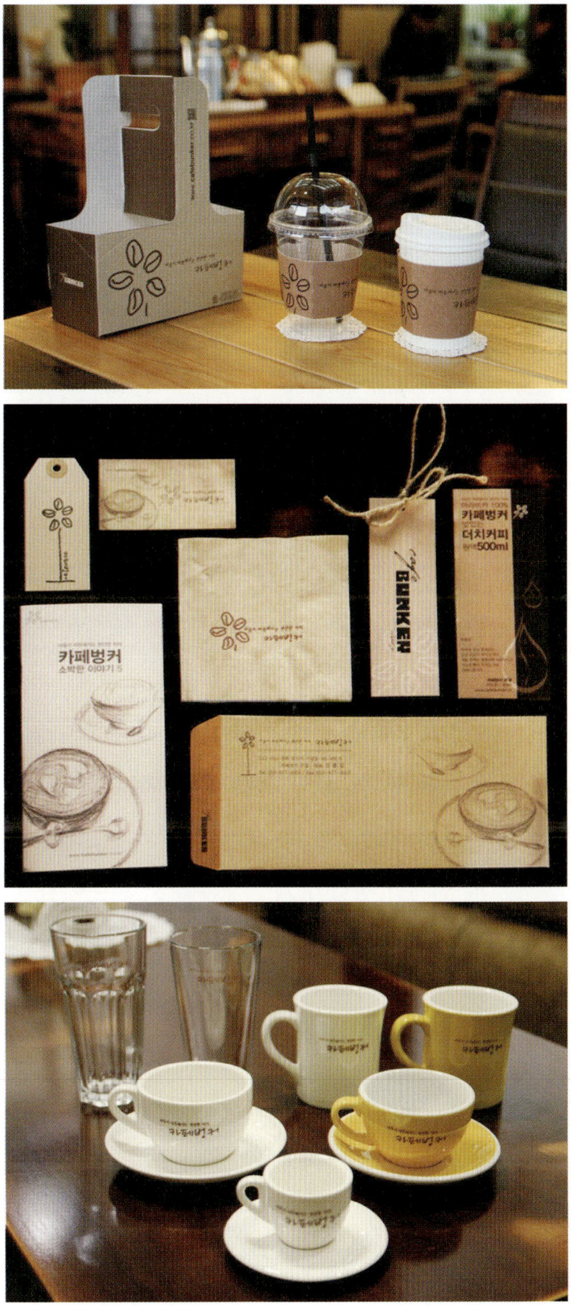

그림 4-6 브랜드회상을 높이기 위한 카페벙커의 브랜드 아이덴티티 적용

자료: 카페벙커

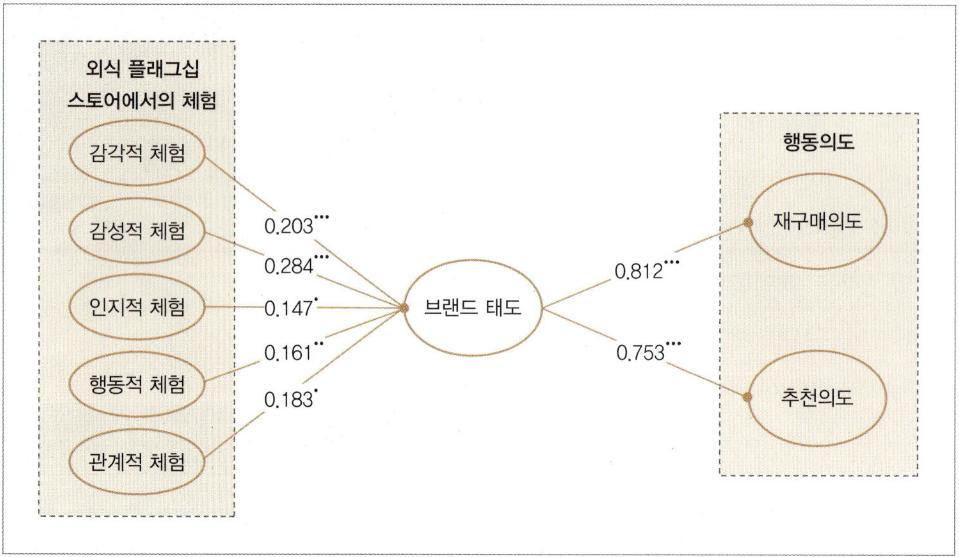

그림 4-7 외식 플래그십 스토어의 경험이 고객의 브랜드 태도에 미치는 영향

자료: 김정우·김일(2011). 플래그십 스토어의 VMD와 매장 내 체험요소가 브랜드 태도와 구매에 미치는 영향

항(2011) 등은 브랜드 경험을 극대화하기 위한 목적으로 만들어지고 있는 대형 플래그십 스토어에서의 고객 경험이 긍정적 브랜드 인지로 연결된다고 발표한 바 있다. 이지안·박규은·이수범(2015)은 외식 플래그십 스토어에서의 식사와 함께 이루어지는 다양한 감각과 인지의 경험이 재구매와 추천 의도에서 브랜드의 긍정적 인지로 연결된다고 발표했다(〈그림 4-7〉 참조).

(2) 브랜드 이미지

브랜드 이미지(Brand Image)는 '브랜드에 대한 전반적인 인상'으로 정의되는데 이는 소비자의 기억 속에 저장되어 있는 다양한 연상들의 결합으로 만들어진다. 호의적이고 강력하며 독특한 브랜드연상은 브랜드자산의 구축에 중요한 역할을 하여 구매의사결정 시에 더욱 영향력이 커지게 된다. 제품속성에 의한 브랜드연상은 제품과 관련된 속성과 제품과 직접적인 관련이 없는 속성으로 나눌 수 있고, 다시 제품과 관련된 속성은 제품범주, 제품속성 그리고 품질을 포함한다. 제품과 직접 관련이 없는 속성은 브랜드성향, 사용자, 제품의 용도, 느낌과 경험이 포함된다. 이러한 내용을 좀 더 구체적으로 살펴보면 다음과 같다.

첫째, 제품과 관련된 속성 중 기업이 가장 먼저 고려할 수 있는 유형은 바로 제품범주에 대한 연상이다. 자사의 브랜드가 제품범주와 밀접하게 연관될 수 있다면, 이는 바람직한 브랜드정체성(Identity) 형성에 긍정적인 영향을 미칠 것이다.

그림 4-8 **헬로키티 카페의 브랜드 연상전략**

자료: 헬로키티 카페 홈페이지

둘째, 기업이 브랜드자산 형성을 위해 가장 흔히 사용하는 브랜드 연상의 유형은 자사 브랜드를 제품속성과 연계시키는 것이다. 제품의 속성이란 소비자가 바라는 제품기능을 수행하는 데 필요한 제품의 구성요소들이다.

셋째, 소비자는 스타벅스를 고품질, 고가격이라고 인식하는데 이는 브랜드연상에 있어서 매우 중요한 차원의 하나이다. 여기서 지각된 품질이란 '소비자들이 특정 브랜드의 전반적인 성능에 대하여 갖게 되는 생각'을 의미한다.

넷째, 브랜드자산의 구축에 있어서 제품과 직접적인 관련이 없는 속성에 대한 연상을 목표고객의 마음속에 심어주려고 노력한다. 그 중 대표적인 것이 브랜드 성향(personality)에 대한 연상이다. 브랜드 성향은 특정 브랜드를 인간으로 표현했을 때 그 브랜드와 관련된 인간적인 특성들로 정의될 수 있다.

다섯째, 또 다른 브랜드 연상전략의 하나는 브랜드를 제품사용자와 연계시키는 것이다.

이외에도 앞서 설명한 제품용도, 느낌과 경험에 대한 연상, 편익과 관련된 연상, 기업과 관련된 연상 등도 브랜드 이미지를 통하여 브랜드자산 구축에 영향을 미칠 수 있다.

6 브랜드 등록

1) 상표출원 개요

브랜드를 법적으로 보호받기 위해서는 상표를 출원하여야 한다. 상표란 자타상품을 식별하기 위해 사용하는 일체의 감각적인 표현수단을 의미하지만 이런 서표를 모두 보호하는 것은 법적으로 어렵기 때문에 상표법에서는 보호가 가능한 상표의 구성요소를 제한하고

'**카페벙커** CAFE BUNKER'와 '**길다방**gildabang'은
상표법에 따라 서비스표등록원부에 등록된 개인의 지적재산권입니다.
제43류(간이식당업 등을 포함한 19건)에서는
'카페벙커' 또는 '길다방'이라는 상호를 사용하실 수 없습니다.

두 상표는 단어의 조합으로 이루어진 상표로써
요부에 해당하는 '**벙커**', '**길**'이 들어간 상호를 제43류의 업종에서 사용하실 경우
유사상호로 상표권침해에 해당할 수 있으니 사용하시지 않기를 당부드립니다.

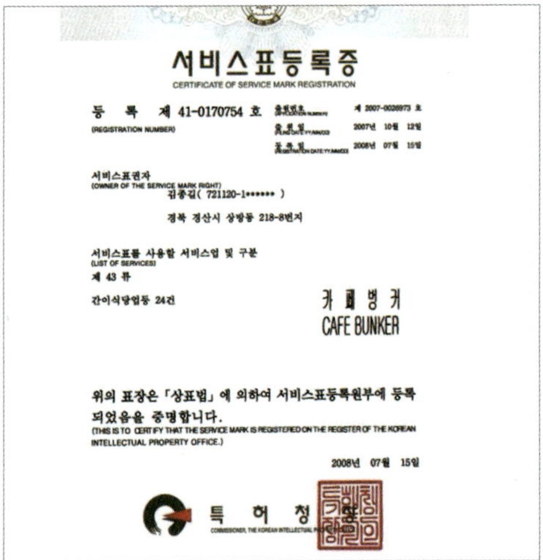
서비스표등록증
CERTIFICATE OF SERVICE MARK REGISTRATION
등 록 제 41-0170754 호 (REGISTRATION NUMBER)
제 2007-0026973 호
2007년 10월 12일
2008년 07월 15일
서비스표권자 (OWNER OF THE SERVICE MARK RIGHT)
김종길(721120-1******)
경북 경산시 상방동 218-8번지
서비스표를 사용할 서비스업 및 구분 (LIST OF SERVICES)
제 43 류
간이식당업등 24건
카페벙커
CAFE BUNKER
위의 표장은 「상표법」 에 의하여 서비스표등록원부에 등록되었음을 증명합니다.
(THIS IS TO CERTIFY THAT THE SERVICE MARK IS REGISTERED ON THE REGISTER OF THE KOREAN INTELLECTUAL PROPERTY OFFICE.)
2008년 07월 15일
특 허 청

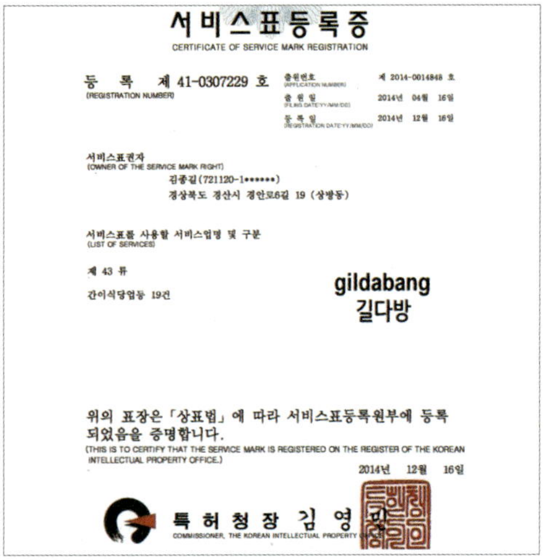
서비스표등록증
CERTIFICATE OF SERVICE MARK REGISTRATION
등 록 제 41-0307229 호 (REGISTRATION NUMBER)
출원번호 (APPLICATION NUMBER) 제 2014-0014848 호
출 원 일 (FILING DATE YY/MM/DD) 2014년 04월 16일
등 록 일 (REGISTRATION DATE YY/MM/DD) 2014년 12월 16일
서비스표권자 (OWNER OF THE SERVICE MARK RIGHT)
김종길(721120-1******)
경상북도 경산시 경안로6길 19 (상방동)
서비스표를 사용할 서비스업명 및 구분 (LIST OF SERVICES)
제 43 류
간이식당업등 19건
gildabang
길다방
위의 표장은 「상표법」 에 따라 서비스표등록원부에 등록되었음을 증명합니다.
(THIS IS TO CERTIFY THAT THE SERVICE MARK IS REGISTERED ON THE REGISTER OF THE KOREAN INTELLECTUAL PROPERTY OFFICE.)
2014년 12월 16일
특 허 청 장 김 영 민
COMMISSIONER, THE KOREAN INTELLECTUAL PROPERTY OFFICE

그림 4-9 상표권 등록에 대한 안내 문구와 실제 서비스표등록증
자료: 카페벙커

있다. 다만 2007년 7월 1일부터 상표권의 보호대상을 확대하여 색채 또는 색채의 조합만으로 된 상표, 홀로그램 상표, 동작 상표 및 그 밖에 시각적으로 인식할 수 있는 모든 유형의 상표를 상표법으로 보호할 수 있게 되었다.

그럼에도 불구하고 상표법상 상표란 여전히 시각을 통하여 인식될 수 있는 것으로 국한되며 시각을 통하여 인식할 수 없는 소리, 냄새, 맛 등과 같이 청각, 후각, 미각으로 지각할 수 있는 서표는 현실적으로 상품 등의 식별표지로서 사용하고 있더라도 상표법상의 상표로는 보호받을 수 없다.

2) 상표출원 및 등록 절차

상표출원과 상표등록은 구분되어야 한다. 상표출원을 하여 특허청에 등록여부를 심사요청하면 1년 정도의 특허심사기간을 거쳐 상표등록 여부를 결정하게 된다. 상표출원은 변리사를 통한 위탁출원과 본인이 직접 서류절차를 처리하는 직접출원이 있다. 상표를 출원하여 등록하기까지의 단계는 '상표검색, 상표출원, 심사, 상표등록'의 순으로 이루어진다.

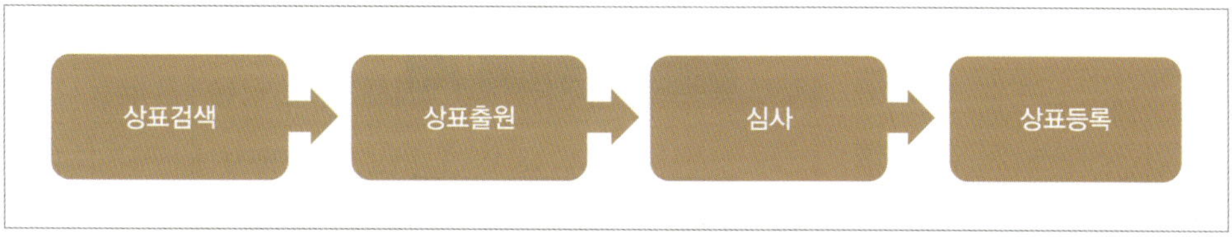

그림 4-10 **상표출원 및 등록 절차**

(1) 상표검색

상표검색은 인터넷으로 검색할 수 있다. 특허청 홈페이지(www.kipris.or.kr)에 접속 한 후, 특허정보검색서비스에서 원하는 상표를 검색한다.

상표검색을 통하여 상표의 등록 유무 등을 확인할 수 있다. 세부적인 상표검색 서비스 이용방법은 〈그림 4-12〉와 같이 특허청에서 제공하는 동영상을 통해 익힐 수 있다.

그림 4-11 **특허청 상표검색 홈페이지**
자료: 특허청

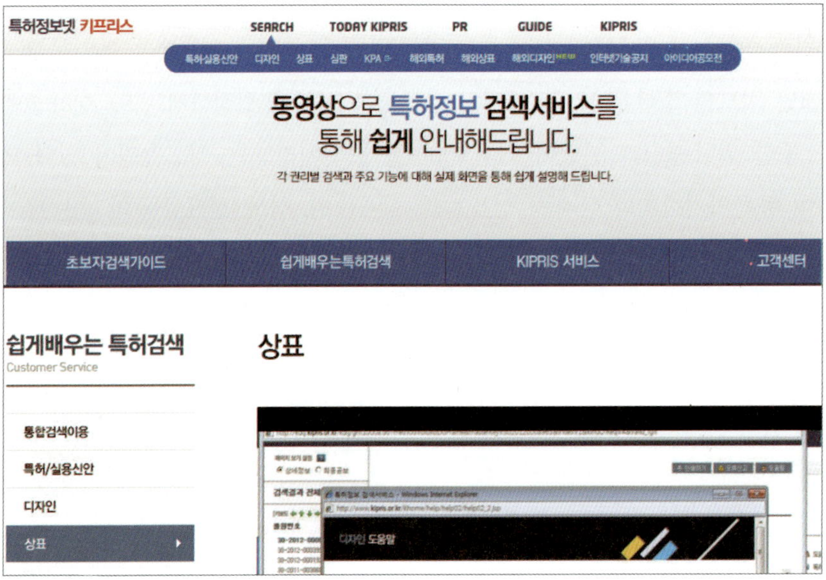

그림 4-12 **특허청 상표검색 안내 동영상 페이지**
자료: 특허청

직접 상표검색을 진행할 경우 상표를 선정하는 데 도움이 되지만, 향후 출원절차를 변리사에게 의뢰할 예정이라면 상표검색도 직접 변리사에게 의뢰하고 상담을 통해 확인하는 것이 훨씬 효율적이다. 향후 상표를 출원하기 위해서는 등록 가능성이 높은 상표를 찾아야 하고 이러한 작업은 전문적인 지식이 필요하기 때문이다.

(2) 상표출원

상표검색이 완료되어 본인이 관심을 가지고 있는 상표의 등록 가능성이 높다고 판단되면 출원절차를 밟게 된다. 상표출원이란 특허청에 관련서류를 작성하여 제출하는 행위를 의미한다. 상표출원은 본인이 직접 하는 경우도 있지만 등록 가능성을 높이기 위해서는 변리사에게 출원을 의뢰하는 게 좋다. 상표출원을 대행해 줄 변리사 선정 시 무조건 저렴한 금액을 제시하는 업체가 아니라, 실질적으로 등록이 가능한 상표를 제안해 주고, 향후 상표등록이 거절되었을 때 대처해 주는 서비스 수준에 대한 점검이 매우 중요하다.

그림 4-13 네이버에서 상표출원 키워드로 검색한 결과
자료: 네이버 검색

(3) 심사

출원된 상표와 관련하여 작성 서식, 등록 가능여부에 대하여 특허청에서 심사를 하게 된

다. 심사는 일반심사와 우선심사로 나누어지는데 일반심사의 경우 심사 결과를 알 수 있는 기간이 약 8~11개월 정도이다. 다만 중간에 의견제출통지서가 발송되는 경우 기간이 더 소요될 수 있다. 우선심사는 카탈로그, 홈페이지, 제품 샘플 등이 구축되어 있는 경우 청구가 가능하고 심사기간은 약 3~4개월 정도면 등록여부를 확인할 수 있다.

상표심사는 특허법에 적용을 받으며 심사의 기준이 모호한 부분이 있는 경우에는 심사관에 따라서 심사견해가 다를 수 있다. 하지만 특허법 중 명백한 적용기준을 알아두면 상표등록 가능성을 높일 수 있다.

(4) 상표등록

상표심사가 완료되어 상표등록이 가능하면 특허청에서 출원공고가 이루어진다. 공고 후 약 2~3개월 후에 등록결정이 되면 등록료를 납부하면 된다. 등록된 상표는 지적재산권의 배타적 권리를 최장 10년간 행사할 수 있다.

학습정리

1. 브랜드는 상품 및 서비스를 구분하는 데 사용되는 명칭, 기호, 디자인의 총칭이다. 따라서 브랜드는 소비자가 구매의사결정을 편하게 하도록 돕는다. 소비자는 정보처리의 어려움을 보완할 목적으로 브랜드라는 고정관념을 이용한다.

2. 좋은 브랜드는 소비자가 쉽게 기억하고 높은 호감을 느낀다. 브랜드의 기능은 본원적 기능과 파생적 기능으로 나누어지는데, 본원적 기능은 출처 기능, 구별 기능, 신용 기능, 자산 기능이 있다. 파생 기능으로는 인지도 강화 기능, 충성도 강화 기능, 차별화 전략 기능, 표현 전략 기능, 소비자 위상 기능이 있다.

3. 브랜드는 무형적인 요소인 언어적인 부분과 유형적인 요소인 시각적인 부분의 결합으로 구성된다. 그러나 일반적으로 브랜드라고 하면 언어적인 부분인 '브랜드네임'만을 떠올리게 된다. 물론 브랜드네임이 브랜드의 중요한 부분을 차지하지만 브랜드는 이름 이외의 다른 요소들도 포함하고 있다. 브랜드를 구성하는 요소로는 브랜드네임, 슬로건, 로고와 심벌, 캐릭터, 패키지, 청각적 요소, 색깔 등 다양하다.

4. 브랜드는 기업의 소중한 자산이다. 강력한 브랜드는 기업의 모든 것을 대변한다. 강력한 브랜드는 소비자의 구매 결정에 상당한 영향력을 미치게 되고 이에 따라, 기업의 입장에서는 단순한 시장점유율 향상뿐만 아니라 고객의 평생생애가치(life time value)의 점유율까지도 상승하게 된다. 궁극적으로 기업은 강력한 브랜드로 인해 고객의 유지율이 높아지고 고객을 획득하기 위한 비용이 줄어든다. 최근 브랜드 관리의 핵심은 확장과 집중으로 양분되고 있다. 단기적인 수익확대를 노리는 기업은 브랜드 확장을 선호하게 되고, 장기적으로 브랜드 자체의 힘을 축적하려는 기업은 브랜드 집중을 선택한다.

5. 브랜드자산은 소비자의 기억 속에 호의적인 브랜드지식으로 저장되어 있을 때 발생한다. 브랜드지식은 브랜드 인지도와 브랜드 이미지로 구성된다. 그러므로 소비자가 브랜드에 친숙하여 인지도가 높고, 브랜드 이미지 역시 호의적 또는 긍정적인 인식을 가지게 되면 해당 브랜드는 높은 자산적 가치를 얻게 된다. 긍정적인 브랜드 이미지는 소비자의 기억 속에 호의적이고 강력하면서 차별화된 브랜드연상을 가지고 있을 때 형성된다. 결과적으로 브랜드자산은 높은 브랜드 인지도와 호의적이고 강력하면서 독특한 연상으로 만들어진다.

6. 상표출원과 상표등록은 구분되어야 한다. 상표출원을 하여 특허청에 등록여부를 심사요청하면 1년 정도의 특허심사기간을 거쳐 상표등록 여부를 결정하게 된다. 상표출원은 변리사를 통한 위탁출원과 본인이 직접 서류절차를 처리하는 직접출원이 있다. 상표를 출원하여 등록하기까지의 단계는 '상표검색, 상표출원, 심사, 상표등록'의 순으로 이루어진다.

| 연습문제 |

1. 카페 경영에 브랜드가 왜 중요한지 이유를 설명해 봅시다.
2. 브랜드를 구성하는 요소를 기준으로 국내 카페 중 가장 이상적인 사례를 제시해 봅시다.
3. 상표등록을 위하여 특허청에 지불해야 하는 비용과 이러한 과정을 변리사에게 의뢰하는 경우 소요되는 비용을 구분하여 정리하여 봅시다.
4. 상표를 등록하기 위하여 검색할 때 가장 유의해서 살펴야 하는 내용은 무엇일까요?
5. 카페의 상표등록을 할 때 주로 어떤 상표분류로 등록하는지 주요 개인카페와 프랜차이즈 기업의 카페 사례를 찾아서 제시하여 봅시다.

5장

사업계획서

5장

사업계획서

학습목표

1. 사업계획서의 정의 및 활용방법에 대하여 이해한다.
2. 사업계획서 작성절차와 유의할 점을 이해한다.
3. 카페 창업을 위한 사업계획서의 작성방법을 사례를 통해 이해한다.

'82년생 김민경 X 카페르세' 창업일기

프랜차이즈 본사에서 근무하던 시절. 수많은 예비 창업자들을 만났다. 나는 주로 질문을 하는 쪽이었다. "왜 창업을 하시려고 하시죠?" 명확한 답변을 하지 못하는 예비 창업자와는 길게 이야기를 하지 않았다. 목표도 없고, 내면에서 왜 해야 하는지 모르는 경영자가 사업을 성공할 수 있는 확률은 희박하다.

사업계획서 작성은 그렇게 시작하는 것이다. 목표를 설정하지 않는다면 도달할 수 있는 방법은 없다. 목표지점을 알고 있다면 수단과 방법을 찾아볼 수 있다. 수많은 선택지가 있을 수 있다. 각 선택이 부드럽게 연결되지 않는다면, 문제가 있다. 그 부드러움을 만들어 주는 것이 기준이다.

이 기준이 "경영철학"이라고 생각한다. 사업 계획서에서 얻을 수 있는 최고의 산물이 경영철학이다. 모든 계획이 그렇듯 치밀한 사업 계획이 반드시 적중하지는 않는다. 창업 후 유연한 의사결정으로 계획을 수정하고 보완해 가는 노력은 계속해서 필요하다. 그 의사결정을 변경하려면, 축(기준)이 필요하고, 움직일 수 있는 (원)동력이 필요하다. 변경의 축이 "경영철학"이고, 동력이 "목표의식"이라고 생각한다. 이러한 역량을 보유한 경영자와 보유하지 못한 경영자는 위기 속에서 해결 능력이 다르다.

창업 후 수많은 위기 속에서 후회하지 않으려면, 반드시 사업계획서를 작성하고 사업을 시작할 것을 권한다. 사업계획서에는 필수 구성 요소가 있다. 문제를 풀듯이 빈칸을 채워 나간다면, 현재의 부족한 점을 발견하고 보완할 수 있는 마법이 일어날 것이다.

사업계획서는 왜 작성해야 할까?

"자금을 지원 받기 위해서 형식적으로 필요하니까. 대충 양식에 맞추어 내용만 채우면 되겠지"라고 창업자는 생각한다. 또는 "사업계획서는 이론적으로 필요하다는 것이지 실제 현장에서 전혀 도움이 안 되잖아"라며 불필요한 작업으로 치부하는 경우도 있다.

이유와 목적이 어떻든 꼭 필요해서 작성해야 한다면, 사업계획서는 누가 작성해야 할까?

사업계획서는 결코 형식적으로 필요해서 작성하는 것이 아니다. 그리고 사업계획서는 전문가가 대신 작성해 주는 문서가 아니다. 창업자 자신이 직접 작성해야 하는 창업을 위한 필수서식이다. 창업자 자신보다 창업하려는 사업의 제품과 서비스 그리고 목표시장에 대해 잘 파악하고 있는 사람은 없다. 또한 창업자 자신만큼 열정을 가지고 사업에 헌신할 사람도 없다. 자신은 전문성이 떨어진다는 생각에 대리인에게 작성을 의뢰하는 경우가 종종 있지만 그렇게 작성된 사업계획서는 형식만 갖추었을 뿐 감동을 주는 호소력이 없다.

영국의 스타벅스라고 할 수 있는 '커피 리퍼블릭'을 창업하여 성공한 사하와 보비 남매는 《나의 첫 사업계획서》라는 책에서 "사업계획서를 쓰는 동안에 더 좋은 아이디어가 생길 수도 있으며 작성과정을 통하여 비전에 초점을 두고 아이디어를 현실로 옮기는 과정을 단계적으로 밟아 나갈 수 있다. 사업계획서를 작성하는 데 필요한 모든 것은 당신의 머릿속에 이미 있으며 특별한 어떠한 기술도 필요하지 않다. 사업계획서는 당신의 열정과 에너지를 전달해야 한다."고 사업계획서의 중요성과 필요성을 강조하였다.

사업계획서는 창업자가 성공적인 창업을 추진하는 데 반드시 필요하다. 따라서 사업에 대하여 가장 잘 알면서 열정을 가진 창업자 스스로 작성해야 하는 필수서식이다. 사업계획서는 자신의 창업을 위한 매뉴얼로서 안정적인 창업을 유도하는 역할을 한다는 점을 꼭 기억해야 한다.

1
사업계획서의 정의

일반적인 사업계획서는 사업을 시작하기 전에 사업전반에 대한 제반사항을 체계적으로 기술해 놓은 문서를 말한다.

카페 창업을 위한 '사업계획서(창업계획서)'는 창업자가 자신의 사업(카페)을 지속적으로 성장시키기 위한 구체화된 의지를 체계적으로 정리한 설계서로서 창업과 관련된 모든 외적인 요소(법규, 경쟁, 사회적 변화, 소비자 욕구의 변화, 새로운 기술 등)와 내적인 요소(메뉴의 조리, 마케팅, 인적자원, 자금 등)를 문서화한 내용을 담고 있다. 이를 좀 더 구체적으로 설명하면 사업을 시작하기 전에 창업자가 추진할 사업과 관련된 제반사항, 즉 사업내용, 시장에 대한 분석, 경쟁환경 분석, 시장의 세분화, 표적시장, 목표고객의 정의, 시장특성, 예상매출과 수익성, 마케팅전략, 조직 및 인력관리, 소요자금 조달 및 운용, 기대수익, 세부 일정계획 등 사업을 하기 위한 제반사항을 체계적으로 정리한 문서이다.

어떤 일을 하든지 사전에 계획을 하는 과정은 매우 중요하다. 특히, 사업계획서의 작성은 사업에 대한 전반적인 사항을 객관적으로 서술함으로써 창업자가 창업 가능성, 사업타당성, 수익성을 분석하여 성공적인 창업을 준비하는 과정이다. 이는 사업의 목적을 확

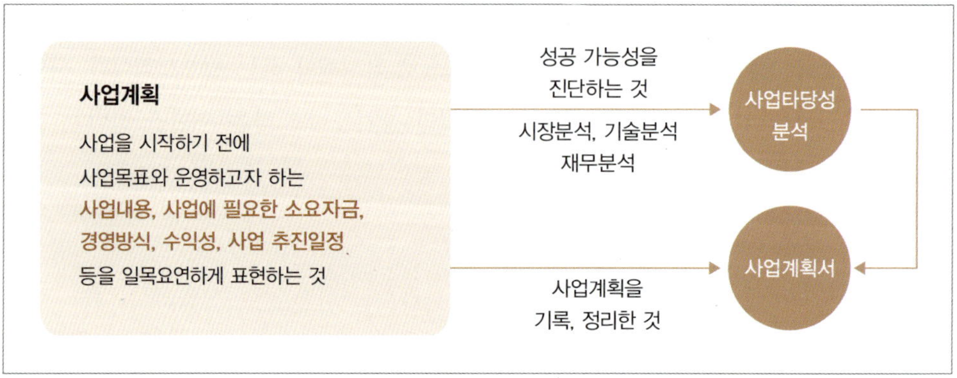

그림 5-1 사업계획과 사업타당성 분석, 사업계획서 간의 관계
자료: 김영갑 외(2015). 외식사업창업론.

인하고 사업 단계별로 추진할 업무와 달성해야 할 목표를 명확히 제시하고 불확실한 위험 요소를 제거하여 사업 성공의 가능성을 높이는 역할을 한다.

예비창업자는 일반적으로 사업을 계획하는 것에 앞서 사업타당성 분석이 필요하다. 사업타당성 분석은 창업을 실패로부터 지켜주고 사업의 성공확률을 높여 줄 수 있기 때문에 필수적으로 작성해야 한다. 상황에 따라서는 사업타당성 분석과 사업계획서 작성이 동일한 개념으로 다루어지기도 하지만 실제 사업계획을 세우기 위해서는 사업타당성 분

표 5-1 사업타당성 평가항목

주요항목	평가요소	세부검토사항
상품성	상품의 적합성	• 창업자가 잘 아는 제품인가? • 창업자가 잘 할 수 있는 공정인가?
	상품의 독창성	• 시장에서 동일한 제품 또는 서비스가 없는가?
시장성	시장의 규모	• 예상되는 고객의 수는 어느 정도인가? • 시장 규모는 금액으로 어느 정도인가?
	경쟁성	• 경쟁자의 세력 및 시장 분포는 어떤가? • 경쟁제품과 비교했을 때 품질과 가격관계는 유리한가?
	시장의 장래성	• 잠재고객 수의 증가는 있는가? • 새로운 창업기업의 침투 가능성은 어느 정도인가? • 소비자 성향이 안정적이고, 필요성이 증가하는가?
수익성	생산비용의 효익성	• 적정 비용으로 제품을 생산할 수 없는 요인이 있는가? • 생산공정이 복잡하지 않고, 효율성은 있는가?
	적정이윤 보장성	• 원자재 조달이 용이하고, 값은 안정적인가? • 필요한 노동력 공급이 용이하며 저렴한가? • 제조원가, 관리비, 인건비 등 제반비용 공제 후 적정이윤이 보장되는가?
안정성	위험 수준	• 경제순환과정에서 불황 적응력은 어느 정도인가? • 기술적 진보 수준은 어느 정도이며, 기술적 변화에 쉽게 대처할 수 있는가?
	자금투입의 적정성	• 초기 투자액은 어느 정도이며, 자금 조달이 가능한 범위인가? • 이익이 실현되는 데 필요한 기간은 어느 정도이며, 그동안 자금력은 충분한가?
	재고 수준	• 원자재 조달, 유통과정상 평균재고 수준은 어느 정도이며, 재고상품의 회전기간은 어느 정도인가? • 수요의 계절성은 없는가?

자료: 김영갑 외(2015). 외식사업창업론.

석에서 사용했던 자료와 정보 등을 활용하기 때문에 두 개념은 명확히 구별되는 것이고 프로세스의 선후도 지켜지는 것이 바람직하다.

사업타당성 분석은 일반적으로 창업자의 계획사업 수행능력 및 적합성, 시장성 분석, 기술타당성 분석, 재무타당성 분석, 성장가능성 및 위험요소 분석으로 구성된다. 사업타당성 분석을 진행할 경우 다음과 같은 이점이 있다.

첫째, 사업을 객관적이고 체계적으로 구상할 수 있어 사업의 성공확률을 높일 수 있다.

둘째, 사업타당성 검토를 통하여 사업과 관련된 구성요소를 정확하게 파악할 수 있어 창업기간의 단축 및 효율적인 창업 업무를 수행할 수 있다.

셋째, 제품의 기술성, 시장성, 수익성, 자금수지계획, 예정 등을 분석함으로써 해당사업에 대해 미흡한 부분들을 찾아낼 수 있다.

결과적으로 창업자가 사업에 대한 필요요소를 파악하고, 준비할 수 있어 경영능력 향상을 꾀할 수 있다.

예비창업자가 사업을 시작한다면, 과거와 같은 주먹구구식 사업진행은 지양하고 먼저 사업계획서를 작성한 후 사업을 추진하길 권한다. 사업계획은 대내적으로는 달성목표와 수행해야 할 업무를 사전에 파악할 수 있도록 도와준다. 그리고 주변의 지인으로부터 사업에 대한 동의와 협조를 얻기 위해서도 반드시 필요하다. 특히, 대외적으로 자금조달의 방법, 수요자나 공급자로부터 신용확보를 위하여 반드시 필요한 수단이기도 하다. 모든 창업자는 아이디어를 사업으로 전환하는 시점, 즉 창업의 시점에서 즉흥적인 행동보다는 체계적이고 실질적인 창업의 설계도인 사업계획서를 작성하고 따라야 한다. 사업계획서에는 창업자의 철학이 담겨야 한다. 사업계획서는 체계적이고 실질적인 역할을 위해 다음과 같은 목적을 염두에 두고 작성해야 한다.

첫째, 사업계획서는 자신의 생각을 정리하고 내용을 구체화하기 위하여 작성한다.

둘째, 사업계획서는 사업을 도와줄 사람을 설득하기 위하여 작성한다.

셋째, 사업계획서는 자본조달수단으로 은행이나 각종 기관으로부터 금융 지원을 받고자 할 때 필요하다.

넷째, 사업계획서는 점포의 경영지침서로서의 역할도 함께 수행한다.

다섯째, 사업계획을 통하여 무슨 일을 언제 준비해야 하는지를 알 수 있으므로 효율적인 사업추진이 가능하다. 사업계획서를 작성하다 보면 누락된 사항들을 다시 확인하는 계기가 될 것이며 이를 통해 시간과 비용의 낭비를 피할 수 있다.

2 사업계획서의 용도 및 종류

1) 사업계획서의 용도

사업계획서는 새롭게 시작하는 사업에 대한 설계도이므로 경영자의 주관적 판단에 의해 작성된다. 하지만 객관적인 사실과 정보를 이용하여 시작하는 사업에 대한 사업내용, 경영방침, 기술적 문제, 시장성 및 판매전망, 매출액과 수익성 예측, 소요자금 조달과 운영계획, 인력충원 등을 포함하고 있어야 한다. 사업계획서는 보통 사업추진의 안내도로 활용되기도 하지만 대외적으로 투자유치 등의 자료로 사용되기도 한다.

(1) 대내적 용도

성공적인 창업을 위하여 작성되는 사업계획서는 일차적으로 창업자의 관점에서 사업의 추진을 통하여 얻고자 하는 목표와 수행해야 할 업무를 파악할 목적으로 작성된다. 또한 외식사업의 창업 초창기 운영지침서로 활용될 수도 있다. 마지막으로 사업계획서는 주변 사람들에게 창업에 대한 상세한 정보를 제시함으로써 사업에 동의를 구하기 위한 보조적인 수단으로 사용된다. 생계형 창업이라면 가족의 동의를 구하여야 할 것이며, 기업의 형태로 창업을 한다면 투자자나 동업자 기타 의사 결정권자의 동의를 구하는 데 사용되며 기업의 인적구성원들의 협력을 이끌어 내는데도 사용된다.

(2) 대외적 용도

사업계획서는 대외적으로도 매우 유용하게 활용된다. 무엇보다도 창업 시 부족한 자금조달을 위하여 금융권이나 투자기관에 제출한다거나, 정부와 지방자치단체 등의 공공기관 정책자금 지원을 신청하는 데도 사용된다. 이때 사업계획의 성공여부는 자금지원의 중요한 결정요인으로 작용한다. 사업계획서의 또 다른 대외적인 용도는 창업한 기업의 능력을 평가하는 자료로 활용된다는 것이다. 이는 투자자가 자금을 지원할지 판단하는 근거로도 작용하지만 협력회사들에게 사전에 신용을 얻기 위한 방법으로 활용되기도 한다.

2) 사업계획서의 종류

사업계획서는 용도에 따라서 대내용과 대외용이 있다. 특히 대외용은 인허가용, 자금조달용, 투자유치용 등 다양한 목적에 따른 구분이 가능하다. 그 외에도 사업계획서는 업종이나 사업형태에 따른 분류, 형식에 따른 분류 등 다양한 분류가 가능하다. 본 교재에서는 카페 창업을 중심으로 사업계획서의 종류를 살펴본다.

(1) 한 페이지 사업계획서

'한 페이지 사업계획서'는 사업계획의 핵심내용만을 선별하여 A4 한 장 분량으로 압축하여 제시한 사업계획서를 의미한다. 간략하게 정리한다는 측면에서 '요약사업계획서'라고도 한다. 분량이 많은 사업계획서에 비하여 한 페이지 사업계획서는 사업내용의 차별성 그리고 사업의 수익성 등 사업에 대한 제반사항과 내용을 독자가 쉽게 이해할 수 있도록 정리하는 기술이 필요하다. 이것은 별도의 사업계획서로 활용되는 경우도 있지만 사업계획서에 첫 번째로 위치하는 요약 페이지로 활용되기도 한다. 카페 창업을 위한 한 페이지 사업계획서의 양식은 〈표 5-2〉와 같다. 사업계획서의 항목과 내용은 자신의 상황에 맞게 얼마든지 수정할 수 있다.

(2) 기술형 사업계획서

'기술형(記述形) 사업계획서'는 사업내용을 상세하게 설명하는 형식으로 작성하는 사업계획서이다. 가장 일반적인 형식의 사업계획서로서 투자용 또는 동의를 구하는 용도로 널리 쓰이고 있으며 공공기관용 사업계획서 및 기관투자가용으로 선호되고 있다.

표 5-2 카페 창업을 위한 한 페이지 사업계획서 양식

구분		내용
카페의 콘셉트 (본질, 주장)	카페의 유형 (차별성)	
	테마 및 감성스토리	
시장조사와 분석 (환경분석)	카페산업에 대한 PEST 분석	
	SWOT 분석(경영자)	
	SWOT 분석(카페시장)	
STP	시장 세분화	
	목표고객	
	포지셔닝	
마케팅 믹스(7P)	메뉴유형 및 주요 식재료	
	디자인(분위기) 및 서비스형태	
	입지 및 상권(Place)	
	규모(좌석수, 면적, 투자예산)	
	가격대(Price)	
	주요 판촉전략 (사용가능한 마케팅 채널) 인적자원 물리적 증거 서비스 프로세스	
사업성	자금계획	
	사업타당성(매출, 비용, 이익)	
	경영관리 방안	
기타		

자료: 김영갑 외(2015). 외식사업창업론.

(3) 설명회용 사업계획서

파워포인트 같은 발표용 소프트웨어를 이용하여 작성하는 사업계획서로 기술형 사업계획서를 바탕으로 발표를 목적(투자유치, 신규사업, 신제품 발표 등)으로 작성한다.

3 사업계획서 작성방법

1) 사업계획서 작성에 따른 장점

과거와 같은 주먹구구식 창업으로는 치열한 경쟁에서 생존하기 힘들다는 인식이 확산되고 있다. 따라서 사업계획서로 인하여 창업자가 얻게 될 이익을 명확히 이해함으로써 사업계획서 작성에 심혈을 기울이고 좀 더 알찬 계획을 세우는 데 도움이 될 수 있도록 그 장점을 제시하면 다음과 같다.

첫째, 사업계획서는 창업과 경영의 체계화를 가능하게 만든다. 사업계획서는 그동안 창업자의 머릿속에서 헝클어져 있던 매듭을 풀도록 도와주면서 논리적 접근을 가능하게 하고 사업을 체계적으로 바라볼 수 있게 만들어준다.

둘째, 사업계획서는 다양한 분석을 통하여 사업의 타당성을 검증하는 기회를 제공한다. 사업계획서를 작성하면서 매출의 한계, 과다한 비용항목을 찾아내고 이를 개선할 수 있는 방법을 찾게 되거나 해결이 불가능한 경우 사업의 방향을 바꿀 수도 있다.

셋째, 사업계획서는 사업의 목적을 구체화함으로써 명확한 사업방향을 찾게 도와준다. 목표고객을 찾고 이러한 고객을 만족시키기 위한 콘셉트를 설정하는 데 큰 도움을 준다.

넷째, 사업계획서는 이해관계자에게 신뢰를 줄 수 있는 계기가 된다. 체계적이고 논리적이며 실천적인 사업계획서는 투자자와 직원들에게 신뢰를 높여서 더욱 적극적인 참여를 이끌어낼 수 있다.

다섯째, 사업계획서는 미래를 정확하게 예측할 수 있는 근거를 제공한다. 통계 및 리서치 등을 통해 미래의 산업발전 추세나 기타 환경변화를 예측하여 불확실한 미래상황을 대비할 수 있게 한다.

이와 같은 사업계획서의 장점을 고려할 때, 창업의 유경험자와 초보창업자를 불문하고 무리한 사업진행을 하지 않도록 도움을 주는 동시에 성공적인 창업을 가능하게 만들어주는 역할을 하므로 창업을 고려하는 사업자라면 누구나 사업계획서를 작성한 후, 창업을 하겠다는 의지를 가져야 한다.

2) 사업계획서 작성 절차

성공적인 창업을 위해서는 창업의 목적과 목표에 신뢰성이 있어야 한다. 또한 목표 달성을 위한 실행 방안이 타당해야 한다. 타당성이 검증되지 않은 사업 아이템을 가지고 사업계획서를 작성한다는 것은 불필요한 일을 하는 것과 같다. 몇 가지의 사업 대안 중에서 창업의 목적 및 목표에 부합되는 사업을 발견하였고, 그 사업의 타당성이 충분히 입증되었다면 다음과 같은 사업계획서 작성 절차를 따라 작성한다.

사업계획서 작성의 목적이 확인되었다면 다음 단계로 사업계획서 양식을 확인해야 한다. 사업계획서는 사용목적에 따라 다른 양식이 적용될 수 있다. 자기 자신을 위한 사업계획서라면 자유로운 양식으로 작성하여도 무관하지만 금융기관이나 정부기관에 제출하기 위한 것이라면 기관의 고유양식을 사용해야 한다. 금융기관 등은 소정의 양식을 통하여 서로 다른 업체를 비교 평가하는 경우가 있기 때문에 사업계획서의 목적과 관련기관의 제출양식에 대한 사전확인이 필요하다. 소정의 양식이 없는 경우에는 자신의 사업 아이디어를 가장 객관적이고 정확하게 표현할 수 있도록 순서와 체계를 설정해야 한다. 구상하는 사업의 규모에 따라서는 사업계획서 작성을 위한 별도의 계획을 수립해야 하는 경우도 있다. 사업계획서 작성을 위한 계획이란 작성 일정 및 기한, 작성에 참여하는 인력의 업무분담 및 조정을 통하여 효율적인 업무계획을 수립하는 것 등을 말한다. 사업계획서를 작성할 때는 사업계획서 작성의 목적 및 창업 목적에 맞게 일관성 있게 서술함으로

그림 5-2 사업계획서 작성 절차

자료: 김영갑 외(2015). 외식사업창업론.

써 신뢰성과 타당성을 확보할 수 있도록 한다.

마지막으로 사업계획서는 디자인, 편집기술 등을 활용하여 사업계획서의 내용 및 목적이 잘 드러날 수 있도록 만들어야 한다. 이후 완성된 사업계획서를 담당자에게 제출하는 것으로 사업계획서 작성 및 제출을 마무리한다.

3) 사업계획서 작성 시 체크포인트 및 작성요령

사업계획서를 작성할 때 근거가 불충분하거나 비논리적인 추정에 의한 내용을 피해야 한다. 즉, '성장할 것이다. 높아질 것이다'와 같은 막연한 표현보다는 구체적인 통계수치나 참고문헌을 인용하고 필요한 경우 설문조사를 실시한다.

사업계획서에서 다루는 사업내용은 차별적이고 독창성이 있어야 한다. 전문성을 강조하기 위해 전문용어를 많이 사용하는 경우가 있는데, 전문적인 내용이더라도 누구나 이해 가능한 쉬한 용어를 사용하면서 참여인력의 전문성을 강조한다면 설득력은 더 커진다. 경영자의 성실성, 경력, 정직성을 보여주는 것이 차별성, 독창성, 전문성을 부각시키는데 더 효과적이다. 필요하다면 현장 체험을 기초로 상황을 기술하여 신뢰성을 높이는 것

사업계획서 작성의 주요 체크포인트

전반적인 작성 원칙

- 명확성(Clarity): 사업계획의 핵심(장점)을 명확히 제시할 것
- 객관성(Objectivity): 객관적인 데이터를 근거로 하여 작성할 것
- 단순성(Simplicity): 기술적 전문가가 아닌 일반인도 이해할 수 있도록 서술할 것
- 일관성(Consistency): 지각(知覺)적 통일성, 문체의 일관성을 유지할 것

핵심 콘텐츠

- 잘 정의된, 정량화된 고객 가치: 고객에게 기존의 가치를 보다 낮은 비용으로 제공하거나 고객에게 합리적인 비용으로 새로운 가치를 제공하는지를 제시
- 혁신적인 제품/서비스: 제품/서비스 혹은 사업 시스템이 높은 수준의 혁신을 이루고 있는지를 기술
- 경쟁에 대한 분석: 현재 또는 잠재적 미래 경쟁자에 대한 분석 제시
- 위험과 기회에 대한 평가: 사업에 내재된 위험을 사실적으로 기술하고 이를 극복하는 방안을 제시

자료: sknewbiz(2006) 사업계획서 작성 가이드. 내용 저자 수정

도 의미가 있다.

사업계획서에서 빠져서는 안 되는 핵심항목은 경쟁사에 대한 조사와 분석이다. 경쟁사를 조사할 때는 경쟁사에 대한 과소 또는 과대 평가를 하지 않도록 유의한다. 특히 경쟁사 조사는 결국 자신이 선택한 카페 유형의 라이프 사이클을 점검하고 시장의 성장성을 판단하는 중요한 기초자료가 되므로 성실하게 작성해야 한다.

4) 사업계획서 구성 및 사례

사업계획서를 작성하는 데 있어서 어디에나 사용가능한 표준화된 절차와 양식이 존재하지는 않는다. 금융기관의 대출이나 정부의 정책자금을 지원받기 위하여 제출하는 사업계획서처럼 정해진 양식에 의거 작성하는 경우도 있지만 특별한 경우를 제외하고, 창업을 위한 대부분의 사업계획서(창업계획서)는 〈그림 5-3〉과 같은 절차로 작성된다.

창업자는 이러한 구성을 기초로 자신의 사용목적에 적합한 사업계획서를 구상해야 한다. 본 교재에서 제시하는 절차와 형식은 학습을 목적으로 표준화하였다. 창업자가 지식을 넓히고 많은 조사를 거치면서 자신만의 합리적인 단계와 기준을 설정한다면 가장 논리적인 사업계획서를 스스로 만들 수 있다. 사업계획서를 만드는 것 자체가 중요한 것이 아니라 사업계획서를 직접 작성하면서 성공적인 창업이 가능함을 입증하고 창업자 스스로가 자신감을 가지게 되는 과정이 더 중요하다는 사실을 기억해야 한다.

위와 같은 구성과 절차로 사업계획서를 작성하기 위한 세부적인 내용은 본 교재의 각 장에서 연습문제나 사례 등을 통하여 학습하도록 제시되어 있다. 예를 들면, '사업의 개

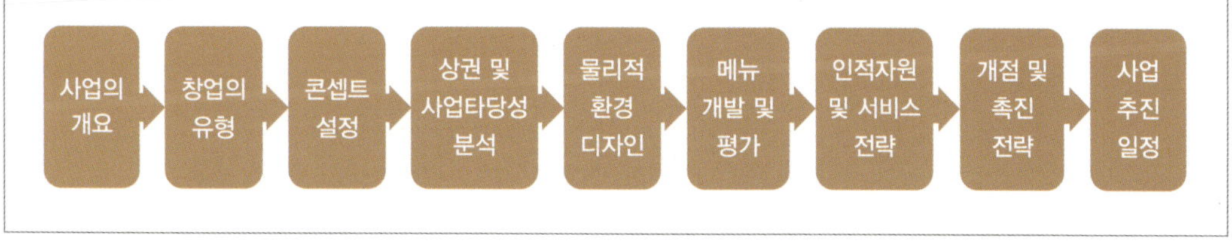

그림 5-3 사업계획서의 구성절차

자료: 김영갑 외(2015). 외식사업창업론.

요'는 제1장에서 학습한 내용을 토대로 작성할 수 있다. '창업의 유형'은 제2장에서 학습한 카페 창업 유형을 기초로 누구나 작성 가능하다. 그리고 '콘셉트의 설정'은 제3장에서 기존 카페들의 콘셉트를 정리하면서 자신만의 콘셉트를 개발하는 방법을 학습하였다. 이와 같이 본 교재의 모든 내용을 잘 학습하면 자연스럽게 사업계획서를 세부적으로 작성할 수 있다.

(1) 사업의 개요

사업계획서 또는 창업계획서를 작성할 때 가장 먼저 제시하는 부분은 '사업의 개요'이다. 이미 본 교재의 1장에서 학습한 내용이므로 이를 바탕으로 실전적인 계획수립이 가능하도록 많은 연습을 해야 한다. 여기에는 창업할 사업의 '창업 개요, 창업의 목적과 목표, 창업자의 준비도, 정성적인 사업타당성 분석, 환경분석(PEST 분석, 외식창업의 SWOT분석 등)'을 일목요연하게 정리한다. 세부적인 내용은 〈표 5-3~8〉의 사례를 참조한다.

표 5-3 사업의 개요(사례)

작성자		홍길동	나이	40세
경력		커피전문자격증·베이커리 자격증 소지, 수제쿠키 제조판매		
작성기간		201*년 *월 **일 ~ 201*년 *월 **일		
용도		사업추진을 위한 목표설정, 체크리스트, 매뉴얼		
희망업종	대분류	음식		
	중분류	커피전문점		
	소분류	커피전문점		
창업형태		독립/프랜차이즈	경영참여	경영/투자
창업자금		1억 원	희망점포 규모	20평/1층
적정 권리금		5천만 원 이하	보증금, 임차료	미정
목표순이익/월		600만 원/월	예상 창업시기	6개월 이내
선택 업종 개요		• 음료만이 아닌 간단한 식사도 겸할 수 있는 커피전문점 • 특색 있는 카페시장은 아직도 다각화와 발전가능성이 충분히 있음 • 아파트 가격대가 높은 주거지 상권과 오피스 상권, 역세권 등이 적합한 상권임 • 3개의 후보상권을 분석하여 경쟁점 매출, 인구분석, 상권 발전 가능성을 조사 분석하여 경쟁우위 상권을 선택할 예정임		

표 5-4 창업목적과 목표(사례)

구분		해당여부
창업목적	생계를 위한 수입 확보 수단으로	○
	직업을 얻기 위하여	○
	여유자금의 투자를 위하여	
	프랜차이즈 사업으로의 확장을 위하여	○
	친교를 위한 커뮤니티 공간이 필요해서	
	무엇이든 즐기는 다양한 활동의 장소(요리, 서빙)	
	새로운 분야에 대한 도전을 위하여	
	특별한 기술과 삶의 방식을 배우기 위하여	
	식문화(음식, 분위기 등)를 즐기기 위하여	
	정년퇴직 후 즐길 수 있는 일이 필요해서	
창업목표	• 월 매출액 0000만 원 • 1년 내 손익분기점 달성 • 2년 6개월 내 투자금 회수 • 10년 내 동일 상권에 콘셉트가 다른 3개의 점포를 개설하여 포트폴리오 구성하여 안정적인 다점포화를 추구함	

표 5-5 창업 준비정도(사례)

과목명	준비도			종합의견
	상	중	하	
외식경영학원론		○		• 카페 창업을 위해 필수적으로 학습해야 할 과목들을 이수하였으나 조금 미흡함 • 특히 외식창업론과 상권분석론에 많은 시간을 할애할 것임 • 메뉴개발 및 관리에 대한 교육을 이수하고 스스로 메뉴의 개발과 개선을 할 수 있는 능력을 갖추었음 • 벤치마킹 대상 업체에서 직원, 아르바이트 등으로 근무하며 실전경험을 쌓았고, 차별성과 경쟁력을 높일 수 있는 노하우를 습득하였음
외식창업론		○		
상권분석론		○		
외식마케팅		○		
세무와 회계		○		
사업계획서 작성법		○		
사업타당성 분석법		○		
서비스경영론	○			
메뉴개발 및 관리론	○			
벤치마킹 대상 업체1	○			
벤치마킹 대상 업체2	○			
벤치마킹 대상 업체3	○			

자료: 김영갑(2012). 성공창업을 위한 상권분석론.

표 5-6 정성적 부문의 사업타당성 분석(사례)

주요항목	평가요소	세부검토사항	평가			종합
			상	중	하	
창업자의 사업능력	창업 적합도	사업경험 및 지식 정도(조리사자격 보유 등)		○		
		사업수행능력(친절도, 영업력 등) 여부		○		
		업종, 적성, 경력, 경영능력 등의 적합성		○		
	경영마인드	경영 및 서비스 마인드	○			
		반드시 성공하겠다는 굳은 의지	○			
		고객유치 및 판매전략 여부			○	
상품성	상품의 적합성	조리방법의 충분한 습득				
		주력메뉴(상품)의 대중성				
		주력메뉴(상품) 가격의 적절성				
		식재료 구입의 편의성				
		주력메뉴 수명주기의 적절성(도입기, 성장기)				
상품성	상품의 독점성	주력메뉴 및 식자재의 독점성				
		독자적 기술과 노하우의 보유를 통한 차별성				
시장성	시장의 규모	예상되는 고객의 수				
		시장규모 평가				
	경쟁성	경쟁업체의 세력 및 분포도				
		경쟁제품과 품질과 가격의 비교우위				
		차별화 가능여부				
	시장의 장래성	잠재고객 수의 증가 가능성				
		대기업의 침투가능성				
		소비자의 성향 및 필요성				
수익성	제품생산 및 판매 효율성	식재료 비용의 가격대비 비율				
		조리의 효율성				
		배달 및 테이크아웃 판매 가능성				
	적정이윤 보장성	식재료 조달방법 및 금액				
		임차료 및 인건비의 적정성				
		원가, 인건비, 관리비를 제한 적정이윤의 보장				
안정성	위험수준	불황 적응력				
		경쟁업체 출현 시 대처능력				
	자금투입 적정성	초기투자액에 대한 자금조달 범위				
		손익분기점의 수준 및 기간				
		예비비의 보유 여력				
	재고관리	식재료 재고관리의 용이성				
		수요의 계절성				
합계						

자료: 김영갑(2012). 성공창업을 위한 상권분석론.

표 5-7 환경분석〈PEST 분석〉(사례)

구분	내용
정치적 환경(P)	• 외식산업진흥법이 제정되는 등 국가적인 차원에서 외식산업에 대한 중요성 인식이 증대되고 있음 • 정부의 규제완화 정책의 변화(식품산업진흥법, 외식산업진흥법 도입) • 산업적인 측면에서 프랜차이즈 산업에 대한 지원이 강화되고 있지만 공정거래 측면에서 프랜차이즈 기업에 대한 제재도 증가하고 있음
경제적 환경(E)	• 국민소득 2만 달러 수준을 넘어서면서 카페시장은 급성장하고 있음 • 저성장기조 고착화 • 카페 간의 양극화가 증대되면서 소상공인의 생계형 창업 실패가능성은 커지고 있음
사회적 환경(S)	• 다양화, 퓨전화를 동반한 한식뷔페에 대한 수요 증가 • 합리적 소비 트렌드 증가와 가치소비 욕구 증대 • 변화하는 소비자의 취향과 트렌드를 추종할 수 있는 소비자조사 능력 필요 • 특색 있는 카페촌의 성장
기술적 환경(T)	• 단순한 커피보다는 전문화된 카페메뉴 개발능력이 필요 • 웰빙과 합리성 중심의 소비자 욕구를 충족시킬 수 있는 과학적인 접근자세가 필요 • 전세계에서 개발되는 다양한 커피가공 및 추출기술 발전에 대한 이해 • 기술의 발달로 맛과 서비스 등 체계적인 경영방식을 도입한 기업의 확산
종합의견	• 카페사업의 중요성에 대한 인식이 높아지고 있으며 국민소득 수준이 상승함 • 고객의 다양화 등 선택속성이 증가하여 전문적이고 차별화된 콘셉트의 상품에 대한 수요가 증가할 것으로 추정함

표 5-8 환경분석〈SWOT 분석〉(사례)

구분	내부환경		외부환경	
긍정적 환경	강점 (S)	• 카페메뉴 제조에 있어 차별화된 능력 보유 • 대형프랜차이즈 벤치마킹으로 전략적 메뉴 개발	기회 (O)	• 커피시장에 대한 사회적 인식의 개선 및 관심 증대 • 누구나 습관처럼 즐겨 찾는 대표메뉴로 성장
부정적 환경	약점 (W)	• 인건비 상승으로 직원 고용의 어려움 • 브랜드 인지도를 높이기 위한 비용 및 시간 투자의 효용성	위협 (T)	• 저가형 프랜차이즈 카페 등장 • 생두가격 급상승 • 골목마다 우후죽순처럼 생겨나는 경쟁점포

(2) 카페 창업의 유형

본 교재 2장에서 학습한 바와 같이 창업자는 자신에게 가장 적합한 카페 창업 유형을 선택해야 한다. 타인의 사업이 번창한다고 해서 그대로 모방하거나 시류에 따라 일시적으로 유행하는 카페 유형으로 창업하는 것은 매우 위험하다. 따라서 예비창업자는 카페 유형, 투자형태(전문가 지원형, 자립형, 위·수탁형), 창업동기(투자형창업, 부업형창업, 탈출형창업, 기회형창업, 전환형창업), 연령(20대의 모험창업, 30대의 기반창업, 40대의 전문창업, 50대의 안전창업), 창업에 참여할 수 있는 구성원(1인창업, 가족창업, 여성창업, 부부창업, 동업창업), 자신의 성격, 경력 및 능력 등을 고려하여 선택해야 한다.

사업계획서에서 카페 창업 유형을 다루는 이유는 각 항목 간의 유기적인 결합을 검토하기 위해서다. 예를 들면, 20대의 예비창업자가 소자본으로 창업을 준비하고 있으면서 많은 자본이 소요되는 프랜차이즈형 카페 창업를 선택해서는 곤란하다. 50대가 안정성을 추구하면서 자신은 직접 일하기 곤란한 상황이라면, 메뉴의 높은 품질과 개인화된 메뉴 서비스로 경쟁하는 로스터리/드립형 카페를 창업해서는 안 된다. 카페 창업의 유형에서 다루는 모든 항목이 논리적으로 결합되어 최적의 효율을 달성할 수 있는 사업모델을 찾는 것이 성공의 열쇠이기 때문이다.

표 5-9 경력 및 능력(사례)

구분		직무	종합의견
경력	L기업 10년 근무	인사관리	커피에 관련된 지식과 베이커리는 전문성을 갖추고 있으며 인사관리의 노하우는 카페 경영에 강점으로 활용
	만주 굽는 집 운영	2년	
	커피 관련 교육	3년	
능력	제과, 제빵자격증	취득	커피, 제과•제빵의 기본지식과 베이커리 창업반 교육을 통하여 카페 유형별 음료와 푸드의 메뉴 응용이 가능
	운전면허 자격증	취득	
	커피 관련 자격증	취득	
교육	외식경영 관련 교육	이수	커피에 관련된 교육을 이수했으며, 외식경영에 관련된 공부를 지속적으로 하고 있음
	베이커리창업반	이수	
	바리스타 교육	이수	

표 5-10 창업동기와 연령(사례)

구분		해당여부	종합의견
창업동기	생계형창업	○	직장퇴사 후 노후대비 및 가족의 생계를 위해 창업 커피에 대한 지식과 경험을 축적하여 향후 커피 프랜차이즈기업으로 성장시켜 사회에 공헌
	직업형창업		
	투자형창업		
	부업형창업		
	탈출형창업		
	기회형창업		
	전환형창업		
연령	20대창업(모험)		전문지식과 역량을 바탕으로 차별화된 전문점으로 경쟁력을 확보한 후 다점포화를 추구
	30대창업(기반)		
	40대창업(전문)	○	
	50대창업(안전)		

표 5-11 카페 창업 유형의 선택(사례)

구분	내용
희망하는 카페 유형	식음목적형 카페 / 전문가형 창업
투자형태	독립창업
창업동기	투자형창업
구성원	경영주 1인, 카페매니저 1인, 아르바이트 1인
경력 및 능력	만주 굽는 집 운영 2년, 제과·제빵자격증, 커피 관련 자격증 취득 등
종합의견	• 경력과 능력, 전문지식을 바탕으로 식음목적형 카페를 독립창업 형태로 창업을 계획한다. • 카페 운영은 매니저와 주도적으로 운영할 계획이며 아르바이트 1인을 고용하고 운영프로세스를 구축하여 시간활용에 중점을 두는 경영을 할 것이다.

(3) 콘셉트의 설정

콘셉트는 소비자가 인지하는 카페의 본질을 결정하는 단계로서 본 교재의 3장을 공부하며 구체화하는 작업이 필요하다. 가장 먼저 사명(Mission) 및 비전(Vision) 그리고 카페사업을 위한 로드맵을 기술한다. 다음으로 콘셉트의 구성요소를 토대로 카페의 콘셉트를 개발한다. 콘셉트가 개발되면 이를 가장 적절하게 표현할 수 있는 브랜드를 선정해야 한다. 브랜드를 개발함에 있어서는 상표등록이 가능한 상호를 찾는 것이 중요하다. 상표등록을 마치고 나면 도메인을 등록하고 블로그와 카페의 개설도 검토해야 한다. 최소의 비용으로 최대의 효과를 낼 수 있는 인터넷 마케팅의 필수요소이기 때문이다.

표 5-12 **사명(Mission) 및 비전(Vision)(사례)**

구분	내용
사명선언서	마음이 따뜻해지는 편안한 커피와 공간 제공
비전	스타벅스는 '문화'를, 카페벙커는 '편안함'을 판매
세부전략	고객과 나눔의 공간(천냥코너)으로 사회공헌 실천 점주의 매월 후원으로 착하고 따뜻한 브랜드 포지셔닝 분점 오픈은 점포에 맞는 스토리로 사업의 목적을 구체화 커피의 맛, 서비스, 환경을 구체적으로 수립하여 일관된 편안함 제공 지속경영이 가능할 수 있도록 점포주의 경영능력 역량강화

표 5-13 **카페 경영 로드맵(사례)**

구분	1년 후	2년 후	5년 후	10년 후
점포의 수명주기	도입기, 성장기	성장기	성숙기	쇠퇴기
수익성	손익분기점 투자수익률(2% 내외)	투자수익률 (4% 내외)	투자수익률 (3% 내외)	투자수익률 (3% 내외)
점포 확장	임차 점포 기존 점포에 집중	신규 점포 모색 자가 점포 계획	신규 점포 확장 자가 점포 확보	상권내, 외 다점포 실현 자가 점포 확장
자기계발	성공점 벤치마킹	메뉴관리	프랜차이즈	전문경영인
사회공헌	나와 내부고객에 관심	내부고객 만족	지역사회 및 사회공헌 활동	
목표	단일점포의 안정화	단일점포의 성공	다점포를 통한 기업화	
	내가 추구하는 메뉴의 콘셉트는 아래 목표의 달성이 가능하도록 설정함 • 2년 내에 투자수익률 100% 달성이 가능한 사업 아이템과 모델을 탐색해야 함 • 5년 내에 임차점포의 다점포화가 가능해야 함 • 5년 이후에는 누적수익으로 자가점포를 확보할 수 있어야 함 • 10년 내에 체인 또는 프랜차이즈사업을 통한 전국화가 가능해야 함 • 지속적인 자기계발을 통해 카페 경영전문가로서의 위치를 확고히 함 • 창업을 고려하는 예비창업자를 위한 공헌활동을 할 수 있어야 함			

자료: 김영갑 외(2015). 외식사업창업론.

표 5-14 콘셉트의 구성요소(사례)

구분		내용	속성1	속성2	속성3
카페 유형	메뉴	대표적 상품	커피	원두	휴식(편안함)
	메뉴수	각 상품별 종류	26가지 이상	9가지 이상	–
목표 고객	이용목적	이용동기	맛	신선함	편안함
	목표시장	주부, 연인, 가족	주부	사무실	미팅
인테리어	테마	카페의 주제	다방	대중적	힐링
	분위기	분위기 유형(미각, 시각, 후각, 청각)	시각, 후각	미각, 후각	시각, 청각
상권		주택가+오피스+중심상권	주택가	주택가	주택가
입지		2급지, 3급지	3급지	3급지	3급지
가격		예상 객단가	1만 원	1.5만 원	–
판매방법		내·외부 판매 방법	내부	내·외부	내부
규모(평수)		홀과 주방의 규모	40석	–	–
좌석수		테이블 유형	3~4인석	–	–
영업일수		휴무일 지정	매주 일요일	–	–
영업시간		아침, 점심, 저녁, Break Time 여부	오전 10시~ 오후 10시	–	–
특징적 내용		부가적 이익 요소 케이터링, 연회 등	더치원액 판매	쇼핑몰 운영	–
체류시간		평균 체류시간	40분	–	–
회전률		시간대별 회전률	0.6회		
브랜드		차별적 가치	따뜻함	대중적	편안함

주) 위 표에서 정리된 구성요소를 해당 항목에서 하나만 선택하거나 적절히 조합하는 등의 작업을 통해 최종적인 콘셉트가 정해져야 한다.
자료: 김영갑 외(2015). 외식사업창업론 자료를 기초로 저자 수정.

표 5-15 콘셉트의 정리(사례)

구분	내용	
카페 유형	로스터리/핸드드립 카페	
목표고객	조용한 공간과 맛있는 커피를 찾는 40대 이상의 주부와 비즈니스맨	
편익	주차장, 노 키즈 존, 천냥코너, 자연을 가까이 한 화단	
정체성	어른들의 편안한 쉼터	
후보브랜드	길다방	
업태	What(주메뉴·보조메뉴)	• 주력(대표)메뉴: 핸드드립커피 • 중점(효율)메뉴: 더치커피 • 임시(순환)메뉴: 브라우니 • 보조(보완)메뉴: 산야초(지역특산품) • 유인(미끼)메뉴: 아메리카노 • 전문성을 강조하면서 다양성의 조화를 추구
	Why(이용동기)	• 초중등 주부: 아이들을 학교에 보낸 후 친목모임 • 가족: 부모세대에 중점을 둔 메뉴 구성과 공간 • 직장인: 미팅을 위한 조용함과 품격 • 연인: 주택을 개조한 이색공간
	Who(주요고객) When(주요이용시간)	• 40대 이상의 주부 및 비즈니스맨 • 오후 12:30~3시
	Where(상권과 입지)	• 주차가 용이한 한적한 곳
	How(점포의 형태)	• 주택개조
	How much(가격)	• 중고가 4~5천 원대
	서비스 수준	• 하프 서비스(셀프주문, 음료서빙, 테이블정리)
분위기	• 편안함 - 안락한 의자 및 소품 도입 • 한국적 이미지 - 오리엔탈을 가미한 한국적 이미지	

자료: 김영갑 외(2015). 외식사업창업론 자료를 기초로 저자 수정.

(4) 상권 조사와 사업타당성 분석

상권 조사는 구체적으로 상권 조사·분석, 입지 조사·분석, 점포 조사·분석으로 나눌 수 있다. 일반적으로 점포는 한번 선택하면 쉽게 바꿀 수 없다는 점에서 매우 중요한 창업자의 의사결정 요인에 해당된다. 특히 자신의 자본금에 적합한 상권과 입지를 선택한 경우, 어느 정도의 단점을 내포하고 있을 가능성이 높다. 이러한 문제점을 발견하고 스스로 극복할 자신이 있을 경우에만 창업을 하는 것이 현명한 방법이다. 〈표 5-16〉과 〈표 5-17〉로 제시한 상권·입지·점포 조사·분석 사례는 매우 간결하게 작성된 내용이다. 실전에서는 본 교재에서 별도로 다루는 상권 및 입지 분석 내용을 참조하거나 좀 더 전문적인 《성공창업을 위한 상권분석론》을 활용해야 한다.

표 5-16 **상권 및 입지 조사·분석(사례)**

구분	판정기준		
	A급	B급	C급
1차 상권(반경 500m) 인구수	15,000명 이상	10,000명 이상	5,000명 이상
2차 상권(반경 1km) 인구수	50,000명 이상	30,000명 이상	20,000명 이상
상권 인구 증가율	5% 이상	3% 이상	1% 이상
상권 1세대당 인구수	2.5인 이상	2.0인 이상	2.0인 미만
상권 사업체수	증가	미세한 증가	감소
점포에서 역까지의 시간(도보)	1분 이내	5분 이내	8분 이내
점포에서 역까지의 거리	30m 이내	50m 이내	100m 이내
지하철역의 승하차 인원수(1일)	10만 명 이상	7만 명 이상	5만 명 이상
전면도로의 차량통행량(12시간)	3만대 이상	2만대 이상	1만대 이상
전면도로의 유동인구수(12시간)	10,000명 이상	7,000명 이상	4,000명 이상
점포의 가시성	매우 양호	양호	보통
주차 가능 대수	20대 이상	10대 이상	5대 이하
점포의 전면	7m 이상	4m 이상	2m 이상
점포의 의치	1층	1층+2층	2층 이상, 지하
간판 설치 위치	전면+측면	전면	측면

주) 판정기준을 이용하여 후보 상권과 입지를 평가 후 산정함

자료: 김영갑(2012). 성공창업을 위한 상권분석론.

표 5-17 **점포 조사·분석(사례)**

구분	내용	기타
1. 몇 층 건물인가?	20층	20층 중 2층에 위치
2. 점포 앞의 전면도로는 직선인가?	예	8차선 도로
3. 전면도로는 횡단 가능한가?	예	횡단보도 있음
4. 전면 보도의 보행자 수와 속도는 적절한가?	중간	여름에는 많으나 겨울에는 없음
5. 어떤 방향에서 점포가 보이는가?	3면	좌, 우, 전면
6. 점포의 어디가 보이는가?	전면, 측면	두 면이 보임
7. 어느 정도 거리에서 보이는가?	30m	시인성 보통
8. 간판의 설치 위치는 보기 쉬운 것인가?	예	1층 상단
9. 간판의 설치 폭은 충분한가?	예	10m
10. 점포 앞에 간판을 놓을 수 있는가?	아니요	입간판 불가능
11. 거리 간판은 설치 가능한가?	아니요	불가능
12. 점포 입구의 폭은 얼마나 되는가?	7m	
13. 점포 앞의 인도에는 여유가 있는가?	예	인도 넓음
14. 주변에 장애물은 없는가?	아니요	가로수로 인한 가시성 방해
15. 주변 및 같은 건물 안의 회사는 적절한가?	예	오피스텔, 주변 오피스텔
16. 입구는 점포의 어느 쪽이 되는가?	측면	
17. 입구는 전용계단인가, 공용계단인가?	공용	
18. 입구에는 계단높이가 얼마나 되는가?	적절	오르내리기 적절함
19. 입구의 공간 여유가 있는가?	예	적절함
20. 입구가 도로에서 너무 안으로 들어가 있지는 않은가?	아니요	
21. 점포면적은 적절한가?	예	140㎡
22. 점포형태는 사용하기 쉬운가?	예	정방형
23. 건물이 지나치게 오래되지는 않았는가?	아니요	신축건물
24. 설비용량은 적절한가?(전기, 가스, 수도, 정화조)	예	
25. 점포공사는 하기 쉬운가?	아니요	복합건물
26. 건물의 전축설명, 도면 등은 입수 가능한가?	예	관리사무소에서 입수 가능
27. 응달이 너무 지나치지는 않은가? 석양이 너무 비추어지지 않는가?	아니요	
28. 임차비용 이외에 많은 비용이 드는가?	예	관리비 평당 1만 원
29. 뒷문이 있는가?	예	
30. 주차장이 있는가?	예	2시간 무료주차 가능

주) 최종 선정된 점포에 대하여 위 체크리스트를 이용하여 계약체결 여부를 판단함

자료: 김영갑(2012). 성공창업을 위한 상권분석론.

표 5-18 타당성 분석을 위한 수익성 분석(사례)

구분		금액(만원)	기타
투자비	권리금	없음	
	보증금	5,000	
	시설비	7,300	
	예비비	3,500	예비비+초도물품비
	합계 ①	15,800	
수익성	예상매출액	2,000	중간수준의 예상 매출액
	식재료비	700	시장조사 결과 약 35%로 추정
	인건비	500	시장조사 결과 약 25%로 추정
	임차료	200	시장조사 결과 약 10%로 추정
	관리비, 부가세 예수금 등	300	시장조사 결과 약 15%로 추정
	영업이익 ②	300	
투자수익률(%)		1.9	② 영업이익/① 투자비 × 100

자료: 김영갑(2012). 성공창업을 위한 상권분석론.

표 5-19 타당성 분석을 위한 손익분기점 분석(사례)

항목	내용		
단위당 가격(객단가)	5,100원		
손익분기 매출수량	고정비	임차료, 인건비, 감가상각비 925만 원	
	공헌이익	단위당 가격 ①	5,100원
		단위당 변동비 ②	2,108원
		공헌이익 ① – ②	2,992원
	고정비/단위당 공헌이익	925만 원/2,992원 = 3,092명	
손익분기 매출액	단위당 가격 × 손익분기 매출수량 = 5,100원 × 3,092명 = 약 1,576만 원		

자료: 김영갑(2012). 성공창업을 위한 상권분석론.

(5) 물리적 환경 디자인 계획

카페의 물리적 환경은 외부환경, 내부환경, 기타유형적 요소로 구분된다. 이러한 카페의 환경적 요소를 위한 디자인 콘셉트는 점포 외에 카페 메뉴의 종류까지 고려하는 것이 필요하다. 카페메뉴와 점포의 물리적 환경이 적절한 조화를 이루어야 하기 때문이다.

외부환경에서는 파사드(간판 포함)와 주차장을 고려하고 내부환경에서는 점포내부 현황, 점포 구성도, 분위기, 조리공간, 화장실 등을 고려한다. 그리고 기타유형적 요소에서는 쿠폰, 유니폼, 광고지 디자인까지 고려하는 세심함이 필요하다. 최종적으로 서비스의 유형화 요소를 찾아서 고객으로부터 점포의 콘셉트를 적절하게 전달하려는 노력을 한다.

(6) 메뉴개발과 평가

가장 먼저 메뉴계획을 수립한다. 이어서 창업자만의 메뉴개발 전략을 수립하고 계획과 전략을 가장 적절하게 반영하고 있다고 판단되는 카페를 벤치마킹한다. 물론 경쟁점포의 메뉴를 그대로 모방해서는 안 된다. 장점을 참고하되 나만의 차별화된 메뉴를 개발해야 한다.

표 5-20 메뉴 벤치마킹(사례)

구분		스타벅스		커피빈		폴바셋	
지역		강남		서초		분당	
상호명		강남점		강남대로점			
음료메뉴/가격대	유인메뉴	스타벅스 피지오	5,900	오늘의 커피	4,300	아이스크림	3,500
	대표메뉴	프라푸치노 & 블렌디드	6,100	티라테/아이스 블렌디드	5,800	롱블랙 카페라테	5,700
	구색메뉴	티 & 기타 음료	5,300	티&기타음료	4,800	티라테	6,300
디저트메뉴/가격대	유인메뉴	베이커리 & 샌드위치	5,100	베이글& 샌드위치	3,000	베이커리	3,000
	대표메뉴	케이크	5,500	케이크	5,800	케이크	4,000
	구색메뉴	쿠키 & 마카롱	2,500	쿠키&스콘	3,000	마카롱	2,300

(계속)

구분	스타벅스	커피빈	폴바셋
주소비자층	20~30대(여)	30~40(여)	20~30대(남/여)
핵심경쟁력	최고 품질의 커피를 위해 항상 노력하고 윤리적으로 구매한 최상품 커피 원두를 최고의 방식으로 배전한다.	커피와 티 메뉴군을 균형 있게 갖추고 있어 30대 이상 여성들에게 인기가 많다.	호주 스타일의 커피전문점이면서 매일유업의 자회사로 고품질의 아이스크림메뉴를 제공한다.
종합의견			

메뉴의 차별성을 부각시키기 위해서는 새로운 개발도 중요하지만 무엇보다도 세련된 구성이 요구된다. 메뉴의 체계, 메뉴품목과 가격 등을 어떻게 구성하느냐에 따라서 메뉴가 새롭게 탄생되기도 한다. 최종적으로 메뉴개발이 완료되면 창업자는 목표고객을 대상으로 메뉴평가를 거쳐서 메뉴를 확정한다.

(7) 인적자원과 서비스전략

인적자원은 경영자에게 가장 큰 고충으로 인식되는 요인이다. 창업자는 인적자원의 문제를 해결하기 위한 나름대로의 해결책을 사전에 준비해야 한다. 조직도와 필요인력을 예측하고 이들이 만족할 만한 급여수준을 지급하고도 충분한 수익성이 있어야 창업이 가능하다. 또한 채용한 인력을 가장 효율적으로 활용하기 위한 서비스 전략도 사업계획서에 포함시키는 것이 좋다. 창업의 유형에서 언급한 바와 같이 부부창업이나 가족창업 등을 통해 인적요소에 의한 경쟁력을 확보하는 전략도 필요하다.

표 5-21 **급여 수준(사례)**

구분	상	중	하	소유인력/월 인건비
매니저(월급, 원)	2,000,000			1/2,000,000
아르바이트(시급, 원)		6,000(일 5시간)		1/1,000,000
종합의견 예상 인건비	총 예상 인건비:			

표 5-22 **서비스 전략(사례)**

구분	내용	비고
고객만족	고객의 핵심가치를 파악	고객의 기대 대비 높은 만족을 얻을 수 있도록 관리
경쟁전략	집중화전략	차별성과 규모의 경제 동시 추구
품질관리	미스터리 쇼핑	주기적인 서비스수준 평가
서비스정신	고객의 평생가치 개념	고객가치방정식
프로세스	서비스 청사진에 의한 접점관리	최고의 핵심접점을 마지막 계산시점
수요공급관리	초과수요를 유도	지속적인 대기라인의 형성에 주력
서비스마케팅	CRM(고객관계관리)	장기적인 거래관계 유지를 위한 반기쿠폰 활용
유형화 포인트	인테리어와 소품	중간수준의 가격대이면서도 고급스러움을 느끼는 공간
종합의견	생략	

자료: 김영갑 외(2015). 외식사업창업론.

(8) 개점 및 촉진전략

카페 개점방법은 크게 소프트오프닝과 그랜드오프닝이 있다. 자신의 점포에 가장 적합한 방법을 사전에 선택할 필요가 있다. 자신의 상황을 고려하지 않고 남이 하는 것을 무조건 따라하는 것은 매우 위험하다.

카페의 촉진방법으로 광고, 판매촉진, 인적판매, 홍보 등이 이용된다. 상권과 소비자의 특성을 고려하여 각각의 수단을 최소의 비용으로 최대의 효과를 낼 수 있도록 활용해야 한다. 가능하다면 개점 이후 마케팅전략까지도 함께 강구한다.

표 5-23 개점방법(사례)

구분	내용
소프트오프닝 (시험적 개점)	• 목표고객의 카페에 대한 반응을 체크하기 위하여 정식오픈 2주일 전에 소프트오프닝을 실시함 • 고객의 반응을 참조하여 개선사항을 도출하고 시스템을 확립함 • 지인을 통한 메뉴 및 점포 평가의 실시
그랜드오프닝 (정식 개점)	• 2주일 동안의 소프트오프닝 기간이 경과한 후 정식개점 • 가용 서비스 능력이 충분히 갖추어진 경우 고객수를 극대화시켜서 기대수준을 충족시킴

자료: 김영갑 외(2015). 외식사업창업론.

표 5-24 월별 촉진전략

월	키워드	이벤트
1월	새해	연하장, 음료쿠폰, 가격할인 이벤트
	시무식	커피 및 음료 서비스 이벤트
	수험생 합격발표	합격자와 신입생을 위한 할인 이벤트
2월	밸런타인데이	수제 초콜릿 판매, 커플고객에게 초콜릿 증정
	졸업식 행사	졸업생 무료쿠폰 및 음료서비스
	정월대보름	곡물라떼, 티 할인
3월	입학식 행사	신입생 & 가족 할인
	신입생 환영식	신입생 2인 이상 케이크 서비스 및 무료쿠폰 등
	화이트데이	사탕·초콜릿 판매 및 여성고객에게 사탕 증정
4월	봄나들이&축제	테이크아웃고객 2+1 행사 & 피크닉 세트 개발 등
⋮	⋮	⋮

(9) 사업추진일정

사업계획의 마지막 단계는 그동안 준비한 사업계획을 실현하기 위한 구체적인 사업추진일정을 설정하는 것이다. 사업계획을 구성하는 각각의 세부항목별로 추진일정을 작성하면 사업계획을 체계적으로 실행하는 데 큰 도움이 된다.

표 5-25 창업 추진 일정표 사례

구분		1월	2월	3월	4월	5월	6월	7월	8월	9월	10월	11월	12월
개업계획	창업자질 갖추기												
	콘셉트 구상												
	사업계획	■	■										
	자금계획		■	■									
	대출상담				■	■							
	대출실행									■			
점포공사	점포 정보수집			■	■	■	■	■	■				
	점포 계약									■			
	설계상담			■	■	■	■	■	■				
	기본계획 검토									■			
	기본설계									■			
	실시설계										■		
	시공 및 감리											■	
	시공점포 인수												■
메뉴계획 및 개발	기본 콘셉트		■	■									
	메뉴 검토				■	■	■						
	메뉴개발 및 시식						■	■					
	메뉴구성안							■					
	메뉴결정								■				
	식재료 리스트 작성								■	■			
	납품업자 선정									■	■		
	발주 및 납품											■	■
식기, 비품	목록표 작성								■				
	구입처 선정									■	■		
	계약, 납품											■	■
인적자원	인원계획							■	■				
	구인공고									■	■		
	채용결정											■	
	연수											■	
	매뉴얼 작성								■	■	■		
	개업 트레이닝												■
마케팅	계획수립							■	■				
	매체결정								■				
	제작물 결정									■			
	매체발주									■			
	제작물 발주										■		
	매체 게재											■	■
	납품												■

자료: 김영갑 외(2015). 외식사업창업론.

학습정리

1. 사업계획서란 사업을 시작하기 전에 창업자가 추진할 계획 사업과 관련된 제반사항, 즉 사업내용, 목표고객, 시장특성, 예상매출액 및 수익성, 마케팅전략, 조직 및 인력관리, 소요자금 조달 및 운용, 세부일정계획 등의 제반사항을 체계적으로 계획하는 것이다.

2. 사업계획서는 보통 사업추진의 안내서인 매뉴얼로 활용되지만 대외적으로 자금의 차입이나 투자유치를 위한 자료로 활용되기도 한다.

3. 카페 창업 사업계획서의 내용은 일반적으로 매우 자유로우며 창업자 자신의 창업 목적에 따라 성공적인 창업이 실현될 수 있도록 작성되어야 한다. 사업계획서의 내용은 사업계획서 개요, 회사 소개, 인적자원에 대한 소개, 마케팅 믹스(7P- Product, Price, Place, Promotion, Process, Physical evidence, People)에 따른 고객만족 전략, 자금투자 계획, 재무적인 수익성 평가 등으로 구성하는 것이 일반적이다.

4. 사업계획서는 작성 시 창업자는 자신의 창업 아이디어에 자신감을 가지고 설득하여야 하며 핵심적인 내용을 강조하여 사업계획서 작성의 목적을 달성할 수 있어야 한다. 사업계획서를 작성할 때에는 근거가 불충분하거나 비논리적인 추정에 의한 내용을 피하고 잠재된 문제에 대해서는 감추기보다는 해결방안을 제시하여 창업자의 대처능력을 표현하여야 한다. 또한 표현되는 모든 수치는 객관성을 유지하고 있어야 한다.

5. 카페의 사업계획서에 포함되어야 하는 내용은 ① 사업의 개요, ② 창업의 유형, ③ 콘셉트의 설정, ④ 상권조사와 사업타당성 분석, ⑤ 물리적환경 디자인 계획, ⑥ 메뉴개발과 평가, ⑦ 인적자원과 서비스전략, ⑧ 개점 및 촉진전략, ⑨ 사업추진일정 등이다. 모든 항목이 반드시 포함되어야 하는 것은 아니며 사용목적에 따라 적정한 항목을 선택하여 작성한다. 다만 자금조달, 총 투자비용 내역, 추정 손익계산서와 같은 사업타당성 분석 자료는 어떠한 경우라도 반드시 포함시켜야 한다.

| 연습문제 |

1. 카페 트렌드에 대한 토론을 통하여 창업 아이디어를 개발하여 봅시다. 특히 카페시장의 포화 상태에서 앞으로 나가야 할 카페 트렌드에 적합한 창업아이템은 어떤 것이 있을지 함께 토론하여 봅시다.
2. 자신이 구상하고 있는 카페 창업의 사업계획서를 '나의 첫 사업계획서'를 기초로 작성하여 봅시다.
3. 손익계산서 항목 중 '판매비와 일반관리비'에 해당되는 모든 계정과목을 조사하고 계정과목에 속하는 세부적인 비용항목을 나열해 봅시다.
4. 주변의 카페 경영자를 대상으로 실제 창업 시 예상한 투자비용이 실제 발생한 투자비용과 어떤 차이가 있었는지 조사해 봅시다. 또 추정 손익계산서 작성 시 고려한 운영비용과 실제 경영하면서 발생하는 운영비용 사이에는 어떤 차이가 있는지를 조사하여 봅시다.
5. 예비창업자가 매출액을 추정하기 위하여 사용가능한 모든 방법을 제시하여 보고, 현실적으로 활용 가능하고 정확도가 높을 것으로 판단되는 방법과 그 이유를 설명하여 봅시다.
6. '《도쿄, 그 카페 좋더라》(바운드 지음, 김정한 옮김)'를 읽고 그 내용을 바탕으로 카페를 창업하기 위한 사업계획서를 작성해 봅시다. 사업계획서 양식은 본 학습에서 제시한 사례를 참고하여 나름대로의 양식을 만들어 활용하기 바랍니다.

6장

사업타당성분석 및 자금조달

6장

사업타당성분석 및 자금조달

학습목표

1. 카페 창업을 위한 사업타당성 분석 요소를 파악하고 분석절차를 이해한다.
2. 카페 창업을 위한 자금계획수립 항목과 자금의 조달 방법을 이해한다.
3. 카페 창업을 위한 창업자금지원제도와 활용법을 이해한다.

'82년생 김민경 X 카페르세' 창업일기

사업은 필연적으로 경쟁이 따른다. 경쟁에 따른 승패의 기준은 나름대로 다르지만, 패배의 결과는 참담하다. 그렇기에 더욱 신중해야 한다. 사업계획서를 작성하는 궁극의 목표는 사업타당성을 따져 묻는 것이라고 본다. 그 타당성은 어느 정도의 투자가 적합한지를 따져보는 것이다.

자본주의와 공산주의의 가장 큰 차이는 무엇일까? 사유재산의 소유? 공산주의 사회에서도 칫솔만큼은 사유 재산이다. 나는 가장 큰 차이는 '생산수단'의 사유화를 인정하는 것이 자본주의라고 본다. 생산수단인 사업체를 소유하기 위해서는 자금이 필요하다.

즉 생산 수단을 설립하기 위하여 투자하고, 그곳에서 얼마의 이익이 발생할지를 따져보는 것이 사업타당성 분석이다. 타당하다는 결론이 나오면 자금을 조달해야 한다. 그렇게 투자한 자금이 사업을 통하여 원하는 이익으로 돌아와야 한다. 그때까지만 사업을 지속할 수 있다면, 어느 정도 사업이 성공했다고 볼 수 있다.

• 카페 창업을 위한 '사업타당성분석'이란?

창업하려는 카페의 성공가능성을 미리 예측해 보는 과정을 의미한다. 즉, 창업자가 목표하는 이익을 거두고 투자한 자금을 원하는 시점까지 회수할 수 있느냐를 사업을 시작하기 전에 판단하여 사업의 진행 여부를 스스로 결정하는 단계이다. 사업타당성분석은 창업의 필수단계로서 창업자의 적성 등과 같이 정성적으로 판단해야 하는 부분과 수익성과 같이 정량적으로 산출해야 하는 부분으로 구성된다.

사업타당성분석을 거치지 않고 창업에 임하는 것은 동력장치도 없는 작은 배를 타고 위험한 바다에 나가는 것과 같다고 비유할 수 있다. 높은 파도가 몰려오면 배는 큰 위험에 처하게 되듯이 창업자의 사업은 실패할 가능성이 매우 높아진다. 카페 창업을 준비하는 사업자라면 최소한 자신이 투자한 자금으로 목표수익률은 달성 가능한지, 언제쯤 투자금의 회수가 가능한지, 원하는 이익을 얻기 위해서는 얼마의 매출액을 달성해야 할지, 그리고 목표 매출액을 달성하기 위해 지출해야 하는 비용은 얼마인지 등은 알고 시작해야 한다. 투자비용, 달성 가능한 매출액, 매출액 달성을 위해 지출해야 할 비용의 적절한 조합을 찾아낼 수 있다면 불확실한 시대 속 창업도 조금 더 안전해질 것이다.

1 카페 창업을 위한 사업타당성분석

1) 사업타당성분석의 정의

창업을 위한 사업타당성분석이란 창업에 앞서 사업의 성공여부를 판단 또는 분석하는 행위를 의미한다. 좀 더 구체적으로는 성공적인 사업을 위해 필요한 자질, 기술성, 시장성, 상품성, 수익성, 안정성 등을 분석하고 평가하는 총체적 활동으로 정의할 수 있다. 이러한 모든 요소를 다루는 사업타당성을 〈그림 6-1〉과 같이 정성적 분석과 정량적 분석으로 나누어 구체화시킬 수 있지만 소규모 외식창업의 경우 단순화된 절차를 통해 사업

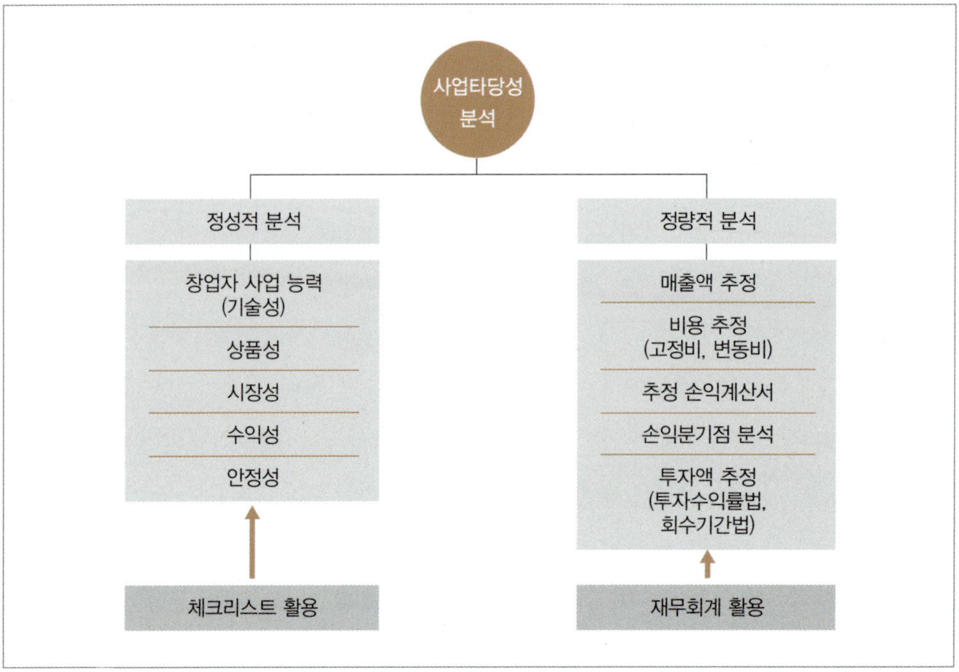

그림 6-1 사업타당성분석

자료: 김영갑 외(2015). 외식사업창업론.

타당성 분석을 하는 것이 현실적인 대안이기도 하다.

일반적으로 소규모 카페 창업의 경우 창업자의 사업능력을 체크리스트 등을 통하여 판단하는 정성적 분석과 투자금액, 매출액, 비용의 추정을 통해 투자수익률, 회수기간 등을 산출하는 정량적 분석이 주를 이룬다.

2) 사업타당성분석의 필요성 및 중요성

사업타당성분석은 창업을 하는 데 있어서 '필수불가결'한 요소이다. 대규모 투자를 수반하는 사업이 아니고 소자본만으로 사업을 시작하는 경우라도 이를 간과해서는 곤란하다. 사업타당성분석의 필요성을 살펴보면 그 이유를 더욱 명확하게 이해할 수 있다. 사업타당성분석은 객관적, 체계적 분석을 통해 창업 성공률을 높이는 데 반드시 필요하다. 또한 창업요소의 정확한 파악을 통해 창업기간을 단축할 수 있도록 도와준다. 이와 같은 필요성 때문에 실시되는 사업타당성분석의 중요성을 정리하면 다음과 같다.

하나, 치열한 경쟁, 급격한 변화에 대응하기 위한 철저한 준비

둘, 성공 가능성이 낮은 사업의 포기

셋, 미래 위험상황에 대처하기 위한 사전정보의 수집

넷, 사업을 추진할 것인지 아니면 포기할 것인지의 결정

3) 사업타당성분석 요소 및 프로세스

사업타당성분석의 필요성과 중요성을 살펴보았으므로 예비창업자는 주먹구구식 창업이 얼마나 위험한지 이해하게 되었을 것이다. 그럼에도 불구하고 창업을 준비하는 예비사업자가 이를 쉽게 간과하는 이유는 사업타당성분석을 하기 위하여 고려해야 할 요소가 너무 많고 어렵기 때문이다. 특히, 회계 및 재무 분야의 전문적인 지식이 필요하다는 점이 사업타당성분석을 포기하게 만드는 가장 큰 원인이기도 하다.

사업타당성분석을 위하여 확인해야 할 요소들은 '시장성, 기술성, 경제성, 공익성' 등이다. 이를 좀 더 구체적으로 살펴보면 시장성은 '매출이 언제, 얼마나 높아질 것인가?', 기술성은 '메뉴는 목표한 원가로 제조 가능하며, 차별적인 기술우위 요소가 있는가?', 경제성은 '필요한 자금은 얼마이며 어떻게 조달할 것인가?', '계획사업의 수익성은 확보하고 있는가?', 공익성은 '이 사업이 사회공익에 어느 정도 기여하는가?' 등이며, 이를 좀 더 세부적 항목으로 나누어보면 아래와 같다.

- 창업아이템과 창업자의 적합도: 업종, 적성, 경력, 경영능력 등의 적합성 검토
- 예비창업자의 마인드: 경영 및 서비스 마인드, 반드시 성공하겠다는 굳은 의지
- 시장환경과 시의성: 업종의 라이프 사이클 상 도입기 또는 성장기
- 사전지식과 기술성: 노하우의 적정성, 기술 확보
- 경영능력과 전략: 인적관리 능력, 마케팅 능력, 전략수립 및 실행 능력
- 상권과 입지의 타당성: 업종과의 적합성, 상권의 성장 가능성
- 수익성: 경쟁업체의 수익성을 바탕으로 검토

- 장기비전: 유행 업종 여부, 장기 성장 가능성 분석
- 자금계획: 창업 및 운영자금의 적정성
- 연구개발 능력: 메뉴의 연구개발 능력의 확보
- 공익성: 공익에 반하지 않으며 기여해야 함

사업타당성분석을 위하여 다루어야 할 요소로서 시장성, 기술성, 경제성, 공익성을 살펴보았고 이러한 요소들을 좀 더 구체적으로 어떤 과정을 거쳐 어떤 내용을 검토해야 할지 살펴보자면 〈그림 6-2〉와 같다. 가장 먼저 창업아이템의 탐색을 통해 아이템을 결정한다. 이후 시장성을 분석하고 기술성, 수익성 분석을 거친다. 마지막으로 창업비용을 산정하여 수익률과 투자수익률을 계산한다.

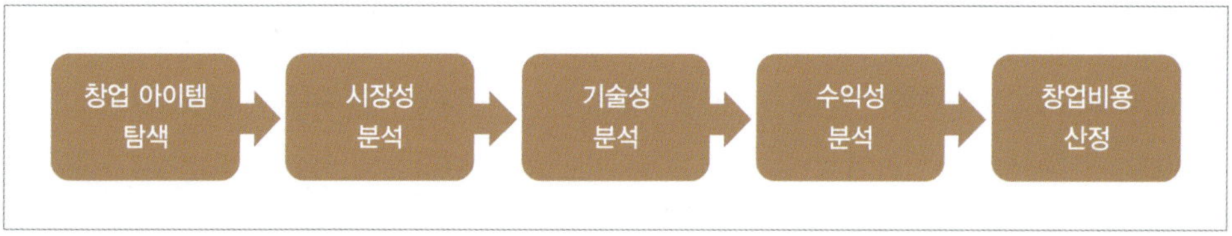

그림 6-2 **사업타당성분석 프로세스**

자료: 김영갑 외(2015). 외식사업창업론.

(1) 카페 창업의 유형 및 아이템 탐색

카페 창업을 위해서는 카페 창업의 유형 중 예비창업자의 적성에 맞으면서 소유한 자원과 환경에 적합한 아이템을 선정해야 한다. 이때 고려해야 할 요소를 살펴보면 다음과 같다.

- 창업자 연령, 적성과 경력
- 유망 아이템 여부
- 시장상황
- 수익성과 비용
- 사업 리스크

(2) 창업아이템 분석

창업하고 싶은 카페 유형의 탐색이 끝나면, 창업자의 상황에 가장 적합한 후보 아이템을 중심으로 시장성과 기술성 분석을 시행한다.

표 6-1 시장성 및 기술성 분석 항목

시장성 분석 항목	기술성 분석 항목
시장규모의 적정성	독자적 조리기술이나 차별화된 노하우
경쟁업체의 수와 경쟁강도 및 경쟁력	시설 및 생산능력의 적정성
시장의 장기비전	식재료의 수급 안정성

자료: 김영갑 외(2015). 외식사업창업론.

(3) 수익성 분석

수익성 분석이란 매출액과 비용을 추정하여 이익을 계산해 보는 정량적 분석을 의미한다. 매출액과 비용을 추정한 후, 최종적으로 이익을 계산하는 활동은 회계학 지식을 필요로 한다. 미래의 사업가가 되고 싶다면 사전에 충분한 학습과 조사를 통해 계정과목을 익히고 손익계산서 작성방법을 연습하는 것이 필요하다. 이러한 지식을 갖추고 수익성 분석에 임할 때는 다음과 같은 내용을 고려한다.

- 현실적이면서도 보수적으로 추정할 것
- 추정 손익 및 손익분기점(Break Even Point)을 파악할 것
- 투자수익률법, 회수기간법 등을 이용하여 투자대비 경제성을 파악할 것
- 라이프 사이클을 고려하여 사업의 장기비전을 예측해 볼 것

① 매출액 추정하기

수익성 분석을 위해 가장 먼저 해야 할 일은 매출액을 추정하는 일이다. 매출액을 추정하는 상세한 방법은 제7장(상권과 입지 조사분석)에서 다룰 예정이다. 매출액을 추정하는 방법은 매우 다양하다. 최근에는 '나이스상권분석서비스'와 같은 상권분석시스템을 이용하여 특정 상권 내 특정 업종에 대한 매출액을 파악할 수 있으므로 매우 정교한 추정이 가능하다.

② 손익계산서 추정하기

다양한 상권정보와 현장조사 등을 통하여 매출액 추정이 이루어지고 나면 다음으로 비용을 추정하는 단계에 들어간다. 비용을 추정하기 위해서는 카페 운영에 소요되는 비용항목을 기업회계 기준의 손익계산서 항목기준으로 이해하는 것이 필요하다. 이를 좀 더 구체적으로 살펴보면 다음과 같다.

- 비용항목은 구체적으로 매출원가(원재료비, 조리인력 인건비, 기자재 감가상각비 등), 판매비와 관리비(인건비, 지급임차료, 수도광열비, 신용카드 수수료 등), 영업외 비용(지급이자) 등으로 구분한다. 좀 더 세부적인 항목은 〈표 6-2〉 손익계산서를 참조한다.
- 일반적으로 카페의 주요 비용항목인 원재료비, 인건비, 임차료, 기타경비 등으로 구분하기도 하며, 세부항목을 고정비와 변동비로 구분할 수 있어야 한다. 그 이유는 손익분기점 분석을 하기 위함이다.
- 모든 카페의 부가가치세(VAT)를 가격에 포함하여 수납하므로 이를 매출액에서 차감하여 '부가가치세 예수금'으로 처리한다.

매출액과 비용의 추정은 기업회계기준에서 지정한 계정과목을 중심으로 아래의 손익계산서 형식을 활용한다.

③ 손익분기점 분석하기

매출액과 비용을 추정함으로써 이익을 산정하는 수익성 분석이 끝나면 창업자는 이미 산출된 비용항목을 고정비와 변동비로 구분하여 손익분기점 분석을 할 수 있다. 손익분기점이란 이익이 제로가 되는 매출액이나 매출수량을 의미하는 것으로, 창업 후 적자를 면할 수 있는 최소의 매출액을 확인하기 위한 방법이다. 즉, 카페 경영을 지속적으로 유지하기 위해서는 이익은 없더라도 적자는 면해야 하므로 적자를 면할 수 있는 매출액 수준을 파악해야 한다. 이를 좀 더 구체적으로 살펴보면 다음과 같다.

표 6-2 카페 사업타당성분석을 위한 추정 손익계산서

항목	내용
매출액 ①	• 월 매출액은 영업가능 일수를 감안하여 산출하되, '총 매출 = 메뉴 매출' 또는 '총 매출 = 현금 매출 + 카드매출' 등으로 구분 • 경쟁업체 등을 대상으로 현장조사를 통해 추정 가능
매출원가 (원재료비율) ②	• 메뉴 제조에 소요되는 재료(용기 포함) 원가 • 원칙적으로 조리 관련 비용은 매출원가에 포함되나 편의상 원재료 원가만을 매출원가로 보고 나머지 비용은 편의상 판매비와 관리비의 분류함 • 통상 카페의 매출원가율(원재료비율)은 30% 내외가 적절함
매출 총이익 ③	매출액에서 매출원가를 차감한 금액(① – ②)
판매비와 관리비 ④	• 영업이나 관리에 소요된 모든 비용은 판매비와 관리비 • 임차료, 급여(인건비), 감가상각비, 연구개발비, 광고선전비, 수도광열비(수도, 가스, 전기료), 통신비(전화, 유선, 인터넷, 팩스), 소모품비, 수선비, 각종 수수료, 세금과 공과금, 접대비, 보험료 등 • 최근 신용카드 매출이 증가하면서 카드수수료(카드 매출의 약 2.35%)를 반드시 비용으로 고려 • 부가가치세(비전문가의 타당성 분석을 위한 편의상 부가가치세 납부액을 판매비와 관리비로 가정하여 처리함. 이때 매출액의 약 5%로 가정)
영업이익 ⑤	매출이익 – 판매비와 일반관리비(③ – ④)
영업외 수익 ⑥	• 영업활동 이외의 수익으로 이자수익 등이 해당됨 • 실무에서는 신용카드 등 매출전표 발행 세액공제 1.3%
영업외 비용 ⑦	• 차입금액에 대한 이자비용
세전이익(경상이익) ⑧	영업이익 + 영업외 수익 – 영업외 비용(⑤ + ⑥ – ⑦)
소득세 ⑨	• 법인은 법인세, 개인은 종합소득세
월 당기순이익	세전이익(경상이익) – 소득세(법인세 등)(⑧ – ⑨)
사업타당성 판단	• 투자대비 창업자의 목표수익률을 초과하면 양호(월 경상이익이 투자대비 3~4% 수준이면 양호한 것으로 판단) • 카페는 카페 유형별로 매출액의 차이가 크게 발생할 수 있으므로 현장조사 등을 통해 이익률을 확인해 볼 필요성 있음 • 신용카드 수수료와 부가가치세 납부세액을 고려하여 이익을 과대평가하지 않도록 유의함. • 카페의 유형별로 수익성을 충분히 조사하고 손익분기점을 낮출 수 있는 방안을 찾아야 함. • 손익분기점 분석을 위해 모든 비용을 고정비(임차료, 정규직원 인건비, 감가상각비 등)와 변동비(원재료비, 파트타이머 인건비, 각종 수수료, 광고선전비, 수도광열비 등)로 구분해야 함.

자료: 김영갑(2012). 성공창업을 위한 상권분석론.

- 손익분기점이란 카페의 매출액과 총비용이 같아지는 지점을 의미한다. 즉, '매출액 − 총비용 = 순이익'에서 순이익이 제로(0)가 되는 매출액이나 매출수량이다.
- 손익분기 매출액은 '고정비/(1−변동비율)' 공식으로 산출할 수 있다.
- 손익분기점을 낮추는 것이 카페 성공의 핵심이다. 예를 들어 고정비를 줄이면 손익분기점이 낮아지므로 이익이 발생할 가능성이 높아진다.

카페의 손익분기점 분석(사례)

손익분기점이란 매출액이 그 이하가 되면 손실이 나고, 그 이상이 되면 이익이 나는 기점을 의미한다. 따라서 손익분기점이란 이익이 제로(0)가 되는 매출액이나 매출수량을 의미한다. 이를 다시 표현하면 매출액과 카페의 총비용이 같아지는 지점을 말한다.
일반적으로 손익분기점 매출액이나 매출수량을 구하기 위한 공식이 제공되지만 여기서는 기본적인 손익계산 공식을 이용하여 손익분기점 매출수량을 먼저 구해 보기로 한다.

- 순이익 = 매출액 − 총비용

손익분기점이란 '순이익 = 0' 이 되는 기점이므로 매출액과 총비용이 같아지는 지점으로

- 매출액 = 총비용

매출액은 매출수량과 단위당 가격을 곱하여 계산되고, 총비용은 변동비와 고정비를 합하여 구할 수 있다. 따라서 위 공식을 다음과 같이 구할 수 있다.

- 매출수량 × 단위당 가격 = 변동비 + 고정비

다시 변동비는 단위당 변동비에 매출수량을 곱하여 구할 수 있으므로

- 매출수량 × 단위당 가격 = (단위당 변동비 × 매출수량) + 고정비

위 식을 매출수량을 기준으로 다시 정리하면 다음과 같다.

- 매출수량 × (단위당 가격 − 단위당 변동비) = 고정비
- 매출수량 = 고정비 / (단위당 가격 − 단위당 변동비)

여기서 (단위당 가격 − 단위당 변동비) 를 단위당 공헌이익이라고 한다. 따라서

- 손익분기 매출수량 = 고정비 / 단위당 공헌이익

으로 표현이 가능하다. 아래와 같은 정보를 기초로 손익분기 매출수량을 구해보자.

메뉴 판매가격(단위당) = 5,000원
메뉴당 변동원가(단위당) = 1,500원(원재료비, 판매비와관리비 등)
카페의 고정원가(1개월) = 7,000,000원(임차료, 인건비, 지급이자, 보험료, 감가상각비 등)

공헌이익은 5,000원 − 1,500원 = 3,500(원)이 된다. 따라서 손익분기 매출수량은

7,000,000원 / 3,500원 = 2,000잔

카페는 한 달에 5,000원짜리 아메리카노 2,000잔을 판매하면 손익분기점에 도달하게 된다. 또한 여기에 단위당 가격을 곱하면 손익분기 매출액을 구할 수 있다.

2,000개 × 5,000원 = 10,000,000원

즉 한 달에 10,000,000원의 매출을 올려야만 최소한 손실은 면할 수 있다는 의미이다.
여기서 일정한 목표이익을 달성할 수 있는 매출수량과 매출액을 구할 수도 있다. 예를 들어, 위 카페가 한 달에 순이익 3,000,000원을 달성하려는 목표를 세울 경우 이런 목표를 달성하기 위한 매출수량과 매출액은 다음과 같이 산출 가능하다.

- 매출액 − 총비용 = 3,000,000원
- 매출액 = 3,000,000원 + 총비용
- (매출 수량 × 단위당 가격) = 3,000,000원 + (매출수량 × 단위당 변동비) + 고정비
- 매출 수량(단위당 가격 − 단위낭 변동비) = 3,000,000원 + 고정비
- 매출 수량 = (3,000,000 + 고정비) / 공헌이익

위의 사례를 그대로 적용하여 목표이익 달성을 위한 매출수량을 계산하여 보면 다음과 같다.

목표이익 달성을 위한 매출수량 = (3,000,000원 + 7,000,000원) / 3,500원 = 2,857잔

한 달에 2,857잔을 판매하면 목표이익 3,000,000원을 달성할 수 있다는 결과를 얻을 수 있다. 한 달 26일 영업기준으로 하루 110잔, 일매출 55만 원은 되어야 목표이익을 얻을 수 있다.

자료: 김영갑(2012). 성공창업을 위한 상권분석론.

(4) 창업비용 산정

높은 매출액을 달성하고 비용을 낮추어 많은 이익을 낸다고 하더라도 투자금액이 과다하여 투자수익률이 낮다면 그런 사업은 수익성이 높다고 할 수 없다. 따라서 카페 예비창업

표 6-3 **투자비(창업비용) 항목**

구분	항목
점포 임차관련 비용	임차보증금, 권리금, 부동산 중개비용
점포 인테리어 비용	설계비, 간판설치비, 주방설비 공사비, 내외장 인테리어 전기용량 증설비, 상하수도 공사비, 도시가스 공사비 공조시설 공사비
집기, 비품 구입비	냉난방기, 장식품, 식기류, 유니폼, 소모품, 사무용품 금전출납기 또는 POS 시스템, 의자와 테이블 조리용구, 기계류, 메뉴북 등 디자인 출판비
원재료 구입비	초도 원재료 구입비
마케팅비	개업 촉진을 위한 비용(광고비, 판촉물 비용, 개점 이벤트 비용, 기타 인쇄비)
기타 비용	프랜차이즈 가맹비, 전화 및 인터넷 설치비, 시장조사비, 교통비, 상담비, 접대비, 보험료, 지급수수료 등
예비비	3~6개월 정도의 점포 운영비(인건비, 재료비, 경비 등)

자료: 김영갑(2012). 성공창업을 위한 상권분석론.

자는 치밀하고 철저한 자금계획을 통해 손익분기점을 낮추고 투자금 회수기간을 단축시켜야 한다. 카페 창업을 위해 소요되는 투자금인 창업비용을 사전에 충분히 숙지하고 투자비용을 최소화한다면 성공적인 창업이 가능하다.

이상 살펴본 매출액 추정, 비용 추정, 이익 산출, 투자금액 산출 결과를 이용하면 예비창업자는 투자안의 선택을 위한 사업타당성분석을 할 수 있다. 일반적으로 기업이 주로 사용하는 사업타당성분석 방법은 복잡해서 개인이 계산하기에 어렵다. 하지만 다음과 같은 계산법을 익혀서 사업타당성분석을 할 수 있어야 한다.

다양한 타당성분석 기법 중 소규모 카페 창업을 고려하는 예비창업자는 월 투자수익률법이나 투자비 회수기간법 등을 이용해서 간단하지만 명료한 사업타당성분석을 할 수 있다. 〈표 6-4〉의 사업타당성 판단기준 사례는 예비창업자의 사업진입 여부를 결정하는 데 참고가 될 수 있다. 다만 획일적인 기준을 참고하기보다는 자신이 목표하는 투자수익률을 정하고 달성가능한지에 초점을 맞추는 것이 더 현실적이다.

투자수익률은 순이익(매출 − 비용)을 투자금액으로 나누어 산출되는 결과치로 1억 원을 투자하여 월 순이익 4백만 원을 달성하면 월 투자수익률은 4%가 된다. 월 투자수익률

표 6-4 사업타당성 판단 기준

사업성 판단기준	월 투자수익률	투자비 회수기간
매우 우수	4% 이상	2년 이내
우수	3% 이상	3년 이내
보통	2% 이상	4년 이내
불량	2% 미만	4년 이상

자료: 박경환(2007). 실전! 상권분석과 점포개발.

이 4% 이상이면 사업타당성은 매우 양호한 수준이다. 물론 카페와 같은 소규모 개인창업일 경우에 해당되는 기준이다.

위의 사업타당성 판단기준 사례에서 '매우 양호'는 투자비를 2년 이내에 회수하는 것을 가정하고 있다. 어떤 근거로 이런 기준이 만들어진 것일까? 월 투자수익률이 4%일 경우 연으로 환산하면 48%가 되므로 2년이면 96%의 투자수익률을 달성한다. 이런 상황이라면 모든 투자비를 회수한다고 가정할 수 있다. 예를 들면 약 2억 원을 투자하여 카페를 창업한 경우 임차보증금 5천만 원을 제외한 1억 5천만 원이 소모성 투자라고 가정하자. 월 4%의 투자수익률을 달성하려면 월 순이익이 6백만 원이 되어야 하고, 창업자는 이 금액을 한 푼도 쓰지 않고 모으면 2년 이내에 투자원금을 회수하게 된다. 사실 이런 수준의 투자수익률은 일반적인 기업의 창업에서는 상상도 할 수 없는 투자수익률임에 틀림없다.

그런데 소규모 카페에서는 이런 수준의 투자수익률을 가정할 수밖에 없다. 이는 일반적인 점포임대차계약이 2년으로 이루어지기 때문이다. 또한 대부분의 카페 운영 수명주기가 2년임을 감안한 것이기도 하다. 우리나라에서 카페는 2년이면 수명을 다한다는 슬픈 현실을 받아들여야 하고, 건물주가 2년 이후에 연장계약을 해 주지 않을지도 모른다는 최악의 상황을 고려한 투자수익률이다. 만약 점포를 임차하는 조건이 아니고, 매입하여 창업을 하는 경우라면 월 투자수익률을 자신의 상황에 적합하도록 조정하면 된다. 5년 이내에 투자금의 회수가 이루어지는 상황이 우수하다고 판단하면, 자신의 인건비를 비용으로 간주하고 월 2%의 투자수익률만 얻을 수 있어도 창업자는 만족한다.

(5) 사업타당성분석 사례

커피전문점을 창업하기 위한 나커피 씨의 사업타당성분석 사례를 제시하면 다음과 같다.

① 시설비용 추정(창업평수 20평)

구분	내용		소계
외부공사 (파사드 간판 등)	베이스	평방미터당 금액(상부, 기둥)	300만 원
	사인	채널(잔넬), 스카시	
	외부조명	개수	
	야장	평방미터	
	외부 문	평방미터	
	어닝	미터당 × 전면길이	
인테리어	평수 대비 변동		2,800만 원
	천장/벽체	목공/조적/미장/금속/유리	
	칸막이		
	주방	설비배관방수	
	바닥	타일/데코타일/장판	
	전기조명		
	공조	닥트/급배기/냉난방	
	예상 전기 승압		
	수장 공사	도배 등	
	디스플레이	조경, 커튼, 소품, 가구	
	탁자	7개	200만 원
	의자	28개	
홀비품 홀기물 주방기물	집기	커피머신 2구, 그라인더 2대, 블렌더 2대(볼 2개 추가), 커피브루어	1,000만 원

(계속)

<table>
<tr><th>구분</th><th colspan="2">내용</th><th>소계</th></tr>
<tr><td rowspan="3">홀비품
홀기물
주방기물</td><td>집기</td><td>휘핑기 3개, 냉장진열대(쇼케이스)
4구 냉장고/테이블 냉동고
가스렌지, 오븐기, 제빙기 50L, 빙삭기
싱크대, 작업 선반
정수기
기타 관련기기</td><td>700만 원</td></tr>
<tr><td rowspan="2">그릇류</td><td>조리기구</td><td rowspan="2">300만 원</td></tr>
<tr><td>그릇</td></tr>
<tr><td rowspan="19">옵션</td><td>철거</td><td></td><td rowspan="19">2,000만 원</td></tr>
<tr><td>화장실</td><td></td></tr>
<tr><td>인허가</td><td>소방, 복구공사</td></tr>
<tr><td rowspan="2">용도변경</td><td>정화조</td></tr>
<tr><td>창고</td></tr>
<tr><td>민원공사</td><td>소음</td></tr>
<tr><td>건물하자</td><td>누수, 방풍</td></tr>
<tr><td>냉난방기</td><td></td></tr>
<tr><td>순간온수기</td><td></td></tr>
<tr><td>닥트입상</td><td></td></tr>
<tr><td>팅커벨</td><td></td></tr>
<tr><td>포스, 카드단말기</td><td>포인트 카드</td></tr>
<tr><td>영상</td><td>프로젝트, 케이블TV</td></tr>
<tr><td>음향</td><td>오디오, 스피커</td></tr>
<tr><td>방범</td><td>CCTV</td></tr>
<tr><td>전기 승압, 수도 승수</td><td></td></tr>
<tr><td rowspan="2">가스</td><td>도시가스(LNG)</td></tr>
<tr><td>LPG</td></tr>
<tr><td colspan="3">합계</td><td>7,300만 원</td></tr>
</table>

자료: 김영갑 외(2015). 외식사업창업론.

※ 비품 및 기물류 참조용(카페 유형에 따라 차이가 발생할 수 있음)

NO	품명	수량	규격	금액	비고
1	에스프레소 잔				
2	에스프레소(접시)				
3	카푸치노 잔				
4	카푸치노(접시)				
5	아메리카노				
6	유리물컵				
7	스팀피처(소)				
8	스팀피처(중)				
9	스팀피처(대)				
10	스틸샷잔				
11	샷글라스(눈금)				
12	계량스푼				
13	드립셋트				
14	종이필터				
15	드립포트				
16	휘핑기				
17	청소용 붓(중)				
18	청소용 붓(대)				
19	린넨(브라운)				
20	시럽셋트(종류별)				
21	머신세정제				
22	고블렛잔(340ml)				
23	칵테일잔(311ml)				
24	칵테일잔(148ml)				
25	리비미션비어잔(355ml)				
26	모카포트(셋트)				
27	사이폰				
28	프렌치프레스				
29	그라인더(드립용) 전자동				
30	그라인더(드립용) 수동				
31	더치커피기계				
32	쉐이커 대				
34	커피머신 2구				
35	블랜더				
36	블랜더 빅싱볼				
37	커피브로워				
38	제빙기				
39	테이블냉동고				
40	냉장고				
41	조리대				
42	오븐기				
43	냉장진열대(쇼케이스)				
44	빙삭기				
45	정수기				
46	휴대용품 집기류				
47	휴대용 가스레인지				
48	진공 청소기				
49	우산꽂이				
50	우산포장기				

(계속)

NO	품명	수량	규격	금액	비고
51	빌지판				
52	빨래 건조대				
53	전기 온수통				
54	전기주전자				
55	스텐 티스푼				
56	냅킨통				
57	집게				
58	가위				
59	기물행주				
60	테이블행주				
61	막수건				
62	스탠드 쓰레받기				
63	알뜰주걱				
64	테이블 트레이				
65	사각 휴지통				
66	거품기				
67	와인 오프너				
68	통조림 오프너				
69	사각기물보관함				
70	플라스틱통				
71	백밀폐용기1호				
72	백밀폐용기2호				
73	백밀폐용기4호				
74	백밀폐용기5호				
75	백밀폐용기7호				
76	백밀폐용기9호				
77	깔때기				
78	계량컵500ml				
79	계량컵1000ml				
80	계량컵2000ml				
81	스텐믹싱볼 33				
82	스텐믹싱볼 46				
83	2OZ국자				
84	자루냄비 소				
85	칼꽂이				
86	야채칼				
87	과도				
88	위생도마				
89	믹서기				
90	행주 삶는 바스켓				
91	감자칼				
92	분무기 소형				
93	자루바가지				
94	타이머				
95	대형 소스통				
96	플라스틱 소쿠리				
97	플라스틱 대야				
98	쟁반				
99	미니세탁기				
100	기타				
합계		2,000만원			

② 총 투자비 추정

<table>
<tr><th>구분</th><th colspan="2">항목</th><th colspan="3">내용</th></tr>
<tr><td rowspan="21">예상
투자자금</td><td rowspan="4">점포비
(%)</td><td>보증금</td><td colspan="2">5,000만 원</td><td rowspan="4">5,200만 원</td></tr>
<tr><td>권리금</td><td colspan="2">무</td></tr>
<tr><td>임차료</td><td colspan="2">150만 원</td></tr>
<tr><td>관리비</td><td colspan="2">50만 원</td></tr>
<tr><td rowspan="9">시설비
(%)</td><td>설계비</td><td colspan="2"></td><td rowspan="9">7,300만 원</td></tr>
<tr><td>인테리어</td><td colspan="2"></td></tr>
<tr><td>외부간판</td><td colspan="2"></td></tr>
<tr><td>옵션</td><td colspan="2"></td></tr>
<tr><td>공조</td><td colspan="2"></td></tr>
<tr><td>주방기물</td><td colspan="2"></td></tr>
<tr><td rowspan="3">홀 기물</td><td>탁자, 의자</td><td></td></tr>
<tr><td>메뉴판, 유니폼</td><td></td></tr>
<tr><td>빌지, 인쇄물</td><td></td></tr>
<tr><td rowspan="7">초기
운영비
(%)</td><td rowspan="3">초도비</td><td>식재료비</td><td rowspan="3">200만 원</td><td rowspan="7">500만 원</td></tr>
<tr><td>초도물품비</td></tr>
<tr><td>초도홍보비</td></tr>
<tr><td rowspan="4">운영비</td><td>인건비</td><td rowspan="4">300만 원</td></tr>
<tr><td>제 경비</td></tr>
<tr><td>금융비용</td></tr>
<tr><td>기타비용</td></tr>
<tr><td>예비비
(%)</td><td>6개월</td><td colspan="2">임차료, 고정인건비, 관리비, 고정식재료비, 광고비 등(월 5백만 원)</td><td>3,000만 원</td></tr>
<tr><td colspan="3">합계</td><td colspan="3">16,000만 원</td></tr>
</table>

자료: 김영갑(2012). 성공창업을 위한 상권분석론.

③ 자금조달 계획

<table>
<tr><th>구분</th><th>항목</th><th>항목금액</th><th>소계</th></tr>
<tr><td rowspan="4">자본금</td><td>본인</td><td>1억 원</td><td>1억 원</td></tr>
<tr><td>가족</td><td>–</td><td></td></tr>
<tr><td>친구</td><td>–</td><td></td></tr>
<tr><td>그 밖의 사람</td><td>–</td><td></td></tr>
<tr><td>부채(대출금)</td><td></td><td>6,000만 원</td><td>6,000만 원</td></tr>
<tr><td>부채(리스, 렌탈)</td><td></td><td>–</td><td>무</td></tr>
<tr><td>그 밖의 사업자로부터
제공받는 물건</td><td>냉장고 등</td><td>–</td><td>무</td></tr>
<tr><td colspan="3">합계</td><td>16,000만 원</td></tr>
</table>

④ 매출액 추정

(a) 최종 입지의 추정 매출액

<table>
<tr><th>항목</th><th colspan="4">내용</th></tr>
<tr><td>테이블 수</td><td colspan="4">4인석 7개</td></tr>
<tr><td>단위당 판매가격</td><td colspan="4">5,100원</td></tr>
<tr><td>예상 매출액</td><td colspan="2">월 2,000만 원(3,921건)</td><td>이용 동기</td><td>점심: 주부모임, 직장인 점심 목적
저녁: 연인, 친구 친교 목적</td></tr>
<tr><td rowspan="2">일 매출액</td><td>최저</td><td colspan="3">468,000</td></tr>
<tr><td>최고</td><td colspan="3">858,000</td></tr>
<tr><td rowspan="2">월 매출액</td><td>최저</td><td colspan="3">14,115,600</td></tr>
<tr><td>최고</td><td colspan="3">25,878,600</td></tr>
</table>

주) 최종입지의 매출액은 다양한 방법을 통하여 최소 매출액과 최대 매출액을 추정하며, 평일과 휴일의 매출액에 차이가 나는 경우 별도로 추정하여 월 매출액을 추정함

(b) 총평균법에 의한 월 매출액 추정치

최저	1일 93잔 30일 기준 / 판매수량 2,768건 = 14,115,600
최고	1일 169잔 30일 기준 / 판매수량 5,072건 = 25,878,600
평균	1일 131잔 30일 기준 / 판매수량 3,921건 = 19,997,100

⑤ 수익성 분석

(a) 손익 추정

항목	내용		
	최저	평균	최고
월 매출액 ①	14,115,600	19,997,100 (100%)	25,878,600 (100%)
매출원가 ②(식재료비 35%)	4,940,460	6,998,985 (35%)	9,057,510 (35%)
매출이익 ③(① − ②)	9,175,140	12,998,115	16,821,090

(계속)

항목	내용		
	최저	평균	최고
판매비와 관리비 ④	7,410,690	10,498,478(52.5%)	13,586,265(52.5%)
영업이익(③ − ④)	1,764,450	2,499,638(12.5%)	3,234,825(12.5%)
영업외 비용	−	−	−
순이익	1,764,450	2,499,638	3,234,825
비고	사업 재검토		
벤치마킹 업체의 메뉴가격 근거	벤치마킹 대상 업체의 메뉴 판매수량 평균으로 최저와 최고치를 산출하고 목표매출액 2,000만 원으로 정하여 타당성을 검증함		

주) 판매비와 관리비 항목: 소규모 업체의 계산 편의를 감안하여 인건비(25%), 임차료(10%), 관리비, 광고선전비, 기타 제비용(10%), 카드수수료, 부가가치세 예수금(7.5%) 포함하고 감가상각비는 제외함.

(b) 손익분기점 추정

항목	내용		
단위당 가격(객단가)	5,100원		
손익분기 매출수량	고정비	임차료, 인건비, 감가상각비 등 9,250,000	
	공헌이익	단위당 가격 ①	5,100원
		단위당 변동비 ②	2,108원
		공헌이익(① − ②)	2,992원
	고정비/단위당 공헌이익	925만 원/2,992원 = 3,092명	
손익분기 매출액	단위당 가격 × 손익분기 매출수량 = 5,100원 × 3,092명 = 약 15,760,00원		

(c) 투자대비 수익률 추정

구분	내용
월 경상이익	3,234,825
총 투자금액	160,000,000
월 투자수익률	2.02%
결론	• 월 투자수익률이 2.02%로 예상되므로 본 점포의 사업성은 보통으로 투자비 회수기간 4년 이내이므로 계약 시 장기계약을 고려해야 함 • 단위당 판매가격을 올릴 수 있는 메뉴구성이 필요함

2

자금계획과 조달방법

카페 창업을 위한 자금계획은 언제부터 어떻게 수립하는 것이 좋을까?

종종 갑작스런 창업계획으로 사전준비도 없이 창업에 임하는 경우가 있다. 예비창업자가 충분한 준비를 하지도 않은 채 주변의 지인에게 차입을 하거나 가족에게 도움을 요청한다. 이후에도 부족한 자금이 생기면 은행이나 창업지원기관의 지원자금을 대출받아서 힘겹게 창업을 한다.

이렇게 창업을 위한 자금계획이 급조된 상황이라면 어떤 결과를 낳게 될까? 자금계획 시 고려해야 할 사항을 검토해 본다.

1) 자금계획 시 고려사항

창업을 위해 필요한 자금을 계획할 때는 반드시 다음과 같은 사항을 고려해야 한다.

첫째, 투자금의 대부분을 자기자금으로 준비한다. 100% 자기자금으로 창업하는 것은 어렵지만 대출금이 20% 이상 되는 것은 피해야 한다.

둘째, 예비비는 카페 창업 후 3~6개월간의 운영경비 수준으로 설정한다. 개업을 하여 손익분기점에 도달하는 시기는 천차만별이다. 최소 3개월에서 최장 1년 또는 2년의 세월이 걸릴 수도 있다. 평균적으로 3~6개월은 걸린다고 추정한다. 운영자금이 부족해서 성공가능성이 있는 사업을 유지하지 못한 채 조기에 폐업을 해야 하는 상황은 없어야 한다.

셋째, 창업 이후 마케팅 비용을 고려한다. 창업을 준비하는 과정에서 창업자들은 준비한 투자금을 모두 소진하고 창업 후 광고, 홍보, 할인행사와 같은 마케팅을 위한 자금이 부족하여 어려움을 겪는 경우가 많다.

넷째, 높은 이자의 차입금은 절대로 이용하지 않아야 한다. 급전이 필요하다고 높은 이자의 사채를 썼다가는 더 큰 피해를 당하게 된다.

2) 자금계획 사례

본 사례에서는 초기투자비를 확정하고 이를 어떻게 조달할지를 명확하게 제시하고자 한다. 자기자본은 자신이 내부에서 조달한 자금을 의미하며, 타인자본은 외부 투자자인 은행 등에서 차입금 등을 통해 조달된 자금을 의미한다. 〈표 6-5〉에서는 창업자가 스스로 조달한 자기자금이 1억 원이고, 타인자본 6천만 원은 은행 등에서 차입한 자금이다.

예비창업자는 투자비에 대한 자금계획뿐만 아니라 카페를 운영함에 따라 발생하게 될 운영비에 대한 계획도 수립해야 한다. 추정 매출액을 기준으로 식재료비, 인건비, 판매비와 관리비가 어느 정도 소요될지를 감안하여 추정 손익계산서를 참고한다.

표 6-5 **자금계획 사례**

구분	금액	자금구조	비고
창업 투자비	1억6천만 원	자기자본 1억 원(자본금) 타인자본 6천만 원(부채)	
월 운영비	식재료비: 700만 원 인 건 비: 500만 원 제 경 비: 250만 원 금융비용: 50만 원 합 계: 1,500만 원	매출액 2천만 원	추정 손익계산서 참조

자료: 김영갑(2012). 성공창업을 위한 상권분석론.

3) 자금조달

창업에 소요될 창업투자비를 추정하였다면 자금을 조달해야 한다. 자금을 조달하는 방법은 크게 자기자본으로 조달하는 방법과 타인자본으로 조달하는 방법이 있다. 자기자본으로 조달하는 경우는 창업자가 직접 자금을 조달하는 방법과 투자자를 모집하는 방법이 있다. 자기자본의 경우 이익이 발생하는 경우 수익금에 대해 내부 배당압력을 받을 가능성이 높지만 차입금 등의 이자비용에 따른 추가비용이 발생하지 않는 장점이 있다. 반면, 타인자본의 경우 수익금에 따른 배당압력은 없지만 이자비용이 발생하는 단점이 있다.

자금을 조달하는 경우 사업자는 가능한 한 자기자금의 비율을 높이는 것이(최소한 80% 이상 권장) 안전하다.

카페 창업의 자금조달 시 다음과 같은 요소를 고려해야 한다. 먼저 자본비용이다. 이는 은행융자와 같은 부채의 경우 이자에 해당되는 금액이다. 가능한 한 이자비용이 저렴한 부채를 선택해야 한다. 또한 가능하다면 상환기간이 장기인 부채를 통해 자금을 조달하는 것이 안전하다. 단기간에 상환해야 하는 차입금의 경우 자금압박을 초래하기 때문이다.

- 자본비용
- 자금조달 기간과 용도
- 기업의 수익성과 재무위험

3 창업자금지원제도

국내에는 다양한 창업자금지원제도가 존재한다. 다만 이러한 지원제도는 대상자가 제한적이거나 지원금액이 소액이라 창업에 큰 도움이 되지 않는 경우가 많다. 하지만 5천만 원 정도로 가능한 소규모 창업을 고려한다면 지원자금만으로도 창업이 가능할 수 있다. 국내의 창업자금 지원제도를 정리하면 〈표 6-6〉과 같다.

표 6-6 **창업자금지원제도**

지원기관	대상 및 금액	연이율 및 상환조건	문의처
소상공인 지원센터	소상공인창업센터 교육이수자 최고 5천만 원 대출 가능, 유흥업종 제외	공공자금관리기금 대출금리에 0.33%를 차감, 1년 거치 후 4년간 대출액의 70%를 3개월마다 분할상환하고 30%는 만료 시 일시상환	소상공인시장진흥공단 www.semas.or.kr 1588-5302
근로복지공단	6개월 이상 장기실업자가 점포창업 희망 시 점포임대비 대출, 최고 7천만 원 대출(고용보험 이력과 공단에 구직 등록 신청자)	점포지원금의 연 3% 1~2년 계약, 6년까지 연장가능	근로복지공단 www.kcomwel.or.kr 1588-0075
국가보훈처 창업지원자금	본인이나 가족이 국가유공자이거나 제대군인인 경우 2천만 원까지 대출 가능	연 3%, 7년 원리금 균등분할 상환	국가보훈처 www.mpva.go.kr 02-2020-5294
한국장애인 고용공단	장애인 자영업 창업자(유흥업소, 법인사업자 제외), 최고 5천만 원 대출 가능	3% 2년 거치 5년 분할 상환	한국장애인고용공단 www.kead.or.kr 1588-1519
여성경제인협회	저소득 여성가장, 남편 사망 및 이혼 후 가족부양자 최고 3천만 원 대출 가능	3%(고정), 2년 후 일시상환 1회에 한해 연장 가능	한국여성경제인협회 www.womanbiz.or.kr 02-369-0900
미소금융재단	신용등급 7~10등급 보유재산 1억 3,500만 원 이하인 자, 최고 5천만 원 대출 가능	4.5% 1년 거치 5년 상환	미소금융중앙재단 www.smilemicrobank.or.kr
소상공인 지원센터	1년 이상 영업을 하다 폐업 후 2년 이내 재창업자와 1년 이상 계속 영업을 하다 업종 변경 시 최대 5천만 원 대출 가능	공공자금관리기금 대출금리에 0.33%를 차감, 1년 거치 후 4년간 대출액의 70%를 3개월마다 분할상환하고 30%는 만료 시 일시상환	소상공인시장진흥공단 www.semas.or.kr 1588-5302

학습정리

1. 사업타당성 분석은 카페 창업에 앞서 사업의 성공여부를 판단 또는 분석하기 위하여 사업추진능력, 기술성, 시장성, 상품성, 수익성, 안정성, 위험정도 등을 분석하고 평가하는 총체적 활동이다. 이러한 타당성 분석은 크게 정성적 분석방법과 정량적 분석방법으로 나누어지는데, 정성적 분석은 창업자의 지식을 바탕으로 주관적인 평가를 주로 하는 것이다. 그리고 정량적 분석은 재무회계 이론을 바탕으로 매출 및 비용을 추정하고 이익을 계산함으로써 사업의 수익성을 추정하는 것을 기본으로 한다.

2. 창업을 위한 자금계획은 초기투자비에 대한 계획과 운영비에 대한 계획으로 나누어진다. 초기투자비는 권리금, 임차보증금, 인테리어 비용, 설비 장치, 탁자와 의자, 예비비 등으로 이루어진다. 운영비는 수익이 거의 발생하지 않을 경우를 대비하여 3~6개월 정도 수익이 없어도 카페를 운영할 수 있을 정도의 충분한 자금이 요구된다. 이와 같은 자금을 예비창업자는 자기자본과 타인자본의 형식으로 조달하게 된다. 자기자본은 자신이 직접 조달하는 자금이고, 타인자본은 금융기관 등의 대출을 통해 조달하는 자금을 의미한다. 특히 소규모 창업의 경우는 창업의 촉진을 위해 정부나 지방자치단체에서 지원하는 낮은 이자의 자금을 활용하는 것을 적극 검토할 필요가 있다.

3. 창업을 촉진하거나 지원하기 위해 국가나 지방자치단체 등에서 지원하는 창업자금의 지원처는 '소상공인지원센터, 근로복지공단, 국가보훈처창업지원기금, 한국장애인고용공단, 여성경제인협회, 미소금융재단' 등이 있다. 이러한 단체는 낮은 이자의 자금을 장기에 걸쳐 지원할 뿐만 아니라 창업 및 경영컨설팅 등을 함께 제공함으로써 소규모 창업의 성공 가능성을 높이기 위해 노력하고 있다.

| 연습문제 |

1. 프랜차이즈 창업의 경우 프랜차이즈 본사는 매출과 비용 등을 추정하는 사업타당성 분석을 통해 가맹점의 성공 가능성을 사전에 충분히 검토해야 할 의무를 갖습니다. 만약 매출의 추정과 같은 사업타당성 분석의 실패로 인하여 가맹점이 위험에 처한 경우 가맹점이 프랜차이즈 본사에 어떤 요구를 할 수 있을까요?
   - 문제의 해결을 위해 참고할 사이트(공정거래위원회 가맹사업거래 홈페이지-피해사례 소개)
2. 카페 창업을 위한 투자금이 1억 원으로 예상됩니다. 자신의 현재상황을 고려하여 1억 원을 언제까지 어떤 방식으로 모을 것인지 로드맵을 제시하여 봅시다. 또한 시간을 더 단축하기 위한 방법을 동료들과 토론하여 보시기 바랍니다.
3. 자주 방문하는 카페의 한 달 매출액을 추정해 보시기 바랍니다. 평일 점심과 저녁, 주말 점심과 저녁처럼 요일별, 시간대별 방문을 통해 일평균 매출액을 정확하게 산출함으로써 월 매출액 추정치의 신뢰성을 높이기 바라며, 메뉴 특성 등을 고려하여 계절적 요인이 있다면 이를 고려한 1년 매출액도 추정해 보시기 바랍니다.
4. 자주 방문하는 카페의 업종 및 업태별로 구분하고 실제 창업비용이 얼마나 소요되었는지를 조사하여 보시기 바랍니다. 창업비용의 투자규모와 외식사업의 성공과 관련성이 있을지를 생각해 보시기 바랍니다.
5. 월 1억 임차료의 커피전문점의 손익분기점은?
   '파이낸셜 뉴스' 2011년 5월 30일자 "월세 1억 내는 커피숍 하루 2,000잔 팔아야 남는다"는 기사는 커피전문점의 사업타당성을 묻고 있습니다. 해당 기사에 따르면, "커피전문점의 적정 비용구조는 판매가격에서 원재료비가 18~21%, 인건비가 33%, 임차료가 20% 수준"인 것으로 나타났습니다. 다만, 커피전문점의 매출액 규모가 커지면 기사에서 제시한 비율은 줄어들 수 있습니다. 기사 내용과 실제 커피전문점의 수익구조를 조사한 후, 월 1억 원의 임차료를 지불하는 커피전문점의 손익분기매출액을 계산하여 봅시다.
6. 사업타당성분석을 위한 간단한 방법을 정리해 보면 다음과 같습니다.
   첫째, 창업하려는 카페 유형의 비용구조(어떤 항목이 어떤 비율로 발생하고 순이익은 어느 정도인지?)를 명확히 파악합니다.
   둘째, 자신이 창업하려는 입지에 위 비용구조를 대응해 보면 매출액 추정과 비용항목의 추정이 가능합니다.
   셋째, 자신의 총 투자금액을 고려한 감가상각비 등을 고려한 투자수익률을 계산해 봅니다.
   넷째, 투자수익률이 자신이 원하는 수준이고 원하는 기간 동안 지속적으로 발생할지를 판단합니다.
   - 이상의 내용에 동의하십니까? 만약 동의하지 않는다면 그 이유를 설명하고 대안을 제시하시기 바랍니다.

7장

상권과 입지 조사분석

7장

상권과 입지 조사분석

학습목표

1. 카페 창업의 상권과 입지의 중요성에 대하여 이해한다.
2. 점포분석 시 고려해야 할 점에 대하여 이해한다.
3. 입지 조사 및 분석 시 지리적 특성과 기능적 특성에 대해 이해한다.
4. 인터넷을 이용한 통계자료 습득방법과 통계자료를 이용한 상권 분석방법을 이해한다.
5. 현장조사를 통한 상권 분석법을 이해한다.

'82년생 김민경 X 카페르세' 창업일기

창업을 결심했을 때 아버지께서 말씀하셨다. "장사는 몫이 좋아야 한다." '몫'이란 여럿이 나누어 가지는 각 부분을 뜻한다. 다만 그 몫이 공평하지 않다는 것에 함정이 있다.

나와 경쟁자에게서 얻을 수 있는 가치를 냉정하게 비교하고, 소비자는 그 몫을 공정하게 배분(선택)한다. "소비자"가 구매를 결정하는 과정이고, 이것이 자유 경쟁 시장의 원리라 볼 수 있다. 이것을 "나의 관점"에서 바꾸어 생각해본다.

내가 경쟁자보다 뛰어난 것이 무엇일까? 어떻게 하면 소비자(시장)가 매력적으로 느끼게 할 수 있을까? 그렇게 내 몫을 늘리기 위한 조사도 필요하다. 내 '몫'은 내가 챙기는 것, 내 '몫'이 얼마큼인지 알아가는 것, 나는 이것이 상권분석의 목표라고 본다.

상권에서 내 몫은 공평하지 않지만, 소비자의 결정은 늘 공정했다. 역시 옛말이 틀리지 않았다. "장사는 몫이 좋아야 한다."

1980년대 스타벅스의 상권과 입지 전략은 꽤나 구체적이었다고 한다.

북미지역에 점포를 출점하기 위해 세탁소에 걸린 의복의 종류를 분석하여 근거를 찾기도 했으며 특정도시에 진출하기 위해 지역에서 가장 유명한 카페의 라떼나 카푸치노가 얼마나 판매되는지를 조사하여 상권의 수준을 파악하기도 했다. 상권에서 입지의 중요성을 조사하는 스타벅스의 출점 전략은 실패를 줄이는 방법으로 많은 기업에서 분석할 정도이다. 대기업이기 때문에 가능하다는 것은 스스로 준비하지 못하는 사람의 핑계일 뿐이다. 이제는 개인 브랜드 카페 창업을 준비하는 창업자도 내가 선택한 카페 유형이 어떤 상권에서 누구를 타깃으로 경영을 해야 하는 것인지에 대해 잘 알아야 한다. 지식의 수준만큼 보이기 때문에 이번 장에서는 상권과 입지를 이해하고 목적을 이해하는 상권분석방법론을 통하여 나만의 상권과 입지를 분석해보는 기회가 되도록 한다.

1 상권과 입지의 이해

1) 상권과 입지의 정의

상권이란 통상적으로 두 가지 의미로 사용되고 있다. 그 첫 번째는 주로 실무적으로 사용되는 의미이다. 점포들이 서로 연계성을 가지고 모여 있는 지리적 범위를 상권이라고 한다. 예를 들면, '강남역 상권'이라 할 때 여기서 상권의 의미는 강남역 인근에 모여 있는 점포들의 집합체와 지역을 지칭하는 용어이다. 즉 상가들이 모여 있는 지역인 '상가권'을 상권이라고 한다.

두 번째는 특정 점포가 세력을 미치는 범위를 상권이라 한다. 점포가 고객을 흡인할 수 있는 지리적 영역이자 마케팅의 단위 또는 공간적 범위를 의미한다. 따라서 상세권은 입지(점포)가 먼저 정해져야 설정이 가능하다. 해당 점포를 이용하게 될 소비자가 사는 거주 지역을 상권이라고 하기 때문이다. 이런 의미의 상권은 '상세권'이라고 표현하기도 한다. 이론적으로 상권의 의미는 상세권을 말하는 것으로 이해하면 되지만 상권이란 용어가 혼용되어 사용되는 경우가 많으므로 상황에 따라 독자가 적절히 이해하는 능력이 필요하다.

입지란 점포가 위치하고 있는 조건을 의미한다. 입지는 메뉴의 판매를 위해 선택하는 장소임과 동시에 생산과 소비가 이루어지는 위치적 조건이다. 카페의 입지는 매출의 하한선과 상한선을 결정하는 매출결정 요인으로 작용하며, 다른 경쟁사에 의해서 복제될 수 없는 독점성을 가진다. 또한 입지가 매출을 결정하는 주요변수이기 때문에 아무리 많은 마케팅 노력을 기울이고 비용을 투자해도 절대로 극복할 수 없는 한계점도 가지고 있다. 카페 창업을 위해서는 입지에 대한 이해와 상권의 개념을 명확하게 이해할 필요가 있다. 〈표 7-1〉은 상권과 입지의 차이점을 구분하고 평가조건과 분석목적을 기록한 것이다. 결국 상권과 입지를 조사분석하는 목적은 창업 후 수익성을 추정하기 위한 기초자료임을 인지해야 한다.

표 7-1 상권과 입지의 차이점

구분	입지	상권
개념	점포가 소재한 위치 조건(location)	① 다양한 점포가 모여 있는 지역범위: 지리적 명칭으로 지칭됨(예: 강남역 상권) → 상가권 ② 점포가 고객을 흡수할 수 있는 공간 범위(trading area): 특정 점포를 이용하는 고객들이 거주하는 지역 → 상세권
물리적 특성	평지, 도로변, 상업시설 등 물리적 시설	주택가, 역세권, 중심상권 등 상거래 활동 공간
키워드	Point	Area, Boundary
구분	1급지, 2급지, 3급지	1차 상권, 2차 상권, 3차 상권 주택가, 대학가, 역세권 등
평가조건 또는 분석방법	부지형태, 접근성, 가시성, 평탄성, 점포형태, 시설구조, 주차시설	유동인구, 배후지 인구, 경쟁점포, 교통유발시설, 장애요인, 상권 발전전망
분석 목적	점포의 성패 예측	상권의 성패 예측
궁극의 목적	창업 후 외식기업의 매출액 추정을 통한 사업타당성분석	

주) 이론적으로 상권의 정의는 ②의 내용임. 실무적으로 ①처럼 사용되기도 함.
자료: 김영갑(2012). 성공창업을 위한 상권분석론.

2) 상권과 입지 조사분석의 목적

예비창업자나 기존에 이미 사업을 영위하고 있는 사업자가 왜 상권과 입지를 조사하고 분석하는 것일까? 우리는 주변에서 상권과 입지를 조사하고 분석하는 사례를 자주 목격하면서도 구체적으로 그 이유를 물어보면 확실하게 답변하지 못하는 경우를 많이 목격한다. 자신이 왜 그런 조사를 하고 있는지 정확하게 이해하지 못하면서 무조건 중요하므로 뭔가 해야 한다는 의무감에 열심히 유동인구를 조사하고 주변 환경을 파악하고 거주인구와 거주형태를 파악한다. 그리고 최종적으로는 막연히 좋은 상권이다, 좋은 입지이다, 아니면 사업을 하기에 적절하다는 애매모호한 결론을 내린다.

만약 예비창업자라면 새롭게 시작하는 사업이 성공할 수 있을지를 알고 싶을 것이고, 기존의 사업자라면 어려움에 처한 사업을 구조조정을 통해 새롭게 도약시켜 성공에 이르고자 하는 꿈을 가지고 있을 것이며, 이 꿈을 이루기 위하여 상권과 입지 조사분석을 한다. 상권과 입지의 조사분석 목적을 좀 더 구체적으로 살펴보면 다음과 같다.

표 7-2 **상권과 입지의 조사분석 목적**

NO	조사분석 목적
1	투자금액은 상권과 입지의 함수이다.
2	상권은 정해진 범위가 존재하지 않는다.
3	상권과 입지를 조사하는 최종목표는 매출액의 추정이다.
4	권리금과 임차보증금, 임차료 등의 적정성을 판단하기 위해서이다.
5	창업 이후 성공적 경영을 위한 마케팅전략의 중요한 근거자료가 되기 때문이다.
6	상권과 입지 조사는 직원 채용의 편의성을 판단하는 데 매우 중요하다.
7	목표고객(target)을 찾는 것이다.

자료: 김영갑(2012). 성공창업을 위한 상권분석론.

첫째, 투자금액은 상권과 입지의 함수이다. 이를 공식화하면 "투자금액 = f(상권, 입지)", "수익성 = f(상권과 입지의 이해, 단점극복전략)"으로 표시할 수 있다. 즉 상권과 입지에 의해 투자금액이 결정되므로 어느 정도의 투자금액이 소요될지를 상권과 입지를 조사함으로써 산출해볼 수 있다. 주로 프랜차이즈 기업에서 사용되고 있다.

둘째, 상권은 정해진 범위가 존재하지 않는다. 창업하고자 하는 카페 유형과 객단가에 의해 커지기도 하고 작아지기도 한다. 물론 사업자의 마케팅 능력에 따라서도 상권의 범위는 변한다.

셋째, 상권과 입지를 조사하는 최종목표는 매출액의 추정이다. 특정 입지에서 창업하고자 하는 카페 유형으로 오픈할 경우 얼마만큼의 매출을 달성할 수 있을지를 알고 싶은 것이 상권과 입지를 조사하는 중요한 목적이다.

넷째, 권리금과 임차보증금, 임차료 등의 적정성을 판단하기 위해서이다. 상권과 입지 조사를 통해 적정한 비용구조를 파악하게 되고 이를 통해 타당성을 분석하게 되는 것이다. 경쟁이 치열한 입지에서 권리금을 많이 주고 계약한다면 타당성 분석 결과는 부정적으로 나타날 것이다.

다섯째, 창업 이후 성공적 경영을 위해서 마케팅전략의 수립이 필요하다. 마케팅전략을 위한 기초자료 수집이 상권과 입지 조사의 궁극적인 목적이다.

여섯째, 상권과 입지 조사는 직원 채용의 편의성을 판단하는 데도 매우 중요하다. 카페 사업자가 겪는 가장 큰 애로사항이 인적자원의 조달이다. 상권과 입지의 특성상 인력을 조달하는 것이 매우 어려운 지역이 있는가 하면, 의외로 인력조달이 쉬운 지역이 있다. 예를 들면, 분위기 좋고 전망 좋은 카페의 경우 차량을 이용해야 하는 경우가 대부분이다 보니 인력조달을 위해 창업자가 출퇴근을 시켜줘야 하는 경우가 생긴다. 상권과 입지를 조사할 때는 인력조달의 편의성도 꼭 파악하는 것이 좋다.

마지막으로 목표고객(target)을 찾는 것도 빼놓을 수 없다. 상권 활성도가 높고 유동인구가 많은 입지라 해도 자사의 제품을 구매할 고객이 아니라면 아무 소용이 없기 때문이다. 대부분의 창업자들이 유동인구가 많으면 무조건 좋은 상권이라고 맹신을 하지만, 상권과 입지 조사의 목적은 정확한 목표고객을 찾기 위함임을 잊어서는 안 된다.

3) 상권과 입지의 분류

상권과 입지의 특성을 파악하기 위해서 상권과 입지의 분류방법을 이해할 필요가 있다. 각각의 분류형식에 따라서 조사자가 파악하려는 특징을 쉽게 파악할 수 있기 때문이다.

(1) 상권의 분류

상권은 실질구매능력이 있는 유효수요가 분포되어 있는 공간으로 정의한다. 따라서 점포 매출액의 비율을 이용하여 상권의 분류가 가능하다. 예를 들면, 전체 매출액의 약 70%를 구매하는 소비자가 거주하는 지역을 1차 상권으로, 매출액의 약 25%를 구매하는 소비자가 거주하는 지역을 2차 상권, 그 나머지를 3차 상권으로 정의할 수 있다.

(2) 입지의 분류

상권의 분류가 매우 다양하게 이루어지는 데 반하여 입지를 분류하는 기준은 매우 제한적이다. 다만 입지의 좋고 나쁨을 판단하기 위하여 실무적으로 상가권 내에서 가장 좋은 입지를 1급지(A급지), 가장 나쁜 입지를 3급지(C급지)로 구분하고 있으며 이를 '상권범위에 따른 입지의 분류'로 구분하기도 한다. 세부적인 내용은 〈표 7-3〉을 참고한다.

이상의 상권 범위에 따른 입지의 분류 이외에도 '이용목적에 따른 분류, 공간균배에 따른 분류, 소비자 구매습관에 따른 분류' 등이 가능하다. 세부적인 내용은 《성공창업을 위한 상권분석론》을 참고하기 바란다.

표 7-3 상권범위에 따른 입지의 분류

구분	특성		상권범위	내용
1(A)급지	가시성 홍보성 접근성	모두 양호	넓다	유동인구의 흡수가 쉬운 시내중심가, 대규모단지, 대규모 상가의 입구, 대로변 버스정류장 근처, 사거리 주변 등으로 패스트푸드나 커피전문점이 적합
2(B)급지	가시성 홍보성 접근성	한 가지만 양호	중간	유동인구의 일부만 흡수하며 배후지 거주민이 주로 이용하는 입지. 서비스품질로 승부하는 카페가 적합
3(C)급지	가시성 홍보성 접근성	모두 불량	좁다	1급지와 2급지를 제외한 수익성이 떨어지는 입지. 틈새시장을 노려 경쟁을 피할 수 있음. 시설투자비가 적게 소요되는 장점도 있으며, 개인화된 서비스로 승부하는 카페가 적합

자료: 김영갑(2012). 성공창업을 위한 상권분석론.

2 상권과 입지 조사분석

1) 상권과 입지 조사분석 절차

상권과 입지를 조사하고 분석하는 절차는 획일적으로 규정하기 곤란한 실무적 프로세스이다. 어떤 업종과 업태의 사업을 위해 어떤 목적으로 조사와 분석을 수행하느냐에 따라

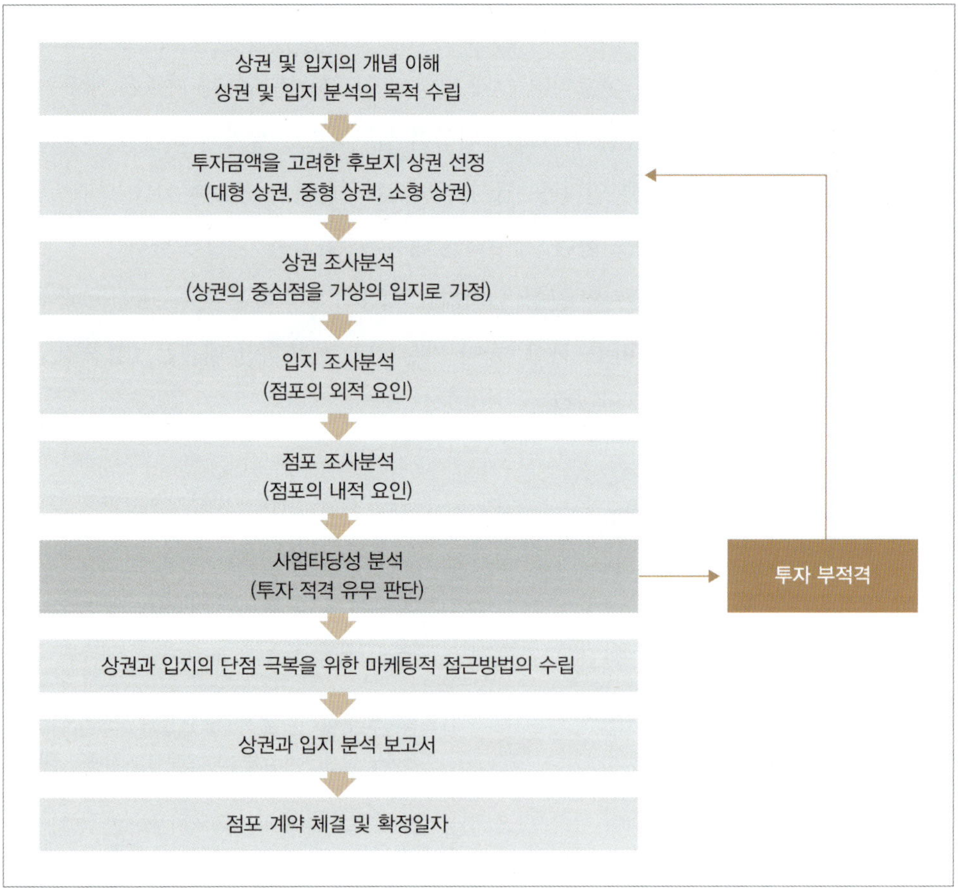

그림 7-1 상권·입지 조사분석 절차

자료: 김영갑(2012). 성공창업을 위한 상권분석론.

서, 또 실제 조사분석자의 취향과 전문성에 따라 다양한 절차가 정의될 수 있다. 다만 본 교재에서는 카페 창업을 목적으로 하는 예비창업자 대상의 학습목적을 고려하여 가능한 한 세부적인 항목으로 절차를 분류하고 사업타당성 분석이 가능한 수준의 내용으로 구분하고자 하며, 구체적인 내용은 다음 〈그림 7-1〉과 같다.

2) 조사분석의 목적 수립

카페 창업을 위한 상권 및 입지 분석의 최종적이면서도 절대적인 목적은 해당 상권의 특정 입지에서 카페를 개시하였을 때 가능한 매출을 추정하는 것이다. 절대적 목적 이외에 예비창업자는 좀 더 추가적인 상대적 목적을 위해 노력할 필요가 있다. 즉 예비창업자의 상황과 환경에 따라서 상권 및 입지 분석 시 창업에 소요될 비용요소를 추정하기도 한다. 투자비용, 판매비와 일반관리비가 이에 해당되는데, 점포의 임차를 위한 권리금, 임차보증금과 매월 지불해야 하는 영업장의 월 임차료, 그 외에도 고정적 지출이 예상되는 건물의 관리비 등을 파악함으로써 창업의 타당성을 추론하는 데 활용할 수 있다.

상권 및 입지 분석은 이와 같은 타당성 분석을 위한 기초자료뿐만 아니라 창업 후 마케팅을 위한 다양한 자료수집을 목적으로 이루어지기도 한다. 인구수, 남녀의 비율, 세대수, 연령대, 인구의 증감, 거주의 형태, 가계지출, 외식 소비지출 등을 조사하여 마케팅전략의 수립을 위한 목표고객에 대한 명확한 정보를 얻는 것이다.

조사를 위한 목적은 필수적인 절대적 목적과 창업자에 따라 조사여부가 달라지는 상

표 7-4 상권·입지 조사분석의 목적

구분	시행 여부
매출액 추정	○
비용요소의 파악	○
인력조달의 편의성 파악	○
마케팅전략 수립을 위한 기초자료 파악	○
기타 외식창업을 위한 다양한 평가자료로 활용	×

자료: 김영갑(2012). 성공창업을 위한 상권분석론.

대적 목적에 대하여 상권 및 입지 분석 개시 전에 명확히 할 필요가 있다. 만약 이와 같은 목적을 명확히 하지 않는 경우 분석을 위한 시간과 투자비용이 낭비되거나 반드시 수행해야 할 부분을 간과할 수 있다. 조사분석의 목적을 〈표 7-4〉와 같이 도표화하여 체크하는 형식으로 목적을 명확히 하는 것은 향후 조사분석의 방향을 설정하는 데도 많은 도움이 된다.

3) 후보지 상권의 선정

창업을 고려하여 후보상권을 선정하는 절차는 매우 중요하다. 평생 자신이 몸담을 직장을 선택하는 것과 별반 다르지 않기 때문이다. 후보지를 선정함에 있어서 가장 큰 고려사항은 쉬운 정보취득과 창업자의 편의성이 되어야 한다. 무엇보다도 상권에 대한 정보취득이 용이한 곳을 우선적으로 고려해야 한다. 아무리 좋은 상권이라도 해당 상권의 정보취득에 어려움이 크다면, 창업 이후에 많은 애로사항이 발생할 수 있다. 다음으로 편의성이다. 창업자의 거주지와 연계하여 삶의 질을 고려해야 한다. 예를 들어 사업이 아무리 번창하더라도 출퇴근이 어려운 상권에서의 사업은 오래 지속하기 힘들다. 물론 사업장 근처로 이사를 하면 문제가 해결될 수 있지만, 창업자의 가족상황 등을 고려할 때 이주가 어려운 경우도 많다.

4) 상권 조사분석

상권 및 입지 분석을 위한 명확한 목적이 설정된 후, 두 번째 분석은 상권 조사단계이다. 상권 조사분석은 상권범위를 지정한 후 상권 환경조사와 고객성향조사, 경쟁점포조사, 상권분석도 등에 중점을 둔다. 각각의 항목에 대한 좀 더 구체적인 내용은 다음과 같다.

(1) 상권범위의 지정

상권을 분석하기에 앞서 상권의 범위를 지도 위에 표시하여야 한다. 상권범위는 카페 유형 및 크기 등에 따라 넓게 형성되거나 좁게 형성될 수 있다.

(2) 상권환경 및 고객성향

상권의 범위를 지정한 후에는 지정된 상권 범위 내의 환경 및 잠재고객에 대한 성향을 파악해야 한다. 상권환경과 고객의 성향을 알기 위해 조사하는 내용은 다음과 같다.

첫째, 행정구역상의 현황을 조사하여 영업에 미치게 되는 영향력을 분석하는 것이다. 이는 조례에 따른 지역개발 등이 포함된다. 예를 들면 서울 인사동이 관광특구로 지정되어 있어 신규 창업 및 업종의 변환에 여러 가지 제한 사항들이 있다. 이러한 행정 구역상의 현황은 해당 동사무소나 구청 등을 통하여 자료를 수집할 수 있다.

둘째, 상권 내 인구의 특성을 파악할 수 있다. 인구수, 남녀의 비율, 세대수, 연령대, 인구의 증감, 거주의 형태 등을 조사하여야 한다. 자료를 통하여 선택한 카페 유형이 고객층과 어울리는지 파악하여야 한다. 따라서 주거형태나 인구분포에 따른 성향을 가지고 이를 판단할 수 있다. 인구의 특성을 파악할 수 있는 정보는 중소기업청 상권정보시스템(http://sg.sbiz.or.kr), 나이스 비즈맵 상권분석서비스(https://www.nicebizmap.co.kr) 등을 활용하여 확인할 수 있다.

(3) 유동(통행)인구 조사

상권현황과 고객특성을 파악한 후 상권 내 유동인구를 조사하는 단계이다. 상권 내 유동인구 또는 통행인구는 현장조사가 가장 확실한 방법이지만 많은 시간과 비용이 소요된다는 단점이 있다. 따라서 기존의 상권분석 자료를 구하거나, 역세권인 경우 지하철역의 정보를 활용하여 지하철 이용고객의 수로 유동인구를 추정할 수 있으며 중소기업청 상권

표 7-5 통행인구 조사표

구분		남자					여자					합계
		10대	20대	30대	40대	50대	10대	20대	30대	40대	50대	
평일	12시~13시											
	18시~20시											
주말	12시~13시											
	18시~20시											

자료: 김영갑(2012). 성공창업을 위한 상권분석론.

정보시스템을 활용하여 통행인구 조사표를 작성하여 활용할 수 있다.

(4) 경쟁점포 조사

동일한 상권에 존재하는 경쟁점포를 조사해야 한다. 경쟁업소는 동일한 업종과 유사업종으로 구분할 수 있다. 경쟁점포를 조사할 때에는 위치, 영업시간, 정기휴일, 후보점포와의 거리, 면적, 메뉴, 종업원의 수, 테이블 수, 고객서비스, 시간대별 고객 수 등을 조사하여 자신의 점포와 경쟁 정도를 확인하여야 한다. 이를 자세히 살펴보면 다음과 같다.

첫째, 자신의 경쟁점포라 생각되는 점포 리스트를 작성하고 지도 위에 위치를 표시한다.

둘째, 경쟁점포의 영업형태를 조사한다. 영업시간, 정기휴일, 면적, 메뉴, 종업원의 수, 판촉의 수단, 좌석 수, 영업 활성화 정도, 고객의 특성, 점포의 인지도를 확인하여야 한다.

셋째, 경쟁점포의 서비스, 메뉴의 가격, 맛 등 경쟁자의 주된 상품을 확인점검한다. 카페메뉴에 대한 조사는 메뉴구성과 카페 메뉴보드, 메뉴북의 구성을 조사하고 메뉴의 가격대는 제품의 가치에 맞는 가격대인지 확인한다.

넷째, 경쟁사의 매출에 대하여 추정하여 본다. 매출에 대한 예상은 거래 납품업자의 납품 실적을 조사하거나 방문고객수를 조사하여 추정한 객단가와 곱하는 방법으로 추정할 수 있다. 방문고객 수는 실제 관찰법에 의해 조사할 수 있으며 영업 마감시간 전에 영수증의 전표 발행번호로 추정된 테이블 단가를 곱하여 구할 수도 있다.

마지막으로 〈표 7-6〉과 같은 자신의 점포와 경쟁점포의 분석표를 작성한다.

(6) 상권변화의 예측

상권분석의 마지막은 후보지가 장래에 어떻게 변화될 것인가에 대한 전망을 하는 것이다. 이는 상권이 항상 변하기 때문이다. 단순한 예로는 새로운 아파트 단지가 건설되거나 랜드마크가 될 수 있을 정도의 커다란 상가가 주변에 들어오게 된다면 현재의 최상의 입지, 상권이라고 하더라도 이를 지속적으로 유지할 수는 없다는 것이다. 또한 지하철 공사나 버스 노선의 변경도 상권을 변화시키는 요인으로 작용한다. 상권의 변화는 소비자의 성향이 지속적으로 변한다는 것을 의미하기도 한다. 도로 정비를 통하여 도로가 확장된

표 7-6 **경쟁점포 체크리스트**

구분	분석항목		주요 경쟁점포			
			A	B	C	D
점포개요	상호		A점	B점	C점	C점
	면적					
	좌석수					
	주차장 규모					
	오픈년도					
	시설 노후화 정도		하	중	하	하
	영업시간(개점/폐점)		오전 11시/ 오후 10시	오전 11시/ 오후 10시	오전 11시/ 오후 10시	오전 11시/ 오후 10시
	영업활성화 정도		상	상	중	중
업종업태	주메뉴					
	객단가					
	서비스					
점포디자인	간판		상	중	상	상
	파사드		상	중	상	상
	어프로치		상	중	중	중
	인테리어		상	하	중	중
조직 및 서비스	직원수	정직원				
		파트타이머				
	근로조건		중	중	중	중
	경영자의 능력		상	상	중	중
	종업원 친절성		중	중	중	상
	서빙 숙련도		상	중	상	상
	청결도		상	중	상	상
	맛		중	중	중	중
입지	상권범위		상	상	중	중
	가시성		중	중	하	하
	접근성		중	중	하	하
	홍보성		상	중	하	하
경영관리 (테이블단가: 2.5로 계산)	고객 성향					
	추정 일평균 매출					
	추정 일평균 방문객수					
	추정 월매출 (30일로 계산)					
	주요 판촉 수단					

자료: 김영갑(2012). 성공창업을 위한 상권분석론.

다면 도로 확장으로 인하여 상권이 나누어지는 경우도 있다. 상권의 변화는 상권이 축소되거나 확대되는 경향이 있는데, 상권의 축소는 상권의 쇠퇴를 의미하지만, 상권의 확대가 반대로 상권의 번성을 의미하지는 않는다. 상권이 잠재고객에 비해 너무 비대해지면 겉은 화려한 상권으로 보이겠지만, 실상은 과다경쟁으로 좋은 성과를 내는 것이 어렵다는 것을 의미한다.

상권을 조사하는 경우에는 후보지의 점포가 속해 있는 상권이 향후에 어떠한 영향에 의해 어떻게 변화할 것인지에 대한 조사를 실시하여야 한다. 미래의 상권변화는 영업성과뿐만 아니라 권리금에도 영향을 미치는 요인이라는 것을 알아야 한다.

① 업종 변화에 따른 상권변화 예측

상권은 머물러 있지 않고 변화하고 있다는 사실을 부인하는 사람은 없을 것이다. 그렇다면 상권이 어떻게 변화하고 있는지를 파악하는 방법 중 하나로 업종의 증감 및 평균매출로 상권변화를 예측할 수 있다.

첫째, 업종이 전체적으로 증가를 하고 있는 경우가 있는데 이런 경우에는 신도시 건설이나 새로운 상가 주택이 분양되고 있음을 예측할 수 있다. 둘째, 업종이 전체적으로 감소하는 경우에는 관공서 및 집객시설의 이전이나 신도시 개발에 따른 상권 이동으로 볼 수 있다. 마지막으로 한 업종만 증감을 나타내는 경우인데 이때는 해당 업종의 목표고객이 왜 변화하는지를 살펴봐야 한다. 해당 상권의 노후화 때문인지 경쟁 상권의 등장인지 그것도 아니면 고객의 요구조건이 변화했는지를 파악해야 한다. 배후 세대는 그대로 존재를 하지만 연령층이 높아지거나 낮아질 수 있는 상황이 존재하는데 미리 예측하지 못하면 영업에 큰 불이익을 받을 수 있다.

② 인터넷 뉴스를 통한 상권변화 예측

인터넷 뉴스를 통한 리서치는 가장 간단하게 상권변화를 예측할 수 있는 방법이지만, 대부분 등한시하고 있는 부분이다. 예를 들면 가산동 디지털단지의 상권분석을 위해 인터넷 뉴스를 이용하여 검색을 해보니 가산동 디지털단지 쇼핑몰의 매출이 높다는 이야기와 함께 광명에 이케아를 비롯한 대형 쇼핑몰이 입점을 한다는 기사를 접할 수 있었다.

이렇게 인터넷을 활용하여 상권의 현재와 미래를 예측할 수 있어야 한다.

(7) 상권분석도 작성

상권분석도란 상권 지도 또는 약도 등을 활용하여 상권의 구성과 점포관련 정보를 표시하는 것으로 점포의 현황을 표시하는 경우도 있지만 가능하면 다음과 같이 상권의 세부 내용을 포함하여 표시하는 것이 상권을 한눈에 파악하는 데 효과적이다.

- 상권을 이용하는 배후 세대수, 인구수 표시
- 역, 정류장, 횡단보도 등 교통 기관별 표시
- 금융기관, 관공서, 대형할인점 등과 같은 집객시설 표시
- 쇼핑 도로에 따른 동선의 파악
- 상권 내 입지등급을 1급지, 2급지, 3급지의 순으로 A, B, C로 표시
- 경쟁 또는 관련점포의 표시

5) 입지 조사분석

사업장이라는 물리적 시설이 자리 잡게 될 지역, 즉 점포가 위치하고 있는 조건을 입지라 한다. 따라서 입지 분석이라는 것은 입지가 위치하고 있는 조건을 분석하는 것이며 이는 내적요인 분석과 외적요인 분석으로 나누어진다. 여기서 입지 조사분석은 주로 입지의 외적요인을 조사하고 분석하는 것이며, 입지의 내적요인은 다음 점포조사분석에서 다루기로 한다.

입지의 외적요인 분석은 첫째, 입지의 지리적 특성인 접근성, 가시성, 홍보성 등에 영향을 주는 위치, 기차역과의 거리, 지하철역과의 거리, 버스 정류소와의 거리, 차량의 통행 방향, 유동인구의 통행 방향 등을 조사분석하는 것이며 둘째, 기능적 특성인 주변지역의 용도, 집객시설 현황 등을 조사분석하는 것을 의미한다.

(1) 입지의 지리적 특성

① 점포의 접근성

고객의 접근이 편리해야 한다. 대중교통을 이용하여 방문하는 고객을 위해서는 지하철, 버스 정류장과 가깝고 쉽게 찾을 수 있어야 한다. 또한 건물에서도 계단이나 장애물 등에 의해 고객의 접근이 방해되는 것이 없는지 확인하여야 한다. 대형빌딩의 경우 주차장에서 점포까지 오는 길이 찾기 힘들거나 불편함을 제공하는 경우라면, 고객에게 좋지 않은 인식을 심어줄 것이다.

② 점포의 가시성

점포의 입지는 가시성이 좋은 곳을 선택하여야 한다. 가시성이란 고객의 눈에 점포가 얼마나 잘 보이는가 하는 것이다. 즉 점포의 전면이 길거나 볼록하게 튀어 나온 건물 1층은 눈에 잘 들어온다. 반면 가로수가 점포의 간판이나 전면을 가리는 경우에는 가시성이 떨어지게 된다. 가시성이 낮은 것은 점포를 알리는 데 시간과 비용이 많이 소요된다는 것을 의미하기 때문에 입지 선정에 있어서 매우 중요한 역할을 한다.

③ 점포의 홍보성

점포의 홍보에 영향을 미치는 요인으로는 간판의 크기나 위치, 점포의 위치, 유동인구의 통행량, 건물의 집객력 등이 있다. 간판은 점포의 홍보에 가장 중요한 역할을 담당하는 도구로써 크기나 위치를 주의 깊게 살펴보아야 한다. 간판을 통하여 점포의 위치를 노출시킬 수도 있으며 점포의 업종에 대하여 잠재고객들에게 알리는 역할을 한다. 점포의 전면은 길고 평면 간판의 위치가 좋고 돌출 간판까지 설치할 수 있는 점포가 좋은 점포이다.

④ 점포의 호환성

손자병법에만 36계가 있는 것이 아니다. 점포 또한 얻을 때만큼이나 나갈 때를 대비하는 것이 중요하다. 언제든 원할 때 손해 보지 않고 점포를 임차할 수 있다면 그것 또한 좋은 점포의 요건이다. 호환성에 영향을 미치는 요인으로는 임대인, 권리금, 보증금, 월세, 관리비를 꼽을 수 있다. 권리금, 보증금, 월세, 관리비는 이해가 되더라도 임대인이 호환성에 어떤 영향을 미칠까 의아할 수 있지만, 가장 많은 영향을 미칠 수 있는 존재임을 명시해야 한다.

(2) 입지의 기능적 특성

입지의 기능적인 특성은 점포의 주변지역 용도에 관한 조사와 주변 집객시설에 관한 조사분석하는 것을 말한다. 일반적으로 점포의 주변에 유사한 업종이 많거나 상반되는 업종이 많은 경우에는 좋지 않은 입지이다. 또한 은행, 유명 의류 대리점, 대형 유통시설 등이 있는 곳은 손님이 접근하기 쉬운 곳으로 좋은 입지라 할 수 있다. 또한 주변 노점상이 있는 곳은 그 지역에 유동인구가 많은 지역에 속한다. 왜냐하면 노점상은 이동성이 뛰어나기 때문에 장사가 되는, 즉 유동인구가 많은 곳으로 이동하여 모이기 때문이다. 반대로 주변 점포가 기술 위주의 업종이 많은 곳이나 저가상품 위주인 곳은 그 지역이나 상권의 소비수준이 매우 낮다는 것을 의미한다. 기술 위주의 업종으로는 세탁소, 지물포, 표구점, 세차장 등이 있다. 주변 점포의 간판이나 시설이 노후되어 있는 곳도 피하는 것이 좋다. 이는 주변 점포의 영업이 활성화되지 못하고 있는 것을 나타낸다. 이는 빈 점포가 많은 지역도 마찬가지일 것이다.

6) 점포 조사분석

앞서 입지의 외적요인에 해당되는 지리적 특성과 기능적 특성에 대하여 살펴보았다. 여기서는 입지의 내적요인에 해당되는 점포와 관련된 조사 및 분석을 다루는데, 후보점포에 대한 정보수집과 예상되는 후보점포의 세부적 내용의 조사 등을 살펴본다.

(1) 후보점포 정보수집

점포를 확보하는 방법은 여러 가지 루트를 통하여 확보할 수 있다. 가장 일반적인 방법으로는 부동산 중개인을 통한 방법으로 일정한 비용이 들어간다는 단점은 있지만 거래사고 시 일정한 금액을 변상받을 수 있으며, 권리금 책정 시 도움을 받을 수 있다는 장점을 가지고 있다.

후보점포의 정보를 수집하는 방법으로는 각종 정보매체를 이용하는 방법도 있다. 각종 일간지나, 경제신문, 주간지등을 통하여 정보를 수집할 수 있으며, 요즘은 인터넷의 발달로 보다 많은 정보를 신속하게 확인할 수 있다. 물론 정보의 양이 많아진 것을 고려하여 거짓정보나 현혹적인 홍보 물건에 대해서는 옥석을 가려낼 수 있어야 한다.

(2) 후보점포의 조사

후보점포의 정보수집을 통하여 후보점포 선정하였다면 후보점포에 대한 본격적인 조사를 실시하여야 한다. 후보점포를 조사하는 경우 다음의 내용을 꼼꼼히 확인하며 조사하여야 한다.

첫째, 점포에 들어가는 비용에 대하여 조사하여야 한다. 점포에 들어가는 비용으로는 임대보증금, 임대료, 관리비용으로 나누어 생각할 수 있다. 임대보증금의 경우 상가임대차보호법에서 규정하는 한도에서는 법적인 보호를 받을 수 있으며, 계약이 만료되는 시점에서 돌려받을 수 있는 금액이며, 임대료는 월별로 발생되는 임대차 비용이다.

둘째, 공부서류 조사를 통하여 법적인 용도를 확인하여야 한다. 즉 해당 건물이 카페영

표 7-7 **후보점포의 8가지 목록 조사**

NO	조사내용
1	점포에 들어가는 비용 조사
2	공부서류의 법적인 용도 확인
3	점포의 면적 및 형태 확인
4	후보점포의 위치와 간판의 조건 확인
5	후보점포의 시설 조건 확인
6	건물 내의 업종구성 확인
7	주차장 유무 사실 확인
8	건물주에 대한 확인

자료: 김영갑(2012). 성공창업을 위한 상권분석론.

업을 할 수 있는 곳인지 아닌지에 대한 판단을 하여야 한다. 또한 식품위생법상 다중이용업소의 안전관리에 관한 특별법, 하수처리에 관한 법률에 의해 카페 창업이 어려운 곳이라면 후보점포에서 제외하여야 할 것이다. 이러한 법적인 부분을 해결하기 위해서는 비용적인 부분도 발생하지만 원칙적으로 창업이 불가능한 경우가 발생되기 때문에 주의하여야 한다. 공부서류에는 토지나 건물의 등기부 등본, 건축물 관리대장, 도시계획확인원 등이 있다.

등기부 등본 (현재 유효사항) - 건물

서울특별시 강남구 삼성동 555-5 　　　　고유번호 1143-1996-231411

①【 표 제 부 】 (건물의 표시)

표시번호	접 수	소재지번 및 건물번호	건 물 내 역	등기원인 및 기타사항
1 (전 1)	1984년7월11일	서울특별시 강남구 삼성동 123-4	철근콘크리트조 평슬래브지붕 3층 근린생활시설 1층 148.68㎡ 2층 148.68㎡ 3층 148.68㎡ 지하1층 148.68㎡ 옥탑 14.14㎡	도면편철장 제2책제419장

②【 갑 구 】 (소유권에 관한 사항)

순위번호	등 기 목 적	접 수	등 기 원 인	권 리 자 및 기 타 사 항
1 (전 1)	소유권보존	1984년7월11일 제25682호		소유자 홍길동 401010-1111111 서울 서초구 서초동 123-4 동아아파트 1동 101호

③【 을 구 】 (소유권 이외의 권리에 관한 사항)

순위번호	등 기 목 적	④ 접 수	⑤ 등 기 원 인	권 리 자 및 기 타 사 항
1	⑥ 전세권설정	1995년6월12일	1995년2월3일	전세금 220,000,000원정

* 실선으로 그어진 부분은 말소사항을 표시함. 　* 등기부에 기록된 사항이 없는 갑구 또는 을구는 생략함.

① 표제부 – 부동산의 소재지와 내용, 구조에 관한 사항을 확인할 수 있다.
② 갑구 – 소유권에 관한 사항을 확인할 수 있다. 소유권에 대한 압류, 가압류, 가처분, 압류(경매), 가등기, 예고등기 등과 이들 권리의 변경등기, 말소 및 회복 등기의 변동내역을 확인할 수 있다.
③ 을구 – 소유권 이외의 권리인 저당권, 전세권, 지역권, 지상권 등이 기재된다. 근저당설정 시 채권 최고액은 실제 대부금의 120% 수준이기 때문에 6천만 원으로 명시된 금액의 실제 대출금은 5,000만 원 수준일 수 있다.
④ 접수 – 해당 등기소의 접수된 날짜를 나타낸다.
⑤ 등기원인 – 매매, 증여, 시효획득, 전세권 또는 저당권의 설정계약, 등기의 오기, 계약의 무효 상속, 토지의 멸실 등을 내용과 일자를 나타낸다.
⑥ 전세권 설정 – 건물에 임차하여 있는 세입자가 전세금을 설정하여 등기한다.

그림 7-2 등기부 등본을 통한 권리확인

대법원 인터넷등기소를 이용하여 부동산 등기부 등본 발급받기

먼저 로그인 한 후 부동산 등기부등본 열람/발급을 클릭한다. 결제버튼을 클릭하면 인쇄 가능한 프린터를 검색하고, 설명에 따라 수수료를 결제한 후 인쇄하면 된다.

그림 7-3 인터넷등기소 메인화면

자료: 인터넷등기소(http://www.iros.go.kr)

셋째, 점포의 면적 및 형태를 확인하여야 한다. 카페를 하려는 점포는 되도록 점포의 면이 긴 형태를 가지고 있는 편이 고객에게 점포를 알리는 데 유리한 점을 가지고 있다. 또한 내부적인 형태에 있어서 기둥이 많거나 주방의 위치가 애매한 형태라 한다면 이 또한 후보점포에서 제외하는 것이 좋다. 점포의 면적의 경우에는 점포의 실제면적을 확인하여야 한다. 일반적으로 점포의 면적은 분양면적과 전용면적을 말하는데, 전용면적의 경우는 분양면적에서 공동으로 사용하는 복도, 계단, 주차장 등의 면적은 공용면적으로 되어 있기 때문에 실제 사용할 수 있는 전용면적을 확인하여야 한다. 물론 건물의 형태에 따라 부수적으로 사용할 수 있는 공간이 있는 경우에는 보다 이점이라 할 수 있다.

넷째, 건물에서의 후보점포의 위치와 간판의 조건 등을 확인하여야 한다. 건물에서의 후보점포의 위치라는 것은 점포의 접근하는 조건에 대한 부분이다. 계단을 이용하는지, 건물 내부 복도를 이용한 접근 등은 고객의 접근성을 떨어지게 하는 장애물이다. 또한 점포의 위치와 간판의 조건은 점포의 가시성과 연관이 있는 부분으로 후보점포 조사 시 확인하여야 한다. 점포의 가시성은 점포 성패에 아주 큰 영향을 미치는 요인이기 때문에 신중하게 검토하여야 한다. 또한 가로수에 의해 점포가 가려지는 경우도 발생하기 때문에 계절적인 요인도 함께 검토하여야 한다.

다섯째, 후보점포의 시설 조건을 확인하여야 한다. 시설 조건이라는 것은 전기 용량, 도시가스 공사여부, 수도, 하수, 환풍, 화장실 등을 말한다. 카페는 의외로 전기를 많이 사용하는 업종으로 기본적인 전기 사용량으로는 전기의 용량이 부족할 수 있다. 특히, 신도시의 경우에는 건물당 공급 가능한 최대 전력량이 제한되어 있기 때문에 업종에 필요한 만큼의 전력공급이 가능한지도 계약 전에 확인해야 한다(한국전력공사 사이버지점을 이용하여 전기용량 증설 비용 산출 http://cyber.kepco.co.kr).

도시가스의 경우에도 비용적인 측면에서 저렴하여 많이 사용하고 있는데, 건물 내부까지 연결되지 않았다면 300~500만 원 가량의 비용이 발생하게 된다. 또한 상하수가 설치되어 있지 않다면 추가적인 비용으로 발생한다. 화장실은 정화조의 용량을 확인하여야 하는데, 건물의 전체 용량을 확인하여 자신이 창업하려는 업종이 가능한지 여부를 확인하여야 한다. 이는 건축물대장과 구청 위생과를 통하여 확인할 수 있다.

여섯째, 건물 내의 업종구성에 대해 확인하여야 한다. 건물 내에 입점되어 있는 점포의 업종구성과 자신이 창업하려는 업종과의 관계를 확인하여야 한다. 유사성이 높은 구성으로 부정적인 영향을 받을 수도 있고, 그 반대의 경우도 있을 수 있기 때문에 확인하여야 하며, 상가 번영회의 조례 등을 통하여 유사업종이 입점하지 못하도록 하는 경우도 있기 때문에 주의 깊게 살펴보아야 한다.

일곱째, 주차장 유무 사실을 확인하여야 한다. 요즘 대부분의 고객들은 자가용을 이용하여 방문하는 경우가 많기 때문에 점포에서 사용할 수 있는 주차장이 있다는 것은 큰 이점으로 작용한다. 만약 자체적인 주차장이 없는 경우 대체할 수 있는 주변의 주차장을 확인하는 것도 필요하다.

여덟째, 건물주에 대해 확인하여야 한다. 건물주의 확인이라는 것은 가장 기본적으로 서류상의 건물주와 동일한 인물인지 확인하여야 하며 건물주의 성향에 대한 정보를 수집하여야 한다. 이는 이전 임차인이나 건물 내 다른 임차인 또는 관리인을 통하여 수집할 수 있으며, 이를 통하여 임대료의 인상 정도와 자금력, 임차인과의 관계 등을 알 수 있다. 건물주의 자금력이 불안정한 경우 임대료 인상률에도 관련이 있지만 건물주가 파산할 경우 임대보증금과 권리금을 돌려받지 못하는 경우가 발생할 수 있기 때문이다. 또한 일부 건물주 중에는 계약기간이 만료되는 시점에서 보증금 및 임대료의 인상을 요구하고 올려주지 못하는 경우 계약연기를 하지 않는 경우도 있다. 상가의 경우 일반적으로 계약이 1년 단위로 이루어지는데, 이럴 경우에는 권리금 및 시설 투자에 대한 회수가 이루어지지 않은 상황이기 때문에 창업자에게는 큰 타격이 될 수 있다. 즉 상가임대차보호법으로 보호될 수 있는 것에도 한계가 있기 때문에 건물주의 성향을 잘 알고 계약을 진행하는 것이 좋다.

7) 상권과 입지의 단점을 극복하기 위한 대책 수립

(1) 마케팅을 고려한 입지전략

카페의 입지선정 목표는 주로 이동거리로 측정된 고객의 편의성에 집중되어 있다. 하지만 이러한 고객이 느끼는 편의성은 거리 외에도 다양한 마케팅 활동을 통하여 생산되어 진다. 이 중 유사한 카페의 군집화가 고객의 구매에 비교대상을 제공함으로써 고객의 편리성을 증대시켜 주는 경쟁적 군집화 요소가 대표적인 마케팅적 입지전략이다. 소비자는 합리적 구매를 위해 상품을 비교하려 한다. 죽전카페거리 등과 같이 유사한 상품의 군집화가 고객의 구매 요구를 만족시킬 수 있는 마케팅적 입지전략이라고 할 수 있다.

또한 인터넷 및 정보통신 기술의 활용한 인터넷쇼핑몰과 같이 새로운 유통경로의 역할 수행을 강조하는 입지전략을 들 수 있다. 인터넷의 발달로 고객이동 및 접촉을 최소화시켜주는 새로운 유통경로로 지속적으로 발전될 시장이다. 마지막으로 중앙주방시스템(CK, Central Kichen) 등과 같은 현장 지원부서의 기능이 현장에 영향을 주어 입지 및 상권에도 영향을 미치는 경우를 들 수 있다. 현장 부서의 업무가 지원부서의 지원에 따라 변화가 되고, 그에 따른 입지 및 상권 선택에도 영향을 줄 수 있다는 의미이다. 세계적인 퀵서

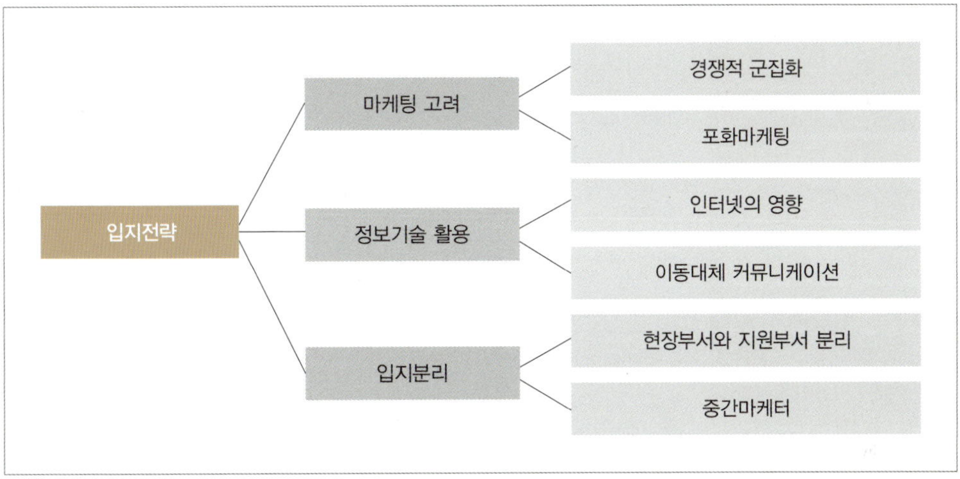

그림 7-4 입지전략 유형

자료: 김영갑(2012). 성공창업을 위한 상권분석론.

비스 레스토랑의 선두 브랜드인 타코벨은 주방직원의 업무 효율화를 위하여 실시한 CK 및 조리 자동화 공정이 주방면적을 줄이는 효과를 가져옴으로써 선택할 수 있는 업장면적의 한정적인 범위에서 벗어나 다양한 입지 및 상권을 선택할 수 있었다.

(2) 입지 및 상권의 선택

입지와 상권은 본질적으로 분석의 문제이기보다는 선택의 문제이다. 즉 창업자 자신이 가지고 있는 가용자원을 기준으로 여러 입지 및 상권 중에서 선택하여 단점을 극복하기 위한 전략을 구상하여야 하는 것이다. 창업자는 상권의 좋고 나쁨에 따라서 창업자는 다양한 요소들을 고려하여야 할 것이다. 예를 들면 입지와 상권이 좋은 경우에는 유동인구가 풍부하거나 영업을 위한 환경이 잘 조성되어 권리금이나 임대료가 비싼 경우가 많을 것이다. 이런 경우에는 창업자에 의해 관리되는 요인이 적기 때문에 대중적인 아이템으로 승부를 거는 초보 창업자에게 잘 어울릴 것이다. 이러한 경우에는 보다 많은 인테리어 투자가 마케팅에 비해 성공의 필요한 요소로 작용할 것이다. 선택한 상권 및 입지의 단점을 극복하기 위해서는 〈그림 7-5〉의 요소들의 적절한 조합이 성공적인 창업을 위한 필수요건으로 작용할 것이다.

상권 및 입지	Bad	Good
소비자	Few	Many
권리금	Low	High
창업자	Expert	Beginner
마케팅	High	Low
관리가능 요인	Many	Few
아이템	Creative	General
인테리어 투자	Low	High

그림 7-5 입지·상권의 선택 문제

자료: 김영갑(2012). 성공창업을 위한 상권분석론.

3 상권·입지 조사분석 보고서

상권 및 입지 조사가 완료되면 점포의 계약에 앞서 보고서를 작성하여 그동안의 조사분석 내용을 정리할 필요가 있다. 자신의 창업을 위하여 상권 및 입지를 조사분석한 경우에 별도의 보고서가 필요치 않다고 생각하기 쉬우나 치밀한 사업계획만이 성공을 담보할 수 있음을 인식하고 반드시 보고서를 작성하는 것이 좋다. 그리고 보고서에는 이미 앞에서 다루었던 매출액 추정과 사업타당성 분석이 반드시 포함되어야 한다. 부록으로 제시한 구체적인 보고서 작성 요령과 전문적인 상권분석 지식은《성공창업을 위한 상권분석론》을 참고하기 바란다.

창업자는 지금까지 다루었던 내용을 보고서로 작성해봄으로써 그동안 실시하였던 조사분석 내용을 검토한 후 사업성이 높다고 판단되는 경우 점포계약에 임하도록 한다. 점포의 계약은 곧 사업의 본격적인 시작을 의미하기 때문에 신중하고 냉정한 접근이 요구된다.

학습정리

1. 카페는 특성상 소비자가 생산지까지 직접 방문하여 소비가 이루어짐으로 입지는 고객이 카페를 선택하는 데 결정적인 역할을 하는 요소이다. 즉 카페에서 아무리 좋은 상품(메뉴, 음식)을 가지고 있다고 하더라도 입지에 따라 그 성패가 좌우될 수 있다. 카페에서 입지는 판매하는 상품이기도 하며 고객을 유인하는 수단이기도 하다. 또한 입지는 경쟁사들에 의해 복제될 수 없기 때문에 경쟁의 주요한 수단이 되기도 한다. 입지는 카페 매출액의 하한선과 상한선을 결정하는 요인으로 카페와 고객이 만나는 위치적 조건을 의미한다.
2. 입지는 장기고정투자로서 한번 결정되면 변경이 불가능하고, 서비스 기업의 매출에 커다란 영향을 미치는 매우 중요한 요소이다. 그리고 입지는 전통적으로 진입장벽, 수요창출의 역할을 하였으며 유연성, 경쟁적 위치 선정, 수요관리, 초점화 등의 역할을 한다.
3. 상권은 해당 점포를 이용하는 고객이 거주하는 범위를 의미하며, 규모에 따라 대형상권, 중형상권, 소형상권으로, 분포(밀집도)에 따라서 1차 상권, 2차 상권, 3차 상권으로, 주변환경에 따라서 오피스상권, 주택가상권, 중심상권, 대학가상권, 역세권, 교외형상권 등으로 구분한다. 이러한 구분은 단순히 상권을 분류하기 위한 목적이 아니라 상권과 입지의 전략적 접근을 위해서 필요하다. 즉 어떤 상권에 진입하느냐에 따라 매장의 경쟁 전략이 달라지므로 이에 대한 철저한 대비가 필요하다.
4. 입지 조사 시에는 후보점포의 지리적 특성인 점포의 접근성, 가시성, 홍보성을 파악하여야 하며 점포의 주변 지역, 용도, 집객시설 등에 대한 기능적인 특성에 대해서도 면밀히 검토하여야 한다. 또한 충분한 수요의 존재 여부를 파악하기 위하여 수요층, 수요량, 수요자 접근성을 건물특성 및 환경요인으로서 주차공간의 적정성, 건물의 매력도, 임대비용 적정성, 면적의 적정성, 적절한 기능의 가용 노동력, 주변환경, 정부 및 지자체의 정책 등을 고려해야 한다.
5. 점포조사를 진행하는 경우 점포의 비용, 공부서류를 통한 점포의 안전성, 점포의 면적, 설비 조건, 건물 내의 업종 구성, 주차장, 건물주의 성향 등을 조사하여 점포 창업 후 발생될 수 있는 긍정적, 부정적 요인에 대한 분석을 하여야 한다. 특히 건물주의 성향은 향후 사업이 활성화되었을 때 일순간에 모든 것을 잃게 되는 단초가 될 수 있음을 명심해야 한다.
6. 상권에 관련된 통계자료는 인터넷(통계청, 중소기업청 상권정보시스템 등)을 통하여 수집할 수 있다. 창업자는 통계자료를 통하여 창업 후보지의 특성을 파악하여야 한다. 상권분석의 마무리 단계로 현장조사가 있다. 현장조사 시에는 경쟁사 조사, 점포주변 시설환경을 조사하여 상권의 특성이 창업 아이템과 어울리는지를 확인하여야 한다.

| 연습문제 |

1. 다음의 업종 및 업태별로 어울리는 입지 및 상권에 대하여 토론하여 봅시다.(2장 카페 창업의 유형 참고)

프랜차이즈형 카페, 로스터리/드립형 카페, 멀티목적형 카페, 식음목적형 카페

2. 중소기업청 상권정보시스템과 나이스비즈맵을 이용하여 다음 지역의 상권을 분석하여 봅시다.

강남구청역 상권, 노원역 상권, 대학로 상권, 등촌 삼거리 상권

3. 다음의 상권 중 하나의 상권을 선택하여 주어진 업종, 업태별로 경쟁점포 체크리스트를 작성해 봅시다.

상권: 강남구청역 상권, 노원역 상권, 대학로 상권, 등촌 삼거리 상권 업종·업태: 프랜차이즈형 카페, 로스터리/드립형 카페, 멀티목적형 카페, 식음목적형 카페

8장

메뉴개발과 관리

8장

메뉴개발과 관리

학습목표

1. 메뉴의 개요 및 메뉴계획의 개념을 이해한다.
2. 메뉴개발 및 개선의 프로세스를 익히고 가격결정 방법을 이해한다.
3. 메뉴분석의 차이점을 이해한다.
4. 메뉴북의 역할 및 메뉴북 디자인을 위한 중요 요소를 이해한다.

'82년생 김민경 X 카페르세' 창업일기

소비자가 카페에 방문하는 목적은 무엇일까? 카페인을 보충하기 위해서, 업무/공부를 위한 공간이 필요해서, 맛있는 음료를 마시기 위해서 등 다양한 이유가 있다. 어떠한 목적이든지 간에 결국은 메뉴를 소비해야만 그들의 목적을 누릴 수 있다. 그렇기에 메뉴는 매우 중요하다.

우리는 단순한 음료를 판매하고 싶지 않다. 지친 일상에서 잠시라도 자존감을 회복할 수 있는 시간을 판매하고 싶다. 이것이 내가 메뉴라는 것을 매개로 손님에게 전하고 싶은 핵심가치다. 그것을 잘 전달해야 하기에 어느 곳에도 존재하지 않는 유일한 메뉴가 필요했다.

이것이 시그니처 메뉴다. 아메리카노 판매량을 능가하고, 고객에게 각인될 수 있는 음료를 만드는 것이 목표였다. 시그니처 메뉴는 그 목표를 달성하였다.

메뉴를 구성하였다면 이것을 지속적으로 관리해야 한다. 고객의 반응을 고려한 메뉴북 설계, 노무비를 고려한 원가 관리는 기본이며, 메뉴별 판매비율을 따져서 가격 전략을 수립해야 한다. 판매가를 설정할 때 원가를 기반으로 산정하는 경우가 많다. 원가는 고려해야 할 요소 중 하나에 불과하다.

경영자는 소비자에게 원가 이상의 가치를 전달해야 한다. 그 원가를 따지지 않을 만큼의 좋다는 인식을 심어 주는 것이 좋은 상품이다. 소비자는 훌륭한 상품으로 소비를 통한 기쁨을 느끼고 경영자는 높은 수익을 얻어서 기쁨을 느낄 수 있다.

신메뉴 개발도 게을리해서는 안 된다. 신메뉴를 개발하는 이유는 트렌드를 반영한 고객 이탈 방지, 원가율 상승 억제 등 다양하지만 궁극적으로 꾸준한 수익률 개선이라고 생각한다. 모든 메뉴에서 많은 이익을 낼 수 있겠지만, 아이템별 이익보다는 판매 비율을 고려한 총합의 이익률을 고려하는 것이 좋다. 이러한 조화를 통해 소비자는 가격에 대한 좋은 인식을 가질 수 있다고 본다.

1 메뉴의 개요 및 메뉴계획

1) 메뉴의 개요

(1) 메뉴의 정의

우리가 주변에서 메뉴(menu)라는 용어를 사용할 때는 두 가지 의미를 가지는 경우가 많다. 그 하나는 외식업체에서 취급하는 제품(아이템)인 음식을 의미하는 경우이고, 다른 하나는 외식업체에서 판매하는 제품(아이템, 음식)의 리스트인 메뉴북을 의미하는 경우이다. 이러한 두 가지 의미는 일상에서 뿐만 아니라 일반도서와 전문서적에서도 마찬가지로 혼용되어 사용되고 있다. 경우에 따라서는 사용자나 독자 모두 혼동하는 경우가 종종 있는 것도 사실이다. 따라서 이 책에서는 가능하면 '메뉴'라는 표현은 음식 자체를 지칭할 때 사용할 것이며 음식의 리스트는 '메뉴북'으로 구분 표기할 예정이다. 다만 상황에 따라서 혼용될 수 있으므로 문맥이나 상황에 따라서 독자는 스스로 메뉴가 음식 자체를 의미하는 것인지 아니면 메뉴북을 의미하는 것인지 유의하여 이해할 필요가 있다.

Menu 단어의 어원과 의미

- 라틴어 'Minutus(미누뚜스–아주 작은, 간단한, 상세하게 기록한)'에서 유래
- 최초기능은 외식업체나 가정에서 '오늘 제공하게 될 요리'를 간단명료하게 적어 놓은 것에서 유래
- 메뉴의 유래는 요리의 내용과 종류를 적어 요리를 즐기는 데서 유래했다는 설과 프랑스에서 이태리요리의 원재료와 조리법을 기록한 메모에서 유래했다는 설 등이 있다.

(2) 메뉴의 중요성

메뉴는 매장의 존재 이유이며, 매장의 시작과 운영의 모든 부분에 깊이 관여하는 중요한 요소이다. 매장을 설계할 때 시설과 설비의 배치가 메뉴를 근거로 이루어지며, 운영이 시작된 후에는 매장의 모든 업무가 진행되게 하는 근거가 된다.

카페를 구성하는 요인은 매우 다양하다. 특히 소비자가 카페를 선택할 때 고려하는 요인을 감안하면 메뉴의 중요성은 더욱 커진다고 할 수 있다. 따라서 예비창업자가 카페 창업 시 가장 우선적으로 고려하게 되는 항목이 바로 메뉴가 될 것이다. 이와 같은 메뉴의 중요성을 세부적으로 살펴보면 다음과 같다.

• 고객이 카페를 방문하는 근본적인 이유는 메뉴 때문이다.
• 카페 창업 시 사업가는 메뉴를 먼저 선택하는 경우가 많다.
• 메뉴는 카페의 주 상품으로서 점포를 대표하는 얼굴과 같다.
• 카페를 구성하는 콘셉트의 핵심은 메뉴로부터 시작된다.
• 메뉴의 선택은 목표고객과 수익성의 선택과 다름없다.

메뉴의 중요성 이외에도 메뉴북의 중요성도 간과해서는 안 될 부분이다. 다만 메뉴북에 대한 내용은 본 장의 마지막 부분에서 별도로 다루기로 한다.

(3) 메뉴 관리

카페를 구성하는 다양한 요소 중 메뉴가 차지하는 비중이 매우 큰 것을 고려할 때, 경영자 입장에서는 메뉴부문만을 별도로 관리해야 하는 필요성이 커지고 있다. 따라서 카페의 경영자는 메뉴경영 또는 메뉴관리의 순환과정을 이해하고, 창업 시는 물론이고 창업을 한 이후에도 지속적으로 카페의 경쟁력을 유지하기 위하여 지속적인 메뉴개발과 관리를 해야 한다.

메뉴관리(메뉴경영)는 메뉴의 계획과 개발을 시작으로 메뉴평가, 식재료 관리, 조리, 메뉴의 제공, 메뉴분석, 신메뉴 개발의 순환과정을 거치게 된다. 이러한 순환과정을 경영학의 PDS(계획–실행–통제) 사이클에 대입하여 보면, 메뉴계획과 개발과정 그리고 메뉴평가과정을 '계획(plan)'단계로 볼 수 있으며, 식재료 관리, 조리, 메뉴제공 과정을 '실행(do)'단계에 해당된다고 할 수 있다. 또한 메뉴분석 단계는 '통제 및 피드백(see)' 단계임을 알 수 있다.

이외에도 메뉴관리의 순환과정에서 메뉴평가와 식재료관리 사이에 메뉴북 디자인 단계가 필요하여 이를 구체적으로 도식화하면 〈그림 8–1〉과 같다. 그리고 카페 경영의 한 과정으로서 메뉴관리의 궁극적 목적은 '고객만족을 통한 이익의 극대화'임을 명심하여야

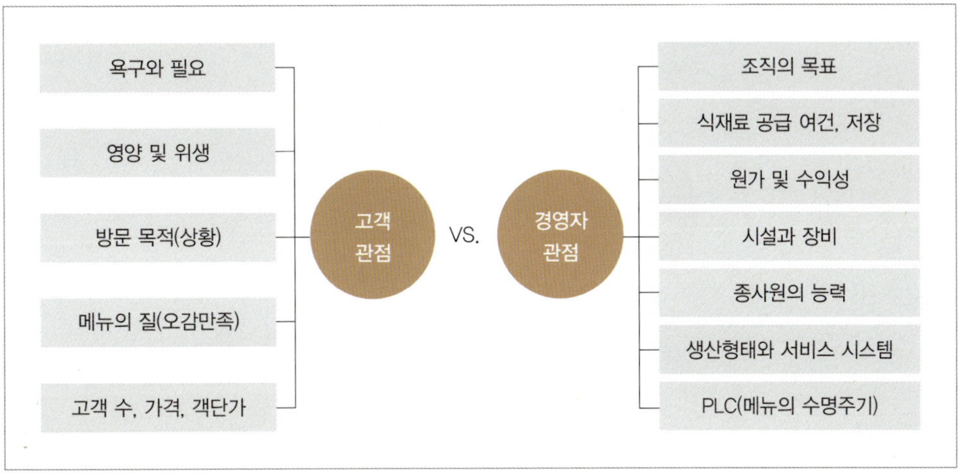

그림 8-1 메뉴관리(경영)의 순환과정

자료: 김영갑 외(2015). 외식사업창업론.

한다. 즉 카페경영자는 최소의 비용으로 최대의 이익을 얻을 수 있는 메뉴를 고안하고 이를 개발한 후, 최적의 원재료를 이용하여 소비자 만족을 이끌어내는 총체적 과정으로서 메뉴관리를 이해할 필요가 있다.

2) 메뉴계획

메뉴계획은 '카페의 이익 극대화가 가능하도록 목표고객에게 제공할 메뉴를 종합적으로 검토하는 과정'을 의미한다. 단순히 고객이 많은 카페에서 취급하는 메뉴라든가 유행처럼 인기를 얻는 메뉴 등에 현혹되어 단순하게 결정을 내리는 오류를 범하지 않기 위해서 메뉴계획은 매우 신중하게 이루어져야 한다. 메뉴계획을 하는 궁극적인 목적은 목표고객이 원하고, 만족할 수 있으며, 업체는 생산가능하고 높은 수익성을 달성할 수 있도록 이루어지는 것이다. 메뉴경영의 첫 번째 단계로서의 메뉴계획은 카페의 콘셉트를 구체적으로 표현한 결과물이자 고객만족을 위한 마케팅의 출발점이기도 한다. 따라서 메뉴계획은 벤치마킹을 통한 차별화가 필수이다. 즉, 기존의 카페에서 인기를 얻고 있는 메뉴를 벤치마킹하는 것으로 메뉴계획이 시작되는 것은 권장할 만한 일이지만 거의 동일한 수준으로

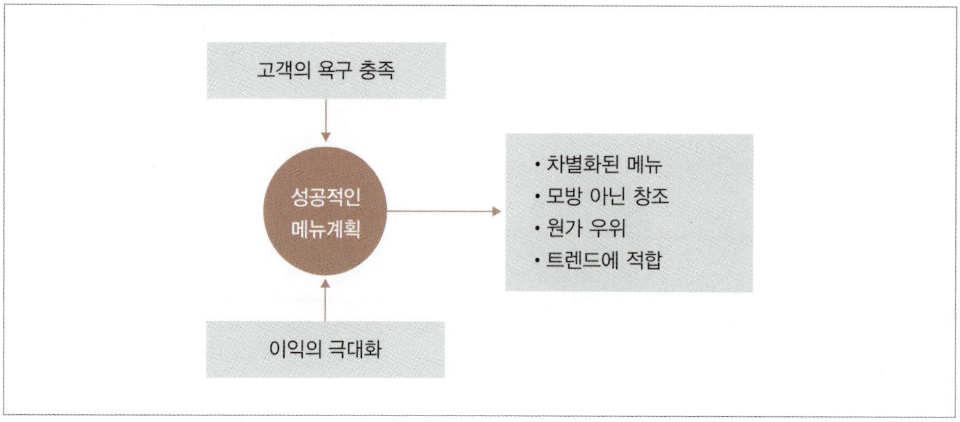

그림 8-2 성공적인 메뉴계획
자료: 김영갑 외(2015). 외식사업창업론.

메뉴를 카피하는 것은 매우 위험한 일이다. 창조와 혁신을 통한 차별성을 부가하는 것이 메뉴계획의 필수 절차가 되어야 한다.

카페 경영자는 성공적인 메뉴계획을 위하여 고객의 욕구를 충족시켜줌과 동시에 자신의 수익성도 극대화하려는 노력이 필요한데, 이를 달성하기 위한 수단으로 '차별화된 메뉴, 창조적인 메뉴, 품질은 대동소이하면서 경쟁자보다 낮은 원가를 실현한 메뉴, 트렌드에 적합한 메뉴' 등을 추구해야 한다.

(1) 메뉴계획 과정

카페의 메뉴는 계획과 개발과정을 거쳐서 탄생하게 된다. 그리고 메뉴계획은 고객만족뿐만 아니라 경영자의 수익성도 보장해 줄 수 있어야 한다. 따라서 이와 같은 메뉴계획을 위해서는 '시장기회의 탐색 → 목표시장 분석 → 기존상품 분석 → 아이디어 창출 및 채택 → 수요예측 및 정보수집'과 같은 단계를 거친다. 이러한 단계를 좀 더 세부적으로 나누어 보면 〈그림 8-3〉과 같다. 특히 최근에는 메뉴에도 디자인 개념이 부가되면서 푸드스타일링이 매우 중요한 요건으로 대두되고 있다. 현재 카페는 과거와 달리 보고 느끼고 감상하면서 즐기는 수준으로 소비자의 욕구가 높아졌고, IT의 눈부신 발전으로 스마트폰으로 사진을 찍어 SNS와 블로그에 업로드하는 행위가 일상이 되면서 시각적으로 매력적

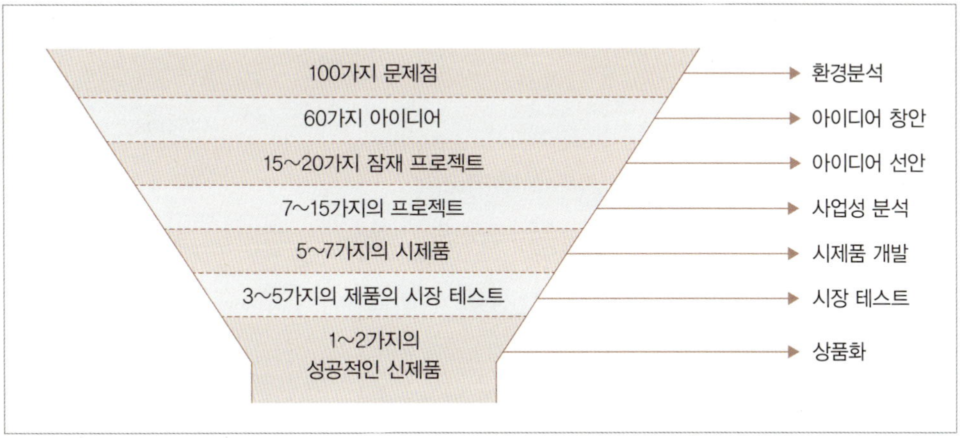

그림 8-3 메뉴개발 프로세스
자료: 김영갑 외(2015). 외식사업창업론.

인 메뉴를 판매하는 카페들은 순식간에 '대박집'으로 성장하기도 했다.

카페에서 메뉴를 개발하기 위해 제일 먼저 내외부적인 환경분석을 통하여 메뉴개발의 필요성을 인지해야 한다. 메뉴개발은 단순히 시판되는 제품들의 간단한 조합으로 완성되어 판매되는 것이 아니라, 계획적으로 이루어져야 한다. 메뉴의 개발은 앞서 말한 것과 같이 많은 위험성을 내포한 기업활동이기 때문에 위험요소는 최소화하여 목적을 달성할 수 있어야 한다.

메뉴계획과정에서 아이디어의 창출과 채택은 매우 중요한 과정이다. 고객의 수요에서 비롯된 메뉴개발 아이디어는 가장 중요하게 취급되어야 한다. 환경 분석에서 고객의 필요와 욕구에 대한 정확한 분석을 하고 카페의 목적을 설정하였다면 이를 달성할 수 있는 실천적인 아이디어를 창안, 수집한다. 아이디어를 창안해 내는 단계에서는 고객의 욕구를 충족시킬 수 있는 메뉴에 대한 다양하고 많은 아이디어를 수집해 내는 것이 중요하다.

(2) 메뉴계획 시 고려사항

이상 살펴보았던 메뉴계획은 고객만족을 통한 수익극대화를 목적으로 고객과 경영자 모두를 충족시키기 위한 메뉴관리의 시발점이라 할 수 있다. 따라서 메뉴계획은 시장기회의 탐색으로부터 시작되어 수요예측 및 정보수집으로 마무리된다.

메뉴계획 시 경영자는 풍부한 경험, 원가관리와 메뉴관리에 대한 지식, 지속적인 식재

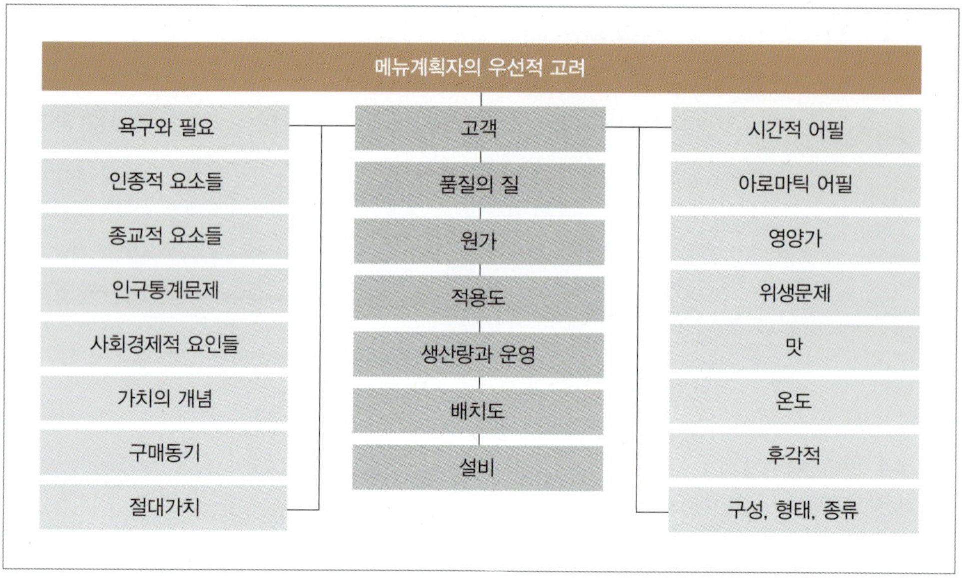

그림 8-4 나인마이어의 메뉴계획모형
자료: 조춘봉·김영갑·김선희(2011). 외식메뉴관리론.

료와 트렌드에 대한 리서치 등을 통해 매장의 경쟁력을 확보하도록 해야 한다.

또한 창조적이고 성공적인 메뉴개발을 위해서는 메뉴의 계획 단계에서 다양한 요인을 고려해야 한다. 즉, 고객의 관점에서 욕구와 필요, 영양과 위생, 방문목적, 메뉴의 질, 가격 등을 살펴야 한다. 또한 경영자 관점에서는 조직의 목표, 식재료 공급 여건, 원가와 수익성, 시설과 장비, 종사원의 능력, 서비스 형태, 메뉴의 수명주기 등을 고려해야 한다.

나인마이어(Ninemeier)는 경영자와 고객을 중심으로 메뉴계획 시 고려해야 하는 요소들을 좀더 세분화된 메뉴계획모형으로 〈그림 8-4〉와 같이 제시하였다.

(3) 메뉴의 분류

메뉴는 크게 음료와 푸드로 나눌 수 있으며 스타벅스의 메뉴분류를 예로 들어 보면 〈표 8-1〉과 같다.

스타벅스의 경우 기존 메뉴와 매출극대화를 위하여 새롭게 개발된 프리미엄급의 메뉴로 나눠볼 수 있다. 기존 메뉴는 가장 많은 비중을 차지하고 있는 에스프레소를 이용한

표 8-1 스타벅스 메뉴분류 사례

음료	푸드
스타벅스 리저브(스페셜티)	수프 & 라자냐 & 리조토
블렌디드	샌드위치
에스프레소	조각케이크
프라푸치노	과일 & 요거트
스타벅스 피지오(탄산음료)	아이스크림
기타음료	초콜릿 & 기타
티	베이커리
브루드 커피	쿠키 & 마카롱 & 바

자료: 스타벅스 코리아 홈페이지(단위당 판매 가격 순으로 나열)

메뉴와 얼음과 다양한 파우더를 블렌더로 혼합해 만드는 프라푸치노, 그리고 차를 비롯한 기타 음료 메뉴로 나눌 수 있다. 프리미엄급의 메뉴는 '스타벅스 리저브'라고 이름 붙인 스페셜티급 단일 원산지 원두만을 사용하는 커피음료, 기존의 프라푸치노보다 생과일 등의 원물의 비율을 높인 '블렌디드', 주문 즉시 고객의 취향에 따라 탄산의 강도를 조절해 만드는 '스타벅스 피지오' 등으로 구성돼 있다.

앞에서 언급한 스타벅스 리저브 등을 보더라도 스페셜티 음료시장의 활성화 정도 또한 스타벅스의 메뉴구성을 확인해보면 시장의 흐름을 읽을 수 있다. '왜 하필이면 스타벅스로 예를 들까?'라는 의문을 가질 수 있지만, 스타벅스야말로 카페시장에 진입하는 순간 가장 강력한 경쟁상대이기 때문이다. '적을 알고 나를 알면 백전백승'이란 말이 있듯이 앞서가는 카페기업을 벤치마킹한다는 것은 치열한 경쟁에서 틈새시장을 찾아내어 살아남을 전략을 발견하는 계기가 될 수 있다.

(4) 메뉴의 구성

카페에서 메뉴를 계획하는 데 있어서 반드시 고려해야 할 사항은 메뉴의 구성이다. 가능하면 체계적인 구성을 통해 목표고객에 집중하면서도 다양한 고객층을 유인하고 만족시킬 수 있다면 금상첨화가 될 것이다.

표 8-2 메뉴의 체계적 구성을 위한 스타벅스 사례

구분		내용
음료	주력메뉴	프라푸치노, 라테
	중점메뉴	에스프레소를 이용한 음료, 티
	임시메뉴	기타음료
	보조메뉴	블렌디드 음료
	유인메뉴	스타벅스 리저브
푸드	주력메뉴	조각케이크, 마카롱
	중점메뉴	샌드위치, 베이커리
	임시메뉴	아이스크림, 초콜릿 & 기타
	보조메뉴	과일 & 요거트
	유인메뉴	케이크, 수프 & 라자냐 & 리조토

자료: 조춘봉·김영갑·김선희(2011). 외식메뉴관리론.

① 체계적 구성

카페에서 메뉴를 구성할 때는 가능하면 주력메뉴, 중점메뉴, 임시메뉴, 보조메뉴, 유인메뉴 등의 형식을 갖춤으로써 목표고객 이외에도 목표고객과 함께 방문할 가능성이 높거나 또는 목표고객의 의사결정에 영향을 미칠 수 있는 소비자도 방문의지를 가질 수 있도록 만드는 것이 필요하다.

② 메뉴의 폭과 다양성

메뉴는 가능하다면 전문성을 갖도록 계획하는 것이 유리하다. 소비자는 다양한 메뉴를 취급하는 카페보다는 전문성이 높아 보이는 카페를 선호하고 신뢰하기 때문이다. 다만 전문화된 로스터리/드립 카페의 경우 목표고객층의 한계로 인하여 충분한 수요를 얻는 데 많은 시간이 소요될 수도 있다. 이러한 전문점의 단점을 극복하기 위하여 카페는 전문점의 외형을 유지하면서 실질적으로는 메뉴의 다양성을 넓혀야 한다.

스타벅스의 경우 〈그림 8-5〉처럼 메뉴의 폭과 다양성을 확보하고, 상권과 입지, 매장 운영 전략에 따라 운영 메뉴를 선택한다.

메뉴의 다양성 (←→) / 메뉴의 폭 (↕)

음료			푸드		
스타벅스 리저브 5가지	부르드커피 2가지	에스프레소 19가지	베이커리 30가지	샌드위치 27가지	수프 & 라자냐 & 리소토 5가지
프라푸치노 16가지	블렌디드 9가지	스타벅스 피지오 10가지	케이크 36가지	과일 &요거트 11가지	쿠키 & 마카롱 & 바 16가지
티 22가지	기타음료 8가지		초콜릿 &기타 9가지	아이스크림 6가지	

※ 신메뉴 개발은 계절별로 이루어지고 있음

그림 8-5 스타벅스 메뉴의 폭과 다양성

자료: 김영갑 외(2015). 외식사업창업론.

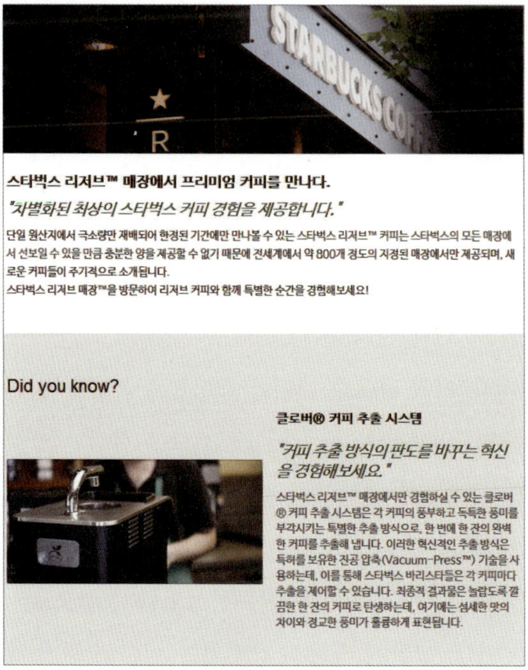

그림 8-6 스타벅스가 운영하는 스페셜티 커피 전문점 스타벅스 리저브

자료: 스타벅스 코리아 홈페이지

〈그림 8-6〉의 스타벅스가 운영하는 스페셜티 커피 전문점 스타벅스 리저브는 선별된 커피빈과 추출 시스템, 그리고 특별히 훈련된 바리스타를 배치시켜 2015년 10월 현재 전국 52개 매장에서만 운영하고 있다.

그에 비해 일반적인 카페 프랜차이즈의 경우 대부분의 점포에 일괄적인 메뉴구성 기준으로 매장을 오픈하여, 상권과 입지에 따른 제품 판매 편차가 발생하게 되며, 이는 매장 운영 효율성을 저하시키는 원인이 되기도 한다.

2

메뉴개발 및 개선

메뉴개발 단계는 카페의 경영자가 메뉴계획을 근거로 실제 자신의 점포에서 판매 가능한 메뉴를 개발하거나 기존의 메뉴를 개선하는 점포 중심의 작업이다. 메뉴개발과 개선작업은 창업초기뿐만 아니라 점포의 운영과정에서도 지속적으로 유지해야 한다. 메뉴개발은 메뉴콘셉트 설정과 개발전략 수립을 통해 메뉴개발을 실행하는 순서로 이루어지는 것이 일반적이다. 이에 대한 구체적 순서와 내용을 살펴보기로 한다.

1) 메뉴콘셉트 설정

프랜차이즈창업이 아닌 독립창업의 경우 메뉴계획은 성공을 좌우하는 매우 중요한 단계이다. 자신이 창업한 카페에서 어떤 메뉴를 어떻게 판매할지 결정하는 일은 생각처럼 쉽지 않다. 메뉴 중에서 가장 많이 판매되고 있는 메뉴 중 아메리카노만을 제공하는 경우가 아니라면 메뉴결정을 단순하게 생각해서는 곤란하다. 메뉴의 콘셉트 설정부터 메뉴의 구성, 가격 설정, 식재료 구입에 이르기까지 메뉴개발은 매우 포괄적인 작업이다.

(1) 메뉴콘셉트의 정의

메뉴콘셉트란 자신의 카페에서 목표고객에게 '어떤 음료를 어떠한 스타일로 제공할 것인가를 결정하는 일'이다. 따라서 메뉴를 정하기 위해서는 우선 메뉴콘셉트를 결정하는 것이 필요하다. 메뉴콘셉트라는 것은 점포의 콘셉트와 관련하여 '메뉴 전체의 방침과 범위를 명확하게 하기 위한 과정'이다.

기존의 경쟁점의 메뉴를 그대로 카피하기보다는 자신만의 메뉴콘셉트를 정함으로써 우리는 한층 더 매력 있는 점포를 만들 수 있다. 상황에 따라서 창업자는 이미 정해진 메뉴콘셉트에 기초하여 역으로 점포의 콘셉트가 도출되는 경우도 있다. 다만 메뉴의 콘셉트를 설정하는 데 있어서 자신이 무엇을 팔고 싶은가가 우선이 되어서는 안 된다. 또한 메뉴콘셉트가 아직 확실히 정해지지 않았다고 실망할 필요는 없다.

그림 8-7 카페 소울브릿지 해양심층수를 소재로 한 메뉴 콘셉트 사례
자료: 카페 소울브릿지

(2) 메뉴콘셉트 설정

창업자는 목표고객이 명확하게 정해진 상태에서 점포 콘셉트를 설정해야 하고 이후 점포콘셉트와 적절하게 조화를 이루는 메뉴콘셉트를 정하는 것이 중요하다.

(3) 명확한 콘셉트의 전달

대로변에 위치한 카페와 주택가에 위치한 카페들의 콘셉트는 고객으로 하여금 카페를 정확하게 인지하게 하는 것이다. 또한 카페에서 무엇을 판매하고 있는지 알 수 있어야 한다. 카페의 유형분류에 따른 콘셉트 예는 〈표 8-3〉에서 확인할 수 있다.

표 8-3 카페 유형별 콘셉트 예시

카페 유형			
프랜차이즈형 카페	로스터리/드립형 카페	멀티목적형 카페	식음목적형 카페
• 스타벅스 • 이디야 • 카페베네 • 엔제리너스 등	• 스페셜티 커피 전문카페	• 북카페 • 갤러리카페 • 애견카페 • 키즈카페 • 샵앤샵 등	• 브런치카페 • 베이커리카페

표 8-4 차별화 전략과 원가우위 전략 활용의 예시

- 준거가격을 기본으로 원가우위 전략을 기본으로 하는 차별화 전략
- 4,000원의 비용을 2,000원으로 조정하는 방안
- 제조과정과 조리과정이 단순하며 간편한 것을 기본 선택으로 함

레몬에이드 원가 – 준거가격 4,000원

재료	판매가격(원)	시럽 30ml	탄산수150ml	얼음150ml
원가율	레몬시럽 525원 + 탄산수 150원 + 얼음 150원 + 경비 400원 = 1,225원			30.6%

기준	• 준거가격 기준 우리나라 커피전문점 18개 평균값으로 산정(스타벅스, 엔제리너스, 이디야, 카페베네, 카페드롭탑, 커피빈, 커핀 그루나루, 탐앤탐스, 투썸플레이스, 파스쿠찌, 할리스커피 등) • 제품의 원가는 운영경비에 따라 원가율에 차이가 있을 수 있으나 메뉴개발 전략에 활용하는 예로 제시함

2) 메뉴개발 전략

메뉴개발 전략은 메뉴계획 단계에서 살펴보았던 메뉴의 분류와 구성 등을 활용하고 전문성과 다양성을 충족하는 대체적 계획을 근거로 경쟁에서 이길 수 있는 구체적 방법을 고안하는 단계이다.

기업에서의 전략이란 '경쟁에서 이기기 위한 방법'으로 정리할 수 있다. 경영학에서 기존의 많은 전략이 소개되고 있지만 본 교재에서는 메뉴를 개발하기 위한 전략으로 마이클포터의 본원적 전략을 메뉴개발을 위한 전략수립에 활용하고자 한다. 따라서 본원적 전략의 핵심 아이디어인 "모든 고객을 위한 모든 메뉴"로는 치열한 경쟁시장에서 생존할 수 없음을 전략수립의 근간으로 활용한다.

카페는 메뉴개발을 위한 전략으로서 낮은 원가로 넓은 시장을 추구하는 '원가우위 전략', 차별화로 넓은 시장을 추구하는 '차별화 전략'을 선택할 수 있다. 〈표 8-4〉는 준거가격을 계산하고 그것에 따른 원재료비율을 계산하여 메뉴를 판매하고 남는 이익에 관한 내용을 정리한 것이다. 원재료비율에 관한 근거를 정확하게 이해하고 계산한다면 원가우위 전략이나 차별화 전략으로 메뉴개발 전략을 수립할 수 있는 근거가 될 수 있다.

3) 메뉴의 수와 카테고리 분류

성공하는 카페가 되기 위해서는 몇 가지 종류의 메뉴가 있어야 할까? 창업을 위해 메뉴의 수를 고민하는 것은 매우 중요하다. 메뉴의 수가 단 하나뿐인 전문점이 있는가 하면, 수없이 많은 메뉴를 취급하는 곳도 있다. 경우에 따라서는 계절에 따라 메뉴가 지속적으로 변화하는 곳도 있다.

메뉴의 수를 결정한다는 것은 크게 두 가지 경우로 나누어 볼 수 있다. 첫 번째는 매우 전문적인 로스터리/드립형 카페와 프랜차이즈형 카페처럼 다양한 메뉴를 판매하는 경우로 나눌 수 있다.

성공적인 카페 창업을 위해서는 메뉴의 수를 사전에 결정하는 과정이 필요하다. 일단 메뉴의 항목 수를 정해서 전체의 틀을 만들고, 이를 기초로 카테고리를 만들어서 고객이 점포의 메뉴콘셉트를 쉽게 이해할 수 있게 해야 한다.

(1) 메뉴의 수

메뉴를 개발함에 있어서 가장 기본으로 삼아야 할 핵심과제는 '메뉴의 카테고리는 적게, 메뉴의 수는 많게' 하는 것이다. 메뉴콘셉트가 정해지면 다음으로 메뉴 전체의 수를 정해야 한다. 일반적으로 자신이 생각하는 카페의 콘셉트를 기준으로 경쟁업체의 메뉴를 그대로 복제하여 메뉴를 구성하는 경우가 많다. 하지만 이런 식의 창업은 차별성을 추구하기 어렵고 자신만의 특징을 제시하지도 못하는 단점이 있다. 다만 메뉴의 카테고리를 줄이면서도 고객이 다양한 선택을 할 수 있도록 구성하는 노력도 필요하다.

적절한 메뉴의 카테고리를 정하려면 어떻게 해야 할까? 메뉴의 카테고리가 너무 적으면 고객은 상품구색에 만족을 하지 못할 수 있다. 특히 자주 이용하는 고객의 경우 항상 동일한 메뉴에 싫증을 느낄 수도 있다. 고객에게 항상 선택하는 즐거움을 줄 수 있어야 한다. 메뉴 카테고리를 적게 하여 전문성을 나타내는 것도 중요하지만 메뉴의 수는 지나치게 적어도 안 되고 그렇다고 너무 많아도 안 된다. 적절한 메뉴의 수를 정하기는 어렵지만, 초보자의 경우라면 창업하고 싶은 동일한 카페 유형의 동일한 규모의 경쟁업체를 조사하여 경쟁점포보다 많지 않도록 주의를 기울여야 한다.

종종 메뉴의 수가 많을수록 많은 손님을 부를 것 같다고 생각하는 경우가 있다. 하지만 모든 고객을 위한 모든 상품으로 성공한 사례는 많지 않다. 스타벅스의 메뉴구성을 상권별로 확인하면 전체적인 메뉴의 수는 많지만 입지에 적절한 메뉴를 메인으로 구성하고 있다, 그것은 스타벅스만의 전략은 아니다. 파리크라상과 아티제의 경우도 같은 전략을 구사하고 있다. 대기업은 이미 축적된 데이터로 상권별 주력메뉴에 대한 노하우를 확보하고 있기 때문에, 메뉴 스펙트럼을 넓게 하기보다는 주력제품의 판매에 집중하고 있는 것으로 보인다.

창업 초기에는 적은 카테고리의 메뉴로 시작하여 필요에 따라서 메뉴의 수를 늘려가는 방법도 고려해 볼 수 있다. 이 방법은 매장 운영이 익숙지 않은 오픈 초창기에 찾아오

푸드

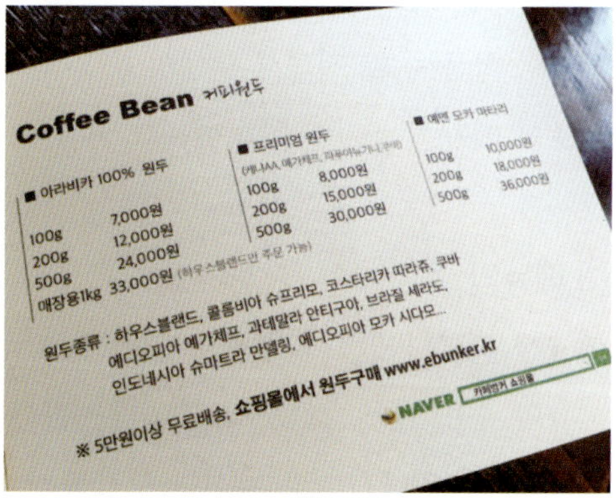

원두

드립커피

에스프레소 음료

그림 8-8 로스터리/드립형 메뉴 카테고리 결정의 예시

자료: 카페벙커

는 고객에게 서비스 실패 가능성을 줄이기 위해서라도 고려해 볼 만 하다.

(2) 카테고리 결정

메뉴의 카테고리를 결정한다는 것은 조리방법별, 식재료별 또는 고객의 이용목적별로 메뉴를 분류하는 행위이다. 메뉴의 수가 정해지면 메뉴를 고객에게 보여주기 위한 메뉴북(또는 메뉴보드)을 만들게 되는데 보통 메뉴북에서 메뉴는 카테고리별로 제시한다.

우선 메뉴의 전체 수를 대략적으로 정한다. 그리고 메뉴 콘셉트를 검토할 때에 작성한 메뉴를 근거로 메뉴의 카테고리 분류를 생각한다. 예를 들어 로스터리/드립형 카페인 카페벙커의 메뉴구성은 〈그림 8-8〉과 같다.

4) 메뉴가격

아무리 메뉴의 수를 적절하게 선택하고 카테고리 분류하여도 메뉴를 구입하는 의사결정에 가장 큰 영향을 미치는 변수는 결국 가격이다. 메뉴의 가격은 어떻게 설정해야 할까?

카페에서 판매하는 메뉴의 가격이 결정되어야 비로소 상품이 된다. 그렇기 때문에 카페에서 메뉴를 만들어 상품화하는 데 있어 가장 중요한 것은 가격을 결정하는 일이다.

따라서 카페 경영자는 메뉴를 계획하고 개발하는 과정에서 메뉴의 가격을 결정함에 있어서도 많은 고민을 하게 된다.

(1) 메뉴가격의 특성

카페에서 제공되는 메뉴가격은 메뉴의 상품성과 카페 유형 그리고 분위기 등이 복합적으로 작용하여 결정되고 소비자의 인식에도 영향을 미치게 된다. 카페는 객관적 수준의 가격보다는 고객의 주관적 가격이 더 중요함을 인식할 필요가 있다. 또한 고객이 만족하는 가격과 경영자가 만족하는 수준의 가격이 적절한 조화가 이루어질 때 안정적인 수요가 발생하고 경영자는 목표 매출을 달성하게 된다.

(2) 메뉴가격 결정요인

우리가 주변에서 보게 되는 메뉴의 가격은 천편일률적인 경우가 많다. 그것은 카페 경영자들이 주변의 경쟁업체를 의식하여 경쟁업체의 가격과 비슷한 수준에서 가격을 설정하기 때문일 것이다. 그러나 학문적으로 볼 때 메뉴가격은 다양한 요소가 고려되어 합리적으로 설정되어야 한다. 즉 원가와 이익이 고려되어야 하고, 소비자의 효용가치, 수요의 탄력성, 시간대별 수요 및 시장경쟁의 정도가 모두 고려되어 가격이 책정되는 것이 가장 이상적이라 할 수 있다. 하지만 경영현장에서 이러한 요인들을 모두 고려하기 힘든 것이 사실이다. 그것은 경영자의 입장보다는 소비자의 인식과 입장이 우선 고려되기 때문이다.

예를 들어 식음목적형 카페를 오픈하려는 예비창업자가 주변 상권의 메뉴가격을 조사한 결과 커피 가격이 4,600원임을 알게 되었다. 과연 예비창업자는 가격을 얼마로 결정하여야 할까? 예비창업자는 고민하게 될 것이다. 이때 대부분의 예비창업자는 경쟁자 기준 가격법에 따라 가격을 결정한다. 경쟁자와 거의 동일한 가격을 책정하는 것이다. 다만 이런 경우 경쟁자는 5,000원이라는 가격으로도 충분한 수익성을 달성할 수 있는 반면, 신규 창업자는 웬만해서는 그 가격으로 이익을 내기 힘든 구조일 수 있다는 점을 염두에 두어야 한다. 따라서 경영자는 자신의 투자비, 고정비, 변동비, 인건비 구조 등을 감안하여 적정가격대를 고려해 가격설정을 해야 한다.

표 8-5 메뉴가격 결정시 고려해야 할 요인

구분	내용
원가와 이익	원가를 고려한 적정이익이 가능한 가격
효용가치	고객이 지불하는 가격에 비하여 얻는 효용이 커야함
수요의 탄력성	가격에 대한 고객의 민감도
시간대별 수요	시간대별, 요일별 수요를 감안한 가격
시장경쟁의 정도	경쟁의 크기에 따른 가격

자료: 김영갑 외(2015). 외식사업창업론.

(3) 메뉴가격 결정 시 고려사항

① 창업 유형에 따른 가격 범위

메뉴가격 결정 시 창업한 카페의 유형에 따른 일반적 가격 범위를 고려해야 한다. 현재 카페의 유형에 따른 커피 한 잔의 가격을 살펴보자. 프랜차이즈형 카페는 2,500원 이하, 조금 분위기가 좋은 카페는 3,500~5,200원 정도이다. 멀티목적형 카페는 4,500~7,000원 정도이며 로스터리/드립형 카페는 7,000~12,000원 이상인 경우도 많다. 원재료의 제조과정과 조리과정에 따라 다양한 가격대로 나뉘어져 있음을 알 수 있다. 어떤 유형의 메뉴이든 점포에 따라서 가격에는 상당한 차이가 존재한다. 실제로 커피 한 잔의 원가에는 큰 차이가 없다. 즉, 메뉴의 가격은 재료의 원가보다는 어떤 유형의 카페에서 어떤 목적으로 제공되는가에 따라서 달라진다.

② 객단가

메뉴의 가격을 결정할 때는 개별메뉴의 가격보다는 객단가를 고려해서 결정해야 한다. 예를 들어, 식음목적형 카페의 경우 대부분의 고객은 커피와 사이드메뉴 등을 조합해서 주문한다. 만일 음료와 푸드를 세트로 구성할 경우 세트로 주문하는 빈도는 증가하게 된다. 즉 식음목적형 카페의 객단가는 세트메뉴의 가격이 될 가능성이 높다. 이에 비해 테이크아웃을 주로 하는 소형 카페의 경우, 음료 단품의 판매 비율이 높게 나타난다. 결국 내가 어떠한 카페 유형으로 창업할 것인가에 따라서 기존 경쟁점의 객단가를 참고하여 가격정책을 세우고 메뉴가격을 결정해 갈 필요가 있다.

③ 원가율

원가는 메뉴가격을 결정할 때 신중하게 고려할 중요한 요소이다. 아무리 많이 판매하여도 원가보다 낮은 가격을 받게 된다면 무용지물이기 때문이다. 커피의 적정 원가 비중은 30% 전후인데, 커피의 원가가 1,000원일 경우 판매가격은 3,300원이 되어야 한다는 것으로 해석할 수 있다. 다만 각각의 메뉴별로 식재료비율을 맞추어야 한다는 의미는 아니다. 식재료비율은 매출액 대비 전체 식재료비율이 그 수준을 유지하면 된다는 것이다. 원가율은 개별메뉴뿐만 아니고 전체 매출에 대한 비율로 생각한다. 단, 메뉴별 식재료 원가의 편차가 너무 많이 나게 메뉴를 구성한 경우 높은 원가의 메뉴로 고객의 주문이 편중될 때 수익부분에서 문제가 생길 수 있기 때문에 주의해야 한다.

단순히 경쟁업체의 가격을 자신의 메뉴가격으로 결정하지 않고, 우리 매장의 실정에 맞는 적정 가격을 설정하는 것은 경영자의 책임이라고 말할 수 있다. 또한 카페 경영자는 원가율을 낮추기 위해 노력해야 한다. 이에 원가율을 어떻게 관리해야 하는지 검토하기로 한다.

원가율을 관리하는 데는 레시피라는 도구가 필요하다. 매출원가를 조절하기 위해서는 우선 각각의 메뉴에 대하여 정확한 원재료비를 산출하고, 레시피에 근거하여 원가를 정확히 파악할 필요가 있다. 레시피란 메뉴를 제조하는 방법을 문서화하는 것이다.

레시피를 작성하는 목적은 크게 세 가지로 정리할 수 있다. 첫 번째로 재료의 맛과 품질이 고르지 못한 것을 방지하기 위함이며, 두 번째로 경영측면에서는 정확한 원가를 산출하기 위한 근본이 되는 자료이기 때문이다. 이를 위해 레시피를 〈표 8-6〉과 같이 원재료비를 산출할 수 있는 양식으로 준비하면 좋다. 세 번째로 레시피는 동일한 품질의 메뉴의 제조할 수 있도록 직원교육을 위해서 작성하는 게 좋다. 표준화된 레시피를 준수하면 일정한 맛을 유지할 수 있고 식재료비의 낭비도 줄일 수 있다.

예를 들어, 바리스타 학원에서 교육하는 정식 카푸치노 제조방법은 한 잔 분량의 우유를 거품을 충분히 내며 데운 후 추출된 에스프레소에 붓는 것이다. 이렇게 만들어진 카푸치노는 커피와 우유, 우유거품 층이 삼박자를 이룰 때 가장 고소하고 부드러우면서 진한 에스프레소의 맛이 느껴진다. 하지만 제조하는 바리스타의 능력에 따라 맛이 달라지기 쉽다. 반면 스타벅스처럼 운영과 제조 효율이 극대화된 매장의 경우, 잔에 에스프레소와 우유를 지정된 양으로 붓고, 우유 거품은 mm 단위로 스푼을 이용해 덜어 넣도록 교육한다. 이렇게 표준화된 레시피를 활용하면 바리스타 간의 편차가 줄어들어 일정한 품질로 고객의 만족도를 향상시킬 수 있으며, 원재료 손실율도 줄일 수 있다는 장점이 있다.

표 8-6 **레시피 견본**

<table>
<tr><th colspan="8">레시피</th></tr>
<tr><td rowspan="3">메뉴명</td><td colspan="5" rowspan="3">아이스 아메리카노</td><td>매장명</td><td>○○○○</td></tr>
<tr><td>작성일자</td><td>2015.08.01</td></tr>
<tr><td>판매가</td><td>3,300원/레귤러/1잔</td></tr>
<tr><th rowspan="2">NO</th><th rowspan="2">재료명</th><th colspan="2">표준단가</th><th rowspan="2">실수량</th><th rowspan="2">단위</th><th rowspan="2">소요단가</th><th rowspan="2">제조법</th></tr>
<tr><th>수량</th><th>가격</th></tr>
<tr><td>1</td><td>커피</td><td>3kg</td><td>30,000</td><td>20</td><td>g</td><td>600</td><td rowspan="9">1. 에스프레소 추출하기
2. 일회용 용기에 얼음 담기
3. 2에 물 담기
4. 3에 1을 담기</td></tr>
<tr><td>2</td><td>물</td><td>2L</td><td>600</td><td>100</td><td>ml</td><td>30</td></tr>
<tr><td>3</td><td>얼음</td><td>3kg</td><td>3,480</td><td>200</td><td>g</td><td>232</td></tr>
<tr><td>4</td><td>컵</td><td>12oz</td><td>62,000</td><td>1,000</td><td>ea</td><td>62</td></tr>
<tr><td>5</td><td>뚜껑</td><td>일자</td><td>26,000</td><td>1,000</td><td>ea</td><td>26</td></tr>
<tr><td>6</td><td>빨대</td><td>12oz</td><td>41,000</td><td>10,000</td><td>ea</td><td>4.1</td></tr>
<tr><td>7</td><td>홀더</td><td>2인</td><td>27,000</td><td>1,000</td><td>ea</td><td>27</td></tr>
<tr><td>8</td><td>캐리어</td><td></td><td>16,000</td><td>100</td><td>ea</td><td>80</td></tr>
<tr><td>9</td><td></td><td></td><td></td><td></td><td></td><td></td></tr>
<tr><td rowspan="3">제품사진</td><td colspan="6" rowspan="3"> 
자료: 카페벙커</td><td>제품원가 : 1,061원</td></tr>
<tr><td>매출이익 : 2,239원</td></tr>
<tr><td>월료비율 : 30%</td></tr>
</table>

<table>
<tr><td rowspan="4">식기</td><td>식기</td><td rowspan="1"></td><td colspan="6">개정기록</td></tr>
<tr><td rowspan="2">단가</td><td rowspan="2"></td><td colspan="3">년 월 일</td><td colspan="3">년 월 일</td></tr>
<tr><td>작성</td><td>검토</td><td>승인</td><td>작성</td><td>검토</td><td>승인</td></tr>
<tr><td>관련식기</td><td></td><td></td><td></td><td></td><td></td><td></td><td></td></tr>
</table>

3

메뉴북 역할과 디자인

메뉴의 계획과 개발이 완료되면 카페경영자는 개발된 메뉴를 해당 매장의 운영 전략과 구성에 적합하도록 소비자에게 어필할 수 있는 메뉴북 또는 메뉴보드(이하 메뉴북)를 제작해야 한다. 메뉴북은 단순한 차림표로서의 역할로 인식되기 쉽지만 사실상 그 이상의 역할을 한다.

(1) 메뉴북의 역할

메뉴북이 수행하는 역할은 매우 다양하다. 메뉴북은 단순한 차림표로서의 역할에 그치는 것이 아니라 카페에서 활용하는 최초의 판매수단이다. 그 외에도 마케팅 도구로서의 역할뿐만 아니라 내부통제, 고객과의 약속을 암시하는 도구이기도 하다(〈표 8-7〉 참조).

(2) 메뉴북 디자인 항목

앞서 말한 대로 메뉴북은 '고객과의 약속'이라는 역할을 수행한다. 이는 메뉴북을 통해 메뉴구성을 과장하거나 오해를 불러일으켜서는 안 된다는 것을 암시한다. 메뉴북은 카페의 얼굴로서 인식될 수 있다. 이제 메뉴북은 물리적 환경 인식에 영향을 미치는 대표적 도구로서 고려되어야 한다. 그렇게 하기 위해 〈표 8-8〉과 같은 여섯 가지의 디자인 항목에 대한 연구와 면밀한 검토가 필요하다.

표 8-7 **메뉴북의 역할**

구분	내용
최초의 판매수단	고객이 최초로 접하는 상품이며 커뮤니케이션 도구
마케팅 도구	판매하는 메뉴의 품목, 가격, 내용을 전달하는 도구
고객과의 약속	직접 보고 구매할 수 없으므로 메뉴북을 믿고 구매
내부통제수단	직원도 메뉴북을 통해 매장 메뉴를 이해하고 행동하게 됨

자료: 조춘봉·김영갑·김선희(2011). 외식메뉴관리론.

표 8-8 다양한 카페의 메뉴 디자인 항목 예시

첫 번째, 브랜드 표현	두 번째, 시각적·언어적 표현
 자료: 카페벙커	 자료: 젠틀커피

세 번째, 식재료 원산지 및 메뉴 설명 표시

자료: 피베리브라더스

네 번째, 가격과 품질의 표현	다섯 번째, 식재료 및 보관 수단의 표현
TODAY's COFFEE 5.5 **Aged coffee is selected** **오늘의 커피** 오늘의 커피는 충분히 숙성상태가 좋은 커피를 선별해 매일 교체 선정합니다. 커피의 숙성이란 볶은 날부터 밀폐보관하여 볶음도에 따라 대략 3~7일(특별히 1~2개월 보관하는 경우도 있음) 정도 추출을 방해하는 이산화탄소를 충분히 배출시키고 지방, 단백질 등을 지속적으로 변화시켜 당분을 증가시키며, 맛을 풍부하게 해주는 과정입니다. 자료: 전광수 커피 홈페이지	 신선한 100% 착즙주스를 선보이는 머시주스 자료: 머시주스 블로그

표 8-9 메뉴북의 디자인 요소

언어	• 표준어를 주로 활용하지만 외국인을 고려한 외국어 표기도 고려함 • 농식품부의 메뉴에 대한 외국어 표기 참조
배치와 활자	• 디자인에 의하여 시선집중점을 만들 수 있음 • 활자는 카페의 유형, 분위기 등을 고려하여 선택함
주변과의 조화	• 메뉴북의 외관 및 디자인은 실내 디자인과 분위기 등 카페의 콘셉트와 일치해야 함
크기와 포맷	• 카페의 콘셉트에 맞는 적정 크기를 선택 • 단일 페이지부터 수십 장의 페이지로 구성되며 속지의 교환 가능성 고려
정확성	• 메뉴의 가격과 특성을 정확히 이해할 수 있어야 함
기타 관련성	• 카페의 다양한 소모품들과의 연관성을 고려한 설계 및 디자인

자료: 김영갑 외(2015). 외식사업창업론.

(3) 메뉴북 디자인 요소

메뉴북의 디자인은 언어, 배치와 활자, 조화, 크기와 포맷, 정확성 등에 의하여 이루어진다. 이러한 요소는 메뉴북의 기능성뿐만 아니라 심미성까지 고려하여 적절하게 조화를 이루어야 할 것이다.

일반적으로 식음목적형 카페의 경우 메뉴북의 중요성이 대두되면서 많은 비용을 투자하는 사례가 최근 늘어나고 있다. 푸드스타일링을 가미한 음식 촬영, 전문적인 디자이너의 디자인 등이 결합되어 심미성은 매우 높아지고 있다. 하지만 메뉴북은 단순한 아름다움의 추구가 최종목표는 아니다. 이미 살펴본 바와 같이 메뉴북의 다양한 역할에 충실할 수 있어야 한다. 무엇보다도 소비자는 자신이 원하는 메뉴를 쉽게 선택할 수 있어야 하며, 경영자는 경영목표를 달성할 수 있는 수단으로 활용할 수 있어야 한다. 따라서 기능성과 심미성을 조화시킴과 동시에 실용성까지 갖춘 메뉴북의 개발을 위해 다양한 유형의 메뉴북을 벤치마킹하고 연구할 필요가 있다.

(4) 영양성분 표기

메뉴에 사용되는 카피와 삽화 또는 이미지는 실제 제공되는 메뉴와 유사하게 제작되어야 하며, 표기와 관련된 법령을 위반해서는 안 된다. 우리나라의 경우 원산지 표시 및 가격, 1인분의 양 등을 법령으로 규정하여 메뉴북에 표시하도록 규정하고 있다. 커피 메뉴의 영

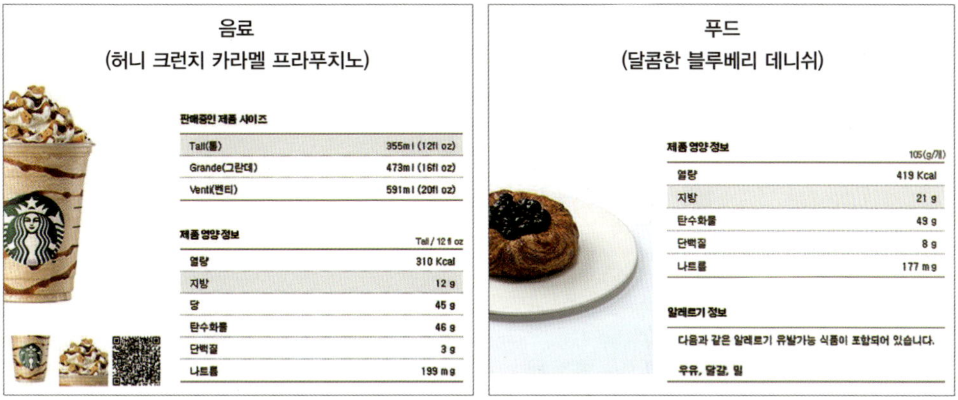

그림 8-9 **스타벅스의 메뉴 영양정보**

자료: 스타벅스코리아 홈페이지

양성분 표시는 의무사항이 아니나, 주로 여성 고객의 경우 칼로리와 당도 등에 대한 관심이 많기 때문에, 표기하여 매장에 비치할 경우 매장의 신뢰성을 높일 수 있다.

스타벅스를 예로 제시하면 〈그림 8-9〉와 같다.

또한 제공하는 메뉴에 대한 정보를 잘못 표기하는 것은 고객을 혼란스럽게 하여 고객의 불만을 야기할 수 있는 요인이다. 미국의 레스토랑협회(NRA, National Restaurant Association)에서는 1977년 '메뉴의 정확성' 보고서를 작성하여 고객으로 하여금 혼란을 줄 수 있는 11개 항목을 지적하고 올바로 표기하도록 권장하고 있다. 그 내용은 다음과 같다.

① 양(Quantity): 1인분의 양은 정확해야 한다.
② 품질(Quality): 레스토랑은 실제로 제공하지 않는 품질수준을 광고해서는 안 된다. 메뉴에서 등급을 위반하여 과대광고로 표시하지 않도록 주의를 기울여야 한다.
③ 가격(Price): 메뉴에는 모든 관련 가격이 드러나도록 해야 한다. 예를 들어, 음료 리필 등에 추가로 지불해야 하는 가격이 있다면, 메뉴북에 그것을 명확하게 알 수 있도록 표기해야만 한다. 부가가치세가 별도로 부과되는 경우도 마찬가지로 표기해야 한다.
④ 브랜드네임(Brand name): 품질과 마찬가지로 대용 아이템을 사용하면서 유명 브랜드 제품의 브랜드네임을 사용해서는 안 된다. 코카콜라를 원하는 고객에게 펩시로 대신해서 제공할 수는 없는 것과 마찬가지이다. 브랜드명과 관련된 문제점은 그것이 명백하지 않은 데서 발생된다.
⑤ 제품인증서(Product identification): 연방정부는 식품에 대하여 몇 가지 '표준인증제'를 실시하고 있다. 이

러한 표준이란 식품이 표준화된 이름으로 지칭되는 것을 의미한다. '오렌지 주스'는 '오렌지 맛 주스'와는 다른 것이다. '메이플 시럽'과 '메이플 맛 시럽'도 역시 마찬가지이다. 유통업을 하는 사람 간에 이러한 용어를 잘못 사용하는 일이 비일비재하므로 정확하게 사용하는 노력이 요구된다.

⑥ 원산지(Point of origin): 원산지란 해당 제품이 생산되었거나 제조된 국가를 의미한다.

⑦ 판촉 용어(Merchandising terms): 때때로 메뉴 아이템을 묘사하기 위하여 과대문구를 사용함으로써 문제가 발생하는 경우가 있다. 통조림을 활용하여 만든 메뉴 아이템을 신선한 재료로 만든 것처럼 묘사해서는 안 된다.

⑧ 보존상태(Preservation): 'fresh'라는 용어를 사용할 때는 주의를 해야 한다. 이러한 용어는 식재료가 냉동, 캔입, 병입 또는 건조 등의 상태가 아닌 경우에만 사용이 가능하다.

⑨ 조리방법(Means of preparation): 고객들은 조리방법이 표기된 특별한 메뉴 아이템을 선택할지도 모른다. 건강에 관심이 많은 고객들은 기름에 튀긴 치킨요리보다는 구운 치킨요리를 더 선호한다.

⑩ 삽화와 이미지: 카페 운영자들은 메뉴에 조리된 사진을 넣기를 좋아한다. 그리고 메뉴 보드에도 이러한 사진을 넣는 것을 선호한다. 사진 이용하기를 원한다면 실제 음료와 거의 유사한 사진을 사용하려는 노력이 필요하다.

⑪ 영양소: 1994년 중반부터 미국의 레스토랑들은 메뉴나 기타 이와 유수한 광고물에는 반드시 영양소 표기를 하도록 강제되었다. 또한 표준화된 용어에 대한 가이드라인을 따라야만 한다.

학습정리

1. 메뉴(menu)는 카페의 상품(음식, 아이템) 자체를 의미하기도 하지만 메뉴북을 의미하기도 한다. 메뉴(음식)는 카페의 얼굴로서 카페를 대표하게 되며, 고객이 카페를 방문하는 첫 번째 이유이므로 매우 중요한 위치를 차지한다. 또한 메뉴북으로서의 메뉴는 단순한 차림표의 역할을 넘어서서 마케팅 도구의 역할까지도 수행한다.

2. 메뉴경영이란 메뉴계획을 시작으로 최종적인 단계의 메뉴분석까지를 총괄하는 개념으로 메뉴경영의 궁극적 목적은 고객만족을 통한 이익의 극대화이다. 메뉴개발을 위한 메뉴계획 시에는 소비자의 욕구와 필요, 영양과 위생, 방문목적, 메뉴의 질, 가격, 조직의 목표, 원가와 시설, 식재료 공급여건, 종사원능력, 생산 및 서비스시스템, 메뉴의 수명주기 등을 고려해야 한다.

3. 메뉴를 구성하기 위해서는 주력메뉴, 중점메뉴, 임시메뉴, 보조메뉴, 유인메뉴 등을 고려함과 동시에 메뉴의 폭과 다양성을 통해 최소의 비용으로 소비자가 느끼는 가치를 극대화할 수 있는 방법을 강구해야 한다.

4. 가격은 고객수와 판매 수입에 직접적으로 영향을 미치며 최적가격은 이윤과 가격에 대한 공정성과 적정성을 확보하여야 하고 가격 결정에서 가장 중요한 것은 고객의 평가이다. 품질대비 높은 가치를 느낄 수 있는 가격대를 설정하는 것이 무엇보다 중요하다.

5. 메뉴분석은 메뉴계획, 메뉴개발, 메뉴판매가 모두 이루어진 후 사후적으로 메뉴의 만족도와 수익성 등을 평가하는 사후적 개념의 객관적 평가를 의미하며, 메뉴평가는 메뉴계획, 메뉴개발이 이루어진 후 메뉴판매 이전에 선호도, 맛, 수용가격 등을 평가하는 사전적 개념의 주관적 평가를 의미한다.

6. 메뉴북을 만들기 이전에 해야 할 일은 점포의 콘셉트를 정하는 일로 목표고객을 어떤 계층으로 잡을 것인지를 결정하고 점포 전체의 인테리어와 조화를 이룰 수 있도록 디자인을 하여야 한다. 또한 메뉴북은 최초의 판매수단, 마케팅 도구, 고객과의 약속, 내부통제수단 등의 역할을 하는 매우 중요한 경영도구임을 인지해야 한다.

| 연습문제 |

1. 메뉴에 대하여 사용가능한 메뉴 분석 도구를 제시하고 실제 자료를 구하여 분석을 실시하고 그 결과에 대하여 토론해 보시기 바랍니다.

2. 메뉴를 개발하는 데 있어서 대중성과 차별성이라는 선택의 문제가 가장 큰 고민거리입니다. 수익성을 고려한다면 대중성이 반드시 필요할 것 같고, 경쟁력을 고려한다면 차별성이 더 중요하다는 생각이 들기도 합니다. 대중성과 차별성을 모두 갖춘 메뉴개발 사례를 조사하여 봅시다.

3. "메뉴북을 제작하려고 디자인 회사에 알아보았습니다. 비용이 생각보다 많이 소요되는 것 같습니다. 음료 사진을 찍고 디자인을 한 후 인쇄하는 비용을 고려하면 약 500만 원 내외의 견적이 될 것 같습니다. 과연 이렇게 비싼 비용을 지불하고 메뉴북을 꼭 만들어야 할까요. 또 처음에는 그렇게 투자를 한다고 해도 지속적인 메뉴 개편이 이루어질 경우 수정하는 비용도 만만치 않을 것 같습니다." 이에 대한 생각을 정리해 보시기 바랍니다.

4. 자신이 가장 자주 가거나 가장 선호하는 카페의 메뉴를 정리하여 보시기 바랍니다. 메뉴의 구성을 메뉴계획과 메뉴의 분류 차원에서 검토 한 후 개선해야 할 사항을 제시하여 봅시다. 자신이 카페의 경영자라면 메뉴를 어떻게 개편하시겠습니까?

5. 최근에 가장 인기 있는 카페의 메뉴를 조사하여 봅시다. 조사한 메뉴를 '원가우위, 차별화, 틈새전략'으로 나누어 사례를 들어 보시기 바랍니다.

6. 최근 유행하는 다양한 형태의 메뉴북을 조사하여 봅시다. 가능하면 사진으로 촬영하여 제시하고 각각의 특징과 장단점을 정리하여 봅시다. 특징과 장단점을 카페 창업의 유형중 어떤 유형이 적절한지를 중심으로 제시하여 보시기 바랍니다.

9장

물리적 환경 디자인

9장

물리적 환경 디자인

학습목표

1. 카페의 물리적 환경의 개념과 중요성을 설명할 수 있다.
2. 카페의 물리적 환경을 구성하는 요소와 역할을 설명할 수 있다.
3. 물리적 환경에서의 행동모델을 설명하고 카페에 활용할 수 있다.
4. 카페의 디자인 구성요소와 디자인 전략을 설명할 수 있다.

'82년생 김민경 X 카페르세' 창업일기

나는 사람들과 수는 적어도 깊은 관계를 맺는 것을 좋아한다. 재방문 빈도가 높은 사람들이 많이 오기를 바란다. 단골 장사가 어울리는 사람이다. 서로의 이야기에 공감하며 나름 깊은 관계를 맺고 싶다. 자주 방문할 수 있는 것을 원했기 때문에 접근성이 편안한 입지를 선택했다. 주차도 편해야 한다.

매장에 머무를 때는 핵심가치와 어울리는 편안함이 좋다. 음악도 잔잔하면 좋다. 전체적인 컬러도 오래 머물러도 피로함이 없어야 한다. 바리스타가 도드라져 고객의 시간을 방해해서도 안 된다.

자존감을 표현하기에는 천연 마감재가 어울린다고 생각했다. 겉은 부드럽지만 내면은 강인한 여성을 표현하기를 원했다. 직선을 지양하고 곡선만을 사용했으며, 마감재는 천연 석재를 선택했다.

인테리어 공사 비용이 상승하고, 공간 효율성이 떨어진다. 핵심가치를 방해하는 효율성은 과감하게 포기했다. 심히 비효율적이다. 때로는 비효율성을 감수하면, 효과성이 상승한다고 믿는다.

1

물리적 환경의 개요

1) 물리적 환경의 정의

물리적 환경(servicescape)이란 카페와 고객이 상호작용을 하면서 서비스를 전달하는 환경으로 자연환경의 경치 등을 뜻하는 접미사 scape에 서비스(service)를 합성하여 '인간이 창조한 환경'을 의미한다. 다시 말해, 무형의 서비스를 전달하는 데 사용되는 모든 유형적 요소를 포함하는 개념이며 중요한 마케팅 도구의 하나이다.

물리적 환경은 고객뿐만 아니라 직원의 인식과 행동에도 영향을 미친다.

이와 같이 고객 및 직원의 긍정적인 태도와 행동을 유발하는 데 필요한 물리적 환경은 서비스 경영 분야에서 다양한 용어로 표현되고 있다. 예를 들면, '분위기', 유형재, 물리적 증거, 물리적 환경, 상황, 유형적 단서' 등이 그것이다. 표현이 어떻든 물리적 환경이 고객의 인식과 태도에 영향을 미쳐 구매를 유발하고 결과적으로 고객만족으로 연결된다는 점에는 학자들이 일치된 견해를 나타내고 있다.

현대 마케팅의 대가로 알려진 필립 코틀러(1973)는 소비자가 구매의사결정을 위하여 활용하는 환경적 단서로서 '시각, 후각, 청각, 촉각을 포함한 분위기'라는 개념을 제시한 바 있다. 그 이후에 물리적 환경을 구성하는 요인에 대한 연구가 다수 이루어져 왔다. 특히 비트너는 서비스스케이프라는 단어를 처음 사용하였으며 환경심리학적 연구를 바탕으로 인간은 환경적인 자극이 주어지면 내면적인 변화를 거쳐 행동으로 표현하게 된다고 정리하면서, 직원과 고객에게 미치는 영향에 관한 물리적 환경의 이론적 모형을 제시하였다. 그는 물리적 환경을 '서비스 접점에서의 서비스 환경'이라고 정의하고, '인간에 의해 만들어진 물리적 환경'으로 설명하였다. 그는 물리적 환경이 서비스 산업에서도 인간의 행동과 공간의 이미지를 만들어내는 등의 영향을 미치고 있다고 주장하면서 물리적 환경의 범위로 '환경적 조건, 공간/기능 조건, 사인·심벌·인공물'이 있다고 하였다.

고객의 구매의사결정에 영향을 미치는 물리적 환경은 서비스 상품을 차별화시켜주는 역할도 한다. 또한 서비스 직원의 태도와 생산성에 영향을 주는 유형의 요소로도 작용하며 서비스 품질에 대한 단서로서 고객의 기대와 평가에 영향을 준다.

물리적 환경은 성공적인 카페 경영을 위해서 매우 중요한데, 서비스의 무형적인 특성으로 인하여 체험이나 신뢰와 같은 요인들이 중요한 작용을 한다. 따라서 카페의 물리적 환경은 서비스 개념(콘셉트)과 일치하도록 설계되어야 한다.

2) 물리적 환경의 중요성

물리적 환경은 고객 및 직원의 인식과 태도 그리고 행동에 영향을 미치기 때문에 서비스 기업은 비전, 미션, 전략을 수립할 때 설정한 서비스 개념과 물리적 환경이 일치하도록 설계하고 실현해야 한다. 예를 들어 프랜차이즈형 카페의 경우 서비스를 제공하는 직원을 대신하여 직관적인 디자인을 많이 활용해야 한다. 직관적인 디자인을 통해 고객이 스스로 어떻게 행동해야 하는지를 전달할 수 있기 때문이다.

물리적 환경 속에서 고객과 직원은 사회적 상호작용을 하므로 물리적 환경을 설계할 때 이를 충분히 고려해야 한다. 물리적 환경에서 만족을 느끼게 되면 고객은 마음껏 즐기고 돈을 지불하려는 욕망이 생긴다. 직원도 지속적으로 열심히 근무하며 기업에 남으려는 욕망이 생기므로 고객과 직원 모두 상호작용적 행동을 활성화하게 된다.

물리적 환경이 인식과 태도를 통해 구매행동에 직접적인 영향을 주기 때문에 카페 창

1. 서비스 기대의 결정요인으로 서비스 품질과 고객만족에 영향을 줌
2. 서비스의 동시성은 고객이 서비스공간에 체류하는 시간을 길게 함
3. 기업이미지, 고객(만족도 등) 및 직원의 행동(직무만족 등)에 영향을 줌

그림 9-1 물리적 환경의 중요성

자료: 김영갑(2015). 성공창업을 위한 음식점 마케팅.

업자는 카페 유형에 맞는 물리적 환경의 설계에 집중하게 된다. 설계를 통해 만들어진 물리적 환경은 지속적으로 관리되어야 한다.

3) 물리적 환경의 영향

물리적 환경은 고객의 만족에 영향을 미치는 다양한 요소 중에서도 그 중요성이 가장 크다고 할 수 있다. 물리적 환경은 고객의 태도나 구매 만족 그리고 구매 후 행동에 상당한 영향을 미친다.

(1) 구매 결정에 영향

분위기가 심리에 미치는 영향을 고려할 때, 물리적 환경이 카페의 서비스품질 인식에 미치는 영향은 매우 크다. 예를 들면 소비자가 카페를 선택할 때 메뉴보다는 분위기를 기준으로 방문을 결정하는 경우가 많다.

어떤 구매 상황에서는 카페의 음악, 향기 또는 인테리어와 머천다이징 등이 서비스 상품 자체보다 구매 결정에 더 큰 영향을 준다. 물리적 환경은 서비스를 소비자의 마음속

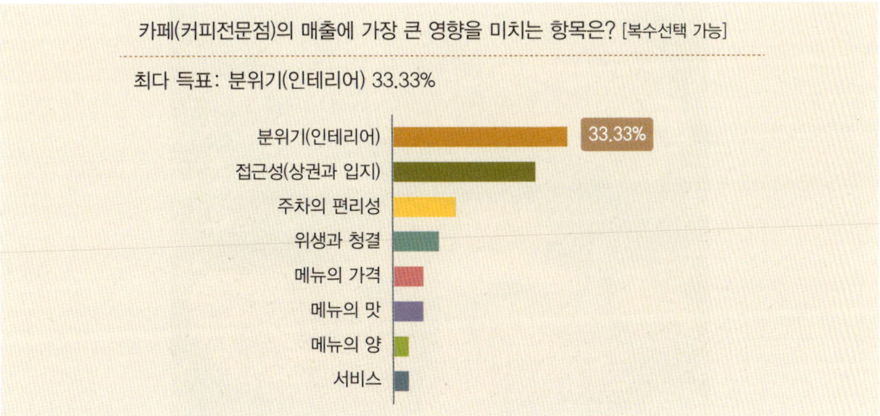

그림 9-2 카페의 구매 결정에 영향을 미치는 요인

자료: http://webkim.blog.me/70189372940

에 포지셔닝하여 상품 그 자체보다 구매 결정에 더 큰 영향을 미치며 고객의 태도와 이미지 형성에 직접적으로 영향을 주는 중요한 역할을 한다.

(2) 서비스 무형성의 극복

카페는 고객이 정해진 공간에서 서비스를 소비하기 때문에 물리적 환경이 매우 중요하다. 특히 물리적 환경은 서비스에 대한 경험이 전혀 없거나 적은 고객에게 더 많은 영향을 미친다. 또한 서비스의 특성인 무형성을 극복하기 위해서는 서비스의 물리적 환경이 서비스 품질에 대해 고민하는 고객에게 서비스 상품을 이해하거나 평가하는 데 도움을 준다. 예를 들어 처음 방문하는 카페의 경우 외부환경만을 보고서 구매를 결정하는 경우가 이러한 사례에 해당된다.

(3) 이미지 형성

물리적 환경은 고객이 느끼는 첫인상 호감도를 높이거나 고객의 기대를 설정하는 역할을 한다. 카페의 색상, 조명, 음향, 실내공기, 온도, 공간배치, 가구 스타일, 향기 등과 같은 물리적 환경은 서비스에 대한 고객 감정을 형성하는 데 도움을 준다. 따라서 카페는 궁

그림 9-3 **브랜드 이미지 형성**

자료: 카페 유메야

브랜드	이미지	키워드	브랜드	이미지	키워드
엔젤 리너스	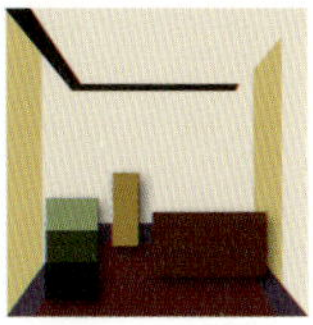	편안함	스타 벅스		모던함
		여성스러움			고급스러움
		따뜻함			휴식
		행복함			여가
카페베네	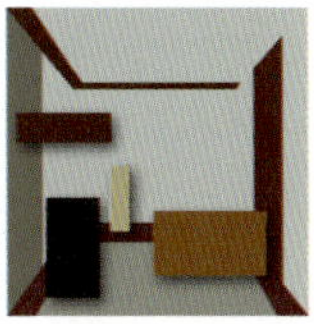	여유로움	커피빈		은은함
		편안함			고급스러움
		안락한			우아함
		빈티지			자연적

그림 9-4 색채이미지에 따른 고객 감정

자료: 한귀연, 오승희, 최진희(2014). 브랜드 커피전문점의 공간이미지와 사용색채 비교분석.

극적으로 서비스 자체에 대한 긍정적 인식을 창조하기 위하여 물리적 환경을 잘 조성해야 한다. 프랜차이즈형 카페의 브랜드별 색채이미지에 대한 고객 감정의 결과를 예로 들면 〈그림 9-4〉와 같이 인지되고 있다. 다양한 브랜드들이 색채로 자신의 브랜드 이미지를 구축하고, 서비스 공간에 활용함으로써 차별화 전략을 펼치고 있다.

(4) 직원 행동에 영향

물리적 환경은 고객뿐만 아니라 내부 고객, 즉 직원에게도 많은 영향을 준다.

제조업과는 다르게 서비스업에서는 서비스 제공 과정에서 서비스 제공자는 고객과의 직접적 커뮤니케이션을 통해 고객의 감정에도 영향을 준다. 따라서 쾌적한 근무 환경은 직원의 일에 대한 만족도를 높이고 직원의 생산성을 높이며 동료 직원과의 조화로움에도 긍정적인 영향을 미친다. 자신이 근무하는 카페의 물리적 환경이 근무 만족도와 직장의 충성도에 어떤 영향을 미치는지 곰곰이 생각해 보면 그 가치를 충분히 이해할 수 있다.

2 물리적 환경의 구성요소와 역할

물리적 환경의 구성 요소를 비트너(1992)의 연구에 근거하여 '주변요소, 공간 배치와 기능성, 사인·심벌·조형물'로 나누어 자세히 살펴본 후 물리적 환경의 역할을 다룬다.

1) 주변요소

주변요소란 물리적 환경의 배경적 특성으로 온도, 조명, 소음, 음악, 전망 등을 의미한다. 카페의 주위환경 변수는 실내외 온도와 습도, 조명, 소음, 공기질, 향기, 색상과 같은 실내외의 풍경과 전망 같은 배경적 특성을 가지며, 인간의 오감에 영향을 미친다고 할 수 있는 요소들로 구성되어 있다.

음악의 경우에도 고객행동에 영향을 미치게 되는데, 음악이 빠르고 시끄러우면 체류시간이 줄어들고 조용한 음악은 오래 머물게 하면서 매출을 상승시키는 결과의 연구들이 발표된 바 있다. 또한 고객의 나이에 따라 음악의 볼륨과 빠름에 대한 선호도가 다르다는 사실도 밝혀진 바 있다. 주변요소는 고객의 만족도와 매출성과에 영향을 미침과 동시에 직원의 업무성과와 만족에도 영향을 미친다. 즉 열악한 환경에서 근무하는 경우보다 쾌적한 환경에서 근무하는 경우 업무성과와 만족도가 높게 나타난다.

그림 9-5 카페 주변 요소
자료: 피베리브라더스

2) 공간배치와 기능성

공간배치와 기능성 변수는 가구의 배치, 장비와 기계의 크기와 형태와 관련이 있으며, 기능성은 성취하려는 목표와 그 성취를 용이하게 하는 품목들의 기능을 말한다.

좀 더 구체적으로 살펴보면 공간배치는 장비, 기기류, 가구 등의 크기와 모양 그리고 배열 방법과 그들의 공간적 관계로 작업동선에 따른 효율성 극대화를 의미한다. 마지막으

그림 9-6 인테리어 설계(평면도와 실내외 투시도)

자료: 카페 유메야

로 기능성은 장비, 기기류, 가구 등이 카페의 성과와 목표를 달성하도록 촉진하는 능력을 말한다.

3) 사인·심벌·인공물

사인·심벌·인공물은 고객에게 장소의 명시적·묵시적 정보를 제공하는 기능을 한다. 즉

로고 및 심벌	컬러	로고타입	컬러 및 로고타입의 적용	그래픽 요소의 활용	내·외부 사인과 브랜드의 일관성
		고딕계열	○	○	○
		캘리 그래픽의 영문서체	○	△	○
		고딕계열	○	△	△
		Serif의 영문서체	○	△	○
		고딕계열 영문서체	○	△	○

그림 9-7 사인·심벌·인공물 예시

자료: 김경하(2015). 이주배경 청소년을 위한 상담카페 아이덴티티 디자인연구.

카페와 고객 간의 커뮤니케이션을 위해서 반드시 필요한 물리적 환경 요소이다. 특히 표지판·상징물·조형물 등은 외식업체가 고객에게 제공하는 특별한 의미를 가지는 서비스의 일부이기도 하다.

좀 더 구체적으로 살펴보면, 카페의 로고가 그려진 간판이나 다양한 게시물은 점포의 콘셉트와 이미지를 전달하는 중요한 역할을 한다. 또한 바닥, 벽, 천장 등의 내부인테리어와 점포 내부를 장식한 다양한 조형물은 외식업체의 미적 이미지는 물론이고 차별화된 상징성을 전달하는 매체로 작용한다.

4) 물리적 환경의 역할

이미 살펴본 바와 같이 경제가 발전하고 소비자의 욕구수준이 높아짐에 따라 카페에서 물리적 환경의 중요성은 날로 증가하고 있다. 그 이유를 좀 더 구체적으로 살펴보기 위하

그림 9-8 **물리적 환경의 유형적 단서 1**

자료: 김경하(2015). 이주배경 청소년을 위한 상담카페 아이덴티티 디자인연구.

여 물리적 환경의 역할을 체계화하는 것이 필요하므로 '패키지, 편의제공, 사회화, 차별화'와 같은 구분을 통해 살펴본다.

(1) 패키지

물리적 환경은 제품의 패키지와 같이 서비스를 포장하여 내부의 가치를 이미지로 전달하는 역할을 한다. 카페의 물리적 환경은 광고처럼 고객의 관심을 끌거나 고객의 기대를 설정하는 역할을 한다. 이것은 서비스의 무형성을 시각적으로 제시하는 것으로 실내장식이나 직원의 옷차림, 화장실의 청소 확인 표시, 영수증의 디자인 등 모든 서비스의 물리적인 환경들은 유형적 단서로서 카페를 포장하는 역할을 한다.

(2) 편의제공

물리적 환경은 환경 내에서 활동하는 사람의 성과를 높이는 역할을 한다. 여기서 사람이란 고객과 직원 모두를 의미한다. 최근 선풍적인 인기를 끌고 있는 키즈카페는 젊은 엄마들이 편안하게 아이와 함께할 수 있는 공간을 제공하고 있다. 키즈카페의 경우 아이의 놀이공간과 엄마를 위한 안락한 카페공간을 분리하여 아이는 안전하게, 엄마는 마음 편히 휴식과 식사를 즐길 수 있도록 하였다. 즉 물리적 환경을 어떻게 구성하느냐에 따라서 직원도 고객도 색다른 편의를 느끼게 될 수 있다는 점을 명심해야 한다.

그림 9-9 물리적 환경의 유형적 단서 2
자료: 피베리브라더스

그림 9-10 셀프서비스를 위한 서비스테이블(컨디먼트바)

(3) 사회화

잘 갖추어진 물리적 환경은 고객과 직원으로 하여금 기대된 역할, 행동, 관계를 하도록 돕기 때문에 물리적 환경은 고객이나 직원을 사회화시키는 역할을 한다. 직원은 물리적 환경으로 인해 자신의 지위를 인지하게 되며, 고객에게 물리적 환경의 설계는 자신의 역할이 무엇인가, 어느 부분에 있어야 하는가, 어떻게 행동해야 하는가 등을 암시한다.

(4) 차별화

물리적 환경을 통하여 기업은 경쟁자와 차별화할 수 있으며 이를 통해 시장을 세분화 할 수도 있다. 카페의 경우 조명, 음악선곡, 실내장식 등을 통해 기업의 주요 목표고객층을 선택할 수 있다. 예를 들어 70~80년대의 분위기가 주를 이루는 카페는 중장년층이 선호할 것이며, 모던하고 심플한 분위기에 빠른 템포의 음악을 제공하는 카페는 청년층이 선호할 가능성이 높다.

그림 9-11 차별화의 유형적 단서
자료: 피베리브라더스

3 카페의 물리적 환경

1) 카페의 물리적 환경 구성요소 1

물리적 환경은 외부환경, 내부환경, 기타 유형적 요소로 구분하여 나뉠 수 있으며 카페에서의 물리적 환경은 기타 유형적 요소를 포함하는 물리적 증거(이유재, 2008)로 확대하여 다루는 것이 효과적이라 판단된다.

카페의 내부와 외부는 업종에 적합한 콘셉트를 설정하고, 객석 수와 좌석 회전율, 메뉴의 내용, 영업의 성격에 따라 목표고객에게 어느 정도의 가격으로 어떻게 상품과 서비스를 제공할 것인지 결정한 이후에 물리적 환경 구성요소에 대한 실현이 가능하다. 명확하고 일관된 콘셉트가 수립되어 목표하는 물리적 환경이 계획되었다고 하더라도 실제 인테리어와 익스테리어로 구현하는 것은 다른 문제로 인식될 수 있기 때문이다.

표 9-1 물리적 환경의 구성요소

구분	내용
외부환경	시설의 외형, 간판 등의 안내표지판, 주차 공간, 풍경, 주변 환경 등
내부환경	내부 장식과 벽의 색상, 가구, 장비와 시설물, 공기의 질/온도, 냄새 등
기타 유형적 요소	직원의 외모 및 유니폼, 광고 팸플릿, 메모지, 입장 티켓, 영수증, 명함, 문구, 웹사이트, 사이버 공간 등

자료: 김영갑(2015). 성공창업을 위한 음식점 마케팅.

2) 카페의 물리적 환경 구성요소 2

물리적 환경을 구성하는 요소는 비트너의 연구를 기준으로 다음과 같이 나눌 수 있다.

① 공조환경(주변요소)은 온도, 조명, 음악, 색상, 향기와 같은 인간의 오감에 영향을 주는 배경 환경이다.

예) 음악의 템포와 장르 선정에 의한 구매 유도, 음식 냄새를 이용한 구매 유도

② 공간배치와 기능성은 가구와 설비 등의 배치를 통해 서비스 전달을 위한 가시적, 기능적 공간을 창조하는 것이다.

예) 고객이 수행해야 할 행동을 가시적으로 알려주기 위한 설계

③ 사인·심볼·조형물은 명시적 묵시적 정보로서 고객이 지켜야 할 행동규범이나 행동규칙, 심미적 인상을 전달한다.

예) 금연 표지판, 유명화가의 그림, 도자기 등의 골동품 등이 있다.

구분	물리적 환경 요소
외부환경	
내부환경	 
기타 유형적 요소	 

그림 9-12 피베리브라더스의 물리적 환경 요소

자료: 피베리브라더스

4 카페의 물리적 환경 구성요소

1) 외부환경

창업하려는 카페 유형이 무엇인지에 따라 메뉴의 가격대는 어느 정도인지, 맛은 어떤지, 혹은 편안하고 아늑한 분위기인지 등을 소비자는 점포 외관의 이미지를 통하여 결정한다. 따라서 점포의 콘셉트를 목표고객이 한눈에 파악할 수 있도록 디자인되어야 한다. 그러기 위하여 간판은 멀리서도 눈에 잘 띄어야 하고, 주위 환경과 조화를 이루면서 경쟁업소와 차별성이 있어야 한다. 또한 목표고객층이 선호하는 자재와 색상을 사용하여 고객의 호기심을 유발해야 한다.

특별한 경우 사람이 물리적인 환경을 대신해 주는 경우도 있다. 스타벅스 1호점은 시애

그림 9-13 시애틀 스타벅스 1호점의 외부환경

틀 전통시장 피크플레이스 마켓에 위치하고 있다. 커피의 성지라는 커다란 타이틀의 위상만큼 물리적인 환경요소가 엄청날 것이라고 생각을 하지만 스타벅스 1호점은 사람들이 물리적인 외부요소를 대신해주고 있다. 대박점포를 생각하는 창업자라면 이러한 부분도 생각해 볼 필요성은 있다.

(1) 파사드

파사드(facade)의 어원은 라틴어의 'Facies'이다. 얼굴(face)과 겉모양(appearance)이라는 뜻을 가지고 있다. 파사드는 건물의 현관이 위치하는 정면(front)과 거리에 접하는 면으로 카페에서 판매하는 음식은 물론이고 분위기 수준을 전달하는 가장 중요한 요소이면서 외식업체와 고객이 최초로 대면하는 접점이다. 따라서 파사드는 시각적으로 정보를 전달하는 물리적 경계 역할을 한다. 그리고 내·외부 공간의 연결을 통해 점포의 콘셉트, 점포와 상품 이미지 등의 정보를 전달하여 고객 유입 정도를 결정하는 역할을 한다.

파사드는 사람이 모이는 공간의 디자인 요소로 기능적, 감각적, 감성적으로 어필할 수 있어야 한다. 다른 곳과의 차별성, 호기심 자극, 일관된 주제, 한눈에 부각되어 시선을 집중하게 만드는 요소들이 통합적으로 포함되어야 하는 이유이기도 하다.

파사드가 개성적이고 독창적이어서 통행객의 발길을 멈추어 점포로 유도하기 위해서는 AIDMA 법칙(Attention–관심, Interest–흥미, Desire–욕망, Memory–기억, Action–구매행동)에 따라야 한다. 파사드는 일반적으로 간판, 출입구 등으로 구성된다.

① 간판

간판은 상품에 대한 정보를 전달하는 데 그치지 않고 카페의 전반적인 이미지를 전달할 수 있어야 한다. 간판의 그래픽과 디자인을 결정할 때에는 두 가지를 주의해야 한다. 첫째는 목표고객이고 둘째는 목표고객이 방문하는 핵심요소이다. 간판은 목표고객과 그들이 원하는 가치 사이에서 징검다리 역할을 한다.

카페의 간판은 점포 이미지를 심어주는 역할뿐만 아니라, 간판을 통하여 고객이 점포를 발견하고 가장 먼저 점포를 인식하게 만드는 역할을 한다는 점에 유의해야 한다. 또한 고객은 간판을 보고 업종을 짐작하고 분위기를 상상하여 점포의 이용 여부를 결정하게 된다. 따라서 간판은 가격이나 미적인 면에만 치중해서는 곤란하다.

② 출입구

출입구는 고객이 출입하는 데 심리적으로나 물리적으로 부담이 가지 않아야 한다. 가능하면 넓은 것이 좋지만, 물리적으로 어려운 경우 벽을 유리로 만들어서 넓어 보이게 하는 방법도 있다. 일반적으로 현관을 설계할 때는 출입구의 수, 위치, 방향, 크기, 비상구 등을 고려하고, 추가적으로 출입방식을 전후 미닫이, 좌우 미닫이, 회전, 자동문 중에서 선택해야 한다. 특히 출입구는 여름이나 겨울의 내외부 온도차이로 인한 불편을 줄이기 위하여 이중문 등을 설치하기도 한다.

(2) 주차장

모든 카페와 음식점은 기본적으로 주차 서비스를 제공하고 있다. 다만 주차장 확보가 어려운 경우, 인근 공영주차장을 이용하거나 발렛파킹 서비스를 제공한다. 주차장의 확보는 점포의 수준과 방문하는 고객의 특성을 고려한다. 자동차를 이용하여 찾아 와야만 하는 상권과 입지에서 사업을 하는 경우라면 주차장은 사업성패를 좌우하는 요소가 될 수 있다. (인근에서 도보로 찾아오는 고객이 대부분인 카페에서 주차장이나 주차서비스를 제공할 필요는 없다.)

2) 내부환경

영업공간과 조리공간으로 구분되는 점포 내부는 고객은 물론이고 직원도 행복한 시간을 보낼 수 있도록 분위기를 연출하고 기능적인 효율성도 함께 고려해야 한다.

시애틀에 위치한 스타벅스의 내부환경은 어떻게 구성되어 있을까? 하는 생각을 카페 창업자는 물론 일반 커피를 공부하는 사람이라면 한번쯤 해보곤 한다. 한식의 세계화를 위한 교육차 시애틀에 방문하여 스타벅스 1호점을 방문했는데 〈그림 9-14〉는 그때 찍은 내부사진들이다.

그림 9-14 시애틀 스타벅스 1호점의 내부환경

(1) 영업공간

영업공간(Hall)은 점포의 콘셉트에 적절한 레이아웃과 실내 분위기를 계획하는 것이 중요하다. 세부적인 내용은 공간 설계, 탁자와 의자 배치, 분위기, 계산대, 화장실의 순서로 살펴본다.

① 공간 설계

점포의 평면도를 활용하여 카페의 필요한 기능을 배치한다. 카페 창업을 위한 점포설계는 우선 평면 레이아웃에서부터 시작한다. 홀, 주방, 화장실, 계산대, 그리고 벽 및 입구 위치 등 필요한 기능을 점포 내에서 어떻게 배치할 것인지를 생각해야 한다. 이러한 기능적 배치를 할 때, 보통 미리 건물 안에 있는 상하수도나 가스관 배치가 중요한 문제가 된다. 배관위치를 기준으로 가장 효율적인 위치에 주방이나 화장실 등을 배치하지 않으면 공사비용이 과다하게 지출될 수 있다.

영업공간의 레이아웃은 고객만족과 수익성 달성을 위한 적절한 배치와 동선의 설계가 무엇보다 중요하다.

② 탁자와 의자 배치

카페에서 테이블과 의자의 배치는 곧 미팅 장면을 연출하는 것이다. 비슷한 업종의 외식업체라도 목표고객의 욕구에 따라서 테이블의 크기와 높이, 형태, 배열 등이 전혀 다르게 이루어진다. 외식업체는 점심과 저녁처럼 한정된 시간에만 고객이 집중되므로 탁자 의자를 적절하게 배치해야 목표 매출액을 달성할 수 있다. 3.3m^2(1평)당 고객수를 생각하라.

카페의 효율적인 점포운영을 위하여 탁자를 1인용, 2인용, 4인용처럼 다양하게 배치하는 것이 필요하다. 또한 의자배치는 곧 고객의 시선위치와 높이를 정하는 것이므로 탁자 높이와 천장 높이, 파티션 높이 등과 함께 결정해야 한다.

카페의 객석공간에서 테이블이 가장 중요한 시설인데 테이블의 용도에 따른 높이, 규격, 의자 규격, 세팅되는 기물의 종류에 따라 결정된다.

③ 분위기

카페의 분위기란 고객이 카페에 도착하여 미팅을 마치고 나갈 때까지의 모든 과정에서 접하는 유무형의 사건을 의미한다. 또한 고객에게 감동을 줄 수 있는 모든 유무형의 요소들을 칭하기도 한다. 고객이 카페에 머무르는 시간이 길수록 분위기는 오감에 많은 영향을 준다. 이와 같은 분위기는 건축가, 컨설턴트, 인테리어 디자이너가 함께 만들어내는

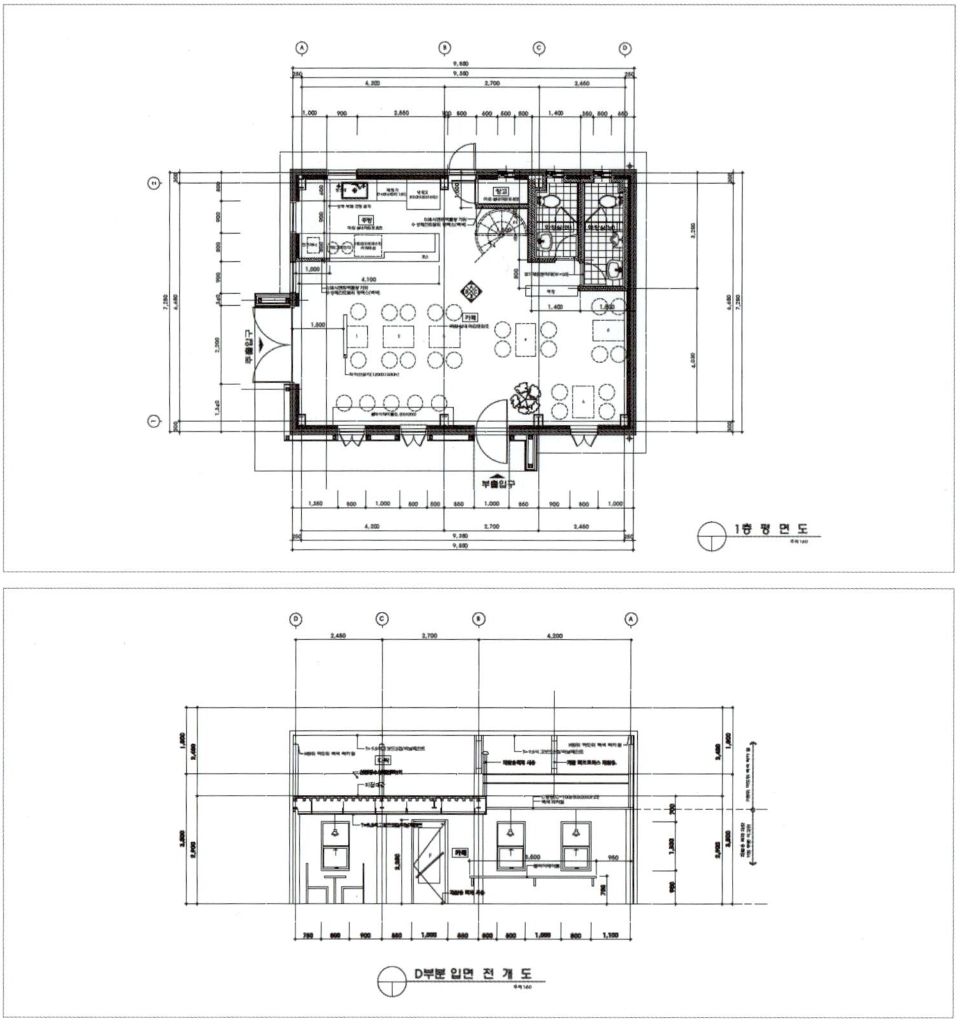

그림 9-15 **카페의 가구배치 및 입면도**

자료: 카페벙커

기능적, 물리적, 심리적 요소와 의장 등을 포함한다.

카페는 동일한 상품을 판매하더라도 인테리어나 익스테리어 직원의 서비스를 차별적으로 디자인한다. 자판기의 커피, 노점상의 커피, 카페에서 판매하는 커피는 모두 같은 상품이지만 소비자는 다른 금액을 지불하고 구매한다.

카페의 분위기를 창출하는 인테리어의 주안점은 '멋진 점포'가 아니다. '어떻게 해야 고객의 구매 욕구를 높일 수 있는가?'가 중요하다. 따라서 내부의 모든 장식과 조명, 집기, 장비 등 모든 것이 이 포인트에 맞추어져야 한다. 이상적인 카페에서 고객은 식사와 휴식의 경험이 행복해야 하며, 직원은 효율적으로 일할 수 있어야 한다.

④ 조리공간의 설계

주방의 설계는 카페 창업의 유형에 맞는 조리기능의 특성을 이해한 후에 결정해야 한다. 주방의 디자인이나 레이아웃에 관하여 이전에는 중요하게 생각하지 않았지만 최근의 카페는 오픈주방으로 조리 과정을 보여주며 점포의 중심적인 역할이 강조되기도 한다.

주방 설계는 우선 점포의 메뉴 구성을 고려한 이후에 착수한다. 메뉴의 조리법이나 서비스에 따라 주방의 동선도 변하기 때문이다. 주방을 계획하는 전체적인 목적은 고객만족을 위해 직원의 행동을 최소화하고 주방의 특성을 고려함과 동시에 주방 장비를 효율적으로 운영하는 데 있다. 불필요하게 큰 주방은 홀의 좌석 수를 감소시키며, 주방 내에서는 작업 동선이 커져 피로감을 높인다.

주방은 다양한 조리시설과 식자재 저장시설을 갖추고 고객에게 판매할 상품을 만들어내는 공간이다. 직원이 편리하고 조리에 효율적인 주방을 만들기 위해서는 카페의 콘셉트가 먼저 세워져 있어야 하고, 그러한 카페의 콘셉트를 완성하기 위한 메뉴 콘셉트가 확립되어 있어야 한다. 메뉴 콘셉트에 따라 주방의 규모와 레이아웃(조리기구의 배치관계)이 달라져야 하기 때문이다.

3) 기타 유형적 요소

유니폼은 직원에게 소속감과 업무에 대한 책임감을 부여하므로 매우 중요한 기능을 하며

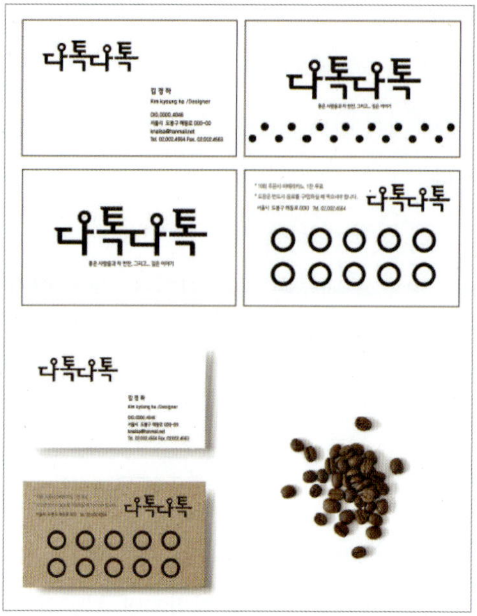

명함

판매용품

그림 9-16 무형적 서비스 전달의 브랜드 특성
자료: 김경하(2015). 이주배경 청소년을 위한 상담카페 아이덴티티 디자인연구.

고객에게 브랜드의 특성을 확실하게 인지시켜줄 수 있는 홍보도구이다. 이러한 유니폼 외에도 기업을 알리는 광고 전단지, 냅킨, 식사 후 받게 될 계산서, 혹은 음식을 포장하는 패키지 역시 무형적 서비스 전달에 수반되는 유형적인 요소로 서비스의 품질이나 첫인상에 영향을 미친다.

5 카페 인테리어 프로세스

인테리어 견적을 3곳 이상의 업체에 의뢰하여 견적서를 받고 인테리어 사업자를 선정해야 경비를 절감할 수 있다. 하지만 무조건 싼 것을 고른다면 부실 공사로 인해 추가 공사비가 더 많이 들어갈 수도 있으므로 인테리어 업자를 선정하기 전에는 그 업체가 시공한 매장을 벤치마킹해 본 후에 업체를 선정하는 것이 필요하다.

실 평수 × 평당 액수 = 인테리어 비용

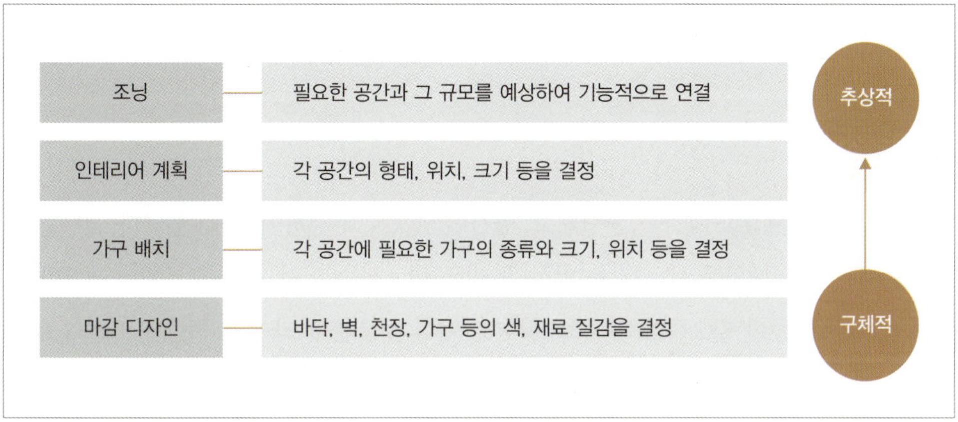

그림 9-17 카페 인테리어 프로세스
자료: 김영갑 외(2015). 외식사업창업론.

1) 공사 전 공간분석

임대 건물에 따라 디자인에 제약이 있거나 혹은 건물주가 건물 외부의 시설물 설치를 반대하는 경우가 있으므로 공사 전 철저히 건축법상의 문제여부를 확인해야 한다. 공간 구성의 기본은 접객서비스공간과 주방설비 공간, 동선으로 이어지는 통로로 나눌 수 있다. 이렇게 세 가지 구역이 형성되면 집기의 위치, 주방설계, 객실설계의 순서로 이어진다.

디자인 설계는 단순히 고객을 흡인하는 데 목적이 있는 것이 아니라, 카페 유형에 맞는 콘셉트의 마케팅까지 갖춘 새로운 공간을 의미한다. 고객에게 방문과 구매의 충동을 주고 동시에 편히 쉴 공간을 제공하는 데 초점이 맞추어져야 한다. 따라서 주변 환경의 현실을 고려하여 경쟁력, 중심이 되는 고객, 메뉴 구성 등 업소가 추구하고자 하는 경영 이념과 점포관리, 정책성이 함께 어우러진 디자인의 설계가 이루어져야 한다.

카페의 인테리어는 창업 시작단계부터 상호 밀접한 연관성을 갖고 진행해야 하며 그 절차 역시 매우 중요하다. 올바른 인테리어는 준비기획과 실행공사의 두 단계를 거치는데, 각 단계와 순서에 의해 진행된다.

준비단계를 지나 시장분석과 카페의 콘셉트를 설정한 후 인테리어의 기획안을 만들었다면 이후에는 실행단계로서 설계단계로 들어가야 한다. 인테리어 디자인을 하는 데 있어서 콘셉트를 시각화하여 예비창업자가 느낄 수 있도록 보여주는 것이 중요하다.

2) 조닝 단계

조닝(zoning)은 필요한 공간을 판단하고, 공간별 규모를 추정하며, 관련 법규나 규정을 고려하면서 공간을 배치해 보는 것을 말한다. 이를 위해서는 먼저 자신의 카페에 필요한 공간에는 어떤 것들이 필요한지 파악해 보아야 한다. 대부분의 카페는 주방과 객실의 필수 공간과 어프로치(외부에서 내부로 이어주는 도입부), 카운터, 화장실 등의 부대공간이 갖추어져야 한다. 카페의 규모에 따라 효율적으로 통합하거나 공간을 분리시켜서 업체의 규모에 맞는 고객 서비스 수준을 높이는 것이 합리적이라 하겠다.

3) 플래닝 단계

플래닝(planning) 단계에서는 객실과 어프로치, 주방, 화장실과 같은 공간들의 모양과 치수, 출입구의 위치와 크기 등을 결정한다. 구체적인 치수가 결정되면 기본적으로 카페의 골격이 만들어지는데, 실제 인테리어 디자인에서는 플래닝과 가구배치가 동시에 이뤄지는 것이 일반적이다. 공간의 구획과, 객석과 가구배치가 결국 통합적이고 연관성이 있기 때문이다.

인테리어를 감성이 풍부한 공간으로 만들기 위해서는 전체 공간은 조화를 이루면서도 고객의 프라이버시가 유지될 수 있는 조화로운 공간이 필요하다. 객석 공간이 전체적으로 파악되어 공간감이 느껴지면서도 다른 객석들과 유기적으로 연결되도록 계획하는 것이 좋다.

4) 가구 배치

공간에 필요한 의자와 테이블, 가구의 종류와 크기, 놓이게 되는 위치를 결정하는 단계로 시각적으로도 중요하지만 고객의 욕구와 기능성을 생각하여 가구를 배치해야 한다. 그리고 테이블 배치는 좌석 수를 늘리는 의미가 아니라 한정된 영업시간의 좌석을 통하여 최대한의 매출을 올려야 하기 때문이다. 모든 카페에 적용이 가능한 모범답안이 있는 것은 아니지만, 외식점포의 고객 특성과 업태를 고려하여 좌석을 배치해야 한다.

5) 마감재 디자인

최종적으로 마무리를 무엇으로 할지를 결정하는 단계로 바닥, 벽체, 천장 등의 인테리어 마감의 컬러와 재료를 확정하게 된다. 재료의 강도와 내구성, 안정성을 세심하게 생각할 뿐 아니라 전체적인 조화를 생각해야 한다. 또한 마무리 조명에 따라 분위기가 달라질 수 있으므로 이를 고려하여 마감을 선택해야 한다. 특히 지하나 2층 이상의 일정 규모이상 점포는 화재 시 안전을 대비하여 불연재를 사용해야 한다.

6 카페의 디자인 전략

카페의 물리적 환경 디자인은 매출과 같은 성과지표에 큰 영향을 미친다. 제한된 공간을 어떻게 디자인하느냐에 따라서 좌석의 회전율을 높이기도 하고 낮추기도 한다. 예를 들어 좁은 탁자와 딱딱한 재질의 의자는 좌석 회전율을 높이는 역할을 한다. 빠른 템포의 음악도 같은 효과를 내는 물리적 환경 전략의 하나이다.

물리적 환경의 효율적인 계획을 위해서는 소비자의 심리를 비롯하여 태도와 행동을 이해하는 것이 선행되어야 한다. 물리적 환경의 계획은 직원의 만족과 고객만족에 영향을 미치고 궁극적으로 카페의 높은 성과로 연결되는 구조로 이루어져야 한다. 이와 같은 목적 달성을 위한 디자인 전략을 위한 명제들을 정리하면 〈표 9-2〉와 같다.

표 9-2 디자인 전략을 위한 명제

물리적 환경 구성요소	구분	내용
주변요소	색채	고객의 주의를 끌고 유인하기 위해서는 카페 외부를 따뜻한 색채와 밝은 조명으로 디자인
		높은 회전율을 추구하는 카페는 따뜻한 색채와 밝은 조명으로 디자인
	음악	높은 회전율을 추구하는 카페는 음악의 볼륨과 템포를 높고 빠르게 함
		낮은 볼륨의 느린 음악으로 소비자가 머무는 시간을 늘려 매출을 높임
		고객층의 연령에 따라서 음악의 속도와 볼륨을 적절히 조절함
공간배치와 기능성	공간배치	빠른 서비스를 추구하는 카페는 개방형 공간, 좁은 좌석, 고정 좌석 배치가 유효함
	기능성	서비스 품질을 높이기 위해서는 동선의 단순화, 넓은 통로, 장치의 효율적 배치가 필요
사인·심벌·인공물	디자인	사인•심벌•인공물은 상품, 서비스와 일치하도록 통합적으로 디자인해야 소비자들이 서비스 품질을 높게 인식함

자료: 전병길·고동우(2002). 레스토랑 디자인 요소로서 물리적 환경의 기능

학습정리

❶ 물리적 환경(servicescape)은 Service에 자연환경을 의미하는 접미사 scape를 합성하여 '인간이 창조한 환경'이라는 뜻이다. 다시 말해 서비스가 전달되고 서비스 기업과 고객의 상호 작용이 이루어지는 환경을 일컫는다. 마케팅 도구의 일환으로 무형적인 서비스를 전달하는 데 동원되는 모든 유형적 요소를 포함한다.

❷ 비트너(Bitner)는 물리적 환경을 '서비스 시설 그 자체'로서 '인간에 의해 만들어진 물리적 환경'으로 정의하기도 하였다. 물리적 환경은 서비스 상품을 차별화시켜주는 역할을 하기 때문에 고객의 구매의사결정에 영향을 미쳐 서비스 품질에 대한 단서로서 고객의 기대와 평가에 영향을 줄 뿐만 아니라 서비스 직원의 태도와 생산성에 영향을 주는 유형의 요소로도 작용한다.

❸ 물리적 환경의 구성요소로는 주변요소, 공간배치와 기능성, 사인·심벌·조형물의 3개 차원으로 분류한다. 물리적 환경은 콘셉트와 일치하도록 설계되어야 한다.

❹ 물리적 환경은 서비스 품질, 고객 만족에 영향을 미치는 서비스 기대의 결정요인, 서비스 기업에서는 생산과 소비가 동시에 이루어지므로 고객이 서비스 공간에 장시간 체류하는 것, 기업 이미지, 고객 만족도 및 종업원의 직무만족 등에 영향을 미친다. 고객구매행동에 직접적 영향을 미치는 것과 같은 중요성으로 인하여 그 가치가 더욱 강조된다.

❺ 물리적 환경이 구체적인 형태로 구현되려면 디자인이 필요하다. 따라서 디자인 구성요소 측면에서 물리적 환경을 검토할 필요가 있으므로 카페의 디자인 구성요소를 시각디자인, 제품디자인, 공간디자인, 웹디자인으로 나누어 볼 수 있다.

❻ 물리적 환경의 디자인은 매출과 같은 성과지표에 큰 영향을 미친다. 제한된 공간을 어떻게 디자인하느냐에 따라서 좌석의 회전율이 높아지기도 하고 낮아지기도 한다. 물리적 환경의 효율적인 계획을 위해서는 소비자의 심리를 비롯하여 태도와 행동을 이해하는 것이 선행되어야 한다.

| 연습문제 |

1. 카페의 물리적 환경의 개념, 중요성, 역할 등을 구체적인 사례와 이미지 자료를 이용하여 설명해 보시기 바랍니다.

2. 카페의 물리적 환경에서 외부환경은 파사드에 의해 좌우된다고 할 수 있습니다. 그동안 국내 카페는 소규모로 운영되면서 내부환경에 비하여 외부환경에 대한 중요성을 간과한 경향이 있습니다. 향후 카페의 경쟁 증대와 고급화 경향에 따라 파사드의 중요성이 증대될 것으로 예상됩니다. 파사드의 중요성, 갖추어야 할 속성, 성공적인 파사드 사례 등을 정리하여 보시기 바랍니다.

3. 카페의 물리적 환경이 중요함을 충분히 이해하는 계기가 되었습니다. 다만 콘셉트를 설정하고 차별화된 인테리어를 추구하다보면 상당한 창업비용이 소요되고 더 큰 문제는 이러한 인테리어도 결국 2년 정도 지나면 트렌드에 뒤처지는 경향이 있습니다. 계속 재투자를 하기에는 많은 어려움이 예상되는데 어떻게 하면 이런 문제를 해결할 수 있을까요?

4. 물리적 환경의 디자인은 디자이너나 창업자 등 이해관계인의 안목에 의하여 창조된다고 할 수 있습니다. 인테리어 디자이너의 안목이 중요할 수도 있고, 창업자 자신의 안목이 중요할 수도 있습니다. 안목은 전문화된 지식과 경험을 통해 만들어지는 것이므로 다양한 인테리어 현장을 경험하는 것이 무엇보다 중요합니다. 전문가들이 국내외 다양한 카페를 방문하고 기록으로 남기는 것은 바로 이런 이유 때문일 것입니다. 하지만 최근에는 직접 현장을 탐방하지 않더라도 전문잡지나 인터넷의 정보를 통해 간접적인 경험을 할 수 있고 인테리어 트렌드를 익힐 수 있습니다. 그렇다면 인터넷에서 인테리어에 대한 정보를 얻을 수 있는 전문잡지 또는 카페, 블로그, 맛집 소개, 기타 사이트 정보를 수집하여 제시해 보시기 바랍니다.

5. 비트너가 제시한 물리적 환경은 인공적인 물리적 환경에 국한되어 있다고 합니다. 물리적 환경을 사회적 영역과 자연적 영역까지 확장시키기 위하여 제시되는 사회적 물리적 환경과 회복적 물리적 환경 개념을 파악하고 카페에 어떤 시사점을 제공할 수 있을지 제시하여 보시기 바랍니다.

10장

개점과 촉진전략

10장

개점과 촉진전략

학습목표

1. 카페 창업절차의 마지막 단계인 개점을 위한 준비사항 체크와 절차를 이해한다.
2. 성공적인 개점을 위한 마케팅 개념을 이해하고 마케팅 믹스 중 촉진(promotion)을 이해한다.
3. 다양한 촉진 및 판매촉진전략을 구체적으로 살펴보고 실행 방법을 이해한다.

'82년생 김민경 X 카페르세' 창업일기

이제 정말 시작이다. 개점 전에 모든 것을 완벽하게 수립해야 한다. 개점 후에는 실전에서 계획을 실행하고 끊임없이 수정, 보완하고 다시 실행해야 한다. 그러나 애초부터 계획이 없어서 실행하지 못하는 경우도 많이 있다. 결코 이러한 과정을 겪어서는 안 된다.

발이 부어 걷지 못할 정도의 고통도 힘들다. 밖에서 바라보기만 하고 들어오지 않는 고객의 시선을 견디는 것은 더욱 힘들다. 가격을 너무 높게 설정한 것은 아닐까? 메뉴가 부실한 것은 아닐까? 모든 것이 잘못된 것 같다. 하지만 돌아갈 수 있는 방법은 없다.

어떻게든 밀고 나가야 한다. 흔들리지 않고 실행해보아야 평가를 할 수 있다. 그래야 정확히 판단하고 수정안을 만들어 낼 수 있다. 어느 정도 시간이 지나면서 고객의 다양한 반응을 살폈다. 유독 판매가 부진한 메뉴가 보이기 시작한다. 부진한 판매 시간도 보인다.

그리고 고객들이 무엇을 필요로 하는지가 희미하게 보이기 시작한다. 현장에서 유심히 살피다 보니, 어느 정도 매출을 통제할 수 있겠다는 자신이 생기더라.

개점 후 지금까지 가장 힘든 것이 뚝심을 지키는 일이다.

1

개점 준비와 절차

1) 개점을 위한 포괄적인 점검사항

카페 창업을 위하여 포괄적으로 점검해야 할 항목으로 '브랜드와 로고의 출원, 경영철학, 마케팅전략, 메뉴개발, 종업원 채용과 훈련, 개점행사 준비, 법률과 인허가 사항 체크' 등이 있다. 그 외에 'POS 시스템, 신용카드 체크기'를 준비하는 것도 잊어서는 안 된다.

표 10-1 **개점을 위한 포괄적인 점검사항**

구분	내용
브랜드와 로고	브랜드(상호), 로고, 상표 및 서비스표의 출원
경영철학	비전과 경영전략, 영업일(정규휴무 유무), 영업시간 및 브레이크 타임
마케팅전략	촉진전략의 구체적 내용(광고전단지, 마일리지 카드, 홍보기사 의뢰, 점포 명함, 개점 안내 현수막, 테이블 텐트, POP 등)
메뉴개발	식재료비 원가, 메뉴북, 벽면 사진, 메뉴 샘플, 조리 레시피, 재료 구입처 결정과 발주시스템 구축, 소모품 준비 등
직원 채용과 교육훈련	직원 수 결정, 근무조건(휴일, 급여, 복리후생비, 퇴직금 등), 업무분장, 유니폼, 근로계약서, 서비스 매뉴얼, 종업원 채용, 보건증 등
개점 행사 준비	초대장, 이벤트 계획, 판촉물 준비
법률 및 인허가 체크	위생교육, 영업허가, 사업자등록증, 식품위생법, 소방법, 신용카드 가맹점 등록, 원산지 표시
기타	POS, 사무용품, 청소용품, 전표류, 각종 관리용 자료(영업일지, 발주서 등), 전화, 카드 체크기

자료: 임영서(2006). 음식점 경영 이렇게 성공한다.

2) 세부적인 개점 체크리스트

포괄적인 점검을 마치게 되면 창업을 위한 좀 더 세부적인 검토가 필요하다.

표 10-2 **개점을 위한 세부적인 체크사항**

구분	내용	시기
위생교육	• 일반 음식점 교육 주관: 한국외식업중앙회 • 휴게 음식점 교육 주관: 한국휴게음식업중앙회 • 준비물: 주민등록증(업주 본인), 증명사진 1매, 교육비 • 장소와 일시는 관할지역마다 다르므로 주관단체 홈페이지에서 확인할 것	개점 3주 전
건강진단 결과서 (보건증)	• 관할 보건소 • 준비물 : 주민등록증, 수수료 1,500원 • 대표자를 포함한 매장 내 근무자는 모두 보건증 발급(건강진단 후 보건증은 보건소 홈페이지에서도 출력 가능)	개점 3주 전
영업허가증	• 관할구청(신청서 작성 및 접수) • 준비물: 신청서(관할구청), 점포 건축물 관리대장(관할구청), 위생교육 수료증, 보건증 ▶ 소방 방화시설완비 증명서-1층 점포 제외 ▶ 액화석유가스 사용 시 시설완성 검사필증	개점 3주 전
사업자등록증	• 관할 세무서(민원실) • 준비물: 영업 허가증(사본), 주민등록등본, 점포임대차계약서, 도장 • 일반사업자 업태: 음식, 종목: 카페, 커피전문점 신고 • 매입세금계산서 발행 등에 필수	개점 2주 전
인테리어 (GAS, 전기) 공사	• 인테리어 공사와 동시에 GAS 공사 시작 • GAS 공사-LNG(해당지역 가스회사) • 전기용량 등 파악을 통한 전기 승압 신청(한국전력) • 소방법을 고려한 인테리어 공사	공사착수 시 GAS 신청
전화번호 신청	• 전화번호 신청(기억하기 쉬운 번호 선정) • 인터넷 신청(POS 설치 이전)	개점 2주 전
POS 및 카드단말기 설치	• 준비서류: 사업자 등록증(사본), 영업허가증(사본), 주거래은행거래통장(사본), 도장(거래통장 도장) • 점주 접수 시: 상기서류에 신분증 지참 • 은행 방문접수 시: 국민, BC카드 즉시 개통 ▶ 상기서류 준비 시 담당직원 방문 접수 대행 ▶ 카드 등록은 개점 15일 전에 접수 • 인터넷 전화연결 및 사용매뉴얼 교육 이수	사업자 등록 후 개점 2주 전
본사교육 이수	• 가맹창업의 경우 본사의 규정에 의한 조리 및 서비스 교육 등 이수	10일 전 (본부 규정에 따라)
OPEN리허설	• 허가, 인테리어, 설비, 서비스 교육, 조리교육상태 점검 • 점주 포함 전직원 참가 리허설	개점 3일 전

자료: (주)산내음식품의 오픈체크 리스트를 기본으로 저자 수정.

〈표 10-1〉에 제시한 포괄적인 점검사항이 경영관리적 측면의 내용이라면 〈표 10-2〉의 세부적인 체크사항은 법률적인 내용이 주를 이루고 있다. 특히 이러한 세부사항은 사전에 준비가 되지 않으면 영업허가와 사업자등록증을 발급받을 수 없게 됨으로써 사업을 개시하지 못하는 경우가 발생한다.

3) 메뉴평가와 개점전략

개업에 앞서 반드시 거쳐야 하는 단계로 메뉴평가가 있다. 메뉴평가는 카페메뉴를 판매하기 전에 목표고객을 대상으로 맛과 가격의 적정성 등 정성적인 평가를 받는 것을 의미한다. 메뉴평가는 메뉴분석과는 구별되는 개념으로 사전적 평가라고 할 수 있으며, 메뉴분석은 메뉴의 판매가 이루어진 이후에 하는 사후적 평가이다.

(1) 메뉴평가

메뉴평가는 메뉴계획, 메뉴개발이 이루어진 후 판매 전에 선호도, 맛, 수용가격 등을 평가하는 사전적 개념의 주관적 평가이다.

메뉴평가는 크게 외부평가와 내부평가로 구분할 수 있는데, 외부평가의 경우 전문가집단에 의한 평가와 소비자집단의 평가로 나누어 실시한다. 평가항목은 메뉴의 양, 맛, 색상, 향, 전반적인 느낌, 선호도, 수용가격(지불가능가격) 등이 된다. 내부평가는 카페 경영자와 근무하는 직원을 대상으로 하는 것으로 주로 가격수준의 평가와 조리 및 서비스의 편의성 평가가 이루어진다. 메뉴개발과 관리를 다루고 있는 8장을 엄밀히 분석하여 부족함이 없도록 준비하는 것을 기본으로 한다.

(2) 개점전략

카페 경영자는 개점 시 개점 마케팅, 직원 인건비, 원재료 구매 비용 그리고 개점 후 6개월 동안 발생할 수 있는 손실을 고려하여 운영자금을 충분히 확보해야 한다. 이유는 개업 이후 수개월에서 1년까지도 손실이 발생할 수 있기 때문이다. 충분한 운영자금이 확보된 경우와 그렇지 않은 경우를 대비하여 사업자는 다양한 개점전략을 생각해 볼 수 있다. 충분한 준비를 통해 고객만족에 목표를 두고 있는 소프트 오프닝을 생각할 수 있다. 개점전략의 소프트 오프닝에 대하여 구체적으로 살펴보면 다음 〈표 10−3〉과 같다.

표 10−3 카페의 개점방법

구분	내용
소프트 오프닝 (시험적 개점)	• 형식적이고 요란한 오픈 이벤트 없이 개점을 하는 방법 • 목표고객의 카페메뉴에 대한 반응을 점검할 수 있는 기회 • 잘못된 콘셉트나 기타 수정이 필요한 사항에 대한 재정립의 시간을 가질 수 있음

자료: 김영갑 외(2015). 외식사업창업론.

개점방법에 대한 윈슬러의 제안

윈슬러는 화요일에 한 번 조용히 문을 열고 들어오는 몇 안 되는 손님에게 "아직 준비가 덜 되었는데요(비록 다 되어 있더라도)"라고 말하고, 만약 손님이 그래도 괜찮다고 하면 서비스를 하라고 조언하고 있다. 이러한 방식의 소프트 오프닝은 우리의 새로운 콘셉트가 고객에게 잘 받아들여질 수 있는지를 확인시켜 준다.

2 카페 마케팅

1) 마케팅의 정의

짐 무어(Jim Moore)는 마케팅을 '고객이 보고, 만지고, 듣고, 냄새 맡는 모든 것'이라고 하였다. 함주한은 마케팅을 '소비자와 기업 간의 매매가 활발하게 전개될 수 있도록 하는 일련의 행위'라고 하였으며, 피터 드러커(Peter Drucker)는 마케팅을 '개인과 집단이 제품과 가치를 창조하고 타인과의 교환을 통하여 그들의 욕구와 욕망을 충족시키는 사회적 또는 관리적 과정'이라고 정의했다. 그는 마케팅을 '판매가 불필요하게 만드는 활동'이라고 설명한다.

관리적 과정

제품과 서비스의 가치를 창조한다.
교환이 이루어진다.
욕구와 욕망을 충족시킨다.

↓

판매가 불필요하게 만드는 활동

↓

고객을 잘 이해한 후, 제품과 서비스를 그들에게 맞춤으로써 저절로 판매되게 만드는 활동

그림 10-1 피터 드러커의 마케팅 정의

결과적으로 마케팅은 '고객을 잘 알고 이해하여 제품과 서비스를 그들에게 맞춤으로써 저절로 판매되게 만드는 활동'으로 정리할 수 있다. 따라서 마케팅을 하려면 고객을 이해한 후 목표고객을 정하는 과정, 목표고객이 원하는 제품과 서비스를 생산하는 과정, 생산된 제품과 서비스를 고객들이 구매한 후 만족하게 만드는 과정을 순차적으로 할 수 있는 능력을 갖추어야 한다.

2) 전략적 마케팅

마케팅활동은 지속적으로 변화를 거듭하는 환경 속에서 다양한 소비자는 물론이고 경쟁업체와의 상호작용을 통하여 이루어진다. 따라서 카페 경영자와 책임자는 지속적으로 변화하는 소비자의 다양한 욕구와 트렌드, 그리고 새로운 경쟁자나 제품의 출현에 대응하기 위한 끊임없는 노력을 해야 한다. 또한 사회문화적, 인구통계학적 변화 속에서 새로운 제품과 시장, 그리고 목표고객의 개발 등과 같은 마케팅활동 역시 변화와 혁신을 지속적으로 추구해야 한다. 마케팅은 계속해서 변화하는 환경 속에서 소비자의 필요와 욕구를 발견하고 적극적으로 대응하여 기회를 포착하는 과정이다. 이와 함께 위협에 대비할 수

그림 10-2 마케팅 실행 절차
자료: 김영갑 외(2015). 외식사업창업론.

있는 마케팅계획을 수립하고 이를 효과적이고 효율적으로 실행할 수 있는 방안을 모색하는 것도 포함된다.

결과적으로 전략적인 마케팅을 진행하기 위해서 이에 필요한 전략체계가 요구된다. 마케팅전략 수립의 출발점은 기업의 비전, 미션, 핵심가치이다. 기업이 장기적으로 이루고자 하는 목표를 가지고 있지 않다면 구체적인 마케팅계획을 수립하는 것은 불가능하다.

(1) 성공적인 경영을 위한 경영이념 수립

기업이 추구하는 목적을 달성하기 위하여 비전과 미션, 그리고 핵심가치를 포함한 경영이념을 수립해야 한다. 이것은 기업 조직원의 동기를 유발시키는 최상위의 행동강령이다. 구체적으로 각각의 내용을 정리하면 다음과 같다.

첫째, 비전은 조직원에게 영감을 주는 기업의 최상위 목표다. 경영자가 기업을 경영하는 가장 큰 목적이 비전으로 규정되어야 한다. 예를 들어 성심당은 '모든 이가 다 좋게 여기는 일을 하십시오'라는 비전을 가지고 연매출 100억 원의 동네빵집을 만들었다.

둘째, 미션은 기업의 존재가치를 규정하는 내용이다. 고객에게 궁극적으로 제공하려는 것을 규정함으로써 정의할 수 있다. 예를 들어 스타벅스는 '인간의 정신에 영감을 불어넣고 더욱 풍요롭게 한다. 이를 위해 한 분의 고객, 한 잔의 음료, 우리의 이웃에 정성을 다

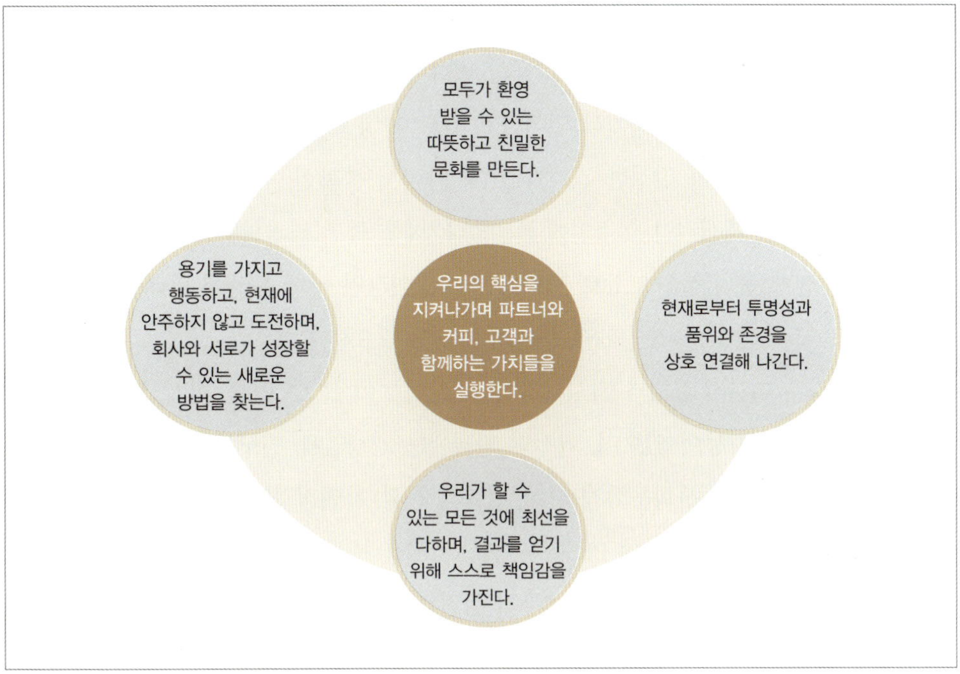

그림 10-3 **스타벅스 핵심가치**

자료: 스타벅스 홈페이지

한다'라는 사명으로 스타벅스의 존재가치를 증명하고 있다.

셋째, 핵심가치는 기업의 모든 조직원이 행복하게 일하기 위하여 준수해야 할 행동수칙과도 같은 것이다. 예를 들어 스타벅스는 '우리의 가치'라는 행동수칙을 통해 고객만족을 위한 노력과 함께 기업의 조직문화를 만들어 가고 있다(〈그림 10-3〉). 스타벅스는 '우리는 핵심을 지켜나가며 파트너와 커피, 고객과 함께하는 가치들을 실행한다'라는 명제 하에 세부적 행동수칙을 제시하고 있다. 이는 인간관계에서 발생할 수 있는 문제를 해결하는 지침이 되어 조직원뿐 아니라 고객과의 장기적인 관계관리에도 큰 영향을 미친다.

(2) 환경분석(마케팅조사) 실시

환경분석에는 다양한 방법과 대상이 존재한다. 예를 들면 PEST 분석, 3C 분석, SWOT 분석 등이 그것이다. 마케팅 상황분석에 해당되는 환경분석은 기업의 기존 전략을 변경하거나 새롭게 진입할 시장을 결정하기 위하여 실시한다. 기업환경 속에서 모든 변화의 시작은 환경을 구성하고 있는 다양한 요소들의 변화에서 시작된다. 환경분석이라는 절차를 통하여 어떤 사건이 우리 주변에서 일어나고 있으며, 향후 어떤 일들이 발생할지를 예측하는 것은 기업의 생존과 밀접한 관계가 있다. 따라서 불확실성이 매우 높은 기업환경의 예측은 위험관리에 핵심적인 요소임에 틀림없다. 예를 들면 커피원두를 수입하려고 하는데 수입국의 전쟁 등의 불안요소로 드러나는 상황이라면 카페 운영에 막대한 피해를 볼 수 있기 때문에 사전에 이러한 PEST 분석이 반드시 필요하다.

기업의 환경은 미시적 환경과 거시적 환경으로 나누어 볼 수 있다. 미시적 환경에는 자사와 공급업자, 고객 등이 있으며, 거시적 환경에는 경쟁업체, 인구통계, 경제적 환경, 기술적 환경, 정치적 환경, 사회문화적 환경, 법률적 환경, 자연적 환경 등이 있다.

기업은 거시적 분석을 위하여 PEST 분석을, 미시적 분석을 위하여 3C 분석을 주로 이용하고, 이렇게 분석된 내용을 기업 내부의 강점과 약점, 기업 외부의 기회와 위협요인으로 구분하여 전략을 수립하는 SWOT 분석에 활용한다.

(3) 마케팅목표를 위한 STP전략 수립

기업은 자체의 목표와 전략을 가지고 있다. 마케팅전략은 이러한 기업의 목표와 전략에 부합되도록 일관성 있게 수립되어야 한다. 마케팅목표는 기업의 전략을 실행하기 위한 도구이며 마케팅전략은 마케팅목표를 달성하기 위한 수단이라고 할 수 있다. 마케팅목표는 기업의 목표 및 전략과 일관성을 유지하면서 측정 가능한 형태로 수립됨과 동시에 달성 가능한 수준을 충분히 고려하여 너무 낮거나 너무 높게 설정되지 않도록 유의하여야 한다.

마케팅목표가 확정되고 전략이 수립되면 소비자 분석과 시장 세분화가 이루어져야 한다. 마케팅의 STP(segmentation, targeting, positioning) 전략은 시장을 세분화한 후 표적시장을 결정하고 그 표적시장 내에서 기업이나 기업의 주요 제품을 어떻게 포지셔닝시킬 것인가에 대한 계획을 의미한다. 따라서 STP전략의 첫 번째 단계는 시장 세분화이다. 기업이 모든 시장에서 모든 고객을 대상으로 사업을 한다는 것은 현재와 같이 치열한 시장 환경에서는 거의 불가능하다. 가장 효과적이고 효율적인 마케팅전략은 자신의 장점과 시장의 기회를 가장 잘 활용할 수 있는 시장을 선택하여 집중적으로 공략하는 것이다. 기업은 소비자의 욕구와 선호를 추적하고 이에 대응하기 위한 노력이 최우선의 과제이지만, 매우 다양한 소비자의 개인적 욕구를 모두 충족시키는 것은 비용과 관리상 많은 어려움이 따른다. 따라서 기업은 욕구와 선호도가 유사한 소비자들을 집단화하여 고객 집단별로 공통된 욕구와 취향을 충족시키려고 노력한다. 이를 위하여 공통된 욕구와 선호도를 갖는 소비자 집단을 세분시장이라 하며 이렇게 소비자 집단을 나누는 과정을 시장 세분화라고 한다. 일반적으로 시장은 지리적, 인구통계적, 심리적, 행동변수적 특징 등을 이용하여 세분화한다.

시장 세분화가 완료되면 표적시장을 결정해야 한다. 세분화된 시장 중에서 시장의 크기, 성장률, 수익성 등을 충분히 고려하여 기업의 입장에서 매력도가 가장 높은 시장을 선정하는 과정이다. 기업은 한정된 자원을 가장 효과적, 효율적으로 사용하기 위하여 시장을 세분화하고 이렇게 세분화된 시장에서 기업은 자원과 능력, 그리고 시장환경을 고려할 때 가장 공략이 수월한 고객집단을 찾아야 한다. 그리고 주기적으로 다양한 세분시장을 평가하고 표적시장을 조정함으로써 경쟁력을 강화하고 시장점유율을 높이기 위해 노력한다.

다음으로 목표시장에 대한 포지셔닝이 필요하다. 마케팅의 STP전략의 마지막 단계인 포지셔닝은 일반적으로 마케팅에서 가장 이해하기 힘든 개념이다. 포지셔닝을 정확히 알기 위해서는 포지션과 포지셔닝이란 단어 자체의 뜻에 대한 이해가 선행되어야 한다. 포지션(position)이란 위치를 정적인 상태로 표현하는 것으로 자사와 경쟁사의 제품이나 서비스가 어디에 어느 정도 차이가 존재하는지를 단면적으로 나타내는 것이다. 포지셔닝(positioning)은 동적인 개념으로 목표시장인 고객의 마음과 머릿속에 자사의 제품이나 서비스가 경쟁사보다 유리한 위치에 자리 잡게 만드는 점진적이고 동적인 활동과정을 의미한다. 이러한 포지셔닝은 경쟁사 제품과 차별화된 위상을 구축하기 위한 것으로 차별화된 위상은 제품에 대한 지각, 인지, 느낌, 태도, 이미지 등이 혼합되어 구축됨을 이해하고 물리적 특성, 서비스, 직원, 입지, 이미지 등을 이용하여 차별화를 추구해야 한다.

(4) 마케팅믹스 요소의 적용

마케팅믹스는 목표시장의 욕구와 선호를 효과적으로 충족시켜 주기 위하여 기업이 제공하는 마케팅수단의 핵심요소임을 알 수 있다. 좀 더 구체적으로 표현하면 서비스가 핵심을 이루는 기업의 마케팅목표 매출액 증대, 이윤 증대, 고객만족도 제고 등을 달성하기 위하여 이용할 수 있는 수단들의 묶음을 서비스 마케팅믹스라고 한다. 무엇보다 중요한 사항은 사전에 설정한 포지셔닝에 부합되도록 일관성 있게 조정하고 통합하는 전략을 수행해야 한다. 마케팅 믹스의 7가지 수단은 다음 장에서 구체적으로 다루기로 한다.

(5) 마케팅 성과 평가

카페를 운영하는 경영자나 책임자가 마케팅을 실행한 후 반드시 해야 할 사항이 있다.

그것은 마케팅을 시행한 후, 얼마나 효과가 있었는지 검증하는 과정을 거치는 것이다.

대부분의 기업들이 열심히 마케팅활동을 하고 나서 결과를 막연하게 추측하는 경우가 많다. 특히 소규모 사업자일수록 이런 현상은 더 많이 발생한다. 무분별한 마케팅으로 많은 비용을 지불하다 보면, 제품의 판매로 아무리 많은 이익을 내더라도 적자를 면치 못한다. 예를 들어 100만 원의 비용을 지불하고 마케팅을 한 후, 매출액이 100만 원 증가했다고 가정해 보자. 그 마케팅을 통해 기업이 얻은 이익을 매출액의 30%라고 가정하면, 기업은 마케팅으로 인하여 이익을 보기는커녕 오히려 70만 원의 손해를 본 결과가 된다. 우리 주변에 이와 같은 적자형 마케팅이 얼마나 많은지 알게 된다면 마케팅이란 이름의 큰 위험을 쉽게 발견하게 될 것이다.

3) 서비스 마케팅믹스(7P)

마케팅 목표의 효과적인 달성을 위하여 마케팅 활동에서 사용되는 여러 가지 방법과 도구를 마케팅믹스라고 한다. 카페 경영과 같은 서비스 산업에서의 마케팅믹스는 전통적인 4P(product, price, place, promotion)와 확장된 3P(people, process, physical evidence)로 구성되어 총 7가지의 믹스가 있으며 그 구체적인 내용을 살펴보면 다음과 같다.

표 10-4 마케팅믹스 7P

구분	내용
상품(Product)	•고객에게 가치를 창출할 수 있는 모든 서비스 수행 요소 •무형의 서비스를 유형화하는 노력이 필요 •철저한 품질관리와 고객만족을 통한 브랜드 이미지 제고로 불안감을 줄여 주어야 함
가격(Price)	•서비스를 구매하거나 소비하면서 고객이 지불하는 돈, 시간, 기타 노력 등을 통칭해서 말하는 것(협의로는 구매에 따른 지불 화폐의 양) •서비스의 가격에는 원가요소를 객관적으로 산정할 수 없는 경우가 많기 때문에 가격결정 메커니즘이 매우 주관적이고 어려움 •소비자의 가격인식에 대한 심리적 요인들은 매우 중요한 가격전략으로 이용되고 있음
유통 또는 입지(Place)	•서비스 기업에서의 경로는 보관하거나 저장이 불가능한 서비스를 전달하는 장소 내지 입지(location)를 의미함
촉진 (Promotion)	•고객에게 특정 서비스 상품을 알리고 선호도를 높이기 위해 실행하는 모든 커뮤니케이션 활동 •촉진활동은 물리적 차별화가 불가능하기 때문에 심리적 차별화를 통해 포지셔닝 활동을 전개하기도 함
서비스 프로세스 (Service Process)	•서비스가 전달되는 절차, 메커니즘, 활동의 흐름(고객관리 프로세스) 등은 마케팅 전략의 중요한 요소들이며 서비스 산업에서 프로세스는 곧 상품으로 받아들여지기도 함 •고객이 서비스 품질을 느끼게 되는 서비스 접점관리(service encounter)가 강조됨
물리적 증거 (Pysical Evidence)	•서비스는 눈에 보이지 않기 때문에 물리적 근거를 통해 서비스 기업과 그 기업이 제공하는 서비스 품질을 고객에게 전하려고 하는 것 •물리적 증거란 실내온도, 조명, 소음, 색상 등과 같은 주변적 요소(ambient elements)와 서비스 매장의 공간적 배치, 기능성, 그리고 표지판, 상징물과 조형물 등을 포함
사람(People)	•직접적이든 간접적이든 서비스의 소비에 연관된 사람은 확장된 마케팅믹스에 있어 중요한 일부임 •지식 노동자, 종업원, 경영진, 소비자는 전체 제품이나 서비스의 제공에 중요한 가치를 제공하는 요인임

자료: 김영갑 외(2015). 외식사업창업론.

(1) 상품(Product)의 전략

메뉴는 매장의 유형에 따라 목표고객이 있어야 한다. 목표고객은 가능한 한 명확한 계층으로 정의할수록 좋다. 그 예로 스타벅스에서 운영하는 스페셜티 커피 브랜드인 스타벅스 리저브는 테마의 브랜드를 단품종 커피로 설정해 차별화 상품을 만들어 전용코너를 운영하고 있다.

스타벅스 리저브

가장 진귀하고 이국적이며 정교한 풍미의 커피

"스타벅스 리저브™ 커피는 아주 진귀하고 특별한 커피입니다."

스타벅스 리저브™ 커피는 아주 진귀하고 특별한 커피입니다. 적은 수량 때문에 모든 분들에게 선보일 수 없으나, 독특한 맛과 향은 리저브 커피를 더욱 소중하게 만듭니다.

가장 신선한 상태에서 손으로 골라낸 커피는 이 세상에서 가장 훌륭한 최상의 커피이자, 스타벅스에서 제공하는 특별한 경험입니다. 남부 탄자니아의 고지대부터 자메이카의 블루 마운틴까지 각각의 스타벅스 리저브 원두는 고객들을 새로운 커피 여정으로 초대합니다. 2가지 혹은 소수의 스타벅스 리저브 커피만이 지정된 스타벅스 리저브 매장™에서 제공되며, 새로운 커피들이 주기적으로 추가됩니다.

자료: 스타벅스 홈페이지

카페 경영자의 입장에서 판매하고 싶은 상품이 있으며 고객의 입장에서 구매하고 싶은 상품이 존재한다. 상품전략은 이런 양자의 입장에서 최적의 상품들을 제시해 주는 전략이며, 이러한 상품전략을 결정하는 기본원칙은 다음과 같다.

- 판매하고 싶은 메뉴가 잘 보일 것
- 고객이 원하는 메뉴가 잘 보일 것
- 망설이지 않고 선택가능할 것
- 구매결정이 쉬울 것
- 지불가능금액과 일치할 것

(2) 가격

모든 거래가 이루어지는 시장에서 가격(Price)은 제품이나 서비스의 교환가치이며, 소비자가 제품이나 서비스를 구매함으로써 얻게 되는 효용가치이다. 가격은 기업의 이익극대화에 가장 큰 영향을 미치는 변수로서 매출을 1% 높이면 영업이익은 3.3% 높아지는 반면, 가격을 1% 올렸을 때 영업이익은 11.1% 높아지는 것으로 조사된 바 있다.

샷 추가나 크림 추가 등의 옵션 추가 시스템을 만들고, 정착시킨 스타벅스의 '커스터마이즈' 메뉴는 자신의 취향에 따른 메뉴를 요구하는 고객과 객단가 상승을 추구하는 경영자 양자의 요구를 동시에 충족시켜주는 전략이라고 볼 수 있다.

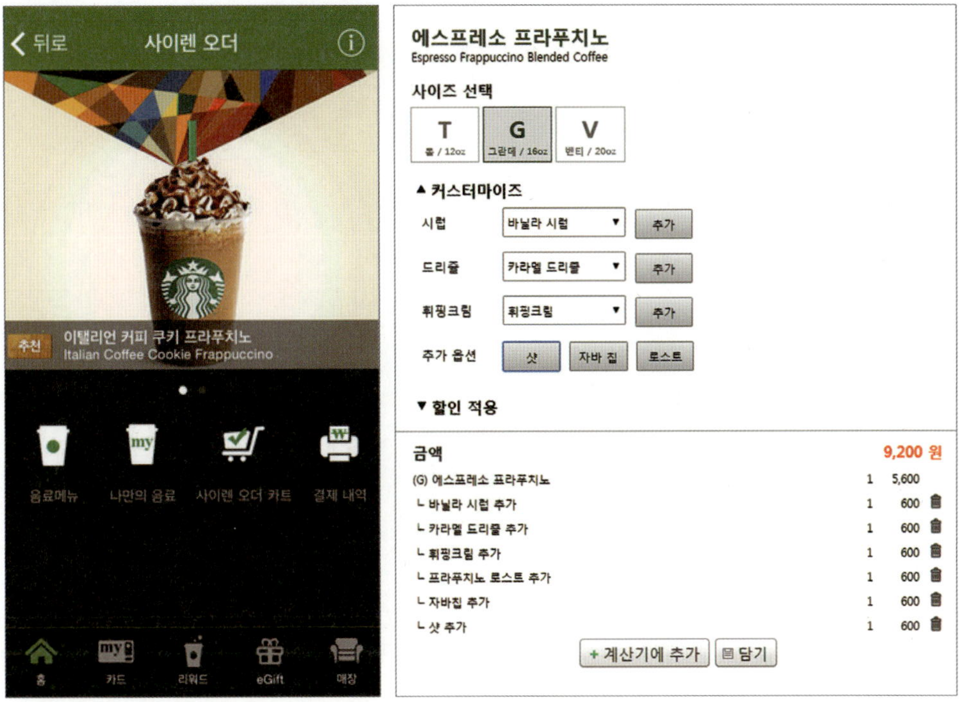

그림 10-4 스타벅스의 커스터마이즈 시스템

자료: 스타벅스 홈페이지 및 스타벅스 앱

올바른 가격전략은 고객을 확보하고 고객으로부터 이익을 높일 수 있게 도와준다. 카페 유형별로 높은 가격을 지불하는 고객이 존재하기 때문에 이익을 늘리려는 노력은 반드시 필요하다. 또한 이렇게 확보한 이익을 고객만족의 서비스 향상을 위한 가치로 사용하면 기업의 이익은 더욱 증가하게 될 것이다.

(3) 유통 또는 입지

상권은 마케팅영역으로 입지(Place)를 포함하고 있다. 곧 카페 경영의 활성화는 상권에 달려 있다고 해도 과언이 아니다. 이런 이유로 정부를 비롯한 관련단체들이 상권에 관심을 집중하고 있다. 카페 경영자는 자신의 사업에 지속적인 영향을 미치는 환경요인을 항상 파악하고 경영의사결정에 반영해야 한다.

실제 유명 프랜차이즈 카페들의 경우 GIS를 활용해 입지분석 신규투자위험요소를 파

그림 10-5 **스타벅스의 입지전략 사례**

자료: 네이버지도

악하고 그것을 최소화하는 것은 물론 이를 통해 리스크뿐 아니라 생산성, 업무 효율성의 측면에도 적극 활용하고 있다. 또한 입지분석의 주요 변수인 인구통계 즉, 인구 수, 세대 수, 연령별, 성별 분포 등 인구증감 파악을 위해 인구추정기법을 활용하고 있으며 그 외 중요 요소인 구매력현황정보를 파악하기 위해 전국 공통주택 기준시가 또는 한국감정평가원이 제공하는 부지 공시지가 활용은 물론 중소기업청 기업규모 매출액, 종사자 수 등 여러 상권정보 시스템을 활용하고 있다(이은영 외, 2008).

〈그림 10-5〉는 경기도 오산에 위치한 스타벅스의 사례로, 1호점의 경우 대형마트와 시청, 한식특화거리를 중심으로 걸어서 유입되는 고객을 상대로 점포를 오픈하였으며, 2호점(드라이브스루)은 차량을 이용하여 접근하는 고객을 위한 입지전략을 수립하여 지역에서 만남의 장소로 활용되고 있다.

개인 창업을 계획하는 사업자는 본서 7장 〈상권과 입지 조사분석〉의 내용을 참고하여 '무엇을 누구에게 어떻게 판매할 것인가?'에 대한 정확한 계획을 수립해야 할 것이다.

(4) 촉진

촉진(Promotion)은 매출증대를 위해 다양한 방법으로 제품에 대한 정보를 고객에게 알려 구매 하도록 설득하기 위한 일련의 활동이다. 즉, 욕구를 자극하여 상품을 잠재고객에게 널리 알리려는 목적이다.

버블티로 유명한 공차는 버블티가 가장 인기 있는 여름 이후 매출 감소폭을 최소화하고, 따뜻한 차 메뉴에 대한 전문성을 보여주기 위해 티 메뉴 1+1 프로모션을 진행했다.

그림 10-6 공차 1+1 쿠폰 증정 프로모션

자료: 공차 홈페이지

(5) 서비스 프로세스

서비스 프로세스(Service Process)란 '서비스가 전달되는 과정'을 의미한다. 구체적 서비스가 전달되는 절차나 구조 또는 활동들의 흐

1. 서비스는 제조기업의 제품과 달리 프로세스가 바로 제품에 해당됨
2. 제조기업의 제품설계와 같은 프로세스의 설계가 요구됨
3. 서비스의 경우 고객들이 프로세스에 참여하기 때문에 더욱 중요함
4. 서비스 프로세스의 단계와 고객의 참여수준을 결정하는 것이 필요함
5. 대기관리와 접점관리가 중요함

그림 10-7 서비스 프로세스

자료: 상권분석 전문가과정(한양사이버대학교)

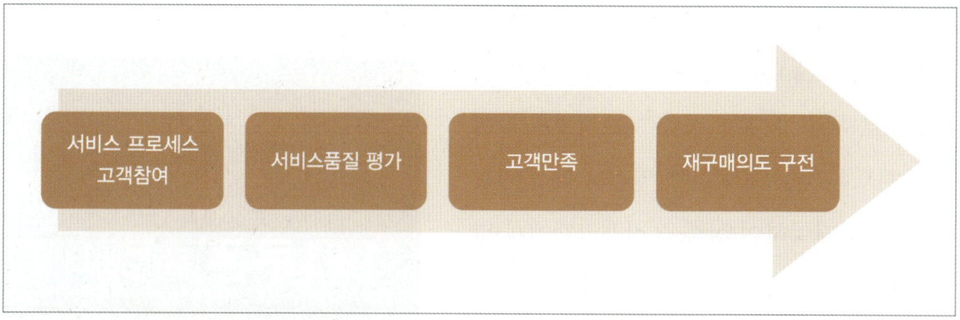

그림 10-8 서비스 프로세스의 중요성

자료: 김영갑(2015). 성공창업을 위한 음식점 마케팅.

름이며, 고객에게 제공되는 서비스는 택배나 전자제품의 수리 등과 같이 일정한 결과물이 있는 경우도 있지만 대부분의 서비스는 일련의 과정이며 흐름의 형태로 전달된다. 따라서 서비스 프로세스는 서비스 상품 자체를 의미하기도 하지만 서비스 전달과정인 유통의 성격을 포함하는데, 이것을 '서비스 프로세스' 또는 '서비스 전달 시스템'이라고 한다.

서비스는 동시성과 비분리성이라는 특성 때문에 고객과 분리하여 생각할 수 없다. 서비스를 구매하는 고객은 단순히 수혜자의 입장을 넘어서 서비스 프로세스에 직접 참여한다. 이러한 이유 때문에 서비스의 흐름은 제품 마케팅에서보다 더 중요하다. 자동차를 구매하는 고객은 자동차가 만들어지는 과정에 대하여 특별한 관심을 두지 않지만 카페를 이용하는 고객은 다르다. 그들은 카페에 도착하여 자리에 앉고 안락한 분위기를 즐기며, 주문과 메뉴를 받고, 메뉴를 시식하는 과정과 거기서 얻어지는 경험을 더 중요하게 생각한다. 카페에서 고객이 경험하는 많은 단계와 서비스 제공자의 처리 능력은 고객의 눈으로 확인 가능하다. 따라서 서비스 품질을 결정하는 데 큰 영향을 주게 되어 고객만족과 재구매 의사에 결정적인 영향을 미친다. 이와 같은 서비스 프로세스의 중요성 때문에 경영자는 프로세스의 계획, 실행, 통제에 심혈을 기울여야 한다.

그러므로 카페에서는 한결같은 메뉴를 제공하는 것도 서비스 프로세스의 중요한 요소임을 알아야 한다. 직원의 숙련도에 따라 메뉴 품질에 편차가 생긴다면 고객은 불만족할 것이고 심각한 경우 다시는 점포를 찾지 않는 문제가 발생할 수 있다. 그러한 문제를 해결하기 위한 대안으로 메뉴제조 프로세스를 구성해 놓아야 한다. 누구나 같은 메뉴를 조리하여도 한결같은 맛을 유지할 수 있게 하는 전략이다. 프랜차이즈 카페에서 메뉴를 주문하고 직원의 행동을 유심히 살펴보면 메뉴를 제조하는 프로세스를 볼 수 있다. 주문받은 사이즈에 따라 에스프레소와 물, 우유, 얼음 등의 양을 얼마정도 해야 하는 것인지가 규격화되어 있어 주문이 많아도, 직원이 바뀌어도 한결같은 서비스를 제공하여 고객만족을 달성하고 있다. 이것이 서비스 프로세스의 전략이라고 할 수 있다.

그림 10-9 규격화된 메뉴를 위한 규격화된 패키지
자료: 스타벅스 홈페이지

(6) 물리적 증거

물리적 증거(Physical Evidence)는 카페를 비롯한 서비스 경영 분야에서 다양한 용어로 사용되고 있다. 예를 들면 '분위기' '유형재', '물리적 환경', '상황', '유형적 단서' 등이 그것이다. 어떤 단어를 사용하든 물리적 증거는 고객의 인식과 태도에 영향을 주어서 구매를 유발하고 결과적으로 고객만족으로 연결된다는 점에서는 동일하다.

카페를 이용하는 고객은 해당 점포의 물리적 증거를 인지한 후에 이를 기초로 기분과

그림 10-10 물리적 증거가 카페에 미치는 영향
자료: 이유재(2010). 서비스마케팅. 학연사.

그림 10-11 물리적 증거의 예

자료: 경기도 오산시 스타벅스드라이브스루

태도를 결정하며 생리적인 반응을 나타낸다. 무엇보다도 물리적 증거는 고객만족에 미치는 다양한 요소 중에서도 그 중요성이 매우 크다고 알려져 있다. 물리적 증거는 고객의 구매결정을 비롯하여 직원의 행동에까지 영향을 미친다.

카페는 고객이 정해진 공간에서 서비스를 소비하는 형태의 업소이기 때문에 다른 유형의 점포에 비하여 물리적 증거가 더 중요한 의미를 갖는다. 특히 물리적 증거는 서비스에 대한 경험이 전혀 없거나 적은 고객에게 더 큰 영향을 미치는 것으로 알려져 있다. 예를 들어 소비자는 처음 방문하는 카페의 경우 커피나 메뉴를 먹어 보지 않았고 서비스를 경험한 적도 없기 때문에 물리적 증거만 보고서 구매를 결정하는 경우가 많다.

물리적 증거는 고객이 카페에서 느끼는 첫인상에 영향을 주고, 고객의 기대를 설정하는 역할을 한다. 카페의 색상, 조명, 음향, 실내공기, 온도, 공간의 배치, 가구 스타일, 향기 등과 같은 물리적 증거는 서비스에 대하여 고객이 감정을 형성하는데 영향을 준다. 따라서 카페는 궁극적으로 서비스 자체에 대한 긍정적 인식을 창조하기 위하여 물리적 증거를 잘 활용해야 한다.

물리적 증거는 고객뿐만 아니라 직원에게도 영향을 준다. 제조업과는 다르게 서비스업에서는 서비스 제공 과정에서 고객과의 직접적 커뮤니케이션을 통해 고객의 감정에 영향을 준다. 쾌적한 근무 환경은 직원의 일에 대한 만족도를 높이고 직원의 생산성을 높이며 동료 직원과의 협동에도 긍정적인 영향을 미친다. 예를 들어 자신이 근무했던 기업의 물리적 증거가 근무 만족도와 직장의 충성도에 어떤 영향을 미치는지를 곰곰이 생각해 보면 그 가치를 충분히 이해할 수 있을 것이다. 항공사나 고급 음식점에서 승무원과 직원의 유니폼에 많은 투자를 하는 이유도 여기에 있다.

(7) 사람

카페 창업에서 직원(사람, People)은 인적자원의 개념을 넘어서서 제품의 일부분으로 간주해야 한다. 카페의 경영자는 마케팅을 생각할 때 광고와 홍보, 인적판매, 판매촉진처럼 잠재고객을 향한 직접적인 노력들만 생각한다. 즉 외부마케팅에만 관심을 기울인다. 하지만 카페는 내부고객인 직원에 집중하는 내부 마케팅이 더 중요하다. 직원은 자신이 판매하는 메뉴 아이템에 흥미를 가지고 그러한 관심과 흥미를 고객에게 동일하게 전달해야 한다. 직원의 행복하고 즐거운 감정은 고스란히 고객에게 전달되고 고객도 비슷한 행복감을 느끼게 된다. 결과적으로 그러한 행동은 음식점의 경영자에게도 행복을 가져다준다.

내부마케팅은 베리(Berry)라는 학자가 외부 고객에게 서비스를 제공하는 직원에게 마케팅 철학과 기법을 적용할 필요성이 있음을 강조하면서 시작되었다. 종래의 마케팅은 경영자나 마케팅 경영자의 외부시장에 대한 활동이었으며, 마케팅 조사를 비롯하여 마케팅 믹스에 의한 포지셔닝 전략은 모두 외부고객에 초점이 맞추어져 있었다. 이에 비하여 내부마케팅은 기업 내부의 고객인 직원을 대상으로 하고 있고 내부 고객을 동기부여하기 위하여 계획·실시된다.

직원은 마케팅 조직 구조에서 마케팅 마인드와 기술을 습득하여 실천하는 가치 전달자의 역할을 담당한다. 상품에 대한 지식을 습득한 직원은 직무의 구매 경험을 통하여 고객 지향적 사고를 이해하게 되고 고객에게 상품의 편익을 알리고 설득할 수 있게 된다. 비록 모든 직원이 고객에게 상품을 직접 전달하지 않더라도 그들을 통하여 간접적으로 상품을 전달하는 만큼 모든 직원이 직간접적으로 상품을 전달하는 것이다.

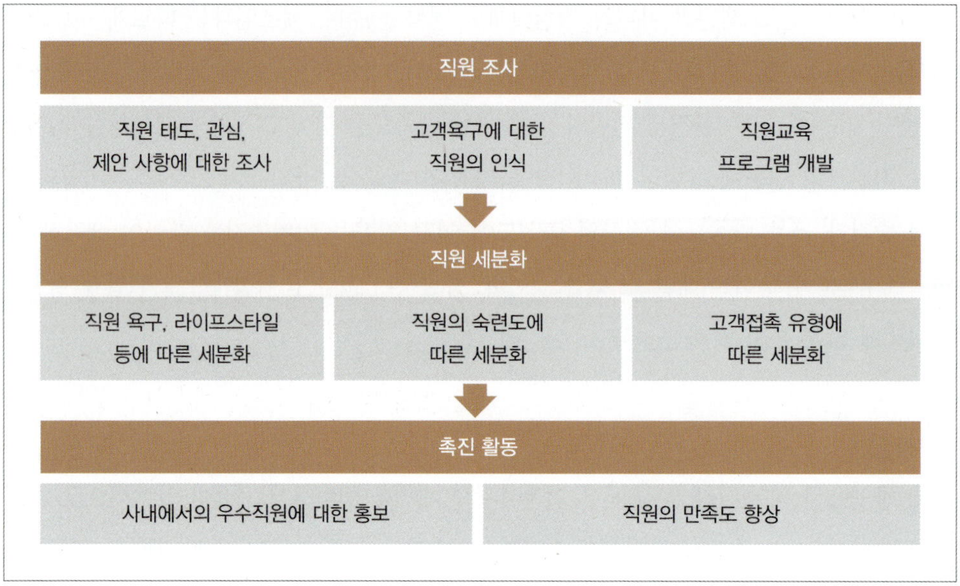

그림 10-12 내부마케팅 프로세스
자료: 김영갑(2015). 성공창업을 위한 음식점 마케팅.

따라서 직원의 만족도를 높여 우수한 상품 제공에 대한 인식을 자극하기 위해서는 〈그림 10-12〉와 같이 직원 조사, 직원 세분화, 촉진 활동을 해야 한다.

3 촉진

촉진은 영어로는 'promotion'이라 표현하고, 국어사전에서는 '다그쳐 빨리 나아가게 함'으로 정의되어 있다. 마케팅에서 촉진은 기업들이 매출 증대를 위하여 활용할 수 있는 다양한 방법 중 하나로 '제품과 서비스에 대한 정보를 고객에게 널리 알려서 구매를 하도록 설득하기 위한 일련의 활동'을 의미한다. 즉 소비자의 욕구를 자극할 목적으로 카페의 제품과 서비스를 잠재 고객에게 알리는 활동이 바로 촉진이다. 다만 이러한 개념은 다분히 기업중심적임을 알 수 있다. 소비자 중심적으로 촉진을 정의하면 '고객 개개인의 평생 가치가 극대화되는 구매의사결정을 할 수 있도록 광고, 홍보, 판매촉진, 그리고 인적판매, 스폰서십마케팅, 구매시점커뮤니케이션 등을 통합적으로 하는 활동'이라고 할 수 있다.

카페사업과 고객 사이의 마케팅커뮤니케이션을 위하여 활용 가능한 대표적인 수단으로 언급한 내용을 차례로 살펴보면 다음과 같다.

1) 광고

광고란 '소비자를 대상으로 제품과 서비스의 판매 또는 기업이나 단체의 이미지 증진 등을 목적으로 이에 필요한 정보를 비인적 매체를 통하여 유료로 전달하는 커뮤니케이션 행위'를 의미한다. 광고는 대량커뮤니케이션이 가능한 TV, 라디오, 신문, 잡지와 같은 대중매체

순위	SNS 서비스사	2013년(N=3,270)	2014년(N=4,056)	증감률
1	카카오스토리	55.4%	46.4%	-9.0%p
2	페이스북	23.4%	28.4%	5.0%p
3	트위터	13.1%	12.4%	-0.7%p
4	네이버 밴드	-	5.4%	-
5	싸이월드 미니홈피	5.5%	4.0%	-1.5%p
6	카카오 그룹	-	2.1%	-

자료: 정보통신 정책연구원 (김윤화, 2015. SNS 이용추이 및 이용형태 분석)

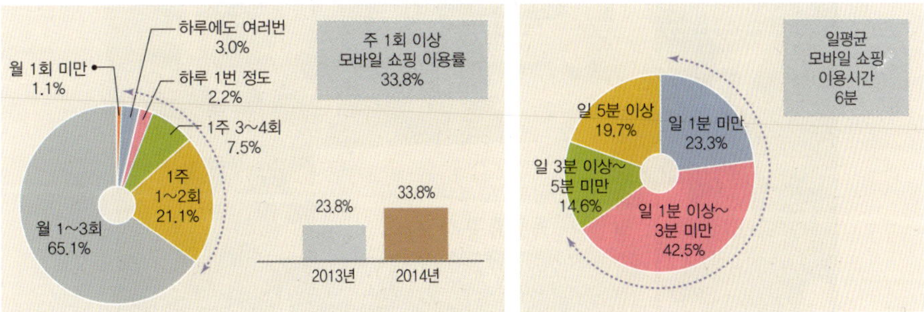

자료: 한국인터넷진흥원. 2015(2014년 모바일인터넷이용 실태조사)

그림 10-13 2013, 2014년 SNS 서비스사별 이용률 추이

를 활용하는 것은 물론이고 특정 기업이나 개인을 대상으로 하는 다이렉트 커뮤니케이션도 포함하는데, 최근에는 오프라인 매체와 온라인 매체로 광고의 유형을 나누기도 한다.

현재는 IT가 발달하고 고객정보의 축적이 가능해지면서 카페의 광고는 대중매체를 이용한 대량마케팅에서 표적고객을 대상으로 하는 다이렉트 광고와 데이터베이스마케팅으로 변화하고 있다. 〈그림 10-13〉은 현재 우리나라 IT발달로 SNS 서비스가 급속도로 발달하면서 광고마케팅방법도 변화하고 있는 결과를 보여주는 내용이다. SNS 광고는 유료와 무료로 동시에 진행되며 빠르게 성장하고 있어 카페 창업자는 창업 전 점검해야 하는 부분임을 명심해야 한다.

2) 홍보

홍보(public relations 또는 publicity)는 불특정 다수를 대상으로 하는 비인적 커뮤니케이션으로 광고와 유사한 특징을 가지고 있지만 비용을 지불하지 않는다는 점에서 차이가 있다. 따라서 기사나 뉴스에서 상품이나 서비스에 대한 정보의 형태로 제시되기 때문에 광고에 비하여 정보에 대한 신뢰성이 높다는 장점이 있다. 대체로 홍보메시지는 신문, 잡지, 라디오와 같은 대중매체를 통하여 뉴스나 공지사항으로 제시된다.

그림 10-14 광복 70주년 기념 스타벅스 홍보사례

자료: 스타벅스 홈페이지

최근 카페의 광고비가 상승함에도 불구하고 오히려 효과가 저하되고 있다는 판단을 하면서 홍보가 다른 촉진믹스 요소와 통합되어야 하는 필요성을 인지하게 되었다. 홍보활동은 브랜드 인지도를 재고하고, 소비자에 대한 정보 제공 및 교육, 기업 및 상품에 대한 이해 증진, 신뢰의 구축, 소비자에 대한 구매 동기의 부여 등의 이점을 제공하고 있다.

3) 판매촉진

판매촉진(sales promotion)이란 구매자의 즉각적인 행동 유발이나 단기적인 매출증대를 위한 모든 형태의 마케팅커뮤니케이션 활동을 의미한다. 대체로 다른 촉진도구의 기능을 보완하기 위하여 설계되는 활동으로 쿠폰, 견본(샘플), 프리미엄, 추첨이나 경품, 트레이딩 스탬프, 리베이트, 전시회 등이 판매촉진으로 분류될 수 있는 대표적인 예이다. 판매촉진은 약칭으로 '판촉'이라고 표현하기도 한다.

판매촉진은 매우 다양하고 광범위하기 때문에 구체적인 분류기준이 존재하지는 않지만 주어지는 혜택이 가격혜택에 가까운지 아니면 비가격적인 혜택인지에 따라서 가격지향적 판매촉진과 비가격지향적 판매촉진으로 나눌 수 있다. 그 외에 물리적 증거를 활용한 판매촉진 등의 세부적인 내용을 살펴보면 다음과 같다.

(1) 가격지향적 판매촉진

가격 할인은 서비스의 가격을 낮추는 것으로 주로 서비스의 이용을 증대시키기 위하여 사용된다. 고객이 인식하는 구매 가능성을 증대시키며, 신제품이 소비자들에게 정착되는 데 도움이 되기도 한다.

가격할인 시 주의할 점은 할인 가격이 준거가격(reference price)으로 인식되지 않도록 해야 한다는 점이다. 또한 가격할인이 지속적으로 반복될 경우 혹은 동종업체와 경쟁적으로 가격경쟁이 일어날 경우 수익성이 악화되고 브랜드 이미지가 훼손될 수 있다는 점도 인식하고 있어야 한다.

그림 10-15 **가격할인**

자료: 피베리브라더스

(2) 비가격지향 판매촉진

① 무료샘플/견본

잠재고객에게 무료로 서비스를 시험할 기회를 주는 것으로 패스트푸드와 같은 물리적 서비스 상품의 경우는 샘플을 효과적으로 사용할 수 있다. 음료수를 무료로 제공하거나 샐러드 등을 무료로 제공한다면 신규고객을 확보할 수 있다.

그림 10-16 **스타벅스의 무료샘플 사례**

자료: 스타벅스 공식블로그

좋은 예로 스타벅스는 지정된 시간에 새로운 메뉴를 작은 컵에 준비하여 고객들에게 돌아다니며 제품을 소개하며 샘플링을 하기도 한다.

② 쿠폰

쿠폰(coupon)이란 특정한 제품이나 서비스를 구매함에 있어서 일정한 혜택을 제공받을 수 있도록 하는 증명이다. 이러한 쿠폰은 대체로 소비자에게 가격에 대한 혜택을 제공하기 위한 수단이며, 직접우편을 통하여 또는 신문이나 잡지 등의 인쇄된 간행물을 통하여, 제품포장의 표면이나 내부를 통하여 잠재고객에게 배포한다. 최근에는 SNS를 이용해 쿠폰을 배포하여 전달률과 사용률을 높이고 있다.

쿠폰은 여러 가지의 목적을 위하여 이용되는데 소비자로 하여금 새로운 또는 개선된 제품을 사용케 하거나, 최초 이용 후 신제품의 반복구매를 격려하거나, 기존제품의 사용빈도를 증대시키기 위하여 이용된다. 또한 쿠폰은 가격인하 혜택에 민감한 고객에게만 가격을 인하해주고 다른 고객에게는 정상적인 가격이 적용되는 효과를 내며, 대체로 판매촉진의 기한을 규정함으로써 즉각적인 구매를 유도할 수도 있다.

그림 10-17 오설록의 페이스북 쿠폰

(3) 점포 내·외부 물리적 증거에 의한 판매촉진

① 메뉴 모형 쇼케이스

메뉴 모형 쇼케이스는 고객에게 자기 점포의 메뉴 내용을 알려주는 중요한 도구의 역할을 하며 깨끗하고 잘 진열된 샘플 케이스는 점포의 세일즈맨 역할을 하여 점포의 첫 인상을 결정하는 요소가 된다. 샘플케이스는 가능한 한 고객의 눈에 띄게 제작하도록 하고, 내부에 전등을 설치해 메뉴샘플이 잘 보이도록 한다.

② 아이캐처

아이캐처(Eye-Catcher)는 점포의 전반적인 이미지업(image up)전략과 연결되는 촉진도구이다. 맥도날드의 황금아치와 같은 상징물만으로도 고객들은 해당점포를 알 수 있다. 점포 외관뿐만 아니라 점포 내에서도 어떤 상징성이 있는 설치물을 제시하는 것 또한 아이캐처에 해당한다.

그림 10-18 아이캐처

자료: 피베리브라더스

4) 인적 판매

그림 10-19 전문경영인의 인적판매 서비스 사례

자료: 카페벙커

인적 판매(personal selling)란 판매를 목적으로 1명 또는 그 이상의 잠재고객과의 대화를 통해 구두로 상호 소통하는 것을 말한다. 판매원이 잠재고객을 대면 접촉하여 수행하는 제품, 서비스 또는 아이디어의 제시로서 전화판매뿐 아니라 모든 유형의 판매원 활동을 지칭하며 산업고객, 중간상인, 최종 소비자에 대한 접촉까지를 포괄한다. 인적판매는 소비자가 제품에 대한 모든 정보를 충분하게 갖고 있을 때 구매 결정을 하도록 설득하는 데 가장 영향력 있는 촉진 수단이다. 구매를 효과적으로 촉진하기 위해 자사 상품의 경쟁적 차별점을 효과적으로 설명해야 할 때에 필요한 커뮤니케이션 수단이 된다. 또한 판매원은 필요, 욕구, 동기 또는 각 고객의 행동에 알맞은 판매제시(sales presentation)를 할 수 있으며 다른 촉진방법보다 훨씬 효과적으로 표적시장에 접근하는 기회를 갖는다. 주로 로스터리/드립형 카페 유형에 적용할 수 있다.

5) 스폰서십 마케팅

스폰서십 마케팅(sponsorship marketing)이란 카페의 브랜드를 사회공헌활동이나 다른 기관의 이벤트와 연결시킴으로써 소비자들로 하여금 해당업체의 카페에 대한 관심을 높이는 커뮤니케이션 활동이다.

카페벙커의 스폰서십 마케팅 사례
- 가맹점 의무 후원계약
- 지역단체 매월 고정적 금전후원 활동
- 매장내 천냥코너 운영, 고객 참여 유도

6) 구매시점 커뮤니케이션

구매시점 커뮤니케이션(point of purchase communication)은 구매시점에서 소비자의 구매의사결정에 영향을 미칠 목적으로 외식업체들이 사용하는 커뮤니케이션 도구를 의미한다. 예를 들면 매장 내의 POP, 디스플레이, 포스터, 각종 사진 등이 대표적이다.

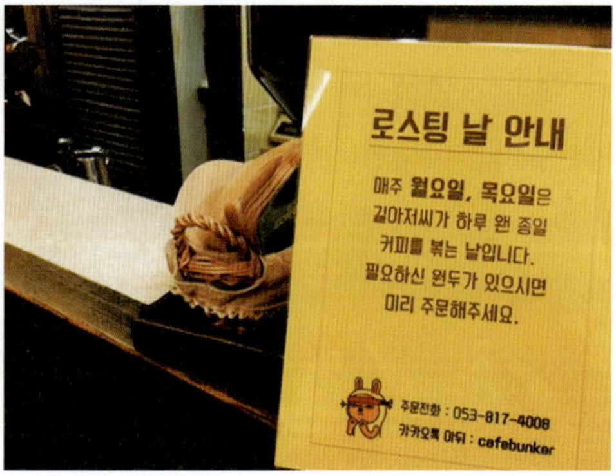

그림 10-20 POP 커뮤니케이션
자료: 카페벙커

지금까지 촉진을 위해 사용할 수 있는 6가지 수단에 대한 구체적인 내용을 살펴보았다. 각각의 특징과 세부적인 방법을 정리하면 〈표 10-5〉와 같다. 촉진을 마케팅커뮤니케이션이라고 하는 이유는 다양한 마케팅 활동 중에서 소비자가 상호 소통하는 데 가장 적극적인 역할을 하는 도구의 집합이기 때문이다. 그리고 그러한 커뮤니케이션은 한두 개의 수단을 이용하기보다는 통합적으로 활용할 때 최고의 효과를 낼 수 있다.

표 10-5 다양한 촉진믹스의 특징과 방법

구분	특징	방법
광고	기업이 많은 비용을 부담하여 단시간에 큰 시장을 대상으로 알리는 데 효과적인 활동	TV, 라디오, 신문, 잡지 광고
판매촉진	특정 목적에 의한 일방적 커뮤니케이션으로, 단기적 인센티브로 강하고 신속한 반응을 얻을 수 있는 활동	쿠폰, 할인, 경품 등
인적판매	전문경영인을 매개로 하는 촉진수단으로 면대면 판매 활동	인적판매 활동
홍보	기업의 비용 부담이 없으며, 제품이나 서비스에 대한 내용을 보도자료 형식으로 매체에 알리는 활동	라디오, TV, 신문 등의 기사, 강연활동 등
구매시점 커뮤니케이션	구매시점에서 소비자의 구매의사결정에 영향을 미칠 목적으로 사용하는 커뮤니케이션 도구	POP, 디스플레이, 포스터, 각종 사진
스폰서십 마케팅	사회공헌활동이나 타 기관의 이벤트와 연결시킴으로써 관심을 높이는 커뮤니케이션 활동	사회공헌활동, 다른 기관과의 이벤트 연계

자료: 김영갑 외(2015). 외식사업창업론.

학습정리

1. 개점을 위한 포괄적인 점검사항은 브랜드와 로고, 경영방침, 마케팅 전략, 상품 개발, 종업원 채용과 교육훈련, 개점 행사 준비, 법률 및 인허가 체크, 기타 사항 등이 있다. 그리고 이를 인허가 위주의 개점 체크리스트 관점에서 살펴보면 위생교육, 건강진단 결과서(보건증), 영업허가증, 사업자등록증, 인테리어(GAS, 전기) 공사, 전화 신청, POS 및 카드단말기 설치, 본사(조리)교육 이수, 주류카드발급, OPEN리허설 등으로 볼 수 있다.
2. 카페의 가장 중요한 성공요인(소비자 입장에서는 선택속성)은 카페메뉴의 가치이다. 카페메뉴의 가치는 소비자가 판단하는 것이므로 개점 전 메뉴평가 단계를 거친다. 메뉴평가는 메뉴계획, 메뉴개발이 이루어진 후 메뉴판매 이전에 선호도, 맛, 수용가격 등을 평가하는 사전적 개념의 주관적 평가로서 전문가 집단에 의한 외부평가(메뉴의 양, 맛, 색상, 향, 전반적인 느낌, 선호도, 지불가능가격)와 내부평가(가격수준의 평가, 조리 및 서비스의 편의성 평가)를 거친다.
3. 카페 경영자는 개점 시 개점 마케팅, 직원 인건비, 원재료 구매 비용 그리고 개점 후 6개월(인큐베이션 기간) 동안에 발생할 수 있는 손실을 커버할 수 있는 충분한 운영자금을 확보하여야 하며, 소프트 오프닝(soft opening)을 위하여 점포 운영시스템을 점검해야 한다.
4. 마케팅은 '개인이나 조직의 목적을 충족시켜 주는 교환을 창조하기 위하여 아이디어, 제품, 서비스의 창안, 가격결정, 촉진, 유통을 계획하고 실행하는 과정'으로 정의되며, 전략적 마케팅은 '제품이나 서비스시장을 결정하고 그 시장을 세분화하여 표적시장을 결정한 후 포지셔닝하며, 제품, 가격, 유통, 촉진 등 마케팅믹스 요소를 관리하는 것'으로 정의된다.
5. 마케팅믹스란 마케팅 목표의 효과적인 달성을 위하여 마케팅 활동에서 사용되는 여러 가지 방법(도구)으로, 서비스 마케팅믹스는 상품(Product), 가격(Price), 유통 또는 입지(Place), 촉진(Promotion), 서비스 프로세스(Service Process), 물리적 증거(Pysical Evidence), 사람(People)의 7P로 구성된다.
6. 촉진믹스(promotion mix)는 광고(advertizement), 판매촉진(sales promotion), 인적판매(personal selling), 홍보(public relations)로 구성되며, 판매촉진(sales promotion) 방법은 가격할인, 샘플, 경품, 쿠폰, 마일리지, 메뉴 모형, 아이캐처 등이 있다.

| 연습문제 |

1. 개업을 위한 촉진활동을 한다고 가정해 봅시다. 관심 있는 카페의 유형을 정한 후, 어느 정도의 예산을 가지고 어떤 마케팅을 펼칠 것인지 계획하여 봅시다.
2. 카페 개업한 후, 12개월 동안의 촉진전략을 월별로 수립하여 봅시다. 초기(3개월), 중기(3~6개월), 장기(6~12개월)로 구분하여 촉진목표를 수립하고 해당 목표를 달성하기 위한 세부적인 전략과 방법을 구체적으로 정리하시기 바랍니다.

11장

회계와 창업 관련 세무

11장

회계와 창업 관련 세무

학습목표

1. 회계의 정의와 재무제표를 이해한다.
2. 카페 창업 전 준비사항에 대해 이해한다.
3. 부가가치세와 종합소득세의 신고, 납부 방법에 대해 이해한다.

'82년생 김민경 X 카페르세' 창업일기

회사 재직시절 관련 분야에 경험이 많은 회계팀장, 재무팀장이 브리핑을 해주었다. 이를 바탕으로 의사 결정을 하는 것이 나의 주된 업무 중 하나였다. 직장 생활 초창기에는 얕은 지식이지만, 초보 점주님들을 대상으로 소소한 세무 강의도 했다. 해당 분야에 자신이 있다고 생각했다.

하지만 지금 가장 어려운 분야가 돈 관리다. 사업은 돈을 벌기 위한 것인데, 돈 관리가 어렵다고 이를 등한시하면 결코 사업을 성공할 수 없다. 세무 대행을 해주는 사람만 믿고 지식을 쌓지 않는다면, 사업을 남의 손에 맡기는 것이나 다름없다고 본다. 역시 자영업자는 만능이 되어야 한다.

곧 부가가치세 납부 기간이다. 오늘도 고수들이 말해주는 돈 관리 노하우를 공부한다.

1 회계 및 재무제표의 이해

1) 회계의 개요

(1) 회계의 정의 및 중요성

회계란 기업과 관련된 이해관계자들의 의사결정에 필요한 유용한 정보를 제공하는 것을 말한다. 사람들이 기업에 대한 의사결정을 하기 위해서는 기업과 사람 간의 커뮤니케이션 도구가 필요하다. 기존의 인간 언어로는 불가능하기 때문이다. 즉 기업과 인간이 대화를 하기 위해 만들어낸 새로운 언어가 회계라고 할 수 있다. 회계를 이해하기 위해 가장 친근한 사례를 든다면 초등학생이 작성하는 용돈기입장, 주부가 작성하는 가계부, 동호회 총무가 작성하는 회비관리내역 등도 모두 회계활동의 결과물에 해당되므로 그것을 떠올리면 쉽게 이해할 수 있을 것이다. 이와 같은 개념의 회계가 중요한 이유는 다음과 같다.

1 회계는 기업의 언어(Language of Business)다.

- 경제적 활동의 언어(Language of Economic Activities)임
- 언어는 의사소통과 정보전달의 수단임
- 회계를 모르면 경제문맹, 경영문맹이 되는 것임

2 사회적 자원의 최적 배분을 통한 인류복지와 평화증진에 공헌한다.

- 경영자는 수탁책임(Stewardship Responsibility)이 있고, 회계는 수탁책임의 이행수단이 됨
- 의사결정에 수반되는 불확실성을 감소하거나 제거해 유한한 자원의 최적 배분(Optimum Allocation)을 유도함
- 소득분배의 공평성을 높임

그림 11-1 회계의 중요성

자료: 김영갑 외(2015). 외식사업창업론.

소규모 카페 창업을 공부하면서 거창하게 회계를 논하는 것이 걸맞지 않은 옷을 입는 것처럼 거북하다는 느낌을 가질 수도 있을 것 같다. 물론 회계를 모른다고 카페 경영에 성공하지 못하란 법은 없다. 그러나 회계는 이미 살펴 본 바와 같이 생명력이 없는 사업체와 경영자 간의 의사소통을 원활하게 해주는 언어의 역할을 함으로써 사업의 효과성과 효율성을 높이는 데 많은 도움이 된다는 것을 인지해야 한다. 따라서 가능하다면 사업을 개시하기 전에 회계에 대한 이해를 높일 필요가 있다. 회계를 이해하게 되면 무엇보다도 사업의 재무상태와 수익성을 파악하는 데 많은 도움이 된다. 재무상태를 파악한다는 것은 자산과 부채 그리고 자본의 규모를 명확하게 알고 사업의 건전성을 유지시킬 수 있다는 의미가 된다. 수익성을 파악한다는 것은 매출액과 비용을 따져서 이익을 계산하게 되고 사업체의 경영성과를 구조적으로 산출함으로써 더 높은 이익을 달성할 수 있는 기초를 다지게 된다는 의미이다.

결과적으로 아무리 소규모 사업일지라도 회계를 모르고 사업을 시작한다는 것은 외국어를 전혀 모르면서 외국인과 보디랭귀지로 의사소통을 하는 것과 별반 다르지 않음을 명심해야 한다.

(2) 회계정보의 이용자와 회계의 구분

회계는 회계정보를 이용하는 대상자와 이해관계자에 따라서 다음과 같이 세무회계, 관리회계, 재무회계 등으로 구분된다. 즉 회계정보의 이용자가 세무기관인 경우를 세무회계라 하고 경영자가 이용자인 경우를 원가회계 또는 관리회계라 하며, 일반 대중이나 금융기관 등이 회계정보의 이용자인 경우를 재무회계라 한다. 다양한 회계 중에서 우리가 가장 일상적으로 접하는 회계정보는 대부분 재무회계 정보가 되며, 카페 경영자가 자신이 운영하는 업체의 비용을 구체적으로 알기 위해서는 원가회계정보를 필요로 한다. 다만 소규모 사업체의 경우 굳이 세무회계, 원가회계, 재무회계를 구분할 필요는 없겠지만 각각의 회계정보 이용자에 따라 회계정보가 산출되는 방식이 상이하다는 것 정도는 이해할 필요가 있다.

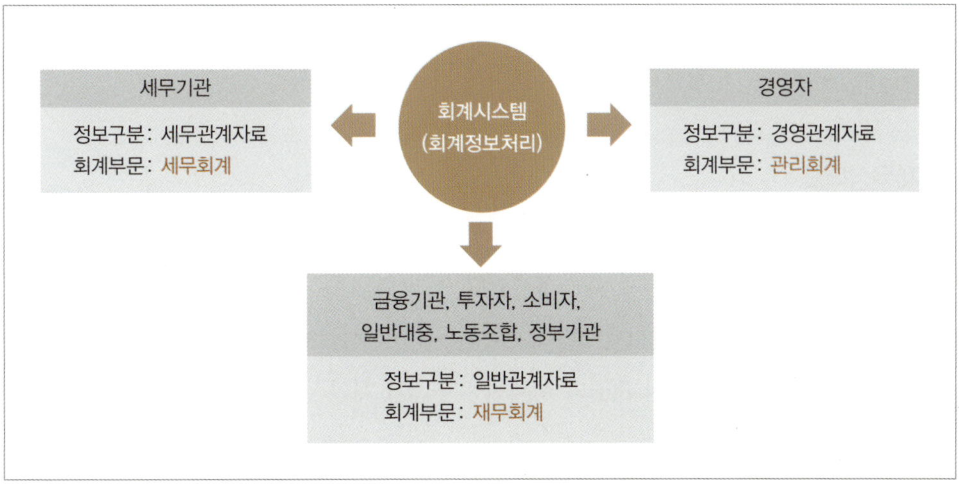

그림 11-2 회계정보 이용자와 회계의 구분
자료: 김영갑 외(2015). 외식사업창업론.

2) 재무제표

카페와 같은 회계실체가 일정기간(회계기간) 동안의 경제적 사건과 그 기간 말에 있어서의 경제적 상태를 나타내기 위한 일련의 회계보고서를 재무제표라 한다. 재무제표는 다음과 같이 크게 다섯 가지로 구분되며, 각각의 표가 나타내는 내용은 모두 상이하다. 본

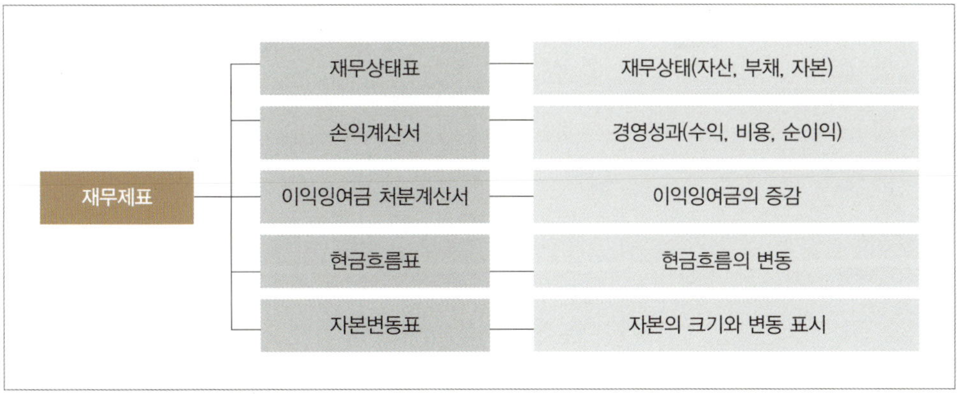

그림 11-3 재무제표의 구분
자료: 김영갑 외(2015). 외식사업창업론.

서에서는 소규모 카페 창업자를 위한 내용을 주로 다루고 있으므로 다섯 가지의 재무제표 중 재무상태표와 손익계산서만을 간략하게 다루기로 한다.

(1) 재무상태표

재무상태표(B/S: Balance Sheet)는 일정시점의 기업 재무상태를 나타내는 표이다. 여기서 가장 중요한 단어는 일정시점과 재무상태이다. 일반적으로 기업의 결산일은 12월 31일이므로 이때 일정시점은 매년 12월 31일을 지칭하며, 이 시점에 기업에서 보유한 재무상태(자산, 부채, 자본)를 표시하여 기업의 이해관계자들이 재산상태를 쉽게 파악할 수 있도록 도와준다.

재무상태표는 〈그림 11-4〉와 같이 단순화하여 표시할 수 있으며 단순화된 차변과 대변과의 관계를 표시한 등식(자산 = 부채 + 자본)을 재무상태표 공식이라 한다. 재무상태란 가족으로 구성된 가정에서 주로 사용하는 표현으로 바꾼다면 재산상태로 이해하면 된다. 예를 들어 어떤 가정의 재산이 5억 원 가치의 아파트 한 채라고 가정해 보자. 아파트를 가족이 모은 현금 3억과 은행융자 2억 원으로 구입하였다면, 그 가정의 자산은 총 5억이고 자본은 3억 그리고 부채는 2억인 재무상태를 가지고 있다고 할 수 있다. 재무상태표의 차변인 왼쪽에는 자산이 표기되므로 아파트 5억이 표기될 것이며, 우측인 대변

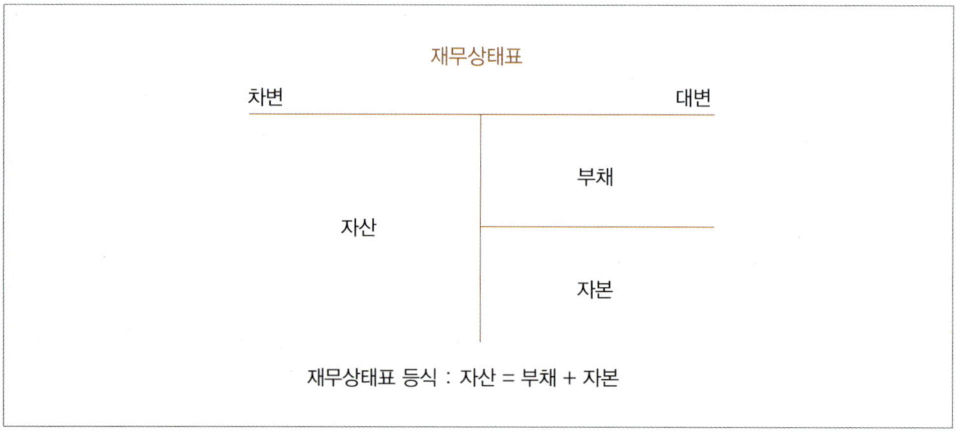

그림 11-4 재무상태표 분개

표 11-1 **재무상태표 사례**

20** 년 12월 31일 현재

(단위 : 백 원)

구 분	금 액	구 분	금 액
자산		부채 ④	
1. 유동자산 ①	4,960	1. 유동부채	1,025
(1) 현금 등	3,894	2. 비유동부채	3,259
(2) 재고자산	1,066		
2. 비유동자산 ②	2,249		
(1) 매도가능증권	648		
(2) 유형자산	1,575		
(3) 무형자산	3		
(4) 이연자산	23	자본 ⑤	2,925
자산총계 (③ = ① + ②)	7,209	부채와 자본총계 (⑥ = ④ + ⑤)	7,209

상단에는 부채가 표기되므로 은행차입금 2억, 하단에는 자본이 표기되므로 3억으로 표기된다. 그리고 차변과 대변의 합계는 모두 5억으로 동일해진다.

위와 같이 단순화한 재무상태표를 실제 사업체들이 사용하는 형식으로 표시하면 다음과 같으며, 재무상태표의 차변합계와 대변합계는 항상 일치하여야 한다. 아래의 재무상태표에서 일정시점을 표시하고 있음을 확인 할 수 있다. 그 시점은 해당 기업의 결산일이 되는 것이다.

(2) 손익계산서

손익계산서(I/S: Income Statement)란 일정기간 동안의 경영성과(영업성과, 손익)를 나타내는 표이다. 재무상태표가 일정시점의 재산상태를 나타내는 표인 반면에, 손익계산서는 일정기간 동안의 손익상태를 나타내는 표라는 차이점이 있다. 예를 들면, A씨가 일 년 동안 받은 급여를 5,000만 원이라고 가정할 때, 매출액(수익)은 5,000만 원이 된다. 그가 일 년이라는 기간 동안 식대와 교통비, 용돈 등으로 3,000만 원을 소비하였다면 비용은 3,000만 원이 되고 수익에서 비용을 차감한 이익은 2,000만 원이 된다. 즉 A씨가 일 년 동안 2,000만 원의 이익을 얻었음을 손익계산서를 통해 파악할 수 있게 된다. 손익계산서는 아래 〈그림 11-5〉와 같이 표시할 수 있으며 차변에는 비용과 이익이 대변에는 수익이 표기되며, 이

손익계산서 등식 : 수익 = 비용 + 순이익
: 순이익 = 수익 − 비용

그림 11-5 손익계산서 분개

를 '수익 = 비용 + 순이익'과 같이 표현할 수 있는데 이를 손익계산서 등식이라고 한다.

위와 같이 단순화한 손익계산서를 실제 기업들이 사용하는 형식으로 간략히 표시하면 〈표 11-2〉와 같다. 그리고 손익계산서는 이미 언급한 바와 같이 일정기간 동안, 즉 1월 1일부터 12월 31일까지의 손익상태를 표기함을 알 수 있다.

표 11-2 손익계산서 사례

20**년 1월 1일~20**년 12월 31일

(단위: 백만 원)

구 분	20**년도	비 율	20**년도	비 율
1. 매출액 ①	6,793	1006	8,380	100
2. 매출원가 ②	4,298	3.3	5,440	64.9
*매출총이익(③ = ① − ②)	2,495	36.7	2,940	35.1
3. 판매비와 관리비 ④	1,478	21.7	1,685	20.1
*영업이익(⑤ = ③ − ④)	1,017	15	1,255	15
4. 영업외 수익 ⑥	113	1.7	161	1.9
5. 영업외 비용 ⑦	511	7.5	463	5.5
*법인세 차감 전 순이익 ⑧	619	9.1	953	11.4
6. 법인세 등 ⑨	115	1.7	127	1.5
*당기순이익(⑩ = ⑧ − ⑨)	504	7.4	826	9.9

* ⑧: (⑧ = ⑤ + ⑥ − ⑦)

2 카페 창업 관련 세무관리

좋은 상권을 선정하고 입지를 선택하여 창업을 하게 된다고 모든 창업절차가 끝나는 것이 아니다. 카페의 경우 보건증도 만들어야 하고 위생교육도 받고 영업신고증도 받아야 하기 때문이다. 이뿐만이 아니라 창업자가 주의해야 할 것은 세금신고 부분에서 많은 신경을 써야 하는 것이다. 소득이 있는 모든 개인이나 법인은 세금을 내고 있으며 원천세, 법인세, 소득세, 부가가치세 등 세금의 종류만 하여도 다양하며 처음 시작하는 창업자가 세금을 안다는 것은 쉬운 일이 아니다. 미국의 대통령 벤자민 프랭클린은 "인간이 태어나서 피할 수 없는 것은 바로 죽음과 세금이다"라고 말했다. 일반 사업자들에게도 어려운 세금이 창업자들에게는 더욱 어렵게 느껴질 수밖에 없는 대목일 것이다.

특히 창업을 하게 되면 사업자가 납부하여야 할 대표적인 세금으로 부가가치세와 종합소득세를 들 수 있다. 물론 사업자가 개인이 아닌 법인인 경우에는 종합소득세가 아닌 법인세를 납부하게 된다. 부가가치세와 종합소득세 이외에도 사업자는 직원들에게 지급하는 급여 등에서 직원의 소득세를 원천징수하여 세무서에 납부할 원천징수 의무를 가진다. 다만 본서에서는 소규모 사업자를 중심으로 창업 이전에 사업자가 반드시 이해하고 사업타당성 분석 등을 위해 고려해야 할 부가가치세와 종합소득세를 중심으로 살펴보고자 한다.

1) 카페 사업자등록 전 고려사항

(1) 사업자등록

카페 창업자가 영업신고까지 다 마쳤다면 세무서에 방문하여 사업자등록 신청을 해야 한다. 사업자등록증은 사업장별로 사업을 개시한 날로부터 20일 이내에 사업장의 관할세무서장에게 사업자등록을 해야 한다. 다만, 신규로 사업을 개시하고자 하는 자는 사업개시일 이전이라도 등록할 수 있다.

① 세무서 구비서류

표 11-3 사업자등록 구비서류

구 분	제출서류
개 인	1. 사업자등록신청서 1부 2. 임대차계약서 사본 3. 허가(등록, 신고)증 사본(인·허가 등 사업을 영위하는 경우) • 허가(등록, 신고) 전에 등록하는 경우: 허가(등록)신청서 등 사본 또는 사업계획서 4. 동업계약서(공동사업자인 경우) 5. 자금출처 명세서(금지금 도·소매업, 과세유흥장소 영위자 등) 6. 재외국민·외국인 등의 경우 • 재외국민등록부등본, 외국인등록증(또는 여권) 원본 제시 후 사본 제출 • 주민등록번호란에 재외국민등록번호, 외국인등록번호(없을 경우 여권번호) 기재 • 국내에 6개월 이상 체류하지 않는 경우: 납세관리인 설정 신고서
영리법인	1. 법인설립신고 및 사업자등록신청서 1부 2. 법인등기부 등본(담당공무원의 확인에 동의하지 아니하는 경우에 한함) 3. 임대차계약서 사본 4. 주주 또는 출자자 명세서 5. 허가(등록, 신고)증 사본 (인·허가 등 사업을 영위하는 경우) • 허가(등록, 신고) 전에 등록하는 경우: 허가(등록)신청서 등 사본 또는 사업계획서 6. 자금출처 명세서(금지금 도·소매업, 과세유흥장소 영위자 등) 7. 대표자가 국내거주자가 아닌 경우 외국인등록증(또는 여권) 원본 제시 후 사본 제출

② 사업자등록 불이행 시

- 가산세: 사업개시한 날부터 20일 이내에 사업자등록을 신청하지 않은 경우 사업 개시 일부터 신청일 전일까지의 매출액의 1%(간이과세자 0.5%)의 미등록가산세가 부과된다. 또한 사업자가 타인의 명의로 사업자등록을 하거나 그 타인 명의의 사업자등록을 이용하여 사업을 하는 것으로 확인되는 경우 그 타인 명의의 사업 개시 일부터 실제 사업을 하는 것으로 확인되는 날의 직전 일까지의 매출액의 1%(간이과세자 0.5%)의 미등록가산세가 부과된다.
- 사업 관련 비품이나 인테리어 비용 등을 구입한 날이 속하는 과세기간 후 20일 이내에 사업자등록을 하지 않으면 사업 관련 비품 등의 매입세액에 대해 공제받지 못한다.

표 11-4 간이과세자와 일반과세자 비교

구분	간이과세자	일반과세자
대상사업자	직전 과세기간 공급대가 4,800만 원 미만(간이과세 배제대상 제외)	간이과세자가 아닌 과세사업자
과세기간	1.1 ~ 12.31	1기: 1. 1 ~ 6. 30 2기: 7. 1 ~ 12.31
부가가치세액 (매출세액)	매출액 × 10% × 업종별 부가가치율 (음식점 10%)	매출액 × 10%
세금계산서 발행	발행불가(영수증만 발급)	의무발행
매입세액 공제	매입세액 × 업종별 부가가치율 음식업 사업자만 적용	전액 공제 의제매입세액 공제
납부세액	매출세액(매출액 × 10%) × 업종별 부가가치율 − 매입세액(매입액 × 10%) × 업종별 부가가치율	매출세액(매출액 × 10%) − 매입세액(매입액 × 10%)
예정신고	7월 25일 예정고지	있음
납부의무면제	공급대가 2,400만 원 미만인 경우	적용대상 아님
장부기장 의무	발급받았거나 발급한 영수증으로 갈음	부가세법 71조 장부 작성·보관
가산세	세금계산서 관련 가산세 있음	세금계산서 관련 가산세 없음

(2) 간이과세자와 일반과세자 비교

사업자등록을 할 때 많은 창업자는 간이과세자와 일반과세자 중 고민을 하게 된다. 만약 소규모 카페를 영위하려는 경우 세부담이 적은 간이과세자로 신규 사업자등록을 내는 것이 유리하며, 프랜차이즈 카페 창업을 한다면 처음에 인테리어 등 많은 시설비가 투자되므로 초기 투자비 회수를 위한 조기환급을 위해 일반과세자가 유리하다.

2) 사업자등록 후 체크리스트

(1) 세무 관련 사이트 가입 등

사업자등록 후 창업자의 경우 세무 관련 사이트 및 관련 업체에 가입하여 기본적인 증빙 관리 및 세금계산서를 발급받아야 세금신고 때 편안하게 신고할 수 있다.

① 국세청 홈택스(www.hometax.go.kr)

최근 국세청은 홈택스, 현금영수증 사이트, 이세로, 연말정산간소화 등 8개 사이트를 통합하여 국세청 홈택스를 통합 운영하고 있다. 따라서 창업자는 사업자등록 이후 바로 국세청 홈택스에 가입해야만 세무관련 업무를 수월하게 처리할 수 있다. 국세청 홈택스를 통해 각종 세금신고·납부가 가능하고 장소에 관계없이 다양한 민원서류를 즉시 발급받을 수 있다. 또한 기존에 여러 사이트에서 수행하던 사업용 신용카드라든지 전자세금계산서 발행 업무까지도 이제는 국세청 홈택스를 통해 다 가능하다. 따라서 카페 창업 이후 국세청 홈택스에 가입하는 작업은 사업의 시작이라고 할 수 있다.

② 가맹점 매출거래정보 통합조회시스템(www.cardsales.or.kr)

최근 카페의 경우 신용카드 매출비중이 80~90% 이상인 경우가 많다. 포스를 통해서도 매출관리를 할 수 있지만 여신금융협회를 통해 카드매출 조회가 가능하다. 또한 카드사별 입금액 및 신용카드 수수료까지 확인할 수 있으므로 세금신고 및 관리를 위해 꼭 가입해야 한다.

③ 전기, 가스, 휴대전화 등 사업자번호로 세금계산서 발급받기

사업장의 경우 전기, 가스, 휴대전화는 관련 업체에 문의하여 세금계산서를 발급받아야 부가가치세 환급이 가능하고 종합소득세 신고 시 비용으로 인정받을 수 있다.

(2) 증빙관리

① 증빙서류의 작성과 수취 및 보관

사업자는 모든 거래에 대한 증명서류를 작성·수취하여 신고기한으로부터 5년간 보관해야 한다. 다만, 해당 사업년도 개시일로부터 소급하여 5년 전에 발생한 이월결손금을 공제받는 경우 그 결손금이 발생한 사업년도의 증명서류는 이원결손금을 공제받은 사업년도의 신고기한으로부터 1년이 되는 날까지 보관해야 한다.

② 법정증빙서류(적격증빙서류)

• 세금계산서(매입자발행세금계산서 포함)·계산서: 사업자가 부가가치세가 과세되는 재화·용역을 공급하는 경우 부가가치세를 징수하고 이를 증명하기 위해 공급받는 자에게 발급하는 세금영수증으로 거래상대방이 부가가치세 공제를 받기 위한 중요한 증빙서류이다. 따라서 필요적 기재사항 누락·착오 시 부가가치세가 공제되지 않고 사업자는 가산세가 부과될 수 있으므로 주의하여야 한다. 일반사업자의 경우 세금계산서를 발급하고, 면세사업자의 경우 계산서를 발급한다. 세금계산서는 부가가치세를 따로 표기할 수 있으며, 계산서의 경우 부가가치세를 따로 표기하지 않는다.

필요적 기재사항

- 공급하는 사업자의 등록번호와 성명 또는 명칭
- 공급받는 자의 등록번호. 다만, 공급받는 자가 사업자가 아니거나 등록한 사업자가 아닌 경우에는 영67① 에서 정하는 고유번호 또는 공급받는 자의 주민등록번호
- 공급가액과 부가가치세액
- 작성년월일

(별지 제11호 서식)

세금계산서 (공급받는자 보관용)

책번호	상권	01 호
일련번호	000041	

	공급자				공급받는자			
등록번호	515-05-14184				112-82-95321			
상호(법인명)	우리사업장	성명(대표자)	홍길동 ㊞		국제 무역 ㈜	성명(대표자)	심국영 ㊞	
사업장 주소	사업장 주소				서울시 동작구 흑석 3동 14000번지			
업태	업태	종목	업종		서비스외	종목	국제무역	

작성 년	월	일	공급가액 공란수	백	십	억	천	백	십	만	천	백	십	일	세액 십	억	천	백	십	만	천	백	십	일	비고
2009	06	10	4					2	2	9	5	0	0	0					2	2	9	5	0	0	

월	일	품목/규격	단위	수량	단가	공급가액	세액	비고
06	10	샘플2	SET	10	27,000	270,000	27,000	
06	10	샘플5	SET	5	405,000	2,025,000	202,500	
		= 이하여백 =						

합계금액	현금	수표	어음	외상미수금	이 금액을 영수/청구 함.
₩2,524,500					

22226-28132일 '96. 2. 27 개정

그림 11-6 세금계산서 예시

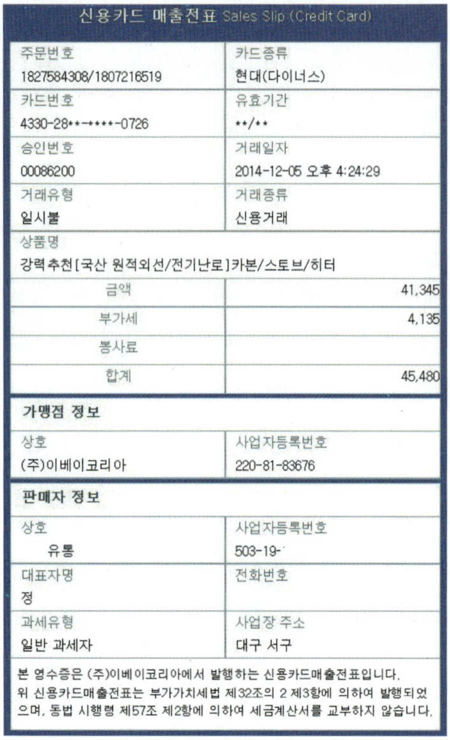

신용카드 매출전표 Sales Slip (Credit Card)

주문번호	카드종류
1827584308/1807216519	현대(다이너스)
카드번호	유효기간
4330-28**-****-0726	**/**
승인번호	거래일자
00086200	2014-12-05 오후 4:24:29
거래유형	거래종류
일시불	신용거래

상품명
강력추천[국산 원적외선/전기난로]카본/스토브/히터

금액	41,345
부가세	4,135
봉사료	
합계	45,480

가맹점 정보

상호	사업자등록번호
(주)이베이코리아	220-81-83676

판매자 정보

상호	사업자등록번호
유통	503-19-
대표자명	전화번호
정	
과세유형	사업장 주소
일반 과세자	대구 서구

본 영수증은 (주)이베이코리아에서 발행하는 신용카드매출전표입니다.
위 신용카드매출전표는 부가가치세법 제32조의 2 제3항에 의하여 발행되었으며, 동법 시행령 제57조 제2항에 의하여 세금계산서를 교부하지 않습니다.

그림 11-7 신용카드매출전표 예시

NO. 영수증 (공급받는자용)

귀하

공급자				
	사업자등록번호			
	상호(법인명)		성명	
	사업장소재지			
	업태		종목	

작성일자	금액합계	비고
2013. .3 .5	₩ 226,600	

공급내역

월/일	품명	수량	단가	금액
	사과	1	60,000	60,000
	단감	2	30,000	60,000
	빨대	3	500	1,500
	포도	2	2,000	4,000
	곶감	3	5,000	15,000
	복숭아	5	10,000	50,000
	체리	6	6,000	36,000
	영수증	1	100	100
합계	₩			226,600

위 금액을 영수(청구)함

그림 11-8 간이영수증 예시

실무에서 카페 창업자의 경우 영세하기 때문에 대부분 일반과세자보다 간이과세자로 사업자등록을 많이 내게 된다. 간이과세자의 경우 세금계산서 발행을 하지만 세금계산서 수취는 가능하고 수취한 세금계산서 일정부분 공제 가능하다. 따라서 간이과세자라고 하여 세금계산서 수취를 하지 않는 경우 원재료 매입 등을 입증하기 힘들어 종합소득세를 과도하게 부담할 수 있으므로 적격증빙인 세금계산서 수취를 꼭 해야 한다.

• 신용카드매출전표·직불카드 영수증·기명식 선불카드 영수증·현금영수증: 최근 신용카드 사용 증가로 인해 증빙으로 신용카드매출전표를 많이 수취하게 된다. 신용카드 매출전표 등을 수취하는 경우 세금계산서를 따로 발급받을 필요는 없다. 또한 개인사업자의 경우 사업과 관련된 신용카드를 국세청 홈택스에 등록해야만 사업용 신용카드로 인정받을 수 있다. 이때 신용카드매출전표 등을 따로 관리하지 않아도 되지만 인터

넷쇼핑몰 등을 이용한 경우에는 별도로 신용카드매출전표 등을 보관해야 한다.

③ 그 이외의 증빙서류

- 간이영수증·거래명세서 등: 영수증(간이영수증, 문방구영수증)이나 거래명세서는 법정 증빙은 아니나, (일반적인) 증빙으로 인정받을 수 있으므로 3만 원 이하의 거래 시에는 가능하며 세법상 불이익이 없다. 단, 3만원 초과 거래 시 영수증을 수취할 경우에는 거래금액의 2%에 상당하는 증빙불비 가산세를 부담하여야 함에 유의해야 한다.
- 원천징수영수증: 사업자등록을 하지 아니한 자로부터 용역을 제공받고 금액을 지급하는 경우 일명 프리랜서 등에게 지급한 금액을 증명하기 위해서는 지급한 달의 다음 달 10일까지 원천세 신고를 해야 한다. 그래야만 소득세 비용으로 인정받을 수 있다.

3) 부가가치세

(1) 개요

부가가치세는 사업자의 규모에 따라서 간이과세자와 일반과세자로 나뉜다. 부가가치세는 카페사업자가 직접 납부하지만, 담세자는 소비자가 된다. 즉 소비자로부터 메뉴가격의 10%를 추가로 받아서 일정기간 보관하고 있다가 부가가치세 신고, 납부기한이 되면 소비자를 대신하여 사업자가 납부하는 간접세에 해당되는 세금이다. 다만 예비창업자가 부가가치세를 명확하게 이해해야 할 이유에 대하여 추가적인 설명이 필요하다. 우리 주변의 모든 음식점들은 부가가치세를 별도로 징수하지 않는다. 그렇다면 과연 카페의 경우 부가가치세를 납부하지 않는 것일까? 물론 대답은 No이다.

부가가치세는 사업자라면 누구나 납부할 의무를 갖는다. 메뉴가격에 부가가치세가 포함되어 있다고 생각하면 된다. 예를 들어 고객이 5,000원의 메뉴대금을 지불하였다면 사업자의 수익은 5,000원이 아니라 약 4,545원이 되는 것이다. 나머지 455원이 부가가치세이고, 이를 부가가치세법에서는 매출세액이라고 한다. 만약 사업자가 메뉴를 제조하기 위하여 구입한 식자재 등에 포함된 부가가치세가 100원이라고 가정한다면 이를 매입세액이라고 하고, 사업자는 매출세액(455원)에서 매입세액(100원)을 공제한 355원을 납부세액으로

■ 소득세법 시행규칙 [별지 제24호서식(1)]

(1 쪽)

관 리 번호	

[ ]근로소득 원천징수영수증
[ ]근로소득 지 급 명 세 서

([ ]소득자 보관용 [ ]발행자 보관용 [ ]발행자 보고용)

거주구분		거주자1/비거주자2	
거주지국		거주지국코드	
내·외국인		내국인1 /외국인9	
외국인단일세율적용		여 1 / 부 2	
국적		국적코드	
세대주여부		세대주1, 세대원2	
연말정산구분		계속근로1, 중도퇴사2	

징 수 의무자	① 법인명(상 호)	② 대 표 자(성 명)
	③ 사업자등록번호	④ 주 민 등 록 번 호
	⑤ 소 재 지 (주소)	
소득자	⑥ 성 명	⑦ 주 민 등 록 번 호
소득자	⑧ 주 소	

Ⅰ 근무처별소득명세	구 분	주(현)	종(전)	종(전)	⑯-1 납세조합	합 계
	⑨ 근 무 처 명					
	⑩ 사업자등록번호					
	⑪ 근무기간					
	⑫ 감면기간					
	⑬ 급 여					
	⑭ 상 여					
	⑮ 인 정 상 여					
	⑮-1 주식매수선택권 행사이익					
	⑮-2 우리사주조합인출금					
	⑮-3 임원 퇴직소득금액 한도초과액					
	⑮-4					
	⑯ 계					

Ⅱ 비과세및감면소득명세	구 분	코드	주(현)	종(전)	종(전)	⑯-1 납세조합	합 계
	⑱ 국외근로	MOX					
	⑱-1 야간근로수당	OOX					
	⑱-2 출산·보육수당	QOX					
	⑱-4 연구보조비	HOX					
	⑱-5						
	⑱-6						
	~						
	⑱-25						
	⑲ 수련보조수당	Y22					
	⑳ 비과세소득 계						
	⑳-1 감면소득 계						

Ⅲ 세액명세	구 분			(80) 소 득 세	(81) 지방소득세	(82) 농어촌특별세
	(74) 결 정 세 액					
	기납부 세 액	(75) 종(전)근무지 (결정세액란의 세액 기재)	사업자 등록 번호			
		(76) 주(현)근무지				
	(77) 납부특례세액					
	(78) 차감징수세액((74)-(75)-(76)-(77))					

위의 원천징수액(근로소득)을 정히 영수(지급)합니다.

년 월 일

징수(보고)의무자 (서명 또는 인)

세 무 서 장 귀하

210mm×297mm[백상지 80g/㎡(재활용품)]

그림 11-9 원천징수영수증 예시

세무서에 신고·납부하게 되는 것이다.

(2) 부가가치세 신고 및 납부방법

부가가치세는 상품(재화)의 거래나 서비스(용역)의 제공과정에서 얻는 부가가치(이윤)에 대하여 과세하는 세금이며, 사업자가 납부하는 부가가치세는 매출세액에서 매입세액을 차감하여 계산한다.

부가가치세 = 매출세액 − 매입세액

부가가치세는 물건값에 포함되어 있기 때문에 실제로는 최종소비자가 부담(담세자)하게 되며, 최종소비자가 부담한 부가가치세를 사업자가 세무서에 납부(납세자)하는 간접세이다. 부가가치세는 6개월을 과세기간으로 하여 신고·납부하게 되며 각 과세기간을 다시 3개월로 나누어 중간에 예정신고기간을 두고 있는데, 구체적인 내용은 〈표 11-5〉와 같다.

표 11-5 **부가가치세 신고·납부기간**

과세기간	과세대상기간		신고납부기간	신고대상자
제1기 1.1~6.30	예정신고	1.1 ~ 3.31	4.1 ~ 4.25	법인사업자
	확정신고	1.1 ~ 6.30	7.1 ~ 7.25	법인·개인일반 사업자
제2기 7.1~12.31	예정신고	7.1 ~ 9.30	10.1 ~ 10.25	법인사업자
	확정신고	7.1 ~ 12.31	다음 해 1.1 ~ 1.25	법인·개인일반 사업자

간이과세자의 경우에는 1년 과세단위로 하여 신고·납부할 수 있다.

표 11-6 **간이과세자 신고·납부기간**

과세기간	신고납부기간	신고대상자
1.1~12.31	다음해 1.1~1.25	개인 간이 사업자

일반적인 경우 법인사업자는 1년에 4회, 개인사업자는 2회 신고하지만, 개인사업자(일반과세자) 중 사업부진자, 조기 환급발생자는 예정신고와 예정 고지세액납부 중 하나를 선택하여 신고 또는 납부할 수 있다.

카페 사업자는 부가가치세의 부담을 줄이기 위해 매출세액을 줄이거나 매입세액을 늘려야 하는데, 매출세액은 매출액이 신용카드 발행 등으로 100% 노출되므로 임의로 줄이거나 늘릴 수 없다. 또한 매출액을 고의로 누락시킨다면 탈세행위로 간주하여 무거운 세금을 부담해야 하는 위험이 있다. 따라서 합법적으로 세금을 줄이기 위해서는 매입세액을 늘리기 위하여 구입하면서 세금계산서나 계산서를 빠짐없이 받아야 한다. 물건을 구입하고 세금 계산서를 받으면 일반과세자는 매입세액 전액을, 간이과세자는 해당 업종의 부가가치율에 따라 5~30%를 공제받을 수 있다. 또한 음식점인 카페의 경우에는 매입세

표 11-7 의제매입세액 공제 한도액

구분		의제매입세액 공제 한도액		비고
		2015년 기별 과세기간 (카페업)	2015년 기별 과세기간 (기타)	
개인사업자 공급 과세표준	1억원 이하	공급 과세표준 × 60% × 공제율	공급 과세표준 × 50% × 공제율	과세표준 구간별로 계산하지 않음[1]
	2억원 이하	공급 과세표준 × 55% × 공제율	공급 과세표준 × 50% × 공제율	
	2억원 초과	공급 과세표준 × 45% × 공제율	공급 과세표준 × 40% × 공제율	
법인사업자 공급 과세표준		공급 과세표준 × 30% × 공제율	공급 과세표준 × 30% × 공제율	
간이과세자		한도 없음		

주 1) 2015년 1기 개인사업자(기타)의 공급 과세표준이 1억 5천만 원인 경우 한도율은 1억 5천만 원 전체의 50%임

구분		의제매입세액 공제 한도액		비고
		2014년 기별 과세기간	2017년 이후 기별 과세기간	
개인사업자 공급 과세표준	1억원 이하	공급 과세표준 × 60% × 공제율	공급 과세표준 × 50% × 공제율	과세표준 구간별로 계산하지 않음
	2억원 이하	공급 과세표준 × 50% × 공제율	공급 과세표준 × 50% × 공제율	
	2억원 초과	공급 과세표준 × 40% × 공제율	공급 과세표준 × 40% × 공제율	
법인사업자 공급 과세표준		공급 과세표준 × 30% × 공제율	공급 과세표준 × 30% × 공제율	
간이과세자		한도 없음		

율이 적용되지 않는 농수산물 등의 면세 매입에 대해서도 의제매입세액공제제도를 이용하여 부가가치세를 공제받을 수도 있다. 의제매입세액공제제도란 원재료를 구입할 때 직접 지불한 부가가치세는 없지만 면세로 구입한 농수산물 등 가액을 중심으로 음식점업의 개인사업자의 경우 8/108, 법인사업자의 경우 6/106(단, 과세유흥장소 경영자는 4/104), 제조업자(중소기업과 개인사업자에 한함) 4/104, 기타업종의 경우 2/102 만큼을 공제받을 수 있는 제도이다. 2014년 1월 1일 이후 과세기간부터는 의제매입세액공제 한도액이 신설됐다. 단, 음식점업에 속하는 카페사업자의 경우 2015년 한시적으로 아래의 한도액을 적용한다. 현재 세법개정안에 따르면 음식점의 경우 의제매입세액공제 한도가 2016년까지도 적용될 예정이다. 카페 역시 동일하게 적용된다.

다음으로는 신용카드 등의 발행에 대한 세액을 공제받을 수 있다. 이는 카페사업자가 부가가치가 과세되는 재화 또는 용역을 공급하고 신용카드매출전표나 직불카드영수증을 발행하거나 전자화폐로 대금을 결제 받을 경우 그 발행금액의 1%, 음식점업 및 숙박업 간이과세자 2%(단, 2014년까지는 1.3% 또는 2.6%)를 연간 500만 원 한도의 납부세액에서 공제하거나 환급세액에 가산할 수 있다. 이는 신용카드 가맹점의 가입을 권장하고 고객들에게는 신용카드를 많이 사용하게 하여 과세표준의 노출을 유도하기 위하여 신용카드매출전표를 발행하는 사업자에게 혜택을 주는 것이다.

부가가치세는 자진신고, 자진 납부제도를 채택하고 있어 납세자는 부가가치세를 스스로 계산하여 신고, 납부하여야 한다. 신고납부기간은 6개월을 과세기간으로 하여 신고·납부하게 되며, 각 과세기간을 다시 3개월로 나누어 중간에 예정신고기간을 두고 있다.

부가가치세를 납부하는 방법은 다음과 같다.

- 자진 납부서를 기재(국세청 홈페이지>국세정보>세무서식>서식이름에 "납부서" 검색)하여 금융기관 또는 우체국에 납부
- 인터넷을 통한 전자납부방법으로 납부
- 국세청 홈페이지(www.nts.go.kr) ➔ 성실신고지원 ➔ 납부안내
- 신용카드에 의한 납부가 가능하며 2015.1.1. 이후 한도없이 납부가 가능하고, 금융결제원 홈페이지(www.cardrotax.or.kr)에 접속·납부하거나 세무서에 설치된 신용카드 단말기에서 납부가능하다. 단, 신용카드 납부 시 카드수수료 1%가 발생

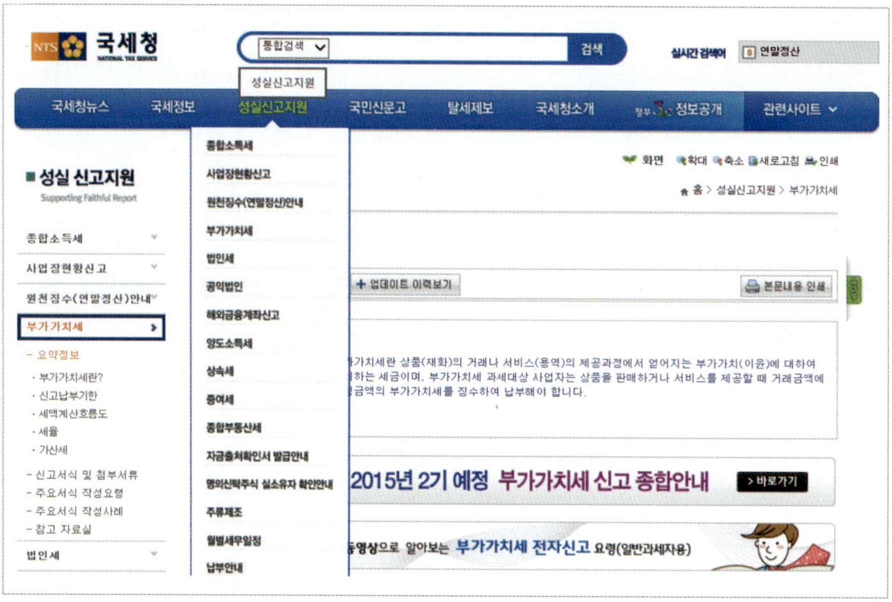

그림 11-10 **국세청 홈페이지 부가가치세 납부안내 화면**

자료: 국세청 홈페이지

부가가치세를 신고하지 않거나 납부하지 않을 시에는 불이익이 따르게 된다. 무신고 시에는 세금조사에 의한 세금고지와 가산세가 부과되며, 무납부 시에는 가산세(무납부금액 × 납부기한 다음날~고지일 × 3/10000)가 부과된다. 부가가치세 관련 문의는 국세청 세미래 콜센터(☎국번없이 126번)나 또는 국세청 홈페이지(www.nts.go.kr → 성실신고지원 → 납부안내)에서 부가가치세 메뉴를 이용하면 편리하다. 물론 세무사를 통하여 신고를 대행하면 편리하게 세무업무를 처리할 수 있지만 매월 세무 대행료를 지불해야 한다.

4) 종합소득세

부가가치세가 간접세인 반면, 종합소득세는 사업자의 소득에서 비용을 공제한 후 산출되는 이익을 대상으로 직접 부과되는 직접세이다. 종합소득세에 대한 구체적인 내용을 살펴보면 다음과 같다.

(1) 종합소득세의 정의

종합소득세는 개인이 지난해 1년간의 경제활동으로 얻은 소득에 대하여 납부하는 세금으로서 모든 소득을 합산하여 계산하고, 다음해 5월 1일부터 5월 31일(성실신고확인대상사업자는 6월 30일)까지 주소지 관할 세무서에 신고·납부하여야 한다. 또한 매년 11월에 소득세 중간예납세액을 납부하여야 하고, 다음해 5월 확정신고 시 기납부세액으로 공제한다. 사업에서 손실이 발생하여 납부할 세액이 없는 경우에도 종합소득세 신고는 해야 한다. 신고를 하지 않는 경우의 불이익은 다음과 같다.

- 특별공제와 각종 세액공제 및 감면을 받을 수 없다.
- 무신고가산세와 납부·환급불성실가산세를 추가로 부담하게 된다.

(2) 소득금액 계산방법

장부를 비치·기장한 사업자의 소득금액은 다음과 같이 계산한다. 즉 1년간 매출액을 총수입금액이라고 하며 업무와 관련하여 사용한 비용을 필요경비라고 한다. 따라서 총수입금액에서 필요경비를 빼면 소득금액이라고 한다.

소득금액 = 총수입금액 − 필요경비

장부를 기록하지 않는 사업자 중 직전년도(신규사업자는 당해년도) 수입금액이 〈표 11-8〉에 제시한 기준금액 이상인 카페사업자는 기준경비율을 적용한다. 기준경비율을 적용하지 않는 경우 단순경비율을 적용할 수 있다.

표 11-8 **업종별 수입금액 기준표**

업종구분	직전년도 수입금액	당해년도 수입금액
가. 농업·임업, 어업, 광업, 도매업 및 소매업, 부동산 매매업, 아래 나 및 다에 해당되지 아니하는 업	6천만 원	3억 원
나. 제조업, 숙박 및 음식점업, 전기·가스·증기 및 수도사업, 하수·폐기물처리, 원료재생 및 환경복원업, 건설업, 운수업, 출판·영상·방송통신 및 정보 서비스업, 금융 및 보험업, 상품중개업	3천6백만 원	1억 5천만 원
다. 부동산임대업, 서비스업(전문·과학·기술·사업시설관리·사업지원·교육), 보건업 및 사회복지 서비스업, 예술·스포츠 및 여가관련 서비스업, 협회 및 단체, 수리 및 기타 개인 서비스업, 가구내 고용활동	2천4백만 원	7천 5백만 원

예를 들어 카페사업자 중에서 직전년도 매출액이 기준 매출액인 3,600만 원 이상인 사업자 중 장부를 비치 기장하지 않는 사업자가 기준경비율 적용 대상자에 해당되며 단순경비율에 의해 소득금액을 계산하는 단순경비율 대상자는 직전년도 매출액이 3,600만원에 미달되는 사업자와 신규 사업자인 경우에 해당된다. 기준경비율과 단순경비율에 의해 소득세를 계산하는 경우는 다음과 같이 계산한다.

표 11-9 **장부를 비치·기장하지 않은 사업자의 소득금액 계산법**

기준경비율 적용 대상자	소득금액 = 수입금액 – 주요경비 – (수입금액 × 기준경비율)
단순경비율 적용 대상자	소득금액 = 수입금액 – (수입금액×단순경비율)

기준경비율과 단순경비율의 비율은 국세청 홈택스(www.hometax.go.kr)에서 조회·발급→기타조회→기준(단순)경비율로 조회할 수 있으며 기준경비율에 의해 계산한 소득금액(기준소득금액)이 단순경비율에 의해 계산한 소득금액에 국세청장이 정하는 배율(간편 장부대상자 2.4배, 복식부기의무자 3.0배)을 곱하여 계산한 금액보다 많은 경우에는 그 배율을 곱하여 계산한 금액을 소득금액으로 결정할 수 있다(소득세법시행규칙 제67조)

기준경비율에 의해 적용받는 사업자의 공제 대상인 주요 경비로 인정받을 수 있는 범위와 이를 증빙하기 위해서는 서류를 〈표 11-10〉에 제시했다.

그림 11-11 **국세청 홈택스 기준(단순)경비율 조회 화면**

자료: 국세청 홈택스

표 11-10 **사업자의 주요 경비**

주요경비	범위	증빙서류
매입비용	재화(상품·제품·재료·소모품 등 유체물과 동력·열 등 관리할 수 있는 자연력)의 매입과 외주가공비 및 운송업의 운반비	세금계산서, 계산서, 신용카드매출전표 등 정규증빙서류를 수취해야 하며, 간이세금계산서나 일반영수증을 수취한 금액은 '주요경비지출명세서'를 제출
임차료	사업에 직접 사용하는 건축물, 기계장치 등 사업용 고정자산의 임차료	
인건비	종업원의 급여·임금 및 일용근로자의 임금과 실지 지급한 퇴직금	원천징수영수증·지급조서를 세무서에 제출하거나 지급 관련 증빙서류를 비치·보관

표 11-11 **카페의 단순경비율 및 기준경비율(2014년 귀속)**

업태	세분류	세세분류	단순경비율	기준경비율
음식점업	비알코올 음료점	커피전문점 등	81.7	12.4

(3) 장부의 비치·기장

카페사업자는 사업과 관련된 모든 거래사실을 복식부기 또는 간편 장부에 의하여 기록·비치하고 관련 증빙서류 등과 함께 5년간 보관하여야 한다. 여기서 복식부기로 장부를 기장하여야 하는 의무자는 직전년도 수입금액이 1억 5천만 원 이상인 카페 사업자가 해당된다.

다만, 당해년도에 신규로 사업을 개시하였거나 직전년도 수입금액이 1억 5천만 원 미만인 카페사업자는 간편 장부에 의하여 기장하여도 무방하다. 카페사업자가 장부를 기장하는 경우에는 다음과 같은 혜택을 받을 수 있다.

- 스스로 기장한 실제소득에 따라 소득세를 계산하므로 적자(결손)가 발생한 경우 5년간 소득금액에서 공제받을 수 있다.
- 간편 장부 대상자는 단순경비율·기준경비율에 의해 소득금액을 계산하는 경우보다 최고 40%까지 소득세 부담을 줄일 수 있다.

카페 사업자의 경우 2014년부터 성실신고기준금액이 10억 원 이상으로 인하되었다. 따라서 2014년 매출액이 10억 원 이상인 카페 사업자의 경우 2015년 5월 종합소득세 신고시 성실신고확인대상자가 된다. 성실신고확인대상자는 업종별로 일정 규모 이상의 사업자를 신고할 때 장부기장의 정확성 여부를 세무사 등에게 확인한 후 신고하게 함으로써 개인사업자의 성실한 신고를 유도하기 위해 도입되었다. 성실신고확인대상사업자가 성실신고확인서를 제출하는 경우 종합소득세 신고를 그 다음 해 5월 1일부터 6월 30일까지 하여야 한다. 성실신고확인제의 경우 일반적인 종합소득세 신고기간보다 한 달 정도 길다.

(4) 소득공제

종합소득세는 개인 소득금액에 대해 일정액을 빼주는 것으로 법인세에는 없는 부분이다. 이는 개인을 대상으로 하는 소득세에 대해 일정부분 혜택을 주는 것이다. 소득세에서는 대표적으로 인적 공제라고 하여 소득금액에서 기본공제 본인 150만 원을 공제해 주며 부양가족 한 명당 150만 원 공제해준다. 또한 기본공제 대상으로 추가공제도 해준다. 이 경우 일정요건을 충족하여야 하며 장애인이거나 70세 이상이거나 부녀자가 세대주이거나

표 11-12 **종합소득세 인적 공제**

항목	내용
기본공제	근로자 본인, 배우자 및 부양가족 1명당 연 150만 원
추가공제	기본공제대상이 되는 사람이 • 장애인인 경우 1명당 연 200만 원 • 경로우대자(70세 이상)의 경우 1명당 연 100만 원 • 부녀자공제 대상인 경우 연 50만 원 • 한부모 소득공제 대상인 경우 연 100만 원 ➔ 부녀자공제와 한부모공제는 중복 불가(중복 시 한부모공제 적용)

한부모인 경우 추가공제를 받을 수 있다.

(5) 산출세액 계산

산출세액 = 과세표준(소득금액 − 소득공제) × 세율

소득금액에서 소득공제를 빼면 과세표준이 된다. 과세표준에 세율을 곱하면 산출세액이 나온다. 우리나라의 경우 초과누진세율을 적용하므로 과세표준이 높을수록 소득세를 많이 내는 구조이다. 이러다 보니 부가세처럼 단일세율로 단순하게 부가세가 나오는 것이 아니고 일정구간의 소득에 대해 계산하기가 복잡한 구조를 취하고 있다. 하지만 누진공제법을 이용하여 소득세를 산출하면 더 빨리 소득세를 산출할 수 있다. 예를 들어 과세표준이 4,000만 원인 경우 4,000만 원 × 15% − 108만 원 = 492만 원의 소득세가 나온다.

표 11-13 **종합소득세 기본세율(2015년 기준)**

과세표준(소득금액 − 소득공제)	세율	누진공제
1,200만 원 이하	6%	−
1,200만 원 초과 4,600만 원 이하	15%	108만 원
4,600만 원 초과 8,800만 원 이하	24%	522만 원
8,800만 원 초과 1억 5천만 원 이하	35%	1,490만 원
1억 5천만 원 초과	38%	1,940만 원

학습정리

1. 회계란 기업과 관련된 이해관계자들의 의사결정에 필요한 유용한 정보를 제공하는 것으로 초등학생이 작성하는 용돈기입장, 주부가 작성하는 가계부, 동호회 총무가 작성하는 회비관리내역 등도 모두 회계활동의 결과물에 해당된다. 회계는 회계정보를 이용하는 대상자와 이해관계자에 따라서 재무회계, 관리회계, 세무회계 등으로 구분된다.
2. 회계실체의 일정기간(회계기간) 동안의 경제적 사건과 그 기간 말에 있어서의 경제적 상태를 나타내기 위한 일련의 회계보고서를 재무제표라고 하며, 재무상태표(B/S: Balance Sheet), 손익계산서(I/S: Income Statement), 이익잉여금처분계산서, 현금흐름표, 자본변동표 등이 이에 해당된다.
3. 카페 창업자의 경우 개인 사업등록 시 세무서에 관련 영업신고증과 임대차계약서 사본을 준비해 가야 하며 사업자등록 후 세무 관련 사이트인 국세청 홈택스, 여신금융협회 등에 가입하여 신고 및 사업관리의 편의성을 높여야 한다. 그리고 필수 증빙서류인 세금계산서, 계산서, 신용카드매출전표 등을 잘 챙겨 부가가치세나 종합소득세등 초과 납부하는 세금이 없도록 해야 한다.
4. 카페사업자가 납부해야 할 대표적 세금은 부가가치세와 종합소득세이다. 세금의 납부를 위해 사업자등록 시 간이과세제도를 이용할 수 있는데, 연간 매출액(공급대가 기준)이 4천8백만 원 미만인 경우만 가능하다. 부가가치세는 상품(재화)의 거래나 서비스(용역)의 제공과정에서 얻어지는 부가가치(이윤)에 대하여 과세하는 세금이며, 사업자가 납부하는 부가가치세는 매출세액에서 매입세액을 차감하여 계산한다.
5. 종합소득세는 개인이 지난해 1년간의 경제활동으로 얻은 소득에 대하여 납부하는 세금으로서 모든 소득을 합산하여 계산하고, 다음 해 5월 1일부터 5월 31일까지 주소지 관할 세무서에 신고·납부하여야 한다. 다만, 성실신고확인대상 사업자는 6월 30일까지이다.

| 연습문제 |

1. 카페사업자가 절세를 할 수 있는 다양한 방법이 있습니다. 부가가치세와 종합소득세를 각각 나누어서 합법적으로 절세를 할 수 있는 방법을 조사하여 정리해 보시기 바랍니다.
2. 부가가치세법에 따르면 부가가치세는 간접세로서 소비자가 부담하는 세금이며, 사업자는 단지 소비자로부터 징수하여 납부할 의무만 가지는 세금입니다. 하지만 국내의 경우, 카페사업자들이 메뉴 가격에 부가가치세를 포함하고 있는 상황이므로 이러한 현상은 소규모 외식사업자의 수익성 악화로 연결될 수도 있고 무리한 가격 인상을 초래할 수도 있습니다. 만약 당신이 창업을 하게 된다면 이와 같은 부가가치세 문제를 어떻게 해결하시겠습니까?

12장

카페의 서비스 관리

12장

카페의 서비스 관리

학습목표

1. 서비스의 개념과 특징, 그리고 서비스 중요성을 이해한다.
2. '진실의 순간(MOT)'과 잘못된 서비스를 회복하기 위한 방안에 대해 이해한다.
3. 서비스 품질관리의 개념과 관리방법을 이해한다.
4. 고객만족경영의 개념, 구성요소 및 고객만족경영을 추진하기 위한 체계를 이해한다.
5. 접객서비스의 실무를 통한 상황별 접객 방법에 대하여 이해한다.

'82년생 김민경 X 카페르세' 창업일기

과거에는 "아메리카노 한 잔 서비스!"가 만능이던 시절이 있었다. 고객도 어느 정도 만족했다.

""여기는 서비스가 참 좋아." 혹은 "여기는 서비스가 좋지 않아."라고 평가한다. 분류 기준에 따라 다를 수 있겠지만, 카페는 '서비스업'이다. 업의 본질인 서비스 평가가 부정적이라면 결코 사업은 성공할 수 없다.

서비스가 미소를 머금은 상냥한 인사로 아메리카노 한 잔을 덤으로 주고 업을 충실히 이행했다고 생각할 수도 있겠다. 업을 성실히 수행하기 위해서는 서비스에 대한 올바른 정의가 필요하다. 지금은 전체 산업에서 서비스업이 차지하는 비중이 높아지고 있다. 고객이 요구하는 서비스의 형태는 매우 다양하다.

나는 '고객의 잠재 욕구를 파악하여 적재적소에 제공하여 문제를 해결하는 일'이 서비스가 아닐까 생각한다. 하지만 고객은 무엇을 원하는지 스스로 이야기하지 않는다. 어쩌면 고객 스스로 무엇을 원하는지 모르고 있다.

오늘도 서비스를 하기 위하여 매장에 있다. 이곳에 고객의 잠재적 욕구가 있다. 그곳에 사업을 성공시킬 수 있는 열쇠가 있다.

1 서비스의 개념과 특성

1) 서비스의 정의

서비스(Service)의 어원은 'servu(노예)'라는 단어에서 유래되었다고 한다. 즉 서비스는 '노예가 주인에게 충성한다'는 의미로 시작하였고 현재는 '판매를 목적으로 제공되거나 상품판매와 연계하여 제공되는 활동, 편익, 만족'(미국마케팅학회, 1960)으로 정의되거나 '고객과 기업의 상호작용을 통해 고객의 문제를 해결해 주는 일련의 활동'(이유재, 2009)을 의미하는 말로 사용된다.

카페에서의 서비스는 고객에 대한 메뉴의 판매와 그에 따른 모든 물적·인적 서비스를 제공하는 환대 행위라 할 수 있다. 즉 상품판매를 위한 수단이나 용역활동으로 상품과 함께 동반되어 제공되는 인정된 가치를 의미한다. 이와 같은 정의를 종합해 보면 서비스란 '고객만족 경험과 부가가치를 높이기 위한 유·무형의 활동으로 생산과 소비가 동시에 이루어지며, 고객만족과 고객경험 등의 요소가 포함되는 일련의 행동'으로 서술할 수 있다.

2) 서비스의 특성

(1) 무형성

서비스의 가장 기본적인 특징은 형태가 없다는 것이다. 즉 객관적인 형태가 없어서 직접 경험을 해보지 않으면 그것을 알 수 없기 때문에 주관적이며, 일률적인 품질규격을 정하는 것에 어려움이 있어 그 가치를 평가하기가 매우 어렵다. 또한 고객과의 의사소통에 문제가 발생하게 된다. 이러한 문제점을 해결하기 위해서는 서비스의 내용보다는 서비스를 받게 됨으로써 얻을 수 있는 구체적인 편익을 부각시키는 방법을 취하는 것이 좋다. 즉 서비스와 부수적인 부분을 시각적으로 만들어 고객에게 서비스 가치를 유형화시키는 것이다. 카페에서는 물리적 환경요소에 해당하는 인테리어나 직원의 유니폼, 시설 등을 통하여 제공될 서비스의 수준을 고객으로 하여금 가늠할 수 있도록 한다. 하지만 무형적인 서비스를 유형화하는 것에는 한계가 존재한다. 따라서 카페는 구매 고객과 커뮤니케이션을 강화하여 보다 긍정적인 구전효과가 발생할 수 있도록 하여 기업의 이미지를 관리하여야 한다.

(2) 소멸성

서비스는 판매되지 않으면 소멸되는 특징을 가지고 있다. 즉 유형적인 제품과는 다르게 저장이나 재고 관리가 불가능하다는 것이다. 그 시간이 지나면 판매될 수 없는 상품이 된다.

서비스 상품의 소멸성을 극복하는 방안으로는 수요가 많은 시간대에 적절한 공급이 이루어질 수 있도록 하는 것이다. 즉 직원을 대상으로 하는 순환직무, 파트타이머 같은 유동적인 인적자원의 조절 노력은 소멸성이라는 특성을 극복하기 위한 노력이라 할 수 있다. 공급을 조정하는 또 다른 방법으로는 서비스에 고객을 참여시킴으로써 공급을 조절하는 것이다. 이러한 방법은 프랜차이즈형 카페에서 흔히 볼 수 있다.

(3) 비분리성

카페의 서비스는 공간적인 측면과 시간적인 측면에서 생산과 소비가 동시에 이루어지는 특성을 가지고 있다. 즉 우리가 카페를 방문하여 서비스를 제공받는 동시에 소비가 발생한다. 이러한 특징을 살펴보면 서비스의 생산에 소비자도 참여한다는 것과 고객들이 형성하는 분위기가 서비스의 내용이 될 수 있다는 것을 알 수 있다. 카페의 서비스 상품은 생산과 소비가 동시에 이루어지기 때문에 고객과 접촉하는 서비스 직원의 선발에 매우 신중해야 한다. 또한 서비스 제공 중에 다른 고객과 상호작용을 할 수 있기 때문에 다른 고객의 서비스 경험이 또 다른 고객의 서비스 경험에 영향을 미칠 수 있음도 숙지해야 한다.

(4) 이질성

카페의 서비스는 생산과 제공의 과정에서 누가, 언제 제공하느냐와 같이 가변적인 요소가 많기 때문에 고객이 느끼는 서비스 상품은 많은 차이를 나타낸다. 즉 카페의 직원인 A씨가 같은 공간에서 같은 메뉴를 제공하더라도 A씨의 상태에 따라 서비스는 다르게 제공될 수 있으며, 고객에게 제공되는 서비스 또한 이질성이라는 특징을 가지고 있기 때문에 고객이 느끼는 서비스의 내용이 달라질 수 있다는 것이다. 이러한 서비스의 이질성으로 인해서 일관된 서비스 품질을 보증하기 어려워지며, 일관적이지 못한 서비스 품질에 의해 고객 불만의 요인이 된다. 따라서 서비스 이질성을 관리하기 위한 방법으로 가장 중요한 것은 일관된 서비스를 제공할 수 있는 우수한 인재를 채용하고 체계적인 매뉴얼에 의하여 교육훈련을 시키는 것이다. 또한 고객에 의한 피드백을 근거로 직원들에게 인센티브를 수여하는 식으로 직원의 동기를 유발하거나 잘못된 서비스를 찾아 서비스 개선을 하여야 한다.

표 12-1 서비스의 특징

구분	개념(문제점)	해결책
무형성 (Intangibility)	눈에 보이지 않음 (독점적 권리 확보가 어렵다) (보여주거나 설명이 곤란하다)	유형화 구전 활용 기업 이미지 관리 구매 후 커뮤니케이션 강화
비분리성 (Inseparability)	생산과 소비의 동시성 (서비스 과정에 고객이 참여) (대량 생산이 어렵다)	철저한 직원 관리 고객관계 관리
이질성 (Heterogeneity)	동질적 서비스 제공이 곤란 (표준화와 품질관리가 어렵다)	서비스의 표준화 서비스의 개별화
소멸성 (Perishability)	판매되지 않으면 소멸됨 (재고로서 보관하지 못한다)	수요예측 수요조절, 공급조절

자료: 김영갑 외(2014). 외식서비스경영론.

3) 서비스의 중요성

서비스의 중요성은 고객의 변화에서부터 시작되었다. 카페산업이 성숙해짐에 따라 고객의 요구는 메뉴의 맛과 양에서부터 서비스로 그 중요성이 이동되고 있다. 시장의 경쟁이 치열해지고 원가의 상승과 생산성 향상이 한계에 이르면서 서비스가 중요한 전략으로 등장하였다.

서비스는 고객으로 하여금 구매나 판매 및 재방문을 촉진하거나 유발할 수 있는 상품이다. 무형으로 이루어지는 서비스는 실체를 알 수 없기 때문에 고객에게 지각된 직원의 행동이 서비스에 대한 평가 요인으로 작용한다. 요즘 산업의 발전으로 향상된 고객의 수준을 만족시키기 위하여 기업은 차별적인 서비스의 제공으로 고객이 만족할 수 있는 서비스를 제공하여야 한다. 고객의 욕구와 기대에 최대한 부응한 상품의 구매로 만족감을 느낀 고객은 상품과 서비스의 재구매가 이루어지며, 기업과의 신뢰감이 연속적으로 이어지는 상태가 되어 기업에 긍정적인 영향을 주는 고객으로 남게 되는 것이다.

2 서비스 접점 관리

서비스의 지각은 이용하는 고객과 서비스를 제공하는 전달자 간의 상호작용을 통해 인식된다. 즉 서비스 접점은 서비스 제공자와 고객 간의 상호작용을 말하는 것이다. 특히 카페의 경우 인적자원, 물리적 시설을 포함한 가시적인 요소들을 모두 포함하고 있다. 고객은 직원을 만나는 순간부터 서비스를 제공받는 것을 인식하고 이에 대한 평가를 하게 된다.

MOT는 스칸디나비아 항공사의 얀 칼슨(Jan Carlson)이 사장으로 취임하면서 경영에 도입하여 성공적인 서비스를 제공한 사례로 유명하다. 이후 MOT는 고객과의 접촉을 표현하는 대표적인 용어로 사용되고 있으며, 기업의 현장에서는 서비스 접점을 '진실의 순간(MOT: Moment of Truth)'으로 통용하여 사용하고 있다.

진실의 순간이란 원래 스페인의 투우에서 유래된 용어로 투우사가 소와 일대일로 대결하는 최후의 순간을 의미하며 이 짧은 순간이 투우경기의 승패를 결정하는 최후의 순간이 된다고 한다. 카페의 경우 다수의 서비스 접점의 순간 중에서 단 1회라도 실수할 경우 이전의 좋은 서비스가 모두 무의미해지는 일명 '곱셈의 법칙'을 따른다. 따라서 고객이 광고를 접하거나 건물이나 외관을 접할 때부터 매장 입구에 들어서고 직원과 접촉하고, 점포의 다양한 요소들을 오감으로 경험하는 모든 순간들의 모든 서비스에 대한 평가가 중요하다.

3 서비스 회복 관리

1) 서비스 실패

카페는 서비스 교육을 통하여 서비스 실패, 즉 고객 기대수준 이하의 서비스를 제공하여 고객이 불만족을 느끼는 경우가 발생하지 않도록 노력해야 한다. 하지만 서비스 상품이 가지고 있는 비분리성, 무형성, 이질성, 소멸성이라는 특성 때문에 서비스 실패는 관리 여부에 따라 그 빈도를 조절할 수 있을 뿐, 어찌 보면 서비스 실패의 발생을 원천적으로 차단한다는 것은 매우 어렵다. 특히 이질성은 카페의 일관성 있는 서비스 품질과 서비스 성과를 일정하게 유지할 수 없기 때문에 서비스 실패의 가장 주된 원인이 되고 있으며, 생산과 소비의 비분리성은 잘못된 서비스 상품의 오류를 수정할 수 있는 시간적 여유가 없어 고객이 불만족을 느끼는 서비스 실패가 나타나게 된다.

서비스 불만족을 느낀 고객은 만족한 고객보다 부정적인 구전효과로 더 많은 잠재고객에게 기업의 부정적 이미지를 알리게 되고, 이는 카페의 매출에 큰 영향을 미치게 된다. 따라서 고객의 불만에 의한 서비스 실패를 적절한 회복 관리를 통하여 고객에게 만족감을 주어야 한다. 고객 중 불만족을 표현하는 고객은 서비스 실패를 바로잡을 수 있는 기회를 주고자 하는 것이고, 아직도 그 카페에 기대하는 것이 있다는 증거이기 때문에 카페는 효과적인 서비스 회복전략을 통하여 고객의 기대를 충족시킴으로써 고객과의 관계를 회복하여 신뢰도를 높여야 한다.

2) 서비스 회복 관리

서비스 회복이란 카페에서 제공된 서비스 혹은 상품의 성과가 소비자 기대에 미치지 못하여 기업에 대하여 불만족하는 고객을 만족한 상태로 되돌리기 위한 일련의 과정을 의미한다. 따라서 카페는 서비스에 불만족한 고객소리를 쉽게 듣기 위해서 고객 설문조사, 영업장과 홈페이지 내의 고객의 소리 또는 SNS를 통한 의견수렴 등을 통하여 접수된 고객의 불만사항을 듣고 실패한 서비스를 회복할 수 있는 기회로 삼아야 할 것이다.

고객은 대부분 자신의 불만족 사항이 현장에서 즉시 해결되는 것을 원한다. 그러므로 신속한 문제 해결을 위해서 경영자는 일선 서비스 직원에게 고객의 불만에 즉시 대응할 수 있는 일정한 권한을 위임하여 고객 불만사항에 대한 빠른 해결을 유도할 수 있다. 이러한 일정한 규칙에 의거한 문제 해결은 신속한 문제 해결과 문제의 확산을 사전에 막을 수도 있으며, 권한위임을 통한 직원의 동기유발에도 좋은 역할을 한다.

카페는 서비스 회복 관리를 통하여 서비스의 수정, 고객과의 유대 강화, 서비스의 직원 기술 향상 등과 같은 성과를 얻을 수 있으며, 서비스를 회복하고 문제의 핵심을 찾아냄으로써 서비스 제공의 근본적인 문제점을 발견, 정비할 수 있는 기회를 얻을 수 있다.

3) 실패 서비스 문제점 개선을 위한 기법

서비스 제공과정을 효과적, 효율적으로 관리하여 실패 가능점을 찾아내기 위해서는 서비스 마케팅의 마케팅 믹스(7P) 중 서비스 프로세스의 분석이 전제되어야 한다.

서비스 프로세스 분석을 수행함으로써 얻게 되는 이점을 살펴보면 다음과 같다. 먼저 모든 작업과정을 프로세스의 형태로 표현하여 한눈에 볼 수 있게 만들어 줌으로써 전체

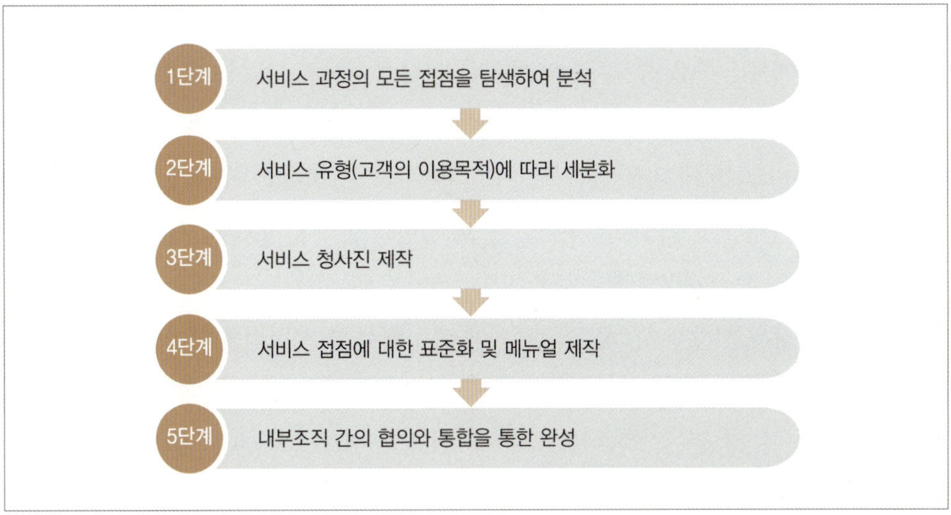

그림 12-1 서비스 프로세스 설계 과정
자료: 김영갑 외(2014). 외식서비스경영론.

시스템의 구조와 기능을 파악할 수 있게 해 준다. 또한 서비스 프로세스를 분석한다는 것은 현재의 서비스 전달 시스템의 현황을 파악한다는 점에서 매우 커다란 의의가 있다.

서비스 프로세스, 즉 서비스 전달 시스템은 서비스가 생성되어 고객에게 전달되기까지의 전 과정을 의미하는데, 이러한 전달 시스템을 설계하는 것은 고객만족을 위한 창조적인 과정이다.

서비스 프로세스를 분석하는 기법은 서비스 청사진법 이외에도 '서비스 사이클', '서비스 과정도', '시간요소 분석'과 같은 다양한 기법들이 존재한다.

(1) 서비스 청사진 기법

실제로 서비스 프로세스를 분석하기 위한 다양한 기법이 존재하는데 가장 일반적인 분석도구로 서비스 청사진(service blueprint)이 이용된다. 서비스 청사진은 핵심서비스 프로세스를 그 특성이 나타나도록 직원, 고객, 기업이 서비스 전달과정에서 해야 하는 각자의 역할을 알아보기 쉬운 방식의 그림으로 나타낸 것이다. 대부분의 서비스는 동태적 시스템이기 때문에 미리 정해진 순서대로 전달되어야 한다. 따라서 잘못 설계된 프로세스는 서비스 품질에 나쁜 영향을 미치므로 서비스 실패를 예방할 목적으로 레스토랑과 같은 서비스기업에서는 주로 '플로차트'와 유사한 서비스 청사진 기법을 활용한다.

주로 건축분야에서 활용되던 청사진이 서비스 부분에 도입된 것은 린 쇼스택이 1984년 〈하버드 비즈니스리뷰〉에 처음 제안하면서부터이다. 그는 서비스 전달 시스템, 즉 서비스 프로세스를 시각적 도표로 표현하는 형식으로 서비스 설계에 적용가능하다는 점에 착안하여 서비스 청사진을 개발하였다.

서비스 청사진은 '서비스 시스템을 정확하게 묘사해서 그 서비스를 제공하는 데 관계되는 서로 다른 사람이 그들의 역할 및 관점에 상관없이 그 서비스를 이해하고 객관적으로 처리할 수 있도록 해 주는 그림'이라고 할 수 있다. 서비스 청사진은 구체적으로 서비스

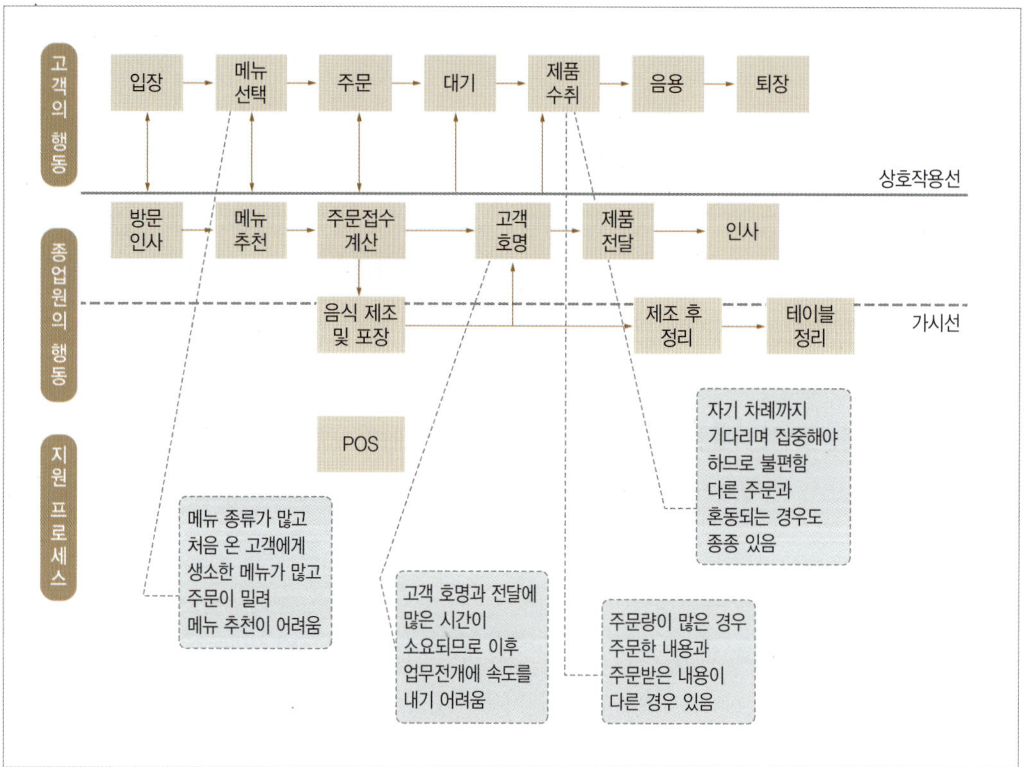

그림 12-2 **커피전문점의 서비스 청사진 사례**

주) 점선은 실패가능점

자료: 박인정(2012). 한양사이버대학교 대학원 호텔관광외식MBA 보고서

상품 개발의 설계와 재설계의 단계에서 유용하다. 이것은 서비스 전달의 프로세스 및 고객과 종업원의 역할, 가시적인 서비스 구성요소 등을 동시에 나타냄으로써 서비스를 시각적으로 볼 수 있게 만들어준다. 또한 서비스 청사진은 서비스를 논리적인 구성요소들로 나누어 프로세스의 각 단계와 과업, 과업이 수행되는 수단, 고객이 경험하는 서비스의 물리적 환경까지도 보여준다. 대표적인 서비스 프로세스의 분석기법인 서비스 청사진을 작성하는 단계는 다음과 같이 3단계로 구성된다.

먼저 1단계는 서비스 프로세스를 구분하는 단계이다. 고객의 눈에 보이는 활동과 눈에 보이지 않는 활동을 가시선으로 구분하여 도표를 작성해 본다. 가시선 아래 보이지 않는 활동은 주방에서 식사를 준비하거나 사무실에서 전화로 주문을 받는 경우 등이 해당된다. 고객의 눈에 보이는 가시선은 고객의 행동과 직원의 일선 행동으로 구성되고, 고객의 눈에 보이지 않는 선은 직원의 후방 행동과 지원 프로세스로 구성된다.

2단계는 실수 가능점(fail point)을 제시하는 단계이다. 서비스 기업의 실수 가능점을

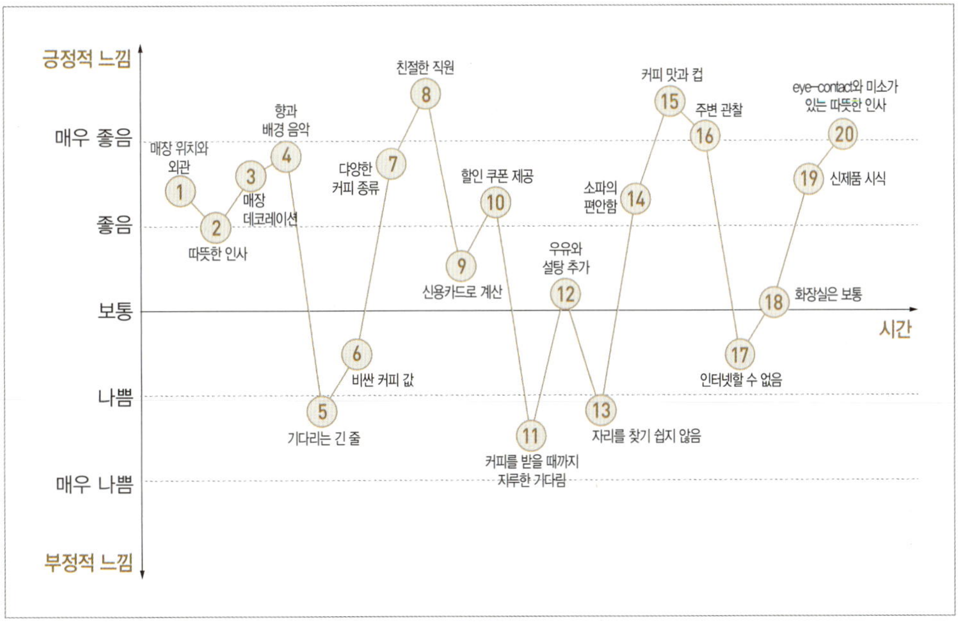

그림 12-3 스타벅스의 고객경험지도

자료: 장정빈(2009). 리마커블 서비스. p.166.

제시함으로써 실패를 미연에 예방하고 보다 높은 서비스 품질을 고객에게 제공하게 된다.

3단계는 성과를 분석하는 단계이다. 각각의 서비스가 수행되는 소요시간을 관측하여 비정상적인 실패나 지연이 있는지 분석한다.

서비스 청사진을 통하여 우리는 카페의 고객과 수많은 접점에서 '결정적 순간'을 맞이하고 있음을 이해할 수 있다. 경영자는 고객이 메뉴와 서비스를 경험하기 전부터 경험한 이후까지의 모든 고객접점을 분석하고 개선하는 노력을 통하여 고객만족을 관리하여야 하며 이는 서비스 청사진 기법을 이용해서도 가능하지만 '고객경험관리(CEM: customer experience management)'를 통해서도 가능하다.

고객경험관리는 서비스 청사진을 통해 찾아낸 서비스 접점의 문제점과 개선점을 찾는데 좀 더 구체적인 전략 방안을 제시해 주기도 한다. 스타벅스의 경우 고객이 매장에 들어와서 커피를 마시고 퇴점할 때까지의 전 과정을 세부적으로 나누어 고객경험지도를 그리고 이를 기초로 문제점에 대한 개선대책을 수립, 시행하고 있다. 이는 서비스 청사진과 유사하지만 각 접점의 고객만족도를 구체화함으로써 현재 상태를 알 수 있도록 구성되어 있다.

4 서비스 품질평가 및 고객만족

1) 서비스 품질의 개요

카페의 서비스 상품은 일반 기업의 상품과는 다른 특징으로 인하여 품질의 개념조차 추상적이며 정의를 내리거나 평가하는 것이 매우 어렵다. 고객에 의한 서비스 품질평가는 서비스가 전달되는 과정에서 발생하며 고객은 서비스를 제공받고 소비하는 순간에 자신이 들은 구전의 내용, 개인적인 욕구, 과거의 경험에 따라 형성된 기대수준에 의해 평가하게 된다. 자신의 기대수준에 비해 낮은 서비스 품질을 느낀 고객은 불만족하게 될 것이며 반대의 경우에는 만족한 고객으로 재방문할 가능성이 높다.

카페에서 서비스는 카페산업의 발전에 따라 고객의 선택 기준에 매우 중요한 요인으로 작용하고 있다. 즉 성공적인 카페 창업을 위해서는 고객이 느끼는 서비스 품질에 대한 중요성을 인식하는 것이 필요하다.

고객이 인식하는 서비스 품질은 총체적인 관점에서 제공되는 서비스를 인식한다는 것이다. 또한 불특정 다수의 고객에게 서비스를 제공하며, 고객은 각기의 다양한 기대수준을 가지고 서비스 품질을 평가하기 때문에 평가의 척도를 표준화하는 데 어려움이 있다.

2) 서비스 품질의 평가요소

서비스의 품질은 고객의 기대와 그에 따른 결과의 비교에 의해 결정된다고 할 수 있다. 파라슈라만 외(1988)는 기존의 서비스 품질에 대한 연구 결과를 바탕으로 지각된 서비스 품질의 개념을 '고객의 기대와 지각 간의 불일치의 방향과 정도'라고 정의하였다. 다시 말해 고객이 생각하는 외식기업이 제공해야 한다고 느끼는 서비스의 기대와 외식기업에서 제공한 서비스 결과에 대한 고객의 인식을 비교하는 데서 나오는 것이다.

또한 고객이 서비스 품질을 인식하는 다양한 요인들 중에서 보편적으로 서비스 품질을 인식하는 요인들이 있다는 것을 알 수 있다. 파라슈라만 외(1988)는 고객이 서비스 품질을 평가하는 10가지의 요인을 제시하고 이를 다시 1990년에 5개의 요인으로 수정하여

표 12-2 서비스 품질의 결정요인

요인	정의
신뢰성(Reliability)	약속한 서비스를 정확하게 수행할 수 있는 능력
대응성(Responsiveness)	고객을 돕고 신속한 서비스를 제공하겠다는 의지
확신성(Assurance)	확신을 주는 직원의 자세와 지식 및 예의바른 태도
공감성(Empathy)	고객에 대한 배려와 개별적 관심을 보일 자세
유형성(Tangible)	시설, 장비, 인력 등 물리적 환경의 상태

자료: 김영갑 외(2014). 외식서비스경영론.

'SERVQUAL'이라고 하는 서비스 품질에 관하여 고객 인지를 평가할 수 있는 모형을 개발하였다. 즉 고객은 신뢰성, 대응성, 확신성, 공감성, 유형성의 차원을 자신의 개인적인 요구 등으로 형성된 기대감과 인지된 서비스를 평가하여 만족도를 나타낸다는 것이다.

3) 서비스 품질 평가를 통한 고객만족 관리

고객만족이란 일반적으로 고객이 구매 전에 기대했던 서비스의 수준과 실제 구매된 서비스에서 지각된 수준과의 비교이다. 고객의 지각이 기대를 충족시켜 주었다면 기대는 일치되었다고 말하고 이러한 경우를 고객만족이라 한다. 지각과 기대가 동일하지 않는 경우는 두 가지 경우를 나누어 생각할 수 있다. 고객이 실제 서비스에서 지각한 수준이 기대한 것에 비해 낮은 경우와 반대로 고객의 기대를 초과하여 실제 서비스를 지각하는 경우이다. 이러한 경우 전자를 부정적 불일치라 하고 후자를 긍정적 불일치라 한다. 부정적 불일치의 경우 고객의 불만족을 유발하며, 긍정적 불일치의 경우 고객은 감동을 느끼게 될 것이다.

따라서 고객의 만족도를 보다 높이기 위해서는 고객의 만족을 관리하여야 한다. 즉

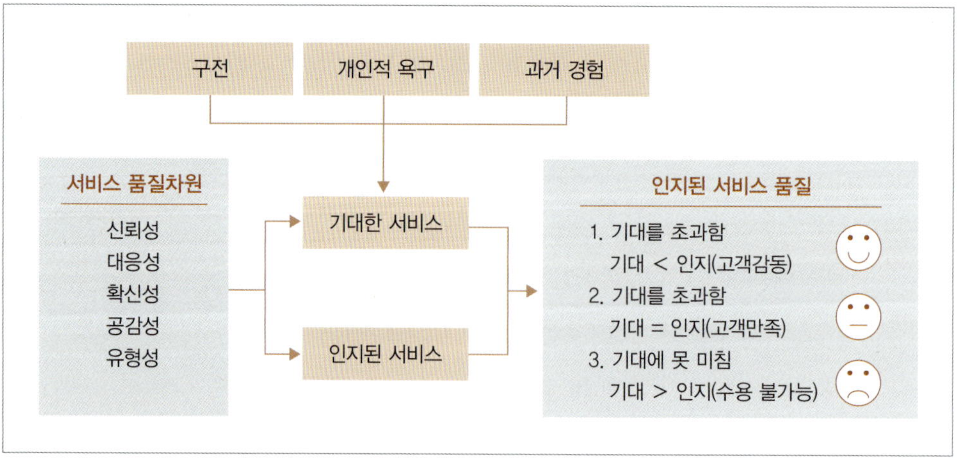

그림 12-4 지각된 서비스 품질에 따른 고객 만족/불만족

자료: Parasuraman, Zeithaml, & Berry(1985), p.48.

그림 12-5 고객의 기대수준과 성과의 평가의 관계
자료: 유필화 외(1999). 박영사. p.25.

고객이 어떠한 제품이나 서비스를 구매할 경우 만족하고 그렇지 않은지에 대한 것을 알아야 한다. 미츠야키 교수는 실증연구를 통하여 고객의 기대수준과 성과평가 간의 관계를 〈그림 12-5〉와 같이 제시하였다.

첫 번째로, 기대수준은 높지만 성능평가가 낮기 때문에 고객이 불만을 느끼는 상태이다. 이때 기업은 고객의 불만족 원인인 낮은 서비스 품질을 향상시키는 개선전략, 또는 성능을 개선하지 않고 고객의 기대수준을 낮추는 두 가지 전략을 사용할 수 있다. 즉 무관심을 유도하여 서비스 품질에 대한 관심과 기대를 낮춰 불만도 크게 발생하지 않게 만드는 것이다.

두 번째로, 고객이 기대한 서비스와 지각한 서비스 수준이 일치하여 만족하고 있는 상태이다. 카페는 기본적으로 유지전략을 사용한다. 다만 고객은 새로운 정보와 지식을 쌓아감에 따라 기대수준도 올라가는 경향이 있으므로, 일반적으로는 고객의 기대에 걸맞게 서비스 품질도 차츰 향상시킬 필요가 있다. 또 다른 전략으로는 제품의 중심기능이 아닌 주변기능의 향상을 꾀하는 것이다. 일반적으로 중심기능은 일정 수준 이상이 되면 그것에 대한 지속적인 강화 전략에도 불구하고 만족도는 올라가지 않는 경우가 있다. 이러한 경우 주변의 기능을 강화하여 고객만족을 증가시킬 수 있다.

세 번째로, 서비스의 품질이 만족스럽지 못하여 고객이 불만을 느끼지만 고객의 기대가 낮아 불만의 정도가 크지 않은 경우이다. 이 경우 먼저 서비스의 품질을 강화하고 이어서 기대감을 높이는 '성능·기대강화전략'을 고려하여야 한다. 물론 고객의 관심이 낮은 현재의 제품에 투자를 하여 그것의 성능을 올리는 것보다는 현재의 상태에서 회사가 얻고 있는 수익에 만족하는 경우 젖 짜기 전략(milking strategy)을 통하여 현 상태를 유지하는 전략을 사용할 수도 있겠지만, 일반적인 경우 시간이 흐름에 따라 고객은 해당 속성에 대한 기대수준이 향상되는 경향을 가지고 있기 때문에, 성능·기대 강화전략을 사용하여 고객의 만족을 향상시키는 것이 좋다.

마지막으로, 만족형 무관심의 경우가 있다. 이는 자신이 기대했던 것보다 서비스 품질이 좋아 일시적으로 크게 만족하지만 그런 서비스에 별로 관심을 갖고 있지 않았기 때문에 사실상의 만족감은 약간 만족 또는 만족형 무관심으로 나타나게 되는 것이다. 이러한 경우 고객의 기대수준을 높일 필요가 있다. 이것은 현재 고객의 기대수준 또는 관심도에 비해 서비스 품질이 지나치게 좋으므로 서비스에 대해 기대/관심을 환기시킴으로써 그들의 위치를 만족으로 옮겨 놓으려는 전략을 사용할 수 있다. 또 다른 전략으로는 고객의 관심을 끌거나 경쟁제품에 대해 경쟁우위를 갖기 어려운 속성항목의 서비스 품질을 조금 낮추는 전략이 있다. 이 전략을 통해서 경비 절약, 인적 자원의 효율적 활용의 효과를 얻을 수 있다.

학습정리

1. 서비스란 판매를 목적으로 제공되거나 상품 판매와 연계하여 제공되는 활동, 편익, 만족으로 정의할 수 있다. 외식기업의 서비스는 외식산업이 성숙해짐에 따라 고객들의 요구가 메뉴의 맛과 양에서부터 서비스로 그 중요성이 이동되었으며 시장의 경쟁이 치열해지고 원가의 상승과 생산성 향상의 한계에 이르면서 서비스가 중요한 전략으로 등장하였다

2. MOT는 고객과의 접촉을 표현하는 대표적인 용어로 사용되고 있으며 기업의 현장에서는 서비스 접점을 진실의 순간(MOT: Moment of Truth)으로 통용하여 사용되고 있다. 고객이 광고를 접하거나 건물이나 외관을 접할 때부터 매장 입구에 들어서고 직원과 접촉하고, 점포의 다양한 요소들을 오감으로 경험하는 모든 순간은 서비스에 대한 평가가 진행될 수 있다. 따라서 모든 MOT에 긍정적인 평가를 받기 위해서 적절한 서비스 프로세스를 설계하고 교육훈련을 통하여 서비스 품질을 개선하기 위해서 노력하여야 한다.

3. 서비스 상품은 비분리성과 무형성이라는 특성을 가지고 있기 때문에 서비스 실패가 일어난다. 서비스 상품의 이질성은 카페의 일관성 있는 서비스 품질과 서비스 성과를 일정하게 유지할 수 없기 때문에 서비스 실패의 가장 주된 원인이 되고 있다. 서비스 불만족을 느낀 고객은 부정적인 구전효과로 더 많은 잠재고객에게 기업의 부정적 이미지를 알리게 되고 이는 매출에 큰 영향을 미치게 된다. 따라서 실패한 서비스라도 적절한 회복관리를 통하여 고객에게 만족감과 신뢰감을 주어야 한다.

4. 카페는 서비스 실패점을 찾아내기 위해서는 서비스 프로세스를 분석하여 서비스 실패를 사전에 예방하여야 한다. 서비스 프로세스를 분석하기 위한 다양한 기법이 존재하는데 가장 일반적인 분석도구로 서비스 청사진(service blueprint)이 이용된다.

| 연습문제 |

1. 가장 좋아하는 카페에 대한 서비스 청사진 및 고객경험지도를 만들고 서비스 실패 가능점을 찾아 프로세스의 문제점을 지적하고 개선 방안을 제시하시기 바랍니다.
2. 카페에서 자주 발생하는 고객 불만족 사례를 조사하고 이를 사전에 예방할 수 있는 방안과 사후에 서비스 회복을 위한 접객 방안에 대하여 제시해 봅시다.
3. 악용고객에 대한 사례를 조사하고 악용고객 대처에 대한 토론을 진행해 봅시다.
4. 스타벅스와 이디야의 서비스전략을 조사하고 성공요인을 정리하여 봅시다.

부록

부록 1

"카페나리노" 창업스토리

카페 '나리노'는 2009년 로스터리 카페로 오픈을 했다. 창업에 대한 관심보다는 커피문화에 대한 관심으로 시작하게 되었다. 2005년쯤 로스팅과 드립이란 단어는 낯설고 생소할 때였다. 그때 당시 우리나라 커피문화는 다방문화, 커피믹스, 조금 더 나아가 레스토랑에서 주는 프렌치커피 정도였다. 1998년 스타벅스가 입점하며 에스프레소기계로 추출된 에스프레소를 이용한 '아메리카노'라는 메뉴가 대중화의 시작이었으며 커피(에스프레소)에 여러 가지 소스, 시럽을 넣어 메뉴를 만들기 시작했다. 이렇듯 카페 프랜차이즈로 인해 새로운 커피문화를 접하게 되었지만 로스팅과 드립은 대중화 되지 못할 때였다.

커피를 배우며 직접 선별한 생두를 볶아서 신선한 원두를 판매하며 핸드드립커피를 즐길 수 있는 공간속에 고객과 함께 커피이야기로 소통하는 커피집(카페)을 운영해보고 싶은 강한 의지로 창업에 대한 기본 상식 없이 시작하게 되었다. 그러다보니 여러 가지 시행착오가 많았다.

오픈당시 전략은 커피 향과 분위기였다. 커피 맛으로 방문고객을 만족시키고 친구랑 지인과 함께 다시 찾아 주는 카페였다. 그래서인지 지금도 창업당시 나의 생각대로 동네 사람들이 카페 '나리노'를 방문하기도 한다. 그리고 또 한 가지 강점으로 내세우고 싶었던 것은 누구에게나 편안한 장소이며 커피에 관련된 궁금한 정보를 공유하는 공간의 카페였다. 카페 '나리노'는 오픈해서 지금까지 3번의 리뉴얼이 있었다. 후암동작은 동네에서 커피향 풍기는 카페로 오랜 시간 보낼 수 있었던 이야기를 기록해 본다.

후암동 로스터리 카페 "커피볶는집 나리노" 지금은 쉽게 접할 수 있는 로스팅기계가 2009년에는 생소했던 때였으며 원두시장 보다는 인스턴트 커피믹스 소비가 더 많았을 시기였다.

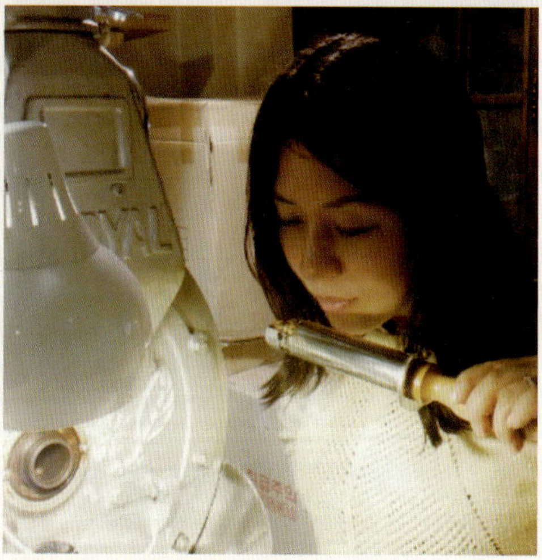

로스터리 카페 경영은 새로운 도전이기 때문에 카페 운영에 많은 어려움이 있었다. 원두 수요가 많지 않았지만 미국이나 유럽의 역사를 볼 때 시장성은 충분하다고 생각하며 원두를 알리기 위한 방법으로 "일일커피교실"을 무료로 강의하기 시작했다. 후암동 주민과 회사원들에게 입소문이 나기 시작하면서 카페 '나리노'는 "커피 맛집"으로 인정받게 된다. 그 그간이 결코 짧지 않았다.

커피교실을 조금씩 늘리며 커피 값 정도의 수강료를 받으며 직접 실습을 하고 집에서 도 즐길 수 있는 "우리 집 바리스타는 나"라는 주제로 강의를 이어갔다.

카페 '나리노'를 경영하기 위해 시작한 커피교육은 교육영역이 더 확장되어 대학 사회교육원에서 커피를 공부하고 싶어 하는 사람들과 함께하고 있다. 또 다른 지식산업에 기여할 수 있는 강점을 잘 살리며 카페문화를 이끌어 간다.

성장하는 청소년들에게도 커피의 역사와 커피문화를 알려주며 세계 속에 음료문화를 알려주는 교육도 함께 진행을 한다.

카페관련 교육은 무엇보다도 막연하게 카페 창업을 계획하는 사람에게 꼭 필요한 첫 번째 필수 조건이기도 하다. 창업하기 전 커피에 관련된 상식과 본인의 적성에 맞는지를 체크하고 연구해서 시작한다면 실패확률을 낮출 수 있다.

전체적인 인테리어는 나무느낌으로 작은 공간 속에서 따듯하고 아늑함을 주는 효과를 연출하는 것이다. 처음에는 가구위치, 테이블, 의자를 수시로 바꿔가며 분위기를 조금씩 다르게 연출하며 카페 '나리노' 내부의 변화를 주기도 하였다.

가게 소품은 새록새록 옛 추억의 장남감과 인형, 게임을 할 수 있는 것들로 하나씩 바꿔가며 분위기 좋은 옛이야기로 커피한잔의 여유로움에 만족 할 수 있도록 하였다.

KONA COFFEE

카페 '나리노' 메뉴판은 사진을 하나하나 아기자기하게 손글씨로 완성 했다. 고객들은 정형화된 메뉴판보다 핸드메이드 메뉴판에 관심을 더 많이 갖는다. 이러한 소소한 구조들이 카페 '나리노'를 인지하게 하는 유형적 도구라고 생각한다.

한번 빠지면 중독성 있는 핸드드립에 매력은 커피를 좋아하는 사람들을 열광하게 하고 희열을 느끼게 만든다. 늘 같은 맛을 유지하기 위해 노력하고 정성스럽게 내린 커피 맛에 만족하는 고객을 보며 보람을 느낀다.

Kalita

카페메뉴는 메뉴명을 어떻게 붙이느냐에 따라 다양하게 구성할 수 있다. 드립커피의 경우 생두에 관련된 설명을 기록하면 이해도를 높일 수 있는 효과와 생두 생산지에 관련된 지식을 함께 공유할 수 있도록 만들면 고객에게 친숙하게 다가갈 수 있다.

이렇게 커피만으로 카페 '나리노'를 운영한지 벌써 7년 정도 되어간다. 전문성을 띄고 사업을 한다는 것이 얼마나 힘들고 어려운 싸움이라는 것을 창업을 하기 전에는 몰랐다. 카페 '나리노'가 커피 맛집으로 인식되게 되며 호기심과 많은 관심 속에 사랑을 받고 있지만 2015년 카페 '나리노' 주변에는 새로운 아이템을 가지고 오픈하는 가게들로 가득하다. 이제 커피전문점이란 개념에서 벗어나 유럽이나 미국에서 유행하는 카페문화를 받아 드리고 나만의 경쟁력을 갖춘 음료를 만들어 판매를 시작한다. 더불어 카페 '나리노'의 비전과 세부전략을 구체적으로 수립하여 카페경영의 구조를 점검하고 이것이 카페 '나리노'의 성공전략이 될 것이다.

1. 카페 '나리노'의 사명 및 비전

구분	내용
사명선언서	커피문화의 발전을 위해 신뢰 있는 소통의 공간
비전	다양한 커피 맛의 경험과 카페의 분위기 등을 통하여 카페 '나리노'의 핵심은 커피가 될 수 있도록 한다.
세부전략	• '나리노' 커피는 직접 볶아서 사용 • 다양한 산지별 생두를 특색에 맞게 선별하여 제공 • 신선한 원두를 판매하여 집에서도 즐길 수 있게 함 • 디테일한 커피교실을 통해 커피의 진실 전파 • 커피 맛과 즐거움 편안한 장소가 되도록 환경관리 • 커피와 기타 음료 등 시즌메뉴를 출시하여 고객만족 기여 • 외부마케팅보다 내부마케팅 중심 경영

2. 카페 '나리노'의 콘셉트

<table>
<tr><th>구분</th><th colspan="2">내용</th></tr>
<tr><td>카페유형</td><td colspan="2">• 로스터리/드립 카페</td></tr>
<tr><td>목표고객</td><td colspan="2">• 조용한 공간과 맛있는 커피를 찾는 고객</td></tr>
<tr><td>편익</td><td colspan="2">• 커피의 지식을 나눔</td></tr>
<tr><td>정체성</td><td colspan="2">• 아기자기한 공간으로 편안한 카페</td></tr>
<tr><td>후보브랜드</td><td colspan="2">•</td></tr>
<tr><td rowspan="7">업태</td><td>What
(주메뉴·보조메뉴)</td><td>• 주력(대표)메뉴: 원두판매, 핸드드립
• 중점(효율)메뉴: 더치커피
• 임시(순환)메뉴: 눈꽃빙수, 보틀음료
• 보조(보완)메뉴: 빵과커피 셋트메뉴
• 유인(미끼)메뉴: 아메리카노
• 전문성을 강조하면서 다양성의 조화를 추구</td></tr>
<tr><td>Why(이용동기)</td><td>• 초중등 주부: 아이들을 학교에 보낸 후 친목모임
• 가족: 부모세대에 중점을 둔 메뉴 구성과 공간
• 직장인: 미팅을 위한 조용함과 품격
• 연인: 주택을 개조한 이색공간</td></tr>
<tr><td>Who(주요고객)
When(주요이용시간)</td><td>• 30대 이상의 비즈니스 맨, 동네주민들
• 오전 11:00 ~ 오후 5시</td></tr>
<tr><td>Where(상권과 입지)</td><td>• 도로변이라 간편 테이크아웃</td></tr>
<tr><td>How(점포의 형태)</td><td>• 주택이 있는 1층 상가</td></tr>
<tr><td>How much(가격)</td><td>• 4,000~5,000원대</td></tr>
<tr><td>서비스 수준</td><td>• 하프 서비스(셀프주문, 음료서빙, 테이블정리)</td></tr>
<tr><td>분위기</td><td colspan="2">• 편안함, 한국적이미지</td></tr>
</table>

부록 2

'젠틀커피'의 창업스토리

젠틀커피는 2012년 7월 오픈, 카페창업을 위해 5년간 프랜차이즈 판매방식과 로스터리 카페의 노하우를 체계적으로 공부하였다.

젠틀커피의 오픈 당시 대형 프랜차이즈 스타벅스와 같은 카페들이 원두커피 시장의 대중화를 이끌면서 아기자기한 개인 카페와 로스터리 전문 카페들이 양적 팽창을 하던 때로 레드오션이라 불릴 만큼 포화상태였다. 또한 카페의 트렌드 변화가 너무 빨라 카페 콘셉트를 정하는데 어려움이 많

았다. 하지만 오랜 시간 준비한 지식을 기반으로 질적 성장의 변화를 겪을 것이라는 확신을 갖고 Specialty coffee로 젠틀커피만의 경쟁력을 구축하였다.

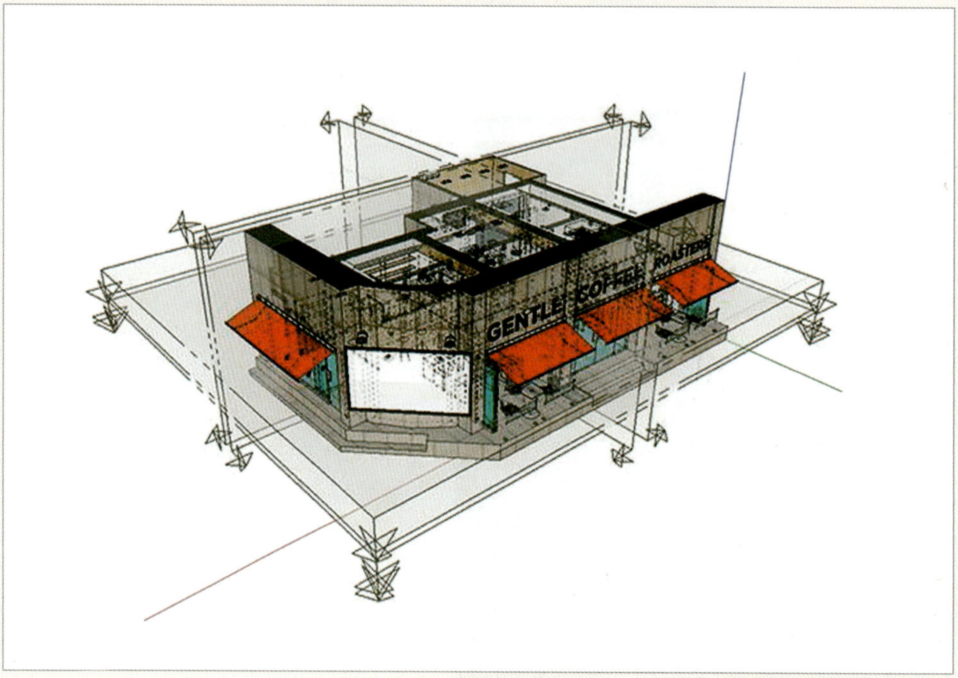

1. 젠틀커피의 사명 및 비전

구분	내용
사명선언서	누구나 부담 없이 즐길 수 있는 Specialty coffee시장 선도
비전	Specialty coffee 합리적인 가격 제공
세부전략	• coffee 원산지 정보 및 정확한 유통경로 history 제공 • 생두 현지농가 직거래 유통으로 원가우위전략의 경쟁력 확보 • Roasting 공장 운영 system으로 상품 신뢰 및 차별화 강화 • coffee 종류의 다양화 • Rental/Catering service를 통해 Specialty coffee 전파

2. 젠틀커피의 콘셉트의 정리

구분	내용	
카페유형	• 로스터리 카페(Specialty coffee전문)	
목표고객	• 커피 한 잔에도 맛과 의미를 부여하는 프리미엄 고객층, 커피애호가	
편익	• 직접 제조한 다양한 종류의 커피 선택 • 합리적 금액	
정체성	• 누구나 즐길 수 있는 Specialty coffee 문화 선도	
후보브랜드	• 젠틀커피 Rental사업부, 젠틀커피 Catering사업부	
업태	What (주메뉴·보조메뉴)	• 주력(대표)메뉴 : 아메리카노, 싱글오리진, 핸드드립 • 중점(효율)메뉴 : 콜드브루(더치커피), 원두판매 • 임시(순환)메뉴 : 시그니처음료, 시즌음료 • 보조(보완)메뉴 : 생과일주스, 초코음료, Tea • 유인(미끼)메뉴 : 오늘의 싱글오리진, 세트메뉴
	Why(이용동기)	• 프랜차이즈에서 느낄 수 없는 고급 커피전문점 느낌 • 주민 : 개인호사 및 친목모임 • 연인 : 편안한 공간과 친절한 서비스 • 직장인 : 비즈니스 미팅(넓은 공간과 품격) • 애호가 : Specialty coffee전문점, 커피맛집 투어
	Who(주요고객) When(주요이용시간)	• 주중(직장인, 인근주민) • 주말(가족, 연인, 커피애호가) • 주중 09시~24시 , 주말 11시~22시
	Where(상권과 입지)	• 강남구 도곡동 매봉역 먹자골목 이면도로 (2급지)
	How(점포의 형태)	• 4층 상가건물 1층 (40평 내외)
	How much(가격)	• 4~7천 원대
	서비스 수준	• 셀프서비스 & 테이블 서비스
분위기	• 다양한 연령층을 만족시키는 캐쥬얼하고 편안한 느낌의 인테리어 분위기 • 로스터리 카페의 분위기	

3. 젠틀커피의 서비스 전략

구분	핵심	내용
고객만족	고객의 핵심가치 파악	• 맛과 품질에 가치를 두고 고객만족과 서비스품질을 우선으로 한다.
경쟁전략	집중화전략	• 프리미엄 니치마켓 시장 점유
품질관리	QC관리	• 생두, 원두관리 체크리스트점검 • 제품가치에 대한 고객만족도 점검
서비스정신	기존고객 만족	• 기존고객과 소통하며 신규고객을 유입할 수 있는 서비스전략
프로세스	싱글오리진의 다양성을 갖춘 메뉴 선택	• 고객 눈높이에 맞게 설명 및 서빙서비스를 통한 2차 소통
수요공급관리	로스팅 후 7일	• 생두를 로스팅하고 7일정도 사이에 수요와 공급이 완료 될 수 있도록 판매데이터를 확인하여 관리
서비스마케팅	CRM	• 도도포인트 프로그램 SMS관리 • 기존충성고객 관리
유형화 포인트	로스팅 머신, 브랜드 로고	• Specialty coffee전문성을 알릴 수 있는 로스팅 머신과 다양한 생두소개 자료 • 브랜드를 유형화한 집기 • 편안한 인테리어 분위기 및 커피관련 전문 기자재 장비들
종합의견	Specialty coffee전문성을 알릴 수 있는 로스팅 머신과 다양한 생두소개 자료를 바탕으로 커피의 다양성을 즐길 수 있으며 커피선호도에 대한 고객만족을 기본으로 한다. 또한 편안한 서비스와 분위기를 이끌어가는 젠틀커피가 될 것을 자부한다.	

젠틀커피는 Specialty coffee를 지향한다.

Specialty coffee란? 커피를 평가하는 기준은 미국 스페셜티 커피 협회(Specialty Coffee Association of America SCAA)에서 규정하는 85점 이상을 받아야하며 유통경로와 제품 이력이 확실해야 한다. 기존의 스페셜티 커피 시장은 커피 전문가 또는 커피 애호가들을 위한 문화의 성격을 가지고 있다. 독특한 향미와 좋은 질감, 깔끔함으로 표현되는 특징적인 맛을 고집하며 대중적인 소비를 외면하고 일부 마니아의 입맛만 고집했기 때문에 대

중화 접근에 어려운 점이 있었다.

젠틀커피는 우수한 품질의 스페셜티 커피를 '누구나'로 재해석하여 언제나 쉽고 부담 없이 즐길 수 있도록 유통경로와 제품이력이 확실한 생두와 최고의 커피머신, 로스터리 장비, 맞춤형 서비스로 보다 많은 사람과 특별한 커피문화를 즐기고자 한다.

또한 젠틀커피의 브랜드는 한번 들었을 때 그 정체성과 의미를 쉽게 이해할 수 있다.

'젠틀하다' 참 좋은 말이다. 칭찬의 의미와 감사의 느낌도 전달할 수 있어서 듣는 사람도 말하는 사람도 모두가 좋은 느낌을 공유할 수 있다.

고객을 정중하게 대접하고 고객 또한 정중하게 카페문화를 즐겼으면 하는 마음에서 시작된 이름이다. 전문성과 차별성을 강조하기 위해 음료를 직접 가져다주는 테이블서비스와 셀프서비스를 함께 운영하며 고객과의 소통을 실천하고 있다.

커피에 대해서 관심을 갖고 다가오는 고객에게는 아낌없이 커피관련 정보를 드리고 있다. 고객과의 인적네트워크는 젠틀커피를 운영하는 또 하나의 강력한 경쟁력이다.

로고는 젠틀함이 연상되는 페도라의 이미지를 형상화 하였고, 젠틀커피 하면 페도라가

GENTLE COFFEE

연상될 수 있도록 로고에 각별한 신경을 썼다. 실제로 인테리어 곳곳에 포인트로 페도라를 사용하고 있고, 직원 모두 페도라를 쓰고 근무한다. 대표색상은 주황색과 검정색을 포인트로 사용하고 있다.

인테리어는 천장이 낮은 부분을 보완하기 위하여 밝은 화이트 톤을 사용했다. 편안한 느낌을 위해 따뜻한 느낌의 우드소재를 사용했으며 적절히 스테인리스도 사용하여 캐주얼한 느낌으로 설계하였다.

특히 주방(Bar) 부분을 강조하기 위하여 가로로 최대한 길게 배치한 것이 인테리어의 포인트이다. 고객과의 소통을 위한 자리로 다양한 커피를 고객들에게 제공하고, Specialty coffee 전문성을 더욱 살리고자 에스프레소 머신, 그라인더 등을 이용하여 시

선을 집중시키는 전략을 사용하였다. 실내에서도 로스팅실이 보이도록 하여 커피전문점 느낌을 더욱 살릴 수 있도록 했다.

로스팅 머신을 외부에서 볼 수 있도록 유리전면에 배치하여 Specialty coffee 전문성으로 점포 방문을 유도하였고, 판매하는 모든 원두는 직접 로스팅하며, 신선한 커피 제공을 위해 로스팅 된 지 7일 이내 소진시키는 것을 원칙으로 한다.

커피는 고객의 입맛을 고려하여 두 가지 맛의 에스프레소 블랜드를 선택할 수 있게 하였고 산지별 특징을 잘 살릴 수 있는 싱글오리진 커피도 선택 가능하도록 하였다.

커피 뿐 아니라 모든 원재료도 최상급으로 사용한다. 최고의 맛은 좋은 원재료에서 나온다는 원칙을 지킨다. 호텔에만 들어가는 독일산 알트하우스 티와 퓨레시럽이 아닌 직접 담근 과일청을, 초코음료는 파우더가 아닌 스위스 초콜릿 원재료로 직접 녹여 만드는 과정을 거치며 고객만족에 최선을 다하고 있다. 이러한 노력 덕분인지 한국판 미슐랭가이드로 불리는 '블루리본 서베이' 책자 2014년, 2015, 2016년 3년 연속 국내 최고의 Specialty coffee 서울 맛집 30곳 중 한 곳으로 소개되기도 했다.

HARIO V60
CHEMEX
젠틀커피 시그니처 블렌드
젠틀커피 시그니처 블렌드

Espresso Choice
기본 에스프레소 블렌드 or 산지별(싱글오리진) 원두 선택이 가능합니다.
에스프레소 블렌드
종류별 선택 가능
또는
싱글오리진
산지별 선택 가능
매장에서 직접 로스팅 된 원두를 사용하며, 로스팅 후 7일이내의 신선한 원두만을 제공합니다.

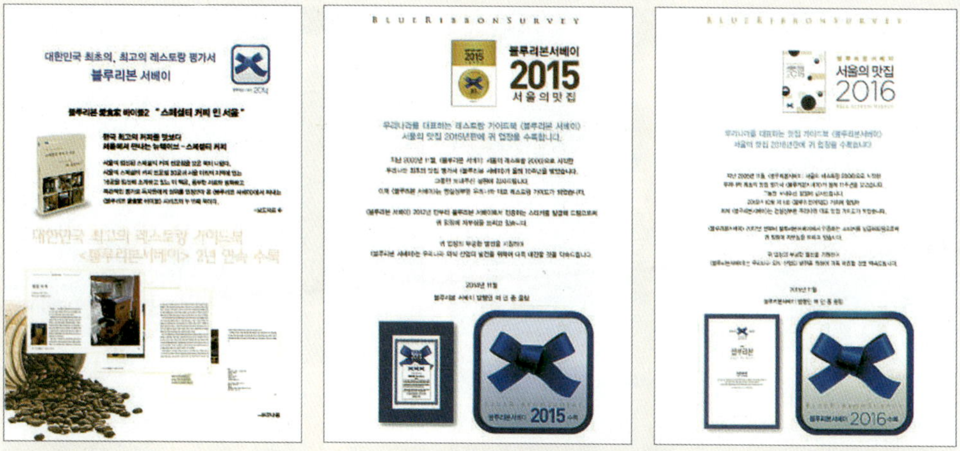

블루리본 서베이

고객이 쉽고 편하게 올바른 커피 문화를 즐길 수 있도록 고객 눈높이에 맞는 정보를 전달한다. 일반 전문 카페들이 가장 많이 하는 실수 중에 하나는 고객이 알아볼 수 없는 용어들이다. 즉 바리스타나 커피 전문가들만이 알 수 있는 용어로 홍보를 하고 있거나 디자인 요소에 더욱 신경을 쓰다가 정보 전달을 못하는 경우이다.

자체제작 소식지

특히, 고객이 구매한 커피의 종류가 무엇인지, 유통경로, 품종, 가공방식, 맛과 향, 농장과 지역의 히스토리 등 정확한 정보전달의 위해 홍보물을 비치하고 음료와 함께 제공한다. 또한, 정기적인 소식지를 만들어 조금 더 고객이 쉽게 커피 문화를 접할 수 있도록 정보를 전달하고 새로운 메뉴 홍보를 하기도 한다.

젠틀커피는 현재 카페 운영뿐만 아니라 원두제조 납품을 통해 약 100여 곳 이상의 중소규모 커피전문점과 함께하고 있으며, 전자동 커피머신 렌탈서비스, 케이터링, 카페 컨설팅, 온라인 쇼핑몰 등 다양한 방법으로 우수한 품질의 스페셜티 커피를 제공하고자 직접 고객들을 찾아가고 있다.

드립커피와 제공되는 원두카드

4. 젠틀커피 사업 연혁

사업 연혁
㈜젠틀컴퍼니는 스페셜티 커피를 기반으로 하는 국내 최고의 커피기업으로 성장하기 위해 끊임없는 투자와 노력을 다하고 있습니다.
We Born
ROASTING FACTORY
RENTLE SERVICE
COMPANY
Direct Trade
▶ 온두라스
▶ 과테말라
▶ 브라질
Catering Service
ON-LINE SHOPPING MALL
COFFEE ACADEMY
12'
14' 01
14' 03
15' 01
15' 02
15' 04
15' 07
15' 10
2012년 강남구 도곡동에 젠틀커피 본점을 오픈하였으며, 2014년 1월 경기도 광주에 로스팅 공장을 설립하여 최고 품질의 커피를 소비자 들에게 제공하고 있습니다.
2014년 3월 원두커피머신 렌탈사업부를 출범하였으며, 2015년 1월 강남구 도곡동에 (주)젠틀컴퍼니를 설립하였습니다.
2015년 2월엔 더욱 정확한 유통경로와 최상의 품질의 생두를 구매하기 위해 중남미 지역 커피 농가에 직접 방문, 다이렉트 트레이드를 시작하였고 2015년 4월부터는 케이터링 사업부 출범을 통해 매장이 아닌 직접 찾아가는 서비스로 우수한 품질의 스페셜티 커피를 제공하게 되었습니다.
2015년 7월 온라인 쇼핑몰을 오픈하여 더욱 많은 고객들과 만날 수 있게 되었으며, 2015년 10월엔 강남구 도곡동에 아카데미를 오픈하여 많은 분들께 커피에 대한 지식을 나누고 있습니다.
사업 분야
젠틀커피
본점
케이터링
제조사업부
로스팅 공장
원두 납품
온라인 판매
GENTLE COMPANY
렌탈사업부
상담 및 설치
고객 관리
컨설팅
카페 컨설팅 & 창업
머신 컨설팅 & 설치
GENTLE COFFEE
카페 납품
빠른 배송, 지속적인 관리, 각 카페 별 맞춤 테이스팅
렌탈 서비스
언제, 어디서나 젠틀커피를 즐기는 방법
케이터링
각종 모임 현장에서 직접 만나는 전문 바리스타
젠틀커피
플래그샵 운영 (강남구 도곡동)
컨설팅
카페 창업 및 카페 기자재 컨설팅
온라인 판매
클릭 한번으로 손쉬운 쇼핑 (gentlecoffee.co.kr)

제조 사업(로스팅)

젠틀커피 로스팅은 정직합니다.

젠틀커피는 최고의 커피 한잔을 만들어내기 위해 원재료인 생두의 산지별 재배환경과 품종, 가공방법과 유통과정에 세심한 주의를 기울이고, 최종단계인 원두 생산에 이르기까지의 전과정에 집중합니다.

로스팅의 원재료인 생두의 종류는 매우 다양하고 매년마다 품질이 변화하는 농작물이기 때문에, 젠틀커피의 로스터들은 수년간의 경험과 노하우를 통해 최상의 로스팅을 위하여 늘 고민하며 최신 장비로 끊임없는 연구 · 개발에 힘쓰고 있습니다.

누구나 편안하고 부담없이 즐길 수 있는 맛있는 스페셜티 커피를 위해 젠틀커피의 로스터들은 끊임없이 노력할 것입니다.

위치 : 경기도 광주시 오포읍
연면적 : 393.3㎡, 총 2층 (120평)

연 생산 가능량 : 100t
보유 장비 : 기센 W1 로스터기
기센 W15 로스터기

제품소개(원두 블렌드)

GENTLE BREEZE (젠틀 브리즈)
누구나 좋아할만한, 부드러운 바닐라 향과 고소한 호두의 맛이 조화로운 블렌드

GENTLE BLUES (젠틀 블루스)
달콤쌉싸름한 다크 초콜릿 맛과 고소한 카라멜 너티향, 청량하고 산뜻한 청사과 맛의 블렌드

GENTLE GIANT (젠틀 자이언트)
상큼한 파인애플향과 곡물의 단맛이 입안 가득 느껴지는 블렌드

GENTLE RAIN (젠틀 레인)
부드러운 밀크 초콜릿 맛으로 시작되어 잘 숙성된 와인의 복합적인 향이 느껴지는 블렌드

GENTLE LADY (젠틀 레이디)
잘 익은 블루베리의 새콤달콤함과 진하게 우러난 홍차의 깊은 맛을 동시에 느낄 수 있는 블렌드

GENTLE CRUISER (젠틀 크루저)
향긋한 복숭아의 상큼함과 과일 시럽 같은 단맛이 입안 가득 느껴지는 매혹적인 블렌드

납품

다수의 개인 샵(카페 및 다이닝)과 프렌차이즈 업체에 원두를 납품

주요 거래처 : 림벅와플 프렌차이즈 OEM, 젠틀레이디 컵케이크 OEM, 허밍벨라, 르꼬팡, 코코몽 키즈카페, 도쿄팡야, 스토익커피, 카페 201, 노랑카페 등

렌탈

식당과 사무실은 물론, 각종 전시장과 예식장에 렌탈 기기 설치 및 관리

주요 거래처 : BMW · BENZ · Jaguar Landrover · Ford 전시장, 르노삼성자동차, B&O, 틴트어카 코리아, 수아비스 웨딩홀, 메모리스 웨딩홀, 서울역 프리미엄 라운지, 각종 병원 · 사무실 · 스튜디오 · 대형 음식점 등

케이터링

CATERING

케이터링 및 딜리버리 서비스

- 세미나, 박람회, 기업 홍보 이벤트, 제품 설명회, 기업 및 학교 행사, 각종 모임 케이터링
- 최고급 에스프레소 머신, 관련 기자재 현장 셋팅 및 전문 바리스타가 직접 현장에서 커피를 내려주며, 다양한 프로그램 중 선택 가능
- 예약 시 원하는 시간에 커피 딜리버리 가능

카페 컨설팅 및 머신 설치

CONSULTING

카페 창업 및 컨설팅

- 카페 창업의 A to Z.
- 창업 전반. 위치까지 고려한 컨설팅.
  (머신/인테리어/레시피)
- 창업 전 교육

MACHINE

머신 판매 및 설치

- 각종 머신 및 장비 상담
- 반자동, 전자동 머신 판매
- 직접 방문 설치

카페사업

GENTLE COFFEE

플래그샵 운영

· 2012년 도곡동에 로스터리 카페 open
· 매장에서 직접 볶은 신선한 커피를 고객들에게 제공
· 블루리본 서베이 '한국을 대표하는 스페셜티 커피 맛집' 2014,2015 연속 등재

Good cup with you

Gentle Coffee

젠틀컴퍼니는 축적된 노하우와 서비스 정신으로 올바른 커피 문화 안착을 위하여 노력하는 회사입니다.
또한 시장변화와 소비자들의 요구에 항상 빠르게 대응하여 정직한 커피문화 보급에 선두적인 역할을 할 수 있도록 최선을 다하겠습니다.

참 고 문 헌

공정거래위원회(2014). 가맹사업거래의 공정화에 관한 법률.

곽성민·김개천(2011). 커피전문점의 유형과 공간디자인 마케팅 표현요소 연구. 한국실내디자인학회 논문집, 20(4), 118-125.

국세청고객만족센터(2015). 부가가치세 상담실무. 국세청.

________________(2015). 소득세 확정 신고 안내 및 상담실무. 국세청.

권금택(2007). 21세기 외식경영학. 대명.

김경하(2015). 이주배경 청소년을 위한 상담카페 아이덴티티 디자인연구. 석사학위논문. 이화여자대학교.

김기홍 외(2008). 외식사업창업론. 대왕사.

김동훈·안광호·유창조(2003). 촉진관리. 학현사.

김순하(2013). 한국 커피시장의 발전과정에 관한 문헌적 연구 : 커피전문점을 중심으로. 한국호텔리조트학회지, 12(3), pp.329-348.

김양수(1993). 브랜드 네이밍 전략 매뉴얼. 나남.

김영갑(2012). 성공창업을 위한 상권분석론. 교문사.

김영갑(2015). 성공창업을 위한 음식점 마케팅. 교문사.

김영갑 교수의 네이버 블로그 http://webkim.blog.me

김영갑 외(2009). 외식마케팅. 교문사.

김영갑 외(2009). 외식산업론. 현학사.

김영갑 외(2014). 외식서비스경영론. 교문사.

김영갑 외(2015). 외식사업창업론. 교문사.

김영혁 외(2005). 우리 카페나 할까. 디자인하우스.

김원경(2002). 인적자원관리론. 형설출판사.

김은지(2000). 현대 소비공간의 근접학적 연구. 한국실내디자인학회 논문집, 24, 31-37.

김의근 외(2004). 외식사업창업론. 현학사.

김인화(2012). 레스토랑 디자인 구성요소가 디자인 수행도에 미치는 영향에 관한 연구. 디지털디자인학 연구, 12(1), 43-49.

김정우·김일(2011). 플래그십 스토어의 VMD와 매장 내 체험요소가 브랜드 태도와 구매의도에 미치는 영향. 한국패션디자인학회지, 11(4), 25-39.

김정현. 브랜드 자산의 구성요소 및 측정에 관한 소고. Marketing Communication.

김지회 외(2010). 외식경영론. 대왕사.

김태숙·양송자·박은아(2015). 라이프스타일이 베이커리 카페 선택속성 및 구매행동에 미치는 영향. 관광레저연구, 27(2), 79-97.

김현철·원영은·이지은(2010). 식생활 라이프스타일에 따른 커피전문점 선택행동 분석. 관광학연구, 34(7), 187-205.

라떼킹(2012). 라떼킹 운영매뉴얼 2012-2.

라떼킹(2013). 카사노바: 카페 사업 노하우 바로알기. 아이웰콘텐츠.

마이클 E. 거버(2008). 김원호 옮김. 내 회사 차리는 법. 웅진씽크빅.

말콤 글래드웰(2009). 아웃라이어. 김영사.

바운드(2010). 김정환 옮김. 도쿄, 그 카페 좋더라. 멘토르.

박경환(2007). 실전! 상권분석과 점포개발. 상상예찬.

박기용(2009). 외식산업경영학. 백산출판사.

박인정(2015). 외식프랜차이즈 기업의 경영이념에 관한 연구 : 한국, 미국, 일본 간의 비교를 중심으로. 한양사이버대학교 석사논문.

박한수(2009). 소자본 창업과 경영. 민영사.

박혜림(2015). 문화공간으로서 카페의 기능과 프로그램에 관한 연구. 추계예술대학교 석사학위논문.

백종원(2008). 돈버는 식당, 비법은 있다. 청림출판.

복성규(2009). 프랑스 카페의 문화콘텐츠 분석. 프랑스어문교육, 32, 451–472.

사하 & 보비 하셰미(2006). 안기순 옮김. 나의 첫 사업계획서. 민음인.

서경화·이수범(2011). 브랜드 확장에 따른 기업이미지가 서비스 품질, 확장 브랜드의 적합성, 태도에 미치는 영향 연구. 호텔경영학연구, 20(1), 69–92.

송은주·박규은·이은용(2015). AHP를 이용한 커피교육 커리큘럼의 상대적 중요도: 커피전문점의 창업자를 중심으로. 관광레저연구, 27(5), p.269.

신병철(2007). 개인브랜드 성공 전략. 살림.

신현신·이항(2011). 체험 마케팅이 브랜드 태도 및 관계의 질에 미치는 영향: 플래그십 스토어를 중심으로. 한국디자인문화학회, 17(2), 295–307.

신현암·강원·김은환(2000). 브랜드가 모든 것을 결정한다. 삼성경제연구소.

안광호·한상만·전성률(1999). 전략적 브랜드 관리. 학현사.

야마모토 나오토(2006). 마케팅의 99%는 기획이다. 토네이도.

여철환(2010). 절대 실패하지 않는 초보불패 창업전략. 상상예찬.

오진권(2009). 오진권의 맛있는 성공. 비전과 리더십.

우이 요시유키(2006). 이성현 옮김. 이상원 감수. 성공하는 음식점 창업 및 경영하기. 크라운출판사.

원영은(2010). 식생활 라이프스타일에 따른 커피전문점 선택행동에 관한 연구. 중앙대학교 석사학위논문.

유광민(2013). 서비스스케이프 개념의 확장. 관광연구논총, 25(1), 125–143.

유왕진 외(2006). 서비스 경영–전략, 시스템, 사례. 법문사.

육외수(2004). 사업계획서 작성요령.

윤천성(2009). 고객중심 서비스 경영. 무역경영사.

이경미·심경환(1999). 브랜드 퍼스낼리티에 관한 실증적 연구. Hanyang Business Review, 11, 197–208.

이순철(1998). 서비스 기업의 경영전략. 삼성경제연구소.

이유재(2013). 서비스 마케팅. 학현사.

이유재·안광호(2011). 서비스마케팅 & 매니지먼트. 집현재.

이인호(2004). 대박나는 장사 쪽박차는 장사. 더난출판.

이재욱(2005). 대박나는 가게자리 망하는 가게자리. 21세기북스.

이정실(2007). 외식기업경영론. 기문사.

이지안·박규은·이수범(2015). 외식 플래그십 스토어(Flagship store)에서의 체험이 브랜드태도와 행동의도에 미치는 영향. 호텔경영학연구, 24(1), 1-22.

이혜숙·우인애·조현숙(2008). 식음료경영론. 교문사.

장정빈(2009). 리마커블 서비스. 올림.

전병길·고동우(2002). 레스토랑 디자인 요소로서 물리적 환경의 기능.

조문수·윤혁수(2010). 외식사업경영론(개정판). 기문사.

조춘봉·김영갑·김선희(2011). 외식메뉴관리론. 교문사

진익준(2008). 창업성공의 인테리어. 크라운출판사.

최경석(2008). 음식점 창업 무작정 따라하기. 길벗.

최상철(2006). 외식산업개론. 대왕사.

최재희(2008). 소자본 창업 어떻게 할까요?. 중앙경제평론사.

하지철(2010). 마케팅조사 실무노트 Ⅰ. 이담북스.

하진영 외(2005). 외식서비스실무. 백산출판사.

한귀연·오승희·최진희(2014), 브랜드 커피전문점의 공간이미지와 사용색채 비교분석. 한국색채학회논문집, 28(1), 219-228.

함성필(2014). 소자본 창업가의 개인특성, 기업가 정신 및 성과에 관한 연구. 동북아관광학회지, 10(4), p111.

홍기운(1997). 외식사업 신규창업을 위한 사업계획서 작성방법 사례와 투자경제성 분석에 관한 연구. 한국조리학회지, 3, 385-421.

홍석천(2008). 나만의 레스토랑을 디자인하라. 엠북스.

홍성태(2012). 모든 비즈니스는 브랜딩이다. 쌤앤파커스.

Bitner, M. J.(1992). Servicescapes: The impact of physical surroundings on customers and employees. Journal of Marketing. 56, April, 60.

HG Parsa, JT Self, D Njite, T King(2005). why restaurants fail.

HR Institute(2005). 좋은 컨셉은 어떻게 만들어지는가? 거름.

J. E. Fitzsimmons & M. J. Fitzsimmons(2009). 서비스경영연구회 옮김. Service Management. McGraw-Hill Korea.

James A. F. & Mona J. F.(2009). 글로벌 시대의 서비스 경영, 5/E. 한국맥그로힐.

Parasuraman, A., Zeithaml, V.A., Berry, L.L.(1985). A conceptual model of service quality and its implications for future reseaerch. Journal of Marketing, 49, 41-50.

Parsa, H . G., S elf, J. T., N jite, D., & K ing, T.(2005). W hy r estaurants f ail. C ornell H otel a nd Restaurant Administration Quarterly, 46(3), 304-322.

Review(2002). 금강기획 마케팅전략연구소.

Walker, John R.(2007). The Restaurant(From Concept to Operation), John Wiley & Sons Inc.

참고사이트

관세청 www.customs.go.kr

국가통계포털 www.kosis.kr

국세법령정보시스템 http://txsi.hometax.go.kr

국세청 www.nts.go.kr

노랑카페 www.norangcafe.com

농림축산식품부 www.mafra.go.kr

머시주스 블로그 http://blog.naver.com/mercyjuice81

미국레스토랑협회(NRA) www.restaurant.org

본커피 www.borncoffee.co.kr

설빙 www.sulbing.com

스타벅스 www.istarbucks.co.kr

스타벅스 코리아 www.istarbucks.co.kr

식품외식경제 www.foodbank.co.kr

신운철세무회계사무소 블로그 http://blog.naver.com/swc0507

아티제 페이스북 www.facebook.com/cafeartisee

위키미디어 https://commons.wikimedia.org

윤태익의 다르다 카페 www.yoontaeik.com

일본 식품 안전·안심재단부설 외식산업총합조사연구센터 www.anan-zaidan.or.jp

일본 外食.biz www.gaisyoku.biz

전광수 커피 www.jeonscoffee.co.kr

정보통신 정책연구원 www.kisdi.re.kr

중소기업청 www.smba.go.kr

창업넷 www.startup.go.kr

Walker, John R.(2007). the restaurant(from concept to operation)

찾 아 보 기